마포삼열

마포삼열

김선욱 · 박신순

뿌리총서 간행사

나무에 뿌리, 물에 샘이라는 것은 우리의 개천절 노래에도, 조선의 용비어천가에도 등장하는 의미 있는 비유입니다. 압축하면 본원(本源)이라 합니다. 만물의 본원을 지극한 단계까지 찾아나서는 행위는 자기 존재를 완전히 하고 역할 수행을 극대화하며 그만큼 의미 있게 살아가기 위한 필수적 작업입니다.

높은 산 등성이에 있는 작은 샘에서 솟아난 맑은 석간수가 바위골짜기를 거쳐 산 아래 도달하고 넓은 농지와 대도시와 중간에 있는 댐과 제방을 경험하며 넓은 바다로 가는 동안 주변에서 이른바 지천이 계속 합류하여 수량은 많아지는데 청정도는 점점 떨어지지만 공업, 농업, 발전, 또는 정수하여 수백만 도시민의 상수원으로 쓸 수 있게 되어 그 용도가 커집니다. 시작은 은미했으나 결과적 쓰임새는 광대합니다. 우리 숭실도 많이 커졌습니다. 처음 시작할 때는 문과 한 반으로 시작했고, 기독교적 사회지도자, 한국 교회의 지도자를 양성하는데 초점을 맞추었지만 이제는 40여개 학과와 학부, 그리고 대학원생을 합하면 17,000여명의 재학생이 있고, 상당한 규모의 건물도 있고 500여 전임 교수진도 있습니다. 그러나 커진 만큼 초기의 맑은 정신이나 숭고하다고 했었던 목적을 그대로 견지하고 있는지 살펴볼 필요가 있습니다.

2013년 가을 우리 숭실대학교에 '뿌리찾기위원회'가 발족하였습니다. 건학120주년 기념사업의 일환으로 평양에서 시작한 숭실대학의 정신, 그 흐름의 모습과 내용, 그리고 서울에서 재건할 때의 과정 등에 대하여 집중적으로 연구하고자 해서입니다. 평양 숭실의 설립자 베어드, 2대 교장 라이너, 3대 교장 마펫, 4대 교장 매큔, 5대 교장 마우리 다섯 분의 교장을 연구하여 평전을 짓고, 블레어, 편하설, 스월른, 솔토, 해밀튼, 클라크, 보컬 등 10명의 큰 업적을 이룬 분들을 집중적으로 연구하며, 더불어 평양대부흥회, 신사참배, 『논리약해』, 순교자, 선교사들의 부인, 숭실의 문인, 숭실의 음악인, 방지일 목사, 조만식 선생 등 30주제의 사건·저술·인물 등 특정 분야에서 이루어진 탁월한 업적을 연구하고 그 가치를 재현해 내는 것을 목표로 하였습니다.

이 연구에 한국교회사 연구에 있어 전문가이신 이상규 교수님(고신대), 김흥수 교수님(목원대), 임희국 교수님(장신대), 이덕주 교수님(감신대), 김승태 교수님(한국기독교역사연구소) 그리고 민경찬(한예종) 교수님을 각각 책임 연구원으로 모실 수 있게 된 것, 그리고 숭실대학교의 여러 학문 분야의 교수님들이 참여해 주신 것에 깊은 감사를 드립니다. 희귀 자료들을 선뜻 내어 주시고, 확보에 도움을 주신 한국교회사문헌연구원의 심한보 선생, 그리고 호주 선교회 관련 자료를 제공해 주신 전 예장(통합)교단 사무총장 조성기 목사님께 감사드립니다. 또 이번 일에 크게 도움을 주신 분으로 결코 빠뜨릴 수 없는 분이 있습니다. 숭실대학교 부설 한국기독교박물관의 학예사 한명근 박사입니다. 한명근 박사는 이번 일에 있어서 여러 형태로 많은 도움을 주었습니다. 무엇보다 박물관이 소장하고 있는 희귀 자료의 열람은 물론 사진들을 제공하여 연구와 연구물의 출판에 큰 도움을 주었습니다. 뿌리찾기위원회의 발족 때부터 연구 기획에서 김명배 교수가 많은 도움을 주었습니다. 또한 더불어 기획·사무·총괄 간사로 수고해 주신 오지석 박사께도 깊은 감사를 전합니다. 사무행정에서 매끄러운 진행을 배려해 주신 120주년기념사업회 윤형흔 부장님의 수고도 함께 오래도록 기억할 것입니다.

이제 그 연구결과들을 뿌리총서라는 이름으로 숭실대학교 한국기독교문화연구원에서 간행합니다. 1967년에 출범한 한국기독교문화연구원은 그 동안 줄곧 이름 그대로 한국의 기독교문화를 연구해 오고 있습니다. 우리 연구위원회에서 수행한 활동은 사실상 한국기독교문화연구원의 사업과 부합하며, 실제로 행정과 사무실, 소장 자료를 중심으로 진행되는 등 그 활동의 일환으로 진행되어 왔습니다. 뿌리총서 1호는 윌리엄 베어드입니다. 이어 평양 시절 숭실의 교장들의 평전이, 그리고 탁월한 업적을 이루어낸 분들에 대한 연구물이 그 일련 번호를 차례로 이어 나가게 됩니다.

항시 좋은 뿌리를 가졌다고 자부해온 우리 숭실인들이 그 뿌리의 형성 과정을 다시 살펴보고 오늘의 우리에게 나타나고 있는 가지와 잎과 꽃과 열매가 바람직한 형상과 품질과 격조를 지니고 있는지를 냉정하게 살펴보는 시간이 되기를 원합니다.

만시지탄이 큰 이 일이지만 그 중요성을 인식하시고 많은 어려움 속에서도 이를 발의하시고 재정을 마련하시고 행정의 틀과 편의를 제공하여 주신 숭실대학교 총장님께 깊은 감사를 드립니다.

2017년 4월

숭실대학교 뿌리찾기위원회 위원장

숭실대학교 한국기독교문화연구원장

곽 신 환 삼가 적음

저자 서문

이 책은 한국 선교를 위해 헌신한 마포삼열 목사님과 그의 두 부인 앨리스 피시 마페트와 루시아 피시 마페트가 이 땅에 남긴 흔적을 살펴 정리한 것이다. 원래 이 책은 두 권으로 기획이 된 것이었으나 연구소의 요청에 따라 한 권으로 합본하여 출간하게 되었다.

제1부는 마포삼열이 남긴 서신들을 중심으로 평양숭실대학의 형성과 폐교에 이르는 과정에서 마포삼열의 역할을 살펴보는 것을 목적으로 하고 있다. 제2부는 마포삼열이 한국에서 만나 결혼에 이르게 된 앨리스 피시 마페트와, 그녀가 병으로 소천한 뒤 한국으로 들어온 사촌동생으로 마포삼열의 둘째 부인이 된 루시아 피시 마페트, 이 두 사람의 평양 선교사역을 중심으로 한 생애를 정리한 것이다. 이 두 연구는 모두 마포삼열의 서한을 중심으로 이루어 졌다.

마포삼열의 서한들은 그의 아들 새뮤얼 휴 마페트와 그의 아내인 아일린 마페트가 수집하였는데, 특히 아일린 마페트는 오래된 타이프라이트 혹은 손으로 직접 쓴 글로 남아 있는 서한들을 종합하여 모두 컴퓨터 파일로 남겼다. 이 자료들은 한국교회사를 전공하는 옥성득 교수에게 넘겨졌고, 그는 이를 모두 10권으로 편집하고 번역하여 『마포삼열 서한집』으로 출간해 내기로 하고 그 첫 번째 책을 2011년에 출판사 두란노아카데미에서 출간하였다. 그러나 이 시리즈를 지원했던 하용조 목사님이 소천함에 따라 이 프로젝트는 중단이 되고 말았다.

『마포삼열 서한집』 출간 프로젝트는 한국기독교 역사와 숭실대학교의 역사를 연구하는데 중요한 자료를 공개하는 것이므로 그 중요성은 다시 말할 필요가 없다. 그래서 숭실대학교는 개교 120주년 기념사업의 하나로 삼았고, 황형택 목사가 담임으로 있는 강북제일교회의 재정 지원으로 복간을 계획하였다. 그리고 이 사업은 제1부의 필자가 소장으로 있는 숭실대학교 부설 가치와윤리연구소에서 진행하도록 하고 1권의 편역자인 옥성득 교수가 번역을 계속 담당하기로 하되 『마포삼열 자료집』으로 이름을 변경하여 번역 및 출간 작업을 진행하기로 하였다. 책의 제목을 변경한 이유는 이 자료에는 단순한 개인적인 서한만이 아니라 공식 선교보고서도 포함되어 있기 때문이다. 또한 마포삼열의 개인 서한도 공식 문서의 성격을 갖는 편지들도 많이 있기도 하다. 마포삼열은 일기나 선교일지 혹은 저서를 남기지 않았지만, 공적인 내용을 담은 수많은 편지를 가족들과 선교 관계자들에게 보냈고 그것이 상당 수 보관되어 왔기 때문에, 이를 호칭하기에는 '자료집'이 더 적절하다는 판단에서 였다.

그런데 이 자료집의 내용과 관련하여, 마포삼열이 숭실대학과 어떤 관련을 구체적으로 맺고 있는지, 그리고 그동안 잘 알려지지 않았던 마포삼열 부인들의 활동은 어떠하였는지는 숭실대학교로서는 각별한 관심의 대상일 수 밖에 없다. 따라서 곽신환 교수님이 주관한 숭실뿌리찾기위원회에서는 이 부분에 대해 마포삼열 자료집을 중심으로 밝혀보는 과제를 김선욱과 박신순에게 각각 부탁하였다.

김선욱은 역사학자 혹은 선교사학자가 아니며 단지 평소 숭실대학교의 역사와 한국근대 기독교사에 관심을 갖고 있는 철학 전공자에 불과하다. 그런데 그가 소장으로 있는 숭실대학교부설 가치와윤리연구소가 『마포삼열 자료집』 간행의 책임을 맡게 되어 이 자료들을 접하는 데 유리한 위치에 서게 되었다. 이것이 계기가 되어 김선욱이 평양숭실대학과 마포삼열이라는 본 저서의 제1부의 주제를 부여받아 저술을 맡게 되었다.

박신순은 영문학을 전공(석사)한 뒤 가족상담(석사 및 박사)을 전공하였는데,

이 자료들을 읽고 질적 연구방법론을 활용하여 분석하면서 앨리스 마페트와 루시아 마페트의 선교활동 및 그들의 가족관계와 내면세계에 깊은 관심을 갖게 되었다. 제2부는 박신순이 그들의 평양 선교사역을 중심하여 저술에 임하였다.

그리고 두 연구와 직접 관련되어 있는 마포삼열 및 부인들의 서한들과 선교보고서 등의 자료들은 전체 혹은 부분이 따로 편집되어 각각 부록으로 제공되어 있다. 부록의 내용은 연도별로 분류되어 있는데, 그 중 1906년 자료까지는 옥성득 교수의 양해를 구해 그가 번역한 초고를 수록하였고, 그 이후의 자료는 영어 원문을 그대로 수록하였다. 이 부분이 번역되어 출간되기까지는 아직 시간이 걸릴 것으로 예상이 되는 바, 비록 영문으로나마 그 사이에라도 그 내용을 살펴보기를 원하는 이들을 위해 임시방편으로 해당 내용을 공개하려는 취지에서이다. 그러나 발췌된 각각의 자료들 앞머리에는 필자가 해당 내용을 간단히 요약 정리하여 이용에 도움이 될 수 있도록 하였다. 양해를 구하고 싶은 것은, 필자가 역사 전공자가 아니라 용어의 선택이나 자료의 발췌 기준 혹은 수록한 자료들에 대한 간략한 설명에 있어서 전문성이 충분히 발휘되지 않을 수 있다는 점이다. 이러한 한계에 대해서는 독자 여러분께서 널리 이해를 해 주시길 부탁드린다.

2016년 말 현재까지 『마포삼열 자료집』은 1권에서 4권까지 번역이 완성되어 있으며 2017년도 상반기에 네 권이 먼저 간행될 예정이다. 5권부터 10권까지는 아직 영어 원문 상태로만 존재한다. 각 권이 포함하고 있는 마포삼열 자료의 저작 연대는 다음과 같다.

제1권 (1868-1894)

제2권 (1895-1900)

제3권 (1901-1903)

제4권 (1904-1906)

제5권 (1907-1911)

제6권 (1912-1920)

제7권 (1921-1927)

제8권 (1928-1934)

제9권 (1935-1936)

제10권 (1937-1939)

이 저술은 숭실대학교 뿌리찾기위원회의 지원 결정에 따라 작성이 되었다. 마포삼열 뿐만 아니라 그의 두 부인인 앨리스 마페트와 루시아 마페트에 대한 연구, 그리고 평양숭실대학의 역대 교장들에 대한 연구 등을 기획하여 결실에 이르기까지 많은 노력을 기울인 곽신환 위원장께 깊은 감사를 드린다. 그리고 이 모든 기획에 재정적 지원을 결단한 한헌수 총장께도 감사를 드린다. 아울러 실무의 일에 수고를 아끼지 않은 오지석 박사와 엄국화 선생께도 감사드린다.

2017년 1월

저자들

목차

제 I 부

평양숭실대학과 마포삼열(김선욱)

제 II 부

앨리스 마페트와 루시아 마페트(박신순)

I부

평양숭실대학과
마포삼열

1. 서론

이 글은 한국에 장로교 복음을 전하고 복음주의적 신앙의 기초를 형성하였고, 평양에 숭실을 건설하여 교육에도 많은 기여를 한 마포삼열(새뮤얼 오스틴 마페트, Samuel Austin Moffett) 선교사와 평양숭실대학과의 관계에 대하여 쓴 것이다. 마포삼열 목사에 대해서는 이미 많은 글들이 있지만, 이 책은 특히 그동안 세상에 잘 알려지지 않았던 그의 편지들을 중심 자료로 사용하고 있다는 점에서 특징을 갖고 있다.

마포삼열은 저술을 거의 남기지 않았고 설교문도 거의 남기지 않았다.[1] 그 남긴 자료는 선교본부에 보낸 공식 보고서들과 가족들에게 보낸 많은 편지들이다. 이 가운데 그가 고향의 부모들께 보낸 편지들은 유감스럽게도 화재로 소실되었지만, 그의 두 아내들과 자녀들에게 보낸 편지들, 그리고 선교부의 임원들에게 사적으로 보낸 편지들은 다행히 지금까지 남아 있다. 이 편지들에는 공식 보고서에서와는 달리 본인의 흉중에 담긴 생각들이 표현되어 있는데, 이 글은 이러한 생각들을 중심으로 평양의 숭실대학과 관련된 마포삼열 목사의 활동들과 대학교육에 대한 생각을 드러내는데 초점을 두고 있다.

사신(私信)들에는 공식 문서에 드러나지 않는 속내가 드러나기 마련이다. 그렇지만 그의 한국에서의 선교사역이나 학교 관련 사안들이 사신들에서 체계적으로 표현될 수는 없다. 수신인과 공유하는 어떤 전제들이 편지에는 이미 존재하고 있기 때문이다. 따라서 이 편지들에서는 그의 삶과 신앙을 읽을 수 있는 많은 내용들이 있음에도 불구하고 평양숭실대학이라는 특수한 주제에 대해 얻을 수 있는 정보는 제한적일 수밖에 없다. 그래서 이 연구는 그

1) 조경연, 『초기 한국장로교 신학사상』, 도서출판 그리심, 2011, p.250.

동안 연구들과 증언들을 통해 알려진 일들에 대해 다른 내용을 제시하거나 새로운 뜻밖의 사실들을 거의 공개하지는 않는다. 이 연구는 마포삼열 목사가 교육에 대해 마음에 가지고 있었던 일관된 생각이 무엇인지를 드러내는 정도에 머물게 될 것이다. 그럼에도 불구하고 우리는 숭실대학 및 평양 그리고 서울 이북 지역의 학교들이 취해 왔던 태도와 조치들의 이념적 근원이 무엇이며 숭실대학의 창건과 폐교에 이르기까지 마포삼열의 입장이 얼마나 일관된 것인지를 명확하게 알 수 있게 될 것이다.[2)]

이 책에 담긴 원고는 마포삼열 목사의 셋째 아들이자 선교사학자인 마삼락(새뮤얼 휴 마페트, Samuel Hugh Moffett)교수의 부인인 마애란(아일린 마페트, Eileen Moffett) 여사가 관련 자료들을 입수하여 컴퓨터 파일로 남기면서 만들어진 것이다. 마삼락 목사가 장로회신학대학에서 정년퇴임을 하고 1981년에 프린스턴 대학으로 가서 거기서 계속 강의를 하였을 때부터 마애란 여사는 이런 작업을 십 수 년간 진행했다. 여기에는 마삼락 목사 내외가 "한국에서 가져온 서류 상자와 미국 창고에 넣어 두었던 상자"들에서 나온 "한국 교회 역사와 한국에서 봉사한 선교사 가족들과 관련된 보물 같은 자료들"과 "필라델피아의 장로회역사협회 고문서실"의 자료들, 그리고 "다른 자료들"을 포함된다. 아쉽게도 이미 언급한 것처럼, "젊은 마포삼열이 한국에 도착한 이후 46년간 인디애나 주 매디슨에 있는 가족들에게 보낸 개인 편지들"[3)]이 1944년의 화재로 모두 소실되어 여기에는 포함될 수 없었다.

---

2) 북한 지역, 특히 서북지역에 기독교가 널리 전파되는 가운데 장로교가 그 중심을 이루게 된 것에는 마포삼열의 공이 크다. 그가 한국으로 도착한 바로 그해 8월에 서북지방으로 1차 전도여행을 감행하여 의주까지 다녀왔다. 이후 그의 전도여행은 서북지방에 집중되고 있다. 숭실대학이 평양신학교와 더불어 평양에 자리잡고 서북지방뿐만 아니라 한반도 전체, 그리고 간도 지역에 까지 이르는 영역에서 신앙의 중심지 역할을 하게 된 것은 마포삼열의 활동이 서북지역에 집중됨으로써 생겨난 결과라고 할 수 있다. 이만열, 『한국기독교와 민족의식 한국기독교사연구논고』 지식산업사, 1991, p.294 참조.

3) 아일린 마페트, "서언과 감사 2", 옥성득 편역, 『마포삼열 자료집 1』, 숭실대학교 가치와윤리연구소 간행, 새물결플러스 2017, pp.21-23.

이 자료들의 일부는 1999년에 『마포삼열 서간집』이라는 제목의 김인수 교수의 번역으로 일부 출간이 되기도 했었다. 그러나 이 책에서 활용된 자료는 1868년 마포삼열의 어린 시절의 편지부터 그가 소천한 1939년까지의 편지 및 자료들을 포함하고 있으며 모두 10권의 분량에 달하는 자료이다. 우리는 이 자료들에 담긴 내용 가운데 평양숭실대학과 관련된 부분에만 집중할 것이다. 기존에 마포삼열과 숭실대학과의 관계에 있어 알려지지 않았던 소소한 일들을 정리해 내어, 교육에 대한 마포삼열의 근본 입장과 생각을 명료하게 드러내는데 초점을 둘 것이다.

이 연구를 통해 평양숭실대학과 마포삼열의 관계를 재조명하는 작업은 그동안 논의되어온 내용들에 대해 크고 근본적인 수정의 근거를 제공하지는 않는다. 그러나 세세한 부분에 있어서 새로운 정보를 제공하거나 오류들을 교정하는 역할을 할 수 있을 것이다.[4)]

평양숭실대학과 관련한 마포삼열의 주요 연대는 다음과 같다.

1864년 1월 25일 미국 인디애나 주, 매디슨 출생. 5남 2녀 중 4남으로 출생.

1884년 6월 12일 하노버 대학 최우등 졸업 (화학 학사).

1885년 6월 하노버 대학 석사 (과학 석사).

1886년~1884년 시카고 맥코믹 신학교.

1884년 5월 베어드와 함께 미국 북장로회 목사로 안수(매디슨에서).

1890년 1월 25일 26세 생일에 미국 북장로회 한국선교회 선교사로 서울

4) 마포삼열이 쓴 서신과 보고서와 잡지 기사 등의 일차 자료는 한국교회에 널리 잘못 알려진 많은 사실들을 바로잡아 주고 있음을 이 자료집 곳곳에 붙어 있는 옥성득 교수의 각주를 통해 확인할 수 있다. 예를 들면 제너럴셔먼 호 사건 때 공을 세운 퇴교 박춘권은 1899년 마포삼열로부터 세례를 받았는데, 그때 나이가 77세였다고 보고되고 있다. 그가 세례를 받고 영수는 될 수 있었겠지만 장로로 안수 받기에는 너무 연로했음을 알 수 있으며, 영수로 봉사했더라도 그렇게 오래 활동하지 않았음을 짐작할 수 있다. 옥성득 편역, 『마포삼열 자료집 2』, 숭실대학교 가치와윤리연구소 간행, 새물결플러스 2017, p.697의 주1 참조.

도착.

1890년 6월 북장로회 한국선교회 연례회의에서 회장 선임. 이때 선교회의 정책으로 네비우스 정책 채택됨.

1890년 8월 29일 제1차 전도여행. 이때 평양에서 2주 체류함.

1891년 2월 25일 제2차 전도여행. 북한과 만주 지역 도보로 방문. 5월 18일 귀경.

1891년 9월 제3차 전도여행. 북한 지역 방문.

1892년 5월 6일 제4차 전도여행. 4개월간 북한 지역 방문.

1893년 3월 6일 제6차 전도여행. 5차로 북한지역을 방문하였고, 이때 평양을 5번째로 방문.

1893년 5월 15일 6차 북한지역 전도여행. 혼자 평양으로 가서 주일예배 인도. 6월 10일경 귀경.

1893년 9월 7차 북한지역 전도여행. 평양에서 학습반 조직. 이후 1895년 12월 5일 평양여행 호조 발급 때까지 수시로 평양을 방문하고 체류함.

1896년 11월 안식년을 맞아 미국으로 감.

1897년 10월 윌리엄 베어드가 평양으로 전임.

1897년 10월 10일 평양 신양동에 숭실학당 개교.

1898년 3월 16일 한국으로 돌아 옴.

1898년 11월 의료선교사로 온 앨리스 피시와 약혼.

1899년 6월 1일 앨리스 피시와 결혼.

1900년 9월 30일 5년 과정 숭실중학 개설.

1901년 평양신학교 설립.

1904년 숭실중학의 첫 번째 학급이 졸업하면서, 대학 과정의 학급들이 시작됨.

1905년 감리교와 연합으로 숭실대학이 세워짐.

1906년 6월 1일~1907년 초 아 내의 병 치료차 마포삼열 내외가 미국으로 출국.

1908년 「사립학교령」 제정.

1909년 2월 「기부금품모집취체규칙」 사립학교에서 기부금 모집을 금지.

1911년 8월 「조선교육령」, 10월 「사립학교규칙」 제정.

1911년 105인회 사건.

1912년 7월 12일 오후 3:30에 앨리스 피시 마페트 사망. 슬하에 두 아들 제임스 멕키 마페트와 찰스 헐 마페트 남김.

1913년 6월 2일~1913년 8월 마포삼열 샌프란시스코 도착(5월에 한국 떠남), 산라파엘의 장인 만남, 매디슨 본가 방문, 뉴욕에서 브라운과 대학문제 논의, 산라파엘 방문, 귀국.

1914년 말 장로교 선교부 실행위원회 의장 임기 종료.

1915년 4월 베어드 박사의 사임으로 2대 학장 나도래(R. O. Reiner) 취임.

1915년 6월 30일 앨리스 피시의 사촌인 루시아 피시(1877~1962)와 재혼 (슬하에 세 아들 새뮤얼 휴 마페트, 하워드 퍼거스 마페트, 토마스 피시 마페트 남김).

1915년 「개정사립학교규칙」 발표.

1918년 4월 나도래의 사임으로 숭실대학 3대 학장으로 취임.

1919년 3월 4일 마포삼열이 평양에서 독립만세운동 목격.

1920년 「개정교육법」 발표.

1921년 11월 초 장모상으로 미국으로 감.

1923년 2월 말 한국으로 돌아 옴.

1928년 9월 숭실대학 학장직 사임하고 4대 학장 윤산온(S. G. McCune) 취임.

1928년 11월 1일~1929년 2월 1일 마포삼열 내외 3개월간 미국에서 휴가.

1930년 신사참배문제 발생.

1934년 1월 70세로 선교사 정년 및 선교45년 기념식. 이후에도 계속 업무 종사.

1936년 1월 신사참배거부로 윤산온이 학장직에서 물러나게 되자 설립자로서 후임자 선정 및 관련 문제로 계속 활동.

1936년 3월~1938년 3월 5대 학장 모의리(E. M. Mowry) 취임.

1936년 7월 3일~7월 14일 황해도 소래로 휴가를 다녀온 뒤에 열사병에 걸렸고, 이로 인해 언어장애가 옴.

1936년 9월 24일 마포삼열 미국으로 출발. 10월 13일에 캘리포니아에 도착. 치료가 잘 진행외 된 뒤에 한국으로 돌아갈 계획을 함. 1937년 2월 혹은 5월에 돌아올 준비.

1937년 2월 14일 경 한국으로 돌아가지 않겠다고 결심.

1937년 2월 23일 한국에서 루시아 마페트의 병으로 인해 아들 톰과 함께 미국으로 돌아온다는 전신을 받음.

1937년 3월 24일 루시아 마페트와 톰이 캘리포니아 후버에 도착.

1937년 4월 25일 이 날짜의 편지부터 먼로비아 주소가 사용됨.

1939년 10월 25일 마포삼열 미국 캘리포니아, 먼로비아에서 75세의 일기로 소천.

이 글의 목적은 평양숭실대학교 관련 마포삼열의 활동을 그의 자료집에 제한하여 살펴보는 것이기 때문에, 여기서는 평양숭실대학의 역사 자체를 충실히 다루거나 마포삼열의 삶 자체를 충실히 다루지는 않는다. 평양숭실대학의 역사 자체는 『숭실대학교 100년사』나 리처드 베어드가 쓴 『윌리엄 베어드』를 통해 자세히 알 수 있다. 또한 마포삼열의 삶에 대해서는 비록 오래된 저술이지만 『마포삼열박사전기』를 통해 살펴볼 수 있다. 보다 체계적인 전기 작업은 전문교회사가의 손을 통해 완성될 과업일 것이다.

마포삼열과 관련된 기존의 저술들에 비해 이 글이 차별화되는 점은 마포삼열 자신이 남긴 자료에만 충실하려고 했다는 점이다. 하지만 이 자료의 성격상 그 내용들 모두가 단편적인 정보만을 제공하는데 머물러 있기 때문에 이 내용들을 종합한다고 해서 체계적인 결과물이 도출될 수는 없다. 이는,

이 자료집의 내용들이 제대로 이해되기 위해서는 이 글들이 전제하고 있는 당시의 상황에 대한 별도의 체계적 이해를 필요로 한다는 말이 된다. 이를 위해서 우리는 기존의 다른 자료들에 의존할 수밖에 없다. 따라서 이 글은 리차드 베어드의 『윌리엄 베어드』와 박혜진의 『일제하 한국기독교와 미션스쿨』 및 여러 저서와 논문에 상당히 의존하게 되었다. 방법적으로 이 글은 기존의 연구들을 통해 배경적 설명을 먼저 제시한 다음, 이를 바탕으로 자료집에 흩어져 있는 내용들을 정리하여 종합적 서술을 기하는 길을 선택하였다.

2. '한국실험'과 평양숭실대학

한국에서의 선교는 네비우스 방법론을 공식적으로 채택해서 이루어졌다. 한국에서 네비우스 방법론을 채택하고 이에 따라 선교정책을 수집 운영한 것에 대해 리처드 베어드는 '한국실험(Korea Experiment)'이라고 부른다. 그리고 여기에 대해 다음과 같이 설명하고 있다.

> 한국에서 일어난 일은 선교에 있어서 일종의 실험과도 같은 것이었다. 당시 한국은 새로운 생각과 방법들을 실행해보는 실험실이 되었다. 한국이 1884년에 개방되었을 즈음, 이미 개신교 선교는 근동지역과, 인도와 버마에서 약 1세기 전에 시작되었다. 중국과 일본에서도 선교사들이 약 반세기 동안 활동해오고 있었다. 이러한 현장에서 터득한 경험들로부터 얻은 교훈들이 틀림없이 한국에 적용되었을 것이다. 동아시아지역 전역의 장로교 사역을 담당했던, 알렌 박사를 중국으로부터 한국에 데려와서 일하게 했으며, 언더우드, 마페트, 베어드, 아담스 박사들과 그 외 모든 초기 선교사들을 선발하고 관리하는 책무를 맡고 있었던 선교본부 총무 엘린우드(F. F. Ellinwood) 박사는 한국에서는 다른 선교지에서의 실수를 되풀이해서는 안 된다는 점을 강조하면서, 새로운 방안과 방법을 시도하고 발전시켰다.[5)]

네비우스 방법의 핵심은 자전(self-propagation), 자치(self-government), 자립(self-supporting)이며, 전도를 우선시하고, 직접적인 복음전도 외의 활동인 고아원이나 학교, 병원의 설립 운영은 복음전도에 부수적인 것으로 간주하는 태도를 갖고 있다. 그래서 결과적으로 교회 이외의 기관들에 대해서는 중심적 가

---

5) 리처드 베어드, 숭실대학교 뿌리찾기위원회 역주, 『윌리엄 베어드』 한국기독교문화연구원, 2016, p.201.

치를 부여하지 않게 되고, 따라서 "반기관적 태도" 즉 "기존의 기관이나 제도 중심의 선교에 반대하는 태도를 보이는 성격"을 보이게 된다. 이 입장은 근본적으로 "먼저 나라 전체에 토착교회가 설립되어야 하고, 그런 다음 기관들이 교회의 필요에 맞게 발전해야 한다는 것" 그리고 교회가 확고하게 세워지기 전에 선교사들의 시간과 재원은 고아원, 학교, 심지어는 병원이나 다른 좋은 목적에도 사용되어서는 안 된다는 것"[6]을 의미한다.

학교를 중심으로 보면, 선교에 있어 학교를 중심에 두고 학교 등의 사역을 통해 선교를 이루는 것이 아니라, 복음전도를 먼저 이루고 이를 통해 교회가 형성된 이후에 학교가 설립이 되어야 한다는 것을 의미한다. 실제로 이런 방식으로 한국에서의 교육선교가 이루어졌다. 특히 네비우스 방법을 철저하게 따랐던 마포삼열과 윌리엄 베어드에 의해 선교가 이루어진 평양을 중심으로 한 이북지역이 그러하였다. 따라서 숭실학당, 그리고 숭실대학도 이런 맥락에서 형성되고 발전되었다.

리처드 베어드는 일본이 한국을 합병한 1910년을 기준으로 볼 때, "그 어떤 선교지에서도 한국처럼 큰 규모를 자랑하면서 자신의 나라 형편에 맞게 토착화되어서 잘 운영되고 있는 학교제도를 가진 곳은 별로 없었다."라고 평가한다. 그리고 이러한 제도는 결국 "베어드 박사가 설립해서 초대 교장을 지낸 숭실대학에서 그 절정에 달하였다."고 한다.

마포삼열의 교육에 대한 관심은 선교 초기부터 있었던 것으로 보인다.[7]

---

6) 위의 책, p.202. 네비우스 방법이 가지고 있었던 자립의 정신은 한석진과 길선주 등 1세대 기독교 지도자들에 의해 한국인의 자주성을 강조하는 방식의 자주적 교회, 독립교회 수립 운동으로 나타나기도 했다. 특히 한석진은 선교부에서 지불하는 봉급을 거절하였고, 평양의 장대현교회와 서울 안동교회의 건축 시에도 선교사의 재정적 지원을 받지 않고 한국인 스스로의 힘으로 건축하였다. 이덕주, 『한국 토착교회 형성사 연구』 한국기독교역사연구소, 2001, pp.36~37.

7) 권태경, 「마포삼열(Samuel A. Moffett)의 교육 활동의 전개」, 『복음과 선교』 제32집. 2015, pp.18~19.

그가 한국에 도착하기 전에 먼저 기착했던 일본에 잠시 머무르는 동안 도쿄의 메이지학원과 그래함신학교, 교토에 있는 도시샤학교와 도시샤여학교, 그리고 나가사키에 있는 스터지신학교와 남학교 등을 방문하였고 그곳의 선교사들과 대화하는 시간도 가졌다.[8] 또한 그는 1893년 제3차 전도여행을 마치고 서울로 돌아오기 전에 중국 지푸와 등주를 들러 거기에서 성공적으로 이루어지고 있는 학교사역을 배우고 서울로 돌아왔다.[9]

평양에서 복음전도가 상당한 성공을 이루고 난 뒤 교육 문제가 곧이어 제기되었다. 그래서 한국선교회는 1896년에 윌리엄 베어드를 대구선교지부에서 서울로 전임시켜 교육 자문을 맡겼다. 이때는 네비우스 선교정책이 채택된 지 6년이 되던 때였고, '한국실험'이 상당히 만족스럽다고 판단을 하던 때였다. 베어드는 교육정책 입안자가 되었고 그의 주요 임무는 "여행 도중 가능한 시간을 활용해서 선교회 교육의 전반적인 관리를 하면서 학교에서 가르치는 일을 하고, 선교사가 들어가지 않은 지역에 이미 세워진 교회가 운영하는 소학교를 위해서 교재를 준비하고 교사들을 훈련시키면서, 선교회가 승인할 교육정책을 수입하는 일"[10]이었다.

그런데 네비우스 정책을 따르는 당시의 한국선교회는 학교를 세우지 않는다는 원칙을 갖고 있었다. 학교를 만들고 운영하는 것 보다 교회설립에 필요한 전도사역에 헌신하는 것이 먼저라는 입장 때문에 학교를 만들고 감독하는 일은 누구도 원하지 않는 일이었고, 마포삼열도 예외는 아니었다. 마포삼열이 서울에 이미 만들어져 있는 학교들을 감독하기는 했으나 마지못해 담당한 일이었으며, 새로운 담당자가 올 때까지 한시적으로만 그 일을 담당하려 했다. 베어드에게 교육 자문직이 주어졌으나 그것이 곧 그가 활발한 교

8) 〈1890년 1월 28일 마포삼열이 엘린우드 박사에게 보낸 편지〉, 『마포삼열 자료집 1』 새물결플러스 2017. 참조.

9) 〈1892년 11월 9일 마포삼열이 엘린우드 박사에게 보낸 편지〉, 위의 책 참조.

10) 리처드 베어드, 『윌리엄 베어드』 p.216.

육사업을 할 수 있는 상황에 들어섰다는 것을 의미하는 것은 아니었다. 오히려 그가 실제로 수행해야 했던 주된 임무는 마포삼열이 안식년 휴가로 부재 중일 시기에 되도록 평양지역을 많이 방문하여 순회전도를 하는 것이었다.

마포삼열이 1896년 11월에 안식년을 떠나고, 베어드는 그의 부재 시 역할로 1897년에 두 차례 전도여행을 다녀왔다. 첫째 여행은 1897년 3월말에서 5월까지 7주 동안 황해도와 평안도 지역을 방문한 것이었다. 두 번째 여행은 여름에 비교적 짧은 일정으로 평양을 다녀온 것이었다. 원래의 계획에는 없던 것을 평양에 있던 그레엄 리(Graham Lee) 선교사의 간절한 도움 요청에 따라 이루어진 것이었다.[11)]

윌리엄 베어드는 교육 자문으로서의 역할에 따라 교육정책을 수립하였고, 그것은 한국선교회의 일치된 의견으로 간주될 수 있는 것이었다. 그 내용은 "교육은 실험적 선교가 된다는 생각, 다른 선교현장에서의 실수들을 되풀이해서는 안 된다는 바람, 교육정책은 꼭 필요한 것으로 지금이 바로 다음 단계를 생각해야 한다는 인식"[12)]이 기초를 이룬 것이다. 1897년 8월 말에 열린 선교지부 연례회의에서 베어드 박사는 〈우리의 교육 정책〉을 발표했고, 토론을 가진 뒤 채택되었다. 여기에는 네비우스 정책을 반영하는 다음과 같은 구절이 있었다. "미션 스쿨의 주목적은 현지교회들과 그 지도자들이 자기 민족 속에서 기독교사역을 왕성하게 할 수 있도록 발전시키는 데 있다." 그리고 이 글은 다음과 같은 말로 끝내고 있다. "선교사 교사라면 우선 학생들을 복음전도자들로 만들어 내야 합니다. 만약 이런 일에 실패한다면, 그가 교육가로서 성공했을지 몰라도, 그는 선교사 교사로서는 실패한 것입니다."[13)]

윌리엄 베어드가 평양에서 머무르며 선교를 하기로 된 1897년에 한국선교회는 교육과 관련한 세 가지 문제에 봉착했다고 리처드 베어드는 분석한

---

11) 위의 책, pp.124~129, 216~217.

12) 위의 책, p.218.

13) 위의 책, p.220.

다. 첫째는 기존 교회 및 새로 시작한 교회에 몰려드는 남녀 초신자를 위한 교육 문제였고, 둘째는 선교회와 교회에서 이미 전임사역을 시작한 권서, 조사, 전도부인 등에게 보다 높은 수준의 교육이 필요하게 된 점이고, 셋째는 개교회의 지원으로 만들어져 운영되고 있는 소학교의 졸업생들을 위한 중등교육의 필요가 발생했다는 점이다.[14] 첫 번째 문제를 위해서는 성경공부 학습반이 운영되었고, 이것이 점차 전문화된 교육을 하면서 신학교, 성경학교, 중등학교, 대학교 등으로 발전하는 계기를 마련했다.

마포삼열 박사가 안식년에서 돌아온 지 1년이 지난 1899년 3월에 베어드 박사 가족은 안식년 휴가를 미국에서 가졌고, 다음해인 1900년 5월경에 한국으로 돌아왔다. 돌아오자 그는 곧 숭실학당 수업을 재개했고, 1901년 9월에는 숭실학당 건물이 완공되었다. 숭실학당의 첫 졸업생은 1904년에 나왔는데, 이때 대학 과정의 학급들이 이미 시작되었다. 그리고 이듬해인 1905년에 대학을 정식으로 시작하였다. 당시에는 학생들의 수준이 일정하지 않았기 때문에 숭실중학과 숭실대학은 같은 건물을 사용하면서 일부 수업은 겹쳐서 진행이 되었다고 한다.

이때 마포삼열 박사는 숭실학당에 대해 외부에서 지원하는 방식으로 관여했던 것으로 보인다. 즉 운영비용에 대한 문제의 해결, 운영 방식에 대한 소극적 관여, 베어드 선교사 부부에 대한 지원 등의 방식으로 도움을 주었던 것이다. 예를 들면, 마포삼열은 당시 미국선교본부 총무인 브라운 박사에게 편지를 내어, 숭실학당에 투입되고 있는 선교사들에 발생한 변동에 대해 언급하며 해결을 요청하였다. 예를 들면, 매큔 부부가 떠난 뒤 되돌아오지 못하여 인적 결손이 발생하고 있음을 알리고 이에 대한 보충 인력이 필요하다고 주장하면서 충원을 요구한 것이다. 또한 재정적 자립의 원칙에 따라 학교와 관련한 비용들을 자급하기 위해 지역 교회들의 지원을 받고 있기 때

14) 위의 책, p.234.

문에, 교사들이 학교 교육을 하면서 받아야 되는 월급의 규모가 작아서 봉사 수준으로 운영되고 있다고 어려움을 토로하기도 하였다.[15] 1906년 8월에 브라운 박사에게 보낸 편지에서 마포삼열은 숭실대학을 위한 건물이 시급하게 필요하다는 사실을 보고하고 있기도 하다.[16] 역시 브라운 박사에게 보낸 1909년 7월의 편지에서 마포삼열은 교육 공간이 부족하여 공간 확충의 필요가 있음을 알리고 있으며 1910년 1월의 편지에서도 건물 부족을 다시 언급하고 있다.[17]

마포삼열의 부인 앨리스 마페트가 자신의 모친에게 1909년 11월에 보낸 편지에서 자신이 하고 있는 여러 일들에 대해 간략히 설명하고 있는데, 여기에 당시 평양의 교회와 학교간의 관계에 대한 설명이 나온다.[18] 그에 따르면, 한국교회는 교인들의 자녀들을 대상으로 하는 초급 교육을 위한 학교를 지원하고 있고, 선교부는 그보다 높은 교육을 지원하고 있다고 한다. 초급 학교들이 많이 부족하게 되자 교회는 남자 아이를 위한 학교 건축을 위한 특별 헌금을 교회에서 하였는데, 곧이어 몇몇의 교회 여성들도 모여 여아들을 위한 학교 건축을 위한 특별 헌금을 하였다고 한다. 4~50여명의 여성들이 헌금한 액수는 400엔 (금화 200달러)로 일부는 현금으로 일부는 약정으로 하였다. 한국인들의 가난한 상황을 고려할 때 실로 놀라운 일이 아닐 수 없다고 말하고 있다. 이는 그들이 얼마나 자식들을 사랑하고 귀히 여기는지를 보여주는 예라고 한다. 한 여성은 한 달 임금이 8엔인데 그중 1/4인 2엔을 헌금으로 냈다고 한다. 당시 한국인들의 교육열을 보여주는 부분이다.

---

15) 부록 〈1904년 10월 20일 마포삼열이 브라운 박사에게 보낸 편지〉 참조.

16) 부록 〈1906년 8월 1일 마포삼열이 브라운 박사에게 보낸 편지〉 참조.

17) 부록 〈1909년 7월 2일자 마포삼열이 평양에서 브라운 박사에게 보낸 편지〉 및 〈1910년 1월 7일자 마포삼열이 평양에서 브라운 박사에게 보낸 편지〉참조.

18) 부록 〈1909년 11월 22일자 앨리스 마페트가 평양에서 자신의 부친에게 보낸 편지〉 참조.

윌리엄 베어드가 정리한, 네비우스 방법에 기초한 선교지부의 교육정책에 대해 마포삼열 박사는 전적으로 동의하고 있다. 1905년 미국 뉴욕에 있는 북장로회 해외선교부에서 출간된 『신규 선교사들을 위한 조언: 장로회의 선배 선교사들로부터』에 수록된 마포삼열의 「전도의 전제 조건과 원칙」이라는 제목의 글에서 그는, 교육은 이차적 중요성을 가질 수밖에 없고 선교가 항상 일차적인 중요성을 갖는 일로서 머물러 있어야 한다고 주장하며, 교육이 중요하기는 하지만 전도 보다 우위에 두어서는 안 되고, 교육에 전적으로 몰두하다보면 본말이 전도되는 결과가 발생할 수 있는데 그리 되어서는 안 된다는 점을 명확히 설명하고 있는 것이다.[19)]

1906년 5월에 출간된 선교잡지에 게재된 마포삼열의 글 「한국 복음화의 정책과 방법들」에서도 그는 교육이 신앙을 전하기 위한 수단임을 역설하고 있다. 대학 교육 또한 이 목적을 위해서 설립되고 운영되어야 한다는 것이다. 서구 문명의 일부를 소개하는 것이 교육의 목적이 아니며, 교회를 세우고 기독교를 교육하는 것이 궁극 목적임을 분명히 하고 있다.[20)]

1910년 5월에 마포삼열은 평양선교지부에서 보낸 보고서[21)]를 통해 그 동안의 선교사들의 노력의 결실로 한국 교회가 네비우스 원칙에 따른 자립을 이루었다고 평가할 수 있으며, 이를 뒷받침하기 위해 선교적 관점에서도 교육기관에 대한 확대가 필요하며, 이에 따른 기금 확보가 중요하다는 의견을 피력하고 있다. 복음전도를 통한 교회 형성이 어느 정도 수준에 이르렀으므

---

19) 마포삼열, 「전도의 전제 조건과 원칙」, 『신규 선교사들을 위한 조언: 장로회의 선배 선교사들로부터』 뉴욕: 미국 북장로회 해외선교부, 1905. 해당 본문은 부록 참조.

20) 마포삼열, 「한국 복음화의 정책과 방법들」, *Chinese Recorder and Missionary Journal* XXXVII-5 (1906년 5월): 235-248. 이 글은 개신교 선교대회에 발표한 글이다. 해당 본문은 부록 참조.

21) 부록 〈1910년 5월 마포삼열이 평양에서 Pyengyang Missionary Community를 발신자로 해서 쓴 보고서〉 참조. 이 보고서는 서울에서 연합대학을 건설하자는 서울 거주 선교사들의 안에 대하여 평양의 선교사들의 공동의 의견을 피력하기 위해 작성한 것이다. 서울 거주 선교사들이 평양 거주 선교사들의 생각을 알고 싶어 하여 이 편지를 통해 연합대학과 연관한 교육의 방향성 등을 피력하고 있는데, 이러한 방향성은 네비우스 방법에 입각하고 있다.

로, 이제는 교육과 관련한 발전을 이루어야 할 때가 되었다는 의견이다. 또한 그동안 시행했던 것보다도 더 인문적 차원에서 (on a liberal scale) 기독 청년들을 교육해야 한다고 쓰고 있다.

또한 마포삼열은 선교회와 교회가 교육 기관을 조정할 수 있는 위치에 있어야 한다는 의견을 제시하고 있다. 교직원도 기독교적 봉사를 할 수 있도록 훈련할 필요가 있고, 또한 선교사의 에너지와 노력이 투입될 수 있도록 해야 한다는 큰 원칙을 가져야 한다고 하였다. 이러한 원칙에 따라 이 편지에서는 일곱 개의 항목을 제시하였는데, 간단히 정리하면 다음과 같다.

1. 교육기관은 선교부와 관련 위원회가 직접 지명하고 임명한 이들로 구성된 사람들, 혹은 이 영역의 대표자들, 즉 선교부(the missions)가 직접 지명하고 임명한 이들로 구성된 사람들이 주도적으로 운영을 하여야 한다. 이사회와 자문기관의 구성과 역할을 규정하는 정관을 마련할 때에도 위와 같은 방식에 준해야 한다. 이런 방식으로 기독교 기관으로 교육기관이 이룩될 수 있다고 보았다.
2. 매일 채플과 성경공부를 하도록 규정화하여야 한다.
3. 교직원은 모두 신앙인이어야 하며, 한국어 학습을 필수로 한다.
4. 교육은 선교사역과 연동되어야 한다.
5. 학생들이 신앙적이 될 수 있도록 신앙의 수용과 서약을 하도록 해야 한다.
6. 학생들이 기독교적 정신에 머무르도록 등록금은 받지 않도록 한다.
7. 교육이 교회의 엄격한 통제를 받아서는 안 되기 때문에 선교부가 통제하는 방식을 취해야 한다.

뒤에 다시 자세히 다루겠지만 1915년에는 일제가 『개정사립학교규칙』을 만들어 합방 이전에 설립되어 운영해 오던 학교들에 대해 압박을 가하였다. 그로 인해 모든 수준의 학교들이 다 어려움을 겪었는데, 이에 대응하는 과정에서 마포삼열은 미국 선교본부의 브라운 박사에게 편지를 보내 한국 선교부가 취해온 교육 정책에 대해 설명하였다.[22] 그 내용은 선교사들이 물질적, 교육적 혹은 박애정신에 입각한 지원에 기초한 호소를 하지 않았고, 이 교도들에게 하나님께서 인류를 구원하기 위해 주신 것을 믿도록 하는데 집중하였다는 것, 즉 기독교만이 강조되도록 했고, 그리스도와 그의 진리만이 제시될 수 있도록 하였다는 것이다. 마포삼열은 네비우스를 언급하면서, 적절한 때가 오면 의료사업과 교육사업의 내용을 최상의 것으로 만들어야만 한다는 데 확인을 가지고 있지만 그것은 어디까지나 교회를 이루는 사업에 뒤따라 나와야지 그에 앞서서는 안 된다는 입장이라고 명시하고 있다. 이런 입장에 입각하여 마포삼열 자신은 4년 전에 이미 교육사업을 발전시켜야 할 때가 왔다는 신념을 갖게 되었고, 서울과 평양에 중학교를 잘 이룩할 수 있도록 노력을 기울여 왔다고 한다.

이 시기에 특히 중요했던 문제는 일제가 금지한 성경공부 문제였다. 일제는 특별교육협의회를 통해 사립학교에서 성경을 가르치지 못하도록 변화를 가져오려고 했다. 당시 교육대신 고마츠는 학교에서 성경을 가르치는 문제에 대해서는 타협이 불가능하다고 하다고 선언하였으나, 교육보다는 선교가 우선이었던 마포삼열의 입장에서는 이것이 극복되어야 할 대상이지 타협의 대상이 아니었다. 그래서 마포삼열은 학교들이 힘을 합하여 노력하면 『개정사립학교법』이 제시한 10년간의 유예기간이 지나기 전에 성경을 가르칠 수 있는 권리를 다시금 확보할 수 있을 것이라는 믿음을 피력하고 있는 것이다. 이와 같은 태도는 숭실대학이 창립될 때부터 창립자들이 가지고 있었던 입장이며, 나중에 신사참배 문제가 발생했을 때에도 일관되게 견지한 태도였다.

마포삼열의 교육에 대한 입장은 끝까지 일관되게 지속되었다. 1926년에

22) 부록 〈1917년 9월 28일자 평양에서 마포삼열이 브라운 박사에게 보낸 "한국에서의 우리의 정책"이라는 제목이 붙은 편지〉 참조.

마포삼열은 중국에서 있었던 선교사 회의에 참석했는데, 중국에서 이루어진 기독교 학교의 모습에 크게 실망하였다. 뉴욕의 스피어 박사에게 보낸 편지에서 마포삼열은 중국에서 이루어지는 선교사의 교육정책에 대해 아주 비판적으로 서술하고 있다.[23] 그 내용을 정리해보면 다음과 같다.

1. 중국에서 교회가 만든 교육 기관들이 교회와 선교사업과는 전적으로 무관하다는 사실에 통탄스러워 했다.
2. 중국의 미션학교들을 보면서 과거의 한국에서의 경험에 비추어 볼 때, 역시 교육기관의 발전을 위한 노력은 교회의 발전에 부차적이어야 한다는 것과, 교회의 형성에 기여하기 위해 그런 노력이 이루어져야 한다는 것을 더욱 더 확고하게 믿게 되었다. 중국의 기독교 대학들은 지나치게 발전되었는데 그것이 커다란 실수를 바탕으로 하고 있으며, 그 때문에 대학의 기독교적 성격을 의심하게 된다. (비록 의도된 것이 아니었다고 해도) 복음전도보다는 교육을 그 목표로 삼았다는 것과, 부유한 계급층을 상당히 받아들이고 비기독교인들을 감당할 수 없을 만큼 받아 들였다는 것이 문제였다.
3. 중국의 교육자들에게는 교회의 발전에 대한 관심이 없다. 사람들에게 복음을 제시함으로써 교회를 세우는 것 보다는 지적 계급에 대한 교육을 통해 기독교적 이념을 퍼트리는 것이 더 중요하다고 생각하고 있다. 선교사들은 기독교보다도 교육에 더 가치를 두고 있다는 인상을 중국인(학생 포함)들이 갖고 있다. 그리스도를 죄로부터 구원하는 구원자로 받아들이는 것 보다는 종교적 도덕적 이념을 명목적으로 지적으로 받아들이고 깨우치는 것이 교육 사업의 목표라고 느끼고 있다.
4. 기관으로서 교회의 기능과 메시지로서의 복음의 기능에 대해 무관심하다. "낮은 계급" 성직자와 복음전달자에 대해서는 냉소적이고 거의 경멸

23) 부록 〈1926년 12월 8일 평양에서 마포삼열이 스피어 박사에게 보낸 편지〉 참조.

적인 태도를 갖고 있으며, 졸업생들은 고소득 직업에 대한 열망을 갖고 있으며, (성직자로서가 아니라) 지도자적 지위에서 역할을 하는 "고도로 훈련된 사람"이 되기를 바라고 있다. 대학 및 그와 연관된 신학교의 배출자들은 선교에 대한 진정한 소명을 느끼지 않을 뿐 아니라 목양의 필요에 적합하지 않다는 것을 복음주의적 선교사들은 느끼고 있다. 교육 기관들은 복음 사역에 도움이 되는 연관성을 갖지 않고 또 그와 무관하게 발전되었고, 학생들은 교회에서 유용한 존재가 되는 것과 무관한 분위기와 조건 가운데서 훈련되고 있다는 느낌이다.

5. 중국에 있는 우리 대학들은 교회를 위한 교육을 갖춘 리더십을 제공하고 있다고 볼 수 없다.

또한 마포삼열은 1927년 9월 15일자로 뉴욕의 국제선교위원회에 보낸 보고서를 초안했는데, 그 보고서에서 마포삼열과 동료 선교사들은 현재 경험하고 있는 시대적 변화에 대해 선교사로서 복음에 대해 어떤 입장을 가질 것인가에 대한 입장을 천명하며, 나아가 기독교 교육이 반드시 어떤 모습을 가져야 하는가를 밝히고 있다.[24] 그 주요 내용은 다음과 같다.

1. 우리는 변화하는 시대에 살고 있으며 이러한 현대의 삶에 맞추어 변화된 조건에 적응하여야 할 필요가 있다는 것을 깨닫고 있다. 그러나 우리는 외국 현장의 경험에 비추어, 오늘날 이 세상에 필요한 것은 수세기동안 필요로 해 왔던 것과 동일하다는 것, 즉 우리 주 예수 그리스도가 십자가에서 돌아가심으로 우리가 죄로부터 구원을 받았고, 그 사건에 하나님께서는 죄에 빠진 세상을 위한 사랑을 보여주셨다는 것을 깊이 확신하고 있다. 하나님께서 변하지 아니하시는 것처럼 이 메시지도 변하지 않으며,

24) 부록 〈1927년 9월 15일자로 마포삼열 등이 작성하여 뉴욕의 국제선교위원회로 보낸 보고서〉 참조.

예수 그리스도는 어제나 오늘이나 영원토록 동일하시다. 인간의 죄된 본성은 변하지 않았으며 인간이 죄에서 구원을 받아야 한다는 것도 변하지 않았다. "하늘 아래 어떤 사람에게도 구원을 이룰 다른 이름이 없다."는 것은 여전히 진리이다. 교육은 인간의 마음을 변화시킬 수 없으므로, 교육은 교회를 세우며 예수그리스도의 초자연적인 말씀의 능력을 통해 교회를 발전시키는 데 이차적인 중요성을 가질 뿐이다.

2. 선교부의 교육사업은 타협함 없이 기독교적이어야 하며, 기독교인을 위하고 교회를 세우려는 목적에서 이루어져야 한다. 교육은 긍정적인 기독교적 인격을 갖춘 사람들에 의해 이루어져야 하며, 따라서 교육기관과 관련을 맺는 사람은 자신들이 그리스도와 복음을 알리려는 목적을 위해 존재한다는 것을 깨달아야 한다. 오직 기독교만을 실제로 그리고 일관되게 교육하고 학생들과 사람들의 생각 가운데 기독교가 현저히 드러나게 하려는 교육 기관만이 기독교 학교로 존재하고 또 지원을 받을 권리가 있다.

3. 대학문제와 마포삼열

평양에서 윌리엄 베어드와 마포삼열이 교회의 설립과 학교를 위해 많은 노력을 했지만, 장로교만이 아니라 감리교도 역시 평양에서 사역을 하고 있었다. 하지만 장로교와 감리교가 협력적으로 사역을 한 것은 아니었다. 그럼에도 1905년에 베어드 박사는 서울에서 열린 감리교선교대회 연회에 참석하여 고등교육에서 협력할 수 있는지 의사를 타진하였다. 평양의 숭실중학교는 중등교육기관으로서 당시에 가장 큰 규모를 이루고 있었고, 1904년에 첫 번째 졸업생을 내었고 대학교육도 부분적으로 이미 시작을 한 상태였다. 이 상태에서 협력은 양측에 모두 유익할 수 있었던 것이었다.

감리교는 잠시 주저하다가 결국 이 사역에 동참하여 연합기독교대학으로 세워지게 되었다. 감리교는 자본금과 관리 비용의 1/3만을 부담하지만 행정과 관리에 있어서 동일한 지분을 갖는 것으로 합의 되었다. 대학의 이름은 연합기독대학(Union Christian College, UCC)이라고 하였고, 한국명으로는 숭실대학이라고 불렀다. 대학 건물로 장로교회는 견고한 벽돌건물을 지었고, 감리교회는 격물학당 건물과 함께 학당에 어울리는 2층 벽돌건물을 지었다. 장로교회에서 베어드 박사가 대학의 학장이 되었고, 조지 매큔과 엘리 모우리가 교수로 임명되었고, 베어드 박사의 부인인 애니 베어드도 사실상 전임교수와 마찬가지로 강의에 임하였다. 감리교에서는 베커, 블리스 빌링스, 칼푸루스 등 세 명의 교수를 지원하였다.[25)]

숭실대학의 최초 단계의 모습에 대해 백낙준 박사는 다음과 같이 서술하고 있다.

---

25) 리처드 베어드, 『윌리엄 베어드』 pp.253~254.

... 전국적으로 학교시설이 발전하고 또 여러 선교부가 이 나라의 교육계를 장악하였음에도 불구하고 인문계전문학교는 평양의 숭실대학교 하나뿐이었다. 수년간 기독교인사회는 이 학교의 유지를 위하여 재정적으로 원조하였고, 또한 여러 중학교 졸업생들은 이 유일한 대학교에 진학하게 되니 대학생의 수도 증가하였다. ... 1908년에 이 대학교는 제1회 졸업생 2명에게 졸업증서를 주었으나, 그 재학생수는 아직도 소수에 불과하였다. 1910년에는 재적생이 54명이었고, 졸업생수는 도합 7명이었다.[26)]

감리교와의 협력 상태에서 숭실대학은 1908년에 첫 번째로 두 명의 졸업생을 배출하였다. 이 당시 숭실대학과 숭실중학은 강의 과정을 엄격하게 분리하여 운영하지 않고 서로 연결하여 강의를 개설하였다. 리처드 베어드는 다음과 같이 설명한다. “[숭실대학과 숭실중학은] 한 관리위원회 산하의 하나의 기관이었고, 역사, 수학, 자연과학 등 실로 독립적인 학과들로 나뉘어 있었다. 각 학과는 그때의 필요에 따라서 대학 수준이나 중학 수준의 학급들을 개설했다. 학과장은 상급반을 가르쳤고, 그는 상시적으로 하급반을 위한 조교들과 강사들을 훈련시켰다. 오늘날 이것은 좋지 않은 교육적 관례로 생각되지만, 그 당시 한국에서는 다른 방도가 없[었]다. 이것은 융통성을 최대한 발휘하여 기관 운영비를 최소화하기 위한 것이었다.”[27)]

이런 교육사업이 근본적으로 네비우스 방법에 의거한 것이었지만, 네비우스 방법에 대하여 모든 선교사들이 다 동의한 것은 아니었다. 1890년에 네비우스 박사가 한국을 방문하였고 그 이후 장로교에서 네비우스 방법을 채택하였지만, 감리교는 네비우스 방법을 받아들이지 않았고, 또 한국 외 다른 지역의 장로교 선교사들도 대체로 네비우스 방법을 받아들이지 않았다. 네

---

26) 백낙준, 『한국개신교사: 1832~1910』 연세대학교 출판부, 1973, pp.418-419.

27) 리처드 베어드, 『윌리엄 베어드』 p.257.

비우스 방법은 선교지에서 보편적으로 통용되는 관례와는 거리가 있었고, 토착교회를 만드는 긴 과정 이후에 학교를 세우기보다는 학교를 먼저 세우고 학교를 이용한 선교를 먼저 기대하였던 것이다.[28)]

이러한 입장의 차이가 두드러진 계기는 1900년 뉴욕에서 있었던 에큐메니컬 세계선교대회였다. 이곳에서는 네비우스 방법에 대한 찬반토론이 크게 이루어졌는데, 전통적인 방법을 선호하였던 세계 각 곳의 선교사들은 네비우스 방법에 대단히 비판적이었고, 더욱이 그 방법을 이용한 '한국실험'이 상당한 성공을 이루었기 때문에 이 논쟁은 더욱 심각해져서 마치 '전쟁터[29)]'와 같았다고 한다. 선교 영역에서 유명한 인물이었던 인도의 어윙과 중국의 마티어가 신랄하게 공격적인 입장을 취했고, 네비우스가 활동했던 중국지역 출신의 선교사들도 네비우스의 입장에 회의적이었기 때문에 네비우스 방법을 옹호하거나 변호하는 입장을 취하지 않았고, 오직 한국에서 온 장로교 선교사들만 열심히 네비우스 방법을 옹호하였다. 그 가운데 윌리엄 베어드와 언더우드가 있었다.

네비우스 방법에 대한 이론적인 논쟁들이 강하게 있었고, 또 한국의 감리교에서는 네비우스 방법을 받아들인 적이 없었다는 점을 고려할 때, 1905년 경 이미 '한국실험'이 크게 성공을 거두고 좋은 결실을 맺은 것이 명확했던 순간에 대학문제가 발생했다는 것은 하나의 아이러니와 같아 보인다. 네비우스 방법에 따라 진행한 한국의 선교사업과 교육사업의 단기간의 혁혁한 결실들이 논쟁을 불식시킨 것이 아니라 새로운 문제를 야기했기 때문이다. 리처드 베어드는 이 상황과 관련하여 심리적 해석을 시도하며, 두 가지를 지적한다. "첫째, 한국실험을 반대한 사람들의 분노가 증가했다. 둘째, 한국선교회의 방어적 집착심리가 강화되었다."[30)] 즉, 리처드 베어드는 대학문

28) 위의 책, p.275.

29) 위의 책, p.273.

30) 위의 책, p.273.

제로 이어진 이러한 상황이 심리적 차원에서 해석될 수 있는 것으로 보고 있다. 이론이 실제적 적용의 결실을 보고 판별된 것도 아니고, 한국실험의 성공이 오히려 분노를 만들어 내었다는 것은 심리적 요인으로 밖에 볼 수 없는 것이다. 리처드 베어드는 이렇게 지적하기도 한다. "그들의 사역이 급속도로 성장했기 때문에, 몇몇 장로교인들은 거드름을 피우며 업적에 대해 자랑을 했을 것이고(감리교인들은 장로교인들이 그랬을 거라고 느꼈을 수도 있다.) 또 다른 장로교인들은 기독교인으로서 또는 선교사로서 우월감을 나타냈을 가능성도 있다. 더욱이 선교 방법론에 있어서, 모든 교회의 문제와 마찬가지로, 어떤 행위, 심지어 100년 동안이나 반복된 실수까지도 신성시 되어 왔었다. 미국에 있는 선교본부들과 한국선교 현장에 있는 한국실험의 반대자들은 그들이 일반적으로 수용해 왔던 방식을 몇몇 신참내기 젊은 장로교인이 다른 현장에서 벌어진 피해야 할 '실수'로 간주했다는 것을 알고 틀림없이 격분했을 것이다."[31)]

1905년 베어드 박사의 협력 요구에 부응하여 감리교가 평양의 연합기독대학에 참여한 것에 대해서도 리처드 베어드는 "그들이 연합하는 일에 대해 별로 마음이 내키지 않은 채로 설득당한 것처럼 보인다."[32)]라고 지적했다. 앞서 언급했던 것처럼 행정과 관리에 동등한 자격을 갖고 참여하지만 학교를 위한 자본금의 1/3만을 제공하겠다고 한 것은 그런 이유에서라고 본 것이다. 물론 이러한 참여의 시점이 1900년 세계선교대회 이후에 이루어진 것으로, 네비우스 정책에 대한 식지 않은 논쟁을 여전히 배경으로 하고 있었기 때문이다. 그래서 감리교는 1912년에 와서 평양의 연합에서 벗어나고자 했고, 서울에서 다른 학교를 시작하려고 했던 것이다.

1905년 숭실대학을 시작했을 때 숭실중학을 포함한 전교생은 160명이었

---

31) 위의 책, p.279.

32) 위의 책, p.276.

고, 이 가운데 감리교 소속의 학생은 15명에 불과했다. 새로 학생을 모집하였을 때 감리교 학생은 전체 학생의 1/3이 채 되지 않았다. 장로교에서는 학생들에게 장학금을 주지 않았고 단지 자조부에서 일을 하여 등록금을 버는 것을 허락하는 정도였지만 감리교에서는 장학금을 제공하였던 것을 고려한다면 감리교의 참여가 상당히 저조했음을 할 수 있다.

대학문제는 윌리엄 베어드가 감리교에 대해 숭실대학 운영에 참여하여 연합대학을 만들어 가자고 제안했을 때 이미 시작했었다고 보아야 할 것이다. 마포삼열은 1906년 1월 브라운 박사에게 보낸 편지에서 장로교와 감리교의 연합 문제에 대해 이미 우려를 표명하고 있다. 교육 연합은 자칫 장로교회의 관점에서 볼 때 정도를 벗어날 수 있다는 우려를 표명한 것이다. 만일 두 기관이 서로 따로 자신의 신념과 정책에 따라 최선을 다해 노력하되 서로 불필요한 경쟁심과 질투심이 없이 협력하여 일을 한다면, 이것이야 말로 진정한 연합의 정신일 것이며, 그 성과는 최선의 것이 될 것이라 마포삼열은 생각하고 있다. 연합은 반드시 일을 공동으로 하는 것으로만 나타나는 것은 아니기 때문이다. 그러나 연합으로 일을 하는데는 그 나름의 장점도 많이 있기 때문에 자신은 연합에 관하여 그동안 이견을 표명하지 않았으며, 궁극적으로는 대학 사역에 있어서 대규모 협력을 희망한다는 의사를 편지에서 밝혔다.[33] 마포삼열은 주로 심리적인 문제에 초점을 맞추었지만, 그 배경에는 '장로교의 관점'에서 볼 때 신학적인 문제 혹은 선교론적 관점에서의 문제가 발생할 수 있다는 점을 암시하고 있다. 이로부터 20년 후인 1925년에, 마포삼열은 연합의 노력이 추구되었을 때 학교의 목적과 교사의 특성을 유지하는 데 계속적으로 균열이 발생했었다는 것을 회고적으로 쓰고 있다. 그리고 그 이후에 각자의 길로 나아감으로써 교육의 높은 수준과 기독교적 특성을 유지

33) 부록 〈1905년 1월 31일 마포삼열이 브라운 박사에게 보낸 편지〉 참조.

할 수 있었다고 했다.[34] 20년간 이런 생각은 변화하기 않고 오히려 더 강력한 확신으로 남았던 것이다.

대학문제가 1912년에 들어와서 본격적으로 다루어지기는 했으나, 마포삼열의 편지에 따르면 1910년에 이미 서울 지역의 선교사들과 평양 지역의 선교사들 사이에 대학의 위치와 관련한 갈등이 심각했음을 알 수 있다. 1910년 5월에 마포삼열이 "평양 선교사 공동체(Pyengyang Missionary Community)" 이름으로 보낸 편지[35]에 따르면, 서울에서 연합대학을 건설하자는 서울 거주 선교사들의 안이 이미 제시되었고, 평양의 선교사들의 공동의 의견이 피력될 필요가 발생했던 것을 알 수 있다.[36] 우선은 서울 거주 선교사들이 평양 거주 선교사들의 생각을 알고 싶어 하는 데 부응하여 이 편지가 작성이 되었다. 이 편지는 지금은 교육과 관련하여 발전을 이루어야 할 때가 되었다는 의견으로 시작한다. 그 동안 선교사들의 노력의 결실로 한국 교회가 네비우스 원칙에 따른 자립을 이루었다고 평가할 수 있고, 이를 뒷받침하기 위해 선교적 관점에서도 교육기관의 확대가 필요하고, 이에 따른 기금 확보가 중요하다는 의견을 피력한다. 또한 그동안 시행했던 것보다도 더 인문적 차원에서(on a liberal scale) 기독 청년들을 교육해야 한다고 한다. 그리고 교육은 선교회와 교회가 컨트롤할 수 있도록 해야 한다는 의견이다. 교직원도 기독교적 봉사를 할 수 있도록 훈련할 필요가 있고, 또한 선교사의 에너지와 노력이 투입될 수 있도록 해야 한다는 큰 원칙을 가져야 한다고 하였다. 이러한 원칙에 따라 이 편지에서는 마포삼열은 다음과 같은 7 항목을 제시하였다.

---

34) 부록 〈1925년 8월 28일 평양에서 마포삼열이 휘트모어에게 보낸 편지〉 참조.

35) 부록 〈1910년 5월에 마포삼열이 평양에서 "평양 선교사 공동체"를 발신자로 해서 보낸 편지〉 참조.

36) 옥성득은 마포삼열이 "당시 정치와 문명의 중심지인 서울을 떠나 기독교 복음을 전하는 새로운 선교지부를 개척하고 싶었다."고 쓰고 있는 마포삼열은 현지 답사 끝에 북한의 중심지인 평양을 거점으로 삼게 되는데, 여기에 만든 평양신학교와 자매 역할을 할 인문대학의 위치 또한 평양이어야 한다고 생각했다고 볼 수 있다. 옥성득, 『다시 쓰는 초대 한국교회사』 새물결플러스 2016, p.278.

1. 교육기관은 선교부와 관련 위원회가 직접 지명하고 임명한 이들로 구성된 사람들, 혹은 이 영역의 대표자들, 즉 선교부(the missions)가 직접 지명하고 임명한 이들로 구성된 사람들이 주도적으로 운영을 하여야 한다. 이사회와 자문기관의 구성과 역할을 규정하는 정관을 마련할 때에도 위와 같은 방식에 준해야 한다. 이런 방식으로 기독교 기관으로 교육기관이 이룩될 수 있다고 보았다.
2. 매일 채플과 성경공부를 하도록 규정화해야 한다.
3. 교직원은 모두 신앙인이어야 하며, 한국어 학습을 필수로 한다.
4. 교육은 선교사역과 연동되어야 한다.
5. 학생들이 신앙적으로 될 수 있도록 신앙을 받아들이고, 이에 대한 서약을 하게해야 한다.
6. 학생들이 기독교적 정신에 머무르도록 등록금은 받지 않도록 한다.
7. 교육이 교회의 엄격한 통제를 받아서는 안 되기 때문에 선교부가 통제하는 방식을 취해야 한다.

이후 대학문제가 발전되어진 주요 과정을 연도별로 보면 다음과 같다.[37)]

1911년 한국의 모든 선교회를 대표하는 한국선교연합교육부 조직.
1912년 연합교육부를 연합교육부를 교육평의회로 개편.
1912년 3월 감리교 연례회의에서 하나의 대학을 서울에 두기로 교육평의회에 문제제기하도록 건의.
1912년 6월 미국 교육관련 공동위원회에서 한국 대학에 관한 정책을 권고.
1912년 7월 공동위원회는 선교분부의 규약에 명시된 교육평의회 권한을 파기할 권한을 추가적으로 요청함.

37) 이 내용은 리처드 베어드, 『윌리엄 베어드』 pp.290~310의 내용을 간략히 정리한 것이다.

1912년 8월 남장로교 선교회는 평양 연합기독대학에 참여하기로 결의.

1912년 9월 호주장로교 선교회는 서울에의 대학설립에 반대하고 평양의 대학에 계속 협력키로 결의.

1912년 9월 북장로교 선교회는 한국에 하나의 대학을 두는 것을 36대 6으로 결의하고, 평양의 연합기독교대학의 지속과 타 선교회 참여 독려를 결의.

1912년 10월 교육평의회는 감리교선교회의 질의를 검토. 하나의 대학을 갖는 것으로 결의하고, 이미 평양에 대학이 있으므로, 서울로의 위치 선정 논의를 거부.

1912년 12월 교육평의회가 열림. 감리교선교회는 서울에 하나의 대학 제안이 거부될 경우 교육평의회 탈퇴를 천명. 일부 장로교 대표단의 회의 참석이 어려운 상황이어서, 교육평의회는 대학의 위치 선정 문제를 공동위원회에 위임하기로 결의.

1913년 2월 25일 공동위원회는 대학의 위치로 서울을 추천함. 대학문제에 대해 제시된 대학 프로그램에 대한 투표를 지시함. 그리고 투표에서 만일 평양이 다수결로 정해지면 공동위원회의 결정을 재고할 것이라고 단서를 담.

1913년 3월 31일 공동위원회의 결정사항을 통보받지 못한 상탱서 교육평의회가 모든 선교사를 대상으로 투표 진행. 총 투표자 128명 중 서울 38명, 평양 71명, 기권 19명.

1913년 4월 15일 선교본부 편지에서 공동위원회의 회의 내용이 알려짐. 감리교가 서울만을 고려하고 있어서 평양에 찬성 투표할 수 없었음과, 공동위원회는 대학의 위치보다는 연합이 더 중요했기에 대학의 장소로 서울이 되어야 된다고 판단했다고 함.

1913년 7월 22일 마포삼열이 뉴욕에서 브라운 박사와 면담. 세브란스 씨

가 동석함.[38]

1913년 8월 13일 교육평의회 총부 아담스는 공동위원회의 지시로 실행된 투표에서, 총 121명 투표 가운데 서울 37명, 평양 63명, 기권 21명임을 보고함. 이 내용은 다음 달에 한국선교회의 실행위원회가 선교본부에 보고함.

1913년 10월 21일 선교본부 편지를 통해 브라운 박사는 교파의 방침의 따른 차이로 인해 발생한 상황에 대해, 서울에 대학을 두는 의견만이 최종적이라는 공동위원회의 2월 25일자 단서 내용을 한국선교회에 상기시킴.

1914년 1월 12일 공동위원회가 소집되어 대학 위치를 서울로 결정.

1914년 2월 2일 선교본부가 공동위원회의 결정을 승인.

1914년 2월 24일 선교본부의 편지를 통해 교파의 방침에 따른 위치선정에 대한 의견 차이는 선교본부의 결정을 통해 조정되어야 한다고 천명. 두 번째 투표 결과에 대해서는, 52%만 평양을 지지하고, 48%는 평양에 반대하거나 아무래도 상관이 없다는 입장이고, 여기에 선교본부의 회원들의 수를 포함하면 서울 찬성이 실제적으로 다수라고 해석함. 평양의 연합대학은 감리교가 반대하기 때문에 어차피 가능하지 않다고 함.

1914년 4월 14일 한국선교회 실행위원회는 2월 24일자 편지에 대해 항의하는 편지를 보내고, 모든 위원이 서명함.[39] 이후에도 다수 연명 혹은 개인적인 항의와 호소의 편지들이 보내짐.

1914년 6월 13일 교육평의회는 공동위원회와 선교본부가 내린 조치에 대해 항의하고, 서울로 위치를 정한 공동위원회의 결의를 거부함.

1914년 7월 8일 선교본부의 편지에서는, 연합대학 문제는 선교본부들이

---

38) 이 사실에 대해서는 부록 〈1913년 7월 22일 뉴욕에서 브라운 박사가 인디아나 매디슨에 있는 마포삼열에게 보낸 편지〉 참조.

39) 이 편지는 결의문 형식으로 작성되었으며 이 결의문은 총투표 62명 중 찬성 45, 반대 13, 기권 4로 가결된 것임을 밝히고 있다. 부록 〈1914년 4월 14일자 항의서한 전문〉 참조.

함께 참여해야 하는 문제이므로 선교현장의 문제가 아니고, 한국에 두 개의 대학이 필요하지는 않으며, 당분간은 평양대학 사업에 지원을 중단하지는 않지만 이것이 평양대학 존속의 암묵적 동의는 아니라고 함.

1914년 8월 28일 한국선교회 연례회의에서 선교본부가 다른 지시를 할 때까지 평양의 대학에 대한 협력관계를 지속함.

1914년 12월 8일 선교본부가 한국선교회의 교육정책을 거부하고 대학의 문을 교회의 청년들에게만 여는 입장은 잘못이며, 이교도 자녀들에 대해서도 기회가 주어져야 한다고 함. 평양의 대학이 '전문대학'이 된다는 가정 하에, 기독교인으로 그 학생을 제한하고 일상적 선교목적으로 지원한 비용과 선교인력으로만 학교를 유지할 수 있어야 한다는 제한을 둔 뒤에, 다른 선교회와 선교본부의 지원을 받도록 허락함.

이로써 대학문제는 일단락되었다. 비록 선교본부와 공동위원회가 한국에 하나의 연합대학이 있어야 한다는 주장을 굽히지 않았지만, 우선은 평양의 숭실대학을 전문대학으로 한다는 것으로 사태를 정리했다. 문제는 서울에 새로운 대학을 만드는 시도가 곧바로 이루어졌다는 점이다.[40] 그리고 일제의 식민지 교육정책에 의해 한국의 대학은 전문대학으로 모두 강등될 참이었다.

마포삼열은 1906년 6월에 아내인 앨리스 마페트의 병을 고치기 위해 미국으로 함께 휴가를 받아 떠났다가 1907년 초에 한국으로 돌아온다. 이듬해인 1908년에 일본은 「사립학교령」을 내려 사립학교를 정부에 통제 하에 두려 하였기 때문에 미션 학교는 여러 어려움에 처하게 되었다. 여기에 대해 마포삼열의 입장은, 교육부 당국의 권위는 인정을 하면서도 학교에 대해서는 교회 혹은 선교부에서 통제권을 가질 수 있어야 한다는 것이었다.[41] 마포삼열

40) 리처드 베어드, 『윌리엄 베어드』 p.300.

41) 부록 〈1909년 1월 28일 마포삼열이 브라운 박사에게 보낸 편지〉 참조.

로서는 일본의 이러한 정책에 대해 대응하는 한편 대학문제를 다루어야 하는 이중적 과제에 직면해 있었다.

대학문제에 대해서 마포삼열은 위에서 정리한 일련의 과정에서도 일관된 입장을 취하고 있었다. 이 시기에 마포삼열이 어떻게 이 문제에 반응하고 대응했는지를 그의 편지를 통해 살펴보자.

1912년 4월에 브라운 박사에게 보낸 편지에서 마포삼열은[42] 추신 부분에서, 감리교회의 입장이 어떠하든지 상관없이 대학을 평양에서 옮길 생각은 추호도 없다고 명시하고 있다. 일부의 사람들이 지속적으로 협상을 하면서 마치 평양의 선교사들이나 자신이 어떤 불확실한 부분이 있는 것처럼 하고 있지만, 사실은 전혀 그렇지 않다고 강조하고 있다.

1913년 4월 15일 선교본부의 편지가 평양에 도달하여 그 내용을 알고 난 뒤 마포삼열은 브라운 박사에게 보고서 편지를 통해 다음과 같은 내용을 말하고 있다.[43]

1. 실행위원회는 미국 연합위원회가 내린 대학 위치에 대한 결정이 최종적인 것이 될 수 없음을 지적함. 규정에 어긋나는 것임을 지적.
2. 선교부의 입장은 대학의 위치에 대한 문제가 대학을 하나로 하는 문제에 부차적이거나 그에 속한 문제로 볼 수 없다는 점을 지적. 대학 숫자에 대한 결정과 장소에 대한 결정은 서로 연관된 문제이며, 각자 단독적인 표결을 통해 결정할 문제. 그리고 이에 대한 최종적인 투표 결과는 "한국에는 하나의 대학을 둔다는 것과, 그 대학을 평양에 둔다는 것"임.
3. 대학 문제에 관한 선교부의 열망에 반하는 행위를 하는 선교부 내의 일부의 끊임없는 노력은 우리로 하여금 한국 내의 교회 전체의 영적 관심

42) 부록 〈1912년 4월 9일 마포삼열이 브라운 박사에게 보낸 편지〉 참조.
43) 부록 〈1913년 4월 21일 마포삼열이 브라운 박사에게 보낸 보고서 편지〉 참조.

을 위기에 빠트리고 있다고 느끼게 만들고 있음. 이 문제에 대한 심각하고 사려 깊은 결정을 해 주기를 바라는 교육위원회의 요구를 담은 성명서를 첨부함.

4. 숭실대학에 과학 교수를 파견해 줄 것을 요청.

마포삼열은 1913년 5월 중순 경에 한국을 떠나 미국으로 갔다. 아마도 전년에 아내인 앨리스 피시 마페트의 병사와 관련하여 처가를 방문하는 것이 주목적이었을 것으로 추측된다. 그의 방문을 기해 브라운 박사는 마포삼열에게 뉴욕에서 만날 것을 청하고, 이에 따라 7월 22일에 만남이 이루어진다. 만남이 이루어지기 전에 마포삼열은 인디애나 매디슨 자택에 머물러 있는 동안 대학 문제와 관련하여 한국 선교부로 보내는 브라운 박사의 편지 사본을 산라파엘에서 전달받게 된다. 이 편지는 마포삼열이 한국을 떠나기 전에 한국에 도착하지는 않았기 때문에 그 내용을 알지 못했던 것이었다. 그 편지는 아마도 1913년 4월 15일자 선교본부의 편지로 추정되며, 마포삼열이 산라파엘에서 매디슨으로 떠난 뒤에 산라파엘에 도착한 것으로 보인다. 마포삼열은 그 편지에 응답하여, 브라운 박사가 대학문제에 대해 한국 선교사 다수의 관점에서 볼 것과, 한국에서의 사역의 특성을 중심으로 고려해 줄 것을 요청하였다.

7월 22일에 있었던 면담은 다소 격한 분위기에서 이루어졌던 것으로 보인다.[44] 브라운 박사는 그 대화에서 우정을 나누지 못하고 복잡한 문제에만 매달린 것에 대해 아쉬움을 토로하였다. 그럼에도 불구하고 이 편지에서 브라운 박사는 자신의 입장에 대해 명료하게 다시 설명하며 강한 어조로 주장을

44) 부록 〈1913년 7월 25일 뉴욕에서 브라운 박사가 인디애나 매디슨에 있는 마포삼열에게 보낸 편지〉 전문 참조. 이날 회동에 대해 회고하면서 브라운 박사는 감사와 유감이 뒤섞인 감정을 표현하며 염려가 되는 많은 일들을 논의해야만 했기에 두 사람의 우정에 기반한 유쾌한 주제에 대해서는 이야기를 나눌 수 없었던 것 같다고 쓰고 있다.

펼치고 있다. 그의 주장은 다음과 같이 정리될 수 있다.

첫째, 마포삼열이 자신에 대해 서울에 대학을 두어야 한다는 입장을 가진 것으로 보고 있으나, 그것은 오해이며, 자신은 아무런 입장을 갖고 있지 않다. 자신이 주장하는 것은 한국 선교사들 사이에 화합을 이루는 것과, 대학 문제에 대해 솔직한 입장을 듣고자 하는 것, 그리고 일단 결정이 내려지면 모두가 따라주기를 바라는 것이다. 입장이 다른 편 사이에 존재하는 긴장과, 다수의 판단에 반하는 결정이 내려지면 수용하지 않겠다는 입장에 대해서는 우려스럽다. 이러한 일들은 선교에 필요한 협력에 해가되는 것이라는 생각을 갖고 있다.

둘째, 해외선교본부와 연합위원회는 대학의 숫자와 대학의 위치 문제를 구분해서 보고 있다. 연합위원회에 참여한 6개 본부들의 입장은 다를 수 있다. 그리고 대학의 수 문제가 장소 문제보다 더 중요하며, 장소가 어디에 있든지 간에 그것이 연합대학이 존재하지 않는 것보다는 그리스도를 위해 더 중요할 것이라고 생각한다. 선교본부는 장소 문제와 관련한 어느 한 편을 지지하지 않을 것이다. 연합위원회는 이 문제에 대해 공식적인 입장을 결정하지는 않을 것이며, 만일 어떤 입장을 내 놓는다고 해도 그것은 잠정적인 결정일 뿐일 것이고 선교지에서 다시 투표하도록 할 것이다. 따라서 선교사들은 대학의 위치와 관련해 선호하는 장소를 선택할 기회가 있을 것이다.

셋째, 한국선교부는 하나의 연합대학 문제에 대해 투표할 것이며, 선교본부에 승인을 요청할 수 있을 것이다. 그러나 현재 연합을 이루고 있는 상황에서는 연합한 6개의 선교부의 다수의 결정이 중요하며, 그 중 한 선교부 내의 다수자의 결정이 전체의 다수 결정을 부정한다면 연합의 정신은 깨질 것이다. 연합에 임한 모두가 마찬가지로 지성을 소유한 자들이며 그리스도에 헌신하고 있는 자들이다.

넷째, 연합대학이 평양에 있는 것이 하나님의 뜻인지가 큰 문제이다. 그것은 기도와 연구와 자문을 통해 확인될 것이다. 입장이 서로 다른 상항에서 한

편이 자신의 주장을 하나님의 뜻이라고 말하는 것은 다른 편인 동일한 크리스천 형제들이 하나님에 대해 적대하고 있다고 말하는 것과 같다.

다섯째, 마포삼열 당신을 뉴욕으로 오게 해서 회의를 갖자고 한 것은 이 문제에 대해 당신이 특별한 책임을 가진 자여서가 아니다. 선교본부의 한 사람이 당신에게 그런 인상을 주는 말을 하기는 했어도, 우리 모두가 책임을 나누어지고 있다. 당신이 초청을 받은 것은 현재 미국에 있는 이가 당신뿐이라는 사실과 당신이 한국선교부 대표이자 다수 의견을 대표하는 자이므로 선교사들이 연합의 정신에 부합하도록 당신의 영향력의 도움을 받으려는 취지에서이며, 만일 언더우드가 있었다면 그를 초치해서 다수의 의견을 받아들이는 것이 어떻겠는가고 물었을 것이다.

여섯째, 현재로서는 아무 것도 결정된 것이 없다. 때가 되면 투표를 통해 다수결로 결정할 것이며, 모두가 그 결정에 따르는 것이 기독교 정신일 것이다.

이 편지에 대해 마포삼열이 어떤 응답을 했는지는 알 수 없다. 마포삼열은 한국으로 돌아왔고, 대학문제에 대한 2차 표결이 이루어졌다. 그러나 그 표결에 대해 연합위원회는 자신의 독특한 해석을 바탕으로 서울에 하나의 대학을 설립하는 것으로 결정을 내리고 이를 1914년 2월에 알려왔다. 여기에 대해 마포삼열은 6인과 더불어 브라운 박사에게 현장의 문제해결이라는 관점과 다수결주의에 반한다는 이유에서 강력한 반대의사를 표명하고, "한국선교부가 이미 취한 입장을 바꿀 수는 없을 것 같다."[45]고 주장하였다. 또한 2차 투표 표결 결과에 대한 연합위원회의 해석을 조목조목 반박하며, 연합문제를 고집스럽게 강요해서는 안 될 것이라고 말하였다. 연합위원회와 해외선교부는 혼란에 빠져 있고 결정도 성급했다고 지적하며, 감리교회의 고집스런 소수 입장에 휘둘렸다고 비판했다. 또한 현재 숭실대학은 아주 잘 운

45) 부록 〈1914년 4월 14일 마포삼열외 6인이 연명으로 평양에서 브라운 박사에게 보낸 편지 전문〉 참조.

영되고 있으며, 비록 감리교계의 학생들이 4명을 제외하고는 모두 등록하지 않았음에도 불구하고 현재 숭실대학은 사상 최대의 학생들이 등록하였다고 말한다. 그리고 현재 필요한 것은 미국 선교본부에서 보내주는 강력한 지원이라는 것이다. 이미 우리가 잘 하고 있는 것을 잘 지원하는 것이 필요하지 이처럼 문제가 많고 장래도 불확실한 것을 새로 시작하면서 우리가 가진 것을 파괴하는 것은 옳지 않다는 점을 지적하고 있다.

또한 이 편지에서 마포삼열은 네비우스 방법에 입각한 한국선교부의 교육정책에 대해 옹호하며 다음과 같이 쓰고 있다. "현재 추구하고 있는 정책은 수년간의 노력과 갈등의 산물이며, 현재에도 그것을 유지하려는 끊임없는 노력 가운데 있고, 그 정책은 우리 선교사들이 만장일치로 승인한 추상적인 이론인 셈입니다. 대학 문제는 이러한 노력과 연관이 되어 있고, 따라서 그것은 단지 지리적으로 서울이냐 평양이냐의 문제가 아닙니다. 그것은 과거 이십여 년 간 많은 노고를 통해 발전시켜온 선교부의 정책이며 과거의 방법을 현재에 맞게 개선해온 방법과, 다른 지역의 다른 조건 하에서 활용된 최고의 정책일 수 있는 어떤 오래된 방법을 지향하며 그에 많지 않은 경험을 덧대어 유사하게 만든 작업 방법 사이에 무엇을 선택하는가의 문제입니다. 후자의 길을 선택한다면 이 나라와 이 선교부에 대해서는 빚을 등지는 것과 같으며 진리에 불순종하는 것이 될 것입니다."

끝으로 마포삼열은, 연합위원회에서는 이번 결정으로 인해 평양에는 아무런 영향을 주지 않을 것이라고 했으나, 감리교 소속의 많은 학생들이 이미 빠져 나갔고, 이번 회기를 끝으로 감리교회의 지원을 중단하겠다고 알려오고 있는 것에서, 감리교회가 현 상황을 어떻게 해석하고 있는지를 보여주고 있는 지 알 수 있다고 지적한다. 이 모든 사실에 비추어 볼 때 유일한 대안은 평양에는 장로교 대학을 두고 서울에는 감리교 대학을 두는 것 밖에는 없다고 말한다. 유일한 연합대학을 두려는 시도는 저항을 불러일으키게 될 것이고 나쁜 결과를 낳을 것이기 때문이라는 이유에서이다.

이와 더불어 4월 14일에는 한국선교부가 항의 결의문을 발송하였고, 4월 18일에는 마포삼열이 브라운 박사에게 유감을 표명하며, 숭실대학에서도 저항의사를 표명하였음을 알렸다.[46] 4월 22일자 편지에서는 강계에서도 만장일치로 숭실대학의 폐교 및 이번 사안에 대한 해외선교부의 처리 방식에 대해 저항의 의사를 표명하였음을 알리고 있고, 그 밖의 사람들도 반대 의사를 표명하고 있음을 알렸다.[47] 그리고 연합위원회가 서울에서 대학을 시작할 수 있도록 위원들을 선발하여 업무에 협조하라는 권고안에 대해, 표결을 통해 반대의견을 확인하고 협조하지 않기로 하였다. 그리고 이 표결 결과를 해외선교부에 알려 저항 의사를 밝히기도 하였다.[48] 남장로교 소속의 위원회 위원들이 평양에 와서 마포삼열 등과 회합을 가지고, 자신들도 평양에 대학을 두는 것에 찬성하며, 해외선교부의 결정에 저항한다는 뜻을 피력하였다.[49]

한국선교부의 일련의 저항 과정을 거쳐 미국의 연합위원회에서 평양대학의 존속을 결정하는 등 유연한 입장을 취하게 되었는데, 그 시점에 한국선교부의 실행위원장직을 끝내게 되었던 마포삼열은 실행위원장으로서 마지막 편지를 브라운 박사에게 쓰면서, 숭실대학은 많은 학생이 등록하여 잘 운영이 되고 있고, 학교와 관련하여 약간의 어려움이 있지만 베어드 박사가 이러한 위기를 잘 극복하고 있으며, 이 교육사업이 잘 유지될 수 있도록 해외선교부에서 잘 지원해 줄 것으로 믿고 있고 따라서 수년간의 희생이 물거품이 되지 않도록 해 주기를 바란다는 내용을 담았다.

대학문제가 이상과 같이 정리되고 7년 정도의 시간이 흐른 뒤 두 번째 국면을 맞게 된다. 서울에서 대학을 만들기로 한 부분은 그대로 진행이 되었

46) 부록 〈1914년 4월 18일자 평양에서 마포삼열이 브라운 박사에게 보낸 편지〉 참조.
47) 부록 〈1914년 4월 22일자 평양에서 마포삼열이 브라운 박사에게 보낸 편지〉 참조.
48) 부록 〈1914년 5월 12일자 평양에서 마포삼열이 서울에 있는 베커에게 보낸 편지〉 참조.
49) 부록 〈1914년 5월 14일자 평양에서 마포삼열이 실행위원회 위원들에게 보낸 편지〉 참조.

다. 그러나 평양의 숭실대학을 2년제 전문대학으로 축소시키는 건에 대해서는, 한국선교회는 "숭실대학을 정식 대학의 수준으로 회복하고, 현장에서 정책을 결정하고, 선교본부의 간섭 없이 지역 상황에 맞는 방법들을 적용할 한국선교회의 권한에 관하여 총회의 결정을 확실하게 받기 위해"[50] 노력하였고, 이것이 대학문제의 두 번째 단계를 이루게 된다.

한국선교회의 두 번째 단계의 활동은 선교본부가 선교정책을 독단적으로 변경시키고, 현장의 의견을 반영하지 않고 "위압적인 권력행사"[51]를 하는 데서 자신의 일생의 사역을 지켜야 할 필요에 의한 것이었다. 리처드 베어드는 "현장으로부터 온 편지의 객관적인 통계나 공식적인 내용 여기저기에, 평생을 교회에 바쳤지만 이제는 그런 사실이 무시되고 더욱이 위태롭게 되었다고 느끼는 사람들의 진심이 고동치고 있었다."[52]라고 서술했다. 이러한 노력은 궁극적으로 장로회 총회에서 이 문제를 제기하는 것을 향하고 있었는데, 이를 위해 선교회는 1916년에서 1920년까지 공을 들였고, 총회는 조선위원회를 만들어 1920년 여름부터 의견 청취와 문서 독서를 하였다. 한국선교부는 위원회에서 의견을 나누고, 선교회의 불만 내용을 담아 『미북장로회 한국선교회의 제문제』라는 제목의 소책자를 발간하였다. 이 책자는 제임스 아담스 박사와 마포삼열이 작성하였다. 한국선교부의 위원회에서 대학문제를 다른 회의록[53]에는 대학문제의 과정과 본질에 대해 분석하고 토론하는 내용을 담고 있는데, 주요 내용은 다음과 같다.

1. 마포삼열은 모두 발언을 통해 지난 7년간의 여러 문제들은 해외선교부와 한국선교부 사이의 의견 차이에 기인한 것이므로, 양자의 관계에 대한 명

50) 리처드 베어드, 『윌리엄 베어드』 p.308.
51) 리처드 베어드, 『윌리엄 베어드』 p.308.
52) 리처드 베어드, 『윌리엄 베어드』 p.313.
53) 부록 〈한국선교부의 위원회 회의록 발췌 (1920)〉 참조.

확한 정의를 할 필요가 있음을 강조함. 대학문제에 대한 궁극적 문제 해결은 한국선교지부의 투표였음을 강조함.

2. 브라운 박사는 서울에 대학을 하나 새로 만들되, 그 대학이 보다 폭넓은 교육 정책에 따라 운영되며, 총회와 전 세계 다른 선교부들의 정책과도 어울리는 방식으로 운영되는 대학을 만들 생각을 가진 자가 언더우드 목사였다고 말함.
3. 솔타우 박사는 대학문제와 관련하여 가장 중요하게 생각했던 것은 종교적 자유의 문제였으며, 이와 관련한 제일의 원칙은 "비기독교인에 대한 교육은 우리의 사명이 아니다."라는 점임이 강조되어야 함. 우리의 사명은 복음화이지 교육이 아님.
4. 마포삼열은 대학을 다른 원칙에 입각하여 세우는 것은 한국에서 이룩했던 사업을 파괴하는 것이며 사업의 성격을 변화시키는 것이라고 함. 한국에 대학이 없었다면 다를 수 있었겠지만, 이미 한국에는 독특한 조건에서 발전시킨 대학이 존재하고 있는 바, 이를 넘어뜨리고 새로운 원칙에 따른 대학을 만들 이유가 없음. 서울에 세우려는 대학은 다른 원리에 입각한 것이며 이는 소수가 주장해온 내용임.
5. 마포삼열과 아담스가 함께 리 박사와 논쟁을 벌임. 아담스는 숭실대학의 학생들은 복음의 직접적 활동가이며 복음주의적 노력을 기울이는 가운데 6천명의 개종자를 낳았다고 주장한다. 반면 리 박사는 "기독교적 원리가 사회에 침투하도록 하는 것"이 기독교적 목표가 될 수 없는가라고 반문하며 반박하는데, 마포삼열은 자신들은 그런 원칙을 받아들이지 않는다고 대답한다. 리 박사는 그것이 미국 장로교의 정신에 부합하지 않는지를 묻지만 마포삼열은 그런 원칙에 입각해 있지 않다고 생각한다고 말한다. 리 박사는 선교사역의 목표가 기독교 사회, 기독교 국가를 만드는 것이냐고 반문한다.
6. 회의의 말미에 다시 논쟁이 이루어지는 데, 아담스는 숭실대학이 교회의

복음주의적 선교 원리에 입각해 있다고 말하며, 숭실대학이 대학문제의 굴레에서 벗어나 전면에 나올 수 있게 해야 한다고 주장한다. 여기에 대해 리 박사는 서울은 교회의 복음적 판단에 입각하고 있지 않은가고 반문한다. 아담스는 자기는 그렇게 생각하고 있다고 말한다. 서울이 복음주의 원칙에 입각하고 있지 않다기 보다는, 이 사안에서 그렇다고 말한다. 위원회의 결정에 따라 평양은 장로교에서, 서울은 감리교에서 대학을 담당하기로 했으니, 둘 다 복음적이라고 해도 교파의 차이로 인한 정책적 입장 차이를 그렇게 표출하는 것으로 본다고 말함.

총회는 결국 관련자 모두가 자신의 양심에 따라 행동한 것이라는 점을 인정하면서, 선교본부는 총회가 부여한 권한을 넘어서서 결정을 내린 바가 없다고 옹호하였고 서울에 연합기독대학의 설립을 지지한 것은 일반적인 선교지의 교육정책에 일치하는 것이라고 하였다. 그러면서 총회는 "선교본부가 평양대학을 학당으로 부르고, 평양대학을 전문학교나 중등학교로 하여 발전을 제한하는, 그리하여 서울에 설립될 대학에 종속시키는 정책을 채택하는 판단의 오류를 범했다. 우리는 평양을 중심으로 하는 훌륭한 전도 사역을 통해서, 교회의 어린이들을 양성하면서 아울러 미래의 기독교 지도자들을 성장시키는 데 전념할 수 있는 대학으로 발전시키는 한국선교회의 정책을 옹호한다."[54]라고 결정하였다. 그리고 선교본부가 강압적으로 내렸던 정책에 대하여는 "[선교본부가] 감독하는 권한을 행사하는 데 있어서 총회로부터 그렇게 하라는 지시가 없는 한, 그 사역이 선교회의 판단에 어긋난다면 어떤 선교 지역 안에서 새로운 연합 사역에 참가하지 않는 것이 선교본부의 정책이다."[55]라고 하여 향후 그 같은 일이 재발되지 않도록 하였다.

---

54) 리처드 베어드, 『윌리엄 베어드』 p.310. 여기서 말하는 '평양대학'은 숭실대학의 별칭이다.
55) 리처드 베어드, 『윌리엄 베어드』 p.311.

4. 신사참배 문제 이전의 사립학교 제약규정과 숭실대학

일제는 1905년에 을사늑약을 통해 한국의 외교권을 박탈하며 실질적으로 한국을 지배하기 시작했다. 일제는 1905년 7월 27일 미국과 태프트·가쓰라밀약을 체결하여 이미 미국의 사전 묵인을 받았으며, 8월 12일에는 영국과 제2차영일동맹을 체결하여 양해를 받은 상태였고, 9월 5일에는 미국의 포츠머스에서 러시아와 강화조약을 맺고 한국정부의 동의만 얻으면 한국의 주권을 침해할 수 있다는 보장을 받았다.[56] 을사늑약 이후 1910년 강제 합방이 이루어지는 사이의 시기에 이미 사립학교에 대해 통제하기 시작했다.

일제가 조선을 점령하고 공립학교를 만들기 전에는 선교사들이 한국의 서구식 학교를 만들었다. 초등학교는 중등교육으로 나아가는 기초적인 수준의 교육을 제공하였는데, 처음에는 선교사들이 초등학교를 세워 운영하였으나, 지역마다 교회가 형성된 이후에는 교회가 초등학교를 설립하고 운영하는 주체가 되었다. 선교사들은 주로 중학교를 만들어 중등교육을 체계적으로 제공하였고 대학을 만들어 고등교육을 시행하는데 까지 나아갔다. 일제의 식민지 교육정책은 되도록 고등교육을 억제하고, 우민화 정책의 일환으로 보통교육 정도의 교육 수준을 일반화하려고 했다.[57] 따라서 일제는 기독교계에서 만든 사립학교들을 통제하고 초등교육의 연수를 줄이고, 중등교육을 격하하려고 했다. 이러한 조치에 대해 선교사들은 저항하고 갈등하고 때로는 타협하고 또 대립하였다. 강점 이전에도 사립학교에 대해 통제를 가했지만, 강점 이후에는 갈등은 본격적으로 되었다. 이 장에서는 1930년대에 시작된 신사참배 강요가 있기 이전에 이루어진 사립학교에 대한 통제와 그

56) [네이버 지식백과] 을사조약 [乙巳條約] (한국민족문화대백과, 한국학중앙연구원) 참조.

57) 박혜진 『일제하 한국기독교와 미션스쿨』, p.4.

에 대한 숭실대학 및 마포삼열의 활동에 대해 정리해 보려고 한다.

한국에 가장 많은 선교사를 파송한 교단은 미국북장로교회였으며, 따라서 "북장로회 선교부는 일제강점기 내내 총독부의 종교교육 정책과 끊임없이 대립하고 갈등하였다." 그리고 심지어 "북장로교 선교부와 총독부의 대립의 결과로서 일제의 종교교육 정책이 변화되었다."[58] 이러한 과정의 중심에 마포삼열이 있었다.

합방 이전에 일제는 1908년에 「사립학교령」[59]을 만들어 "학교의 교육 목적, 명칭, 학칙, 예산, 유지방법, 설립자, 교원, 교과용 도서 등에 관해 규제"[60]하려고 했다. 선교사들은 자신들이 만든 학교에 대해 이 법에 따라 인가를 받을 것인지를 고민하게 되었는데, 왜냐하면 이 법을 위반하면 학교를 폐쇄하거나 변경할 수 있도록 되어 있기에, 결국 사립학교들이 정부의 통제에 들어가게 되기 때문이었다. 그러나 1909년 2월에 결국 선교사들은 인가를 받기로 결정을 내렸다. 일제는 또한 1909년 2월에 「기부금품모집취체규칙」을 정하고 사립학교에서 기부금 모집을 금지하였다. 따라서 네비우스 원칙에 따라 학교의 운영비용을 교회가 전부 부담했던 정책에 문제가 발생하게 되었고, 선교부가 직접 운영을 하는 학교라 하더라도 교회의 헌금에 다소 의존하는 바가 있었기에 이는 학교 운영에 상당한 어려움을 끼치게 될 법령이었다.

합방 이후인 1911년 8월에 일제는 「조선교육령」을 반포하였고, 10월에는 「사립학교규칙」제정하여 사립학교에 대한 감독을 강화하려고 했다. 이 규칙에 따르면, 사립학교 설립을 위해서는 학교를 유지할 수 있는 기본재산을 갖추어야 했다. 재정이 충분치 않은 사립학교들은 새로운 인가를 받기 어렵게 되었다. 또한 교과용 도서는 조선총독부에서 편찬한 것을 사용하거나 총

---

58) 박혜진 『일제하 한국기독교와 미션스쿨』, p.5.

59) 박혜진 『일제하 한국기독교와 미션스쿨』, p.31~32 참조.

60) 박혜진 『일제하 한국기독교와 미션스쿨』, p.31.

독의 검정을 받아야만 했다. 그리고 안녕질서를 문란케 하거나 풍속을 어지럽힐 경우에 학교의 폐쇄를 명할 수 있다고 함으로써 총독부가 주관적이고 자의적인 해석을 통해 학교 폐쇄를 할 수 있는 여지를 만들어 두었다. 또한 설립자, 학교장, 교원의 임용에는 인가가 필요하며, 성행이 불량한 자는 인가를 받을 수 없다고 하여 일제가 자의적으로 이 규칙을 활용할 수 있는 여지를 만들어 두었다. 또한 학교 설비가 불충분하거나 수업이 부적당하다고 판단할 경우 인가를 변경할 수 있도록 했다.[61] 이에 따라, "1910년 7월 현재 전국의 학교 총수 2,235개 가운데 정부의 인가를 받은 사립학교는 종교계 학교 755개를 포함해 2,082개로 약 93%나 되었다. 그러나 「사립학교규칙」이 제정된 이후인 1912년에는 1,362개교(일반 817, 종교계 545), 1919년에는 742개교(일반 444, 종교계 298)로 확연히 감소되었다. 10년도 안된 기간에 사립학교가 약 1/3로 감소된 것이다."[62]

미션학교에서 시행하는 종교교육에 대해서는 조선총독부가 불만을 가지고 있기는 했으나, 1911년 10월의 「사립학교규칙」에서는 학교에서 종교교육을 하는 것에 대해 규제하지는 않았다. 다만 1914년에는 향후 교육제도가 완성이 될 때 교육과 종교의 분립을 할 것이라는 정도의 언급을 하였다. 그리고 1915년 「개정사립학교규칙」에서는 종교교육에 대한 적극적인 통제책이 드러났다.[63]

1915년에 공포된 「개정사립학교규칙」에 따르면, "지금까지 설립자와 학교장의 변경은 모두 조선 총독의 인가를 받았으나, 이제는 설립자만 총독의 허가를 받고, 학교장과 교원의 변경은 해당 도장관의 인가를 받게 되었다. 그리고 교과과정은 정규학교규칙에 정해진 교과과정 이외의 것은 가르칠 수 없게 되었다." 또한 "교원은 일본어에 정통해야 하며, 시험에 합격해

61) 박혜진 『일제하 한국기독교와 미션스쿨』, p.32.

62) 박혜진 『일제하 한국기독교와 미션스쿨』, p.32.

63) 박혜진 『일제하 한국기독교와 미션스쿨』, p.33 참조.

교원 면허장이 있거나 총독이 지정한 학교를 졸업한 자에 한"[64]해서 자격을 갖게 되었다. 총독부에서 정한 자격을 갖지 못한 자는 교사직에서 대거 퇴출될 수 있게 되었다.

또한 미션스쿨에서는 성경과목 및 종교적 의식이 금지되었다. "기존에 인가된 사립학교는 10년간의 유예기간을 갖고 그동안 개정령에 맞게 조치를 취하도록" 하였다. 이는 교육과 종교를 분리하고, 종교는 교회에만 속하도록 하려는 취지에서 이루어진 규정이었다. 조선총독 데라우치는 "국민교육의 통일을 완전하게 하기 위하여 주요한 교육을 실시하는 사립학교에 대해서는 그 학과과정을 설정하였으므로 이들 학교에서 종교 교육이나 종교 의식을 행할 수 없다."는 내용을 담은 훈령을 발표했다. 총독부 외사국장 고마쓰는 "교회는 교육보다 포교에 힘쓰고 교육은 정부에 완전히 일임"해야 한다고 하였고, 1916년 6월 28일자 및 7월 5일자 『기독신보』에 게재된 「종교학교 관계자에 대한 강론」에 따르면 총독부 학무국장 세키야는 기독교 관련 학교들이라도 일왕과 왕후의 사진에 대해 경례를 행할 것과 일요일에 교직원과 학생들이 원족 여행을 가거나 사립학교 교원검정시험을 보게 할 것이라고 하였다. 학무과장 유게는 교육의 목적이 완전한 국민을 육성하는 데 있고, 일제의 교육방침인 「조선교육령」에 합당한 교육만이 필요하다고 하며, 미국식 교육방침을 일본에 적용할 수 없다고 하면서 선교사들도 총독부의 교육방침에 따를 것을 요구하였다.[65]

「개정사립학교규칙」에 따르면 사립중등학교는 고등보통학교로 되는지, 각종학교가 되어야 했다. 고등보통학교가 되면 일본어 교육 대폭 강화해야 하며, 한국 역사와 지리, 성격 등을 교과목으로 가르칠 수 없게 된다. 각종학교가 되면 1925년 유예기간이 끝날 때까지는 자유롭게 교과목을 가르칠 수

64) 박혜진 『일제하 한국기독교와 미션스쿨』, p.33.

65) 박혜진 『일제하 한국기독교와 미션스쿨』, pp.33~35.

있지만, 학생들이 상급학교 진학과 취업을 할 때 불이익을 받게 된다. 이에 대해 감리교 계통의 학교와 장로교 계통의 학교는 다른 선택을 하였다.[66] 박혜진에 따르면, "감리교계 학교들은 정규 과목은 아니더라도 방과 후에 성경 수업과 예배를 드리는 것은 무방하다고 여겨 고등보통학교로 승격시켰다. …… 그러나 대부분의 장로교계 학교들은 종교교육을 배제하는 고등보통학교로의 길을 포기했다. 고등보통학교로 인가받지 않은 학교들은 '각종학교'가 되었고, 각종학교 졸업자는 전문학교 입학자격을 주지 않았다. 상급학교 진학이 되지 않았으므로, 장로교 학교 재학생들 가운데 감리교 학교나 관공립학교로 옮기는 경우도 있었다."[67] 1905년에 윌리엄 베어드의 제안으로 시작된 장로교와 감리교의 협력은, 감리교가 일제 정책에 순응해 감리교 학교들을 고등보통학교로 인가받기로 하면서 더 이상 지속되지 않았다.[68] 장로교 선교사들은 10년 유예기간 이전에 규칙을 다시 개정해 달라고 요구했으나, 언더우드는 교과과정 밖에 성경공부를 두어 학교를 유지할 수 있다고 보았다.[69]

1919년에 3.1운동 독립만세운동이 일어난 뒤 일제는 강압정치에서 문화정치로 방향을 전환하였다. 이에 따라 교육정책에 있어서도 변화가 생겼다. "총독부 학무국장은 1919년 9월 선교사공의회에 정부가 선교부 및 교회들과 협력할 수 있는 방법을 제안해 달라고 했다. 이에 6개 선교부 연합회는 사이토 총독 앞으로 진정서"[70]를 보내어, 여러 개선점을 제시했는데, 이때 교육과 관련하여서는 기독교 학교에서 성경 교육과 종교행사를 정규과목으로 포함시킬 것과, 한국어 사용제한의 철폐, 불필요한 관헌의 간섭 폐지, 학생

---

66) 박혜진 『일제하 한국기독교와 미션스쿨』, pp.35~36.

67) 박혜진 『일제하 한국기독교와 미션스쿨』, pp.36~37.

68) 박혜진 『일제하 한국기독교와 미션스쿨』, p.112.

69) 박혜진 『일제하 한국기독교와 미션스쿨』, pp.36~38.

70) 박혜진 『일제하 한국기독교와 미션스쿨』, p.39.

들의 양심의 자유 인정, 한국인에게 일본인과 동일한 교육 기회를 주고 교과서 선택의 자유와 한국사 및 세계사 강의 허용, 그리고 총독부 허가를 받은 사립학교 졸업생에게 공립학교와 동일한 특전을 부여할 것을 요구하였다.

일제는 1920년 3월 「사립학교규칙」을 개정하여 "수신과 일본어를 필수 과목으로 넣는 조건부로 성경과목을 가르칠 수" 있게 하였고, "수신, 일본어, 역사, 지리, 체조 이외의 교과목을 가르치는 교원은" 일본어에 능숙할 필요가 없다고 하여 자격기준을 완화했다. 또한 "미션스쿨에서 성경을 가르치면서, 유예기간이었던 1925년까지 고등보통학교에 규정된 내용을 다 갖추지 않아도 각종학교로 존속할 수"[71] 있도록 했다.

대학에 대해서는 1921년 4월 「전문학교입학자검정규정」 및 1922년 3월의 일부 개정을 통해 "고등보통학교 혹은 여자고등보통학교를 졸업하면 국내는 물론 일본에 있는 전문학교에도 진학할 수 있게" 했고, "각종학교 졸업자들에게는 본과생으로 입학할 자격이 주어지지 않아 별도의 시험을 치르거나 학력인정이 되는 학교로 다시 편입"해야 진학이 가능하도록 했다. 그리고 이와 더불어 "사립학교에 대해 형식적 지도감독이 아니라 철저한 감독이 이루어져야 한다고 지시"[72]했다.

1922년에 공포된 「제2차 조선교육령」은, "한국인의 학교와 한국 거주 일본인 학교의 수업 연한을 같게 하고, 한국어를 사용하는 학교와 일본어를 사용하는 학교로 구분"하였으며, "한국어를 사용하는 학교에서는 한국어와 한국역사, 지리 등을 필수과목으로 하되 교과서는 조선총독부에서 편찬한 것을 사용하게" 하여, "한국어 사용을 잠정적으로 허용하며 총독부에서 편찬한 교과서를 통해 민족정신을 개조하려"[73] 했다.

「제2차 조선교육령」에 맞추어 사립학교규칙 개정안이 나왔는데, 여기에

---

71) 박혜진 『일제하 한국기독교와 미션스쿨』, p.40.

72) 박혜진 『일제하 한국기독교와 미션스쿨』, p.40.

73) 박혜진 『일제하 한국기독교와 미션스쿨』, p.41.

맞추어 한국선교부는 "정부의 기준에 맞도록 학교의 교과목, 건물, 장비, 교사진과 예산 등을 향상"시키고, "학교의 수용 능력을 향상시키고 학생들에게 기독교적 성격, 능력과 자질을 충실히" 하며, "충분한 교사와 선교사들의 영향력으로 한국인 기독교 지도자를 양성"하도록 입장을 세웠다. "미션스쿨들이 총독부 기준에 부합하지 못한 결과 학생들이 고등보통학교로 이전하여 학생 수가 줄어들게 되자, 선교부에서도 학교의 충실을 도모하는데 노력하겠다."[74]는 태도를 취하였던 것이다.

이에 따라 한국선교부와 관련된 학교들은 중등학교 승격을 위한 노력을 하였다. 1923년 7월 북장로교 선교사들이 선천에서 회의를 가지고 총 8개 미션학교 중 서울 경신학교, 평양 숭실학교, 선천 신성학교, 대구 계성학교 등 4개 남학교를 지정학교로 승격시키기로 결의했다. 그 결과 최초로 1923년 11월에 서울 경신학교가 지정을 받았고, 평양 숭실학교는 1928년 5월에 지정허가를 받았다.[75]

평양 숭실학교에서는 "2대 교장 Reiner가 1915년 「개정사립학교규칙」에 따라 고등보통학교 인가를 받도록 해야 한다고 주장하여 다른 선교사들과 갈등을 빚기도" 했는데, 1918년 레이너가 사임하고, 3대 교장 마포삼열 임기 시작한 상태에서 3.1운동이 발발하였다. 박혜진은 이때 "학교 내에서는 고등보통학교 승격을 요구하는 동맹휴학이 자주 일어"났다고 하며, "1920년대 초반부터 1928년 까지 '맹휴의 시기'였다고 해도 과언이 아니었다."[76]고 말한다.

지정학교 제도에 따라 각종학교로 분류되면서 상급학교 입학 제한이 이루어졌던 1920년대 중반부터는 숭실학교의 학생 수가 급격히 감소하였다고 한다. 그러다가 1928년 5월 23일부로 지정학교 인가를 받게 되고, 4학년

---

74) 박혜진 『일제하 한국기독교와 미션스쿨』, p.42.

75) 박혜진 『일제하 한국기독교와 미션스쿨』, pp.60~62.

76) 박혜진 『일제하 한국기독교와 미션스쿨』, p.66.

과 5학년을 제외하고 3학년 학생들부터 검정시험을 치르지 않고 전문학교에 입학할 수 있게 되자, 학생수가 300여 명에서 600명으로 급격히 증가했다.[77] 이 과정에서 학생들은 학교승격을 위해 수년간 상당한 노력을 주체적으로 기울였고, 이로 인해 학생과 학교는 첨예한 대립을 보였고, 평양 유지들이 중재에 나서고 교계로 까지 문제가 확산되었다. 박혜진에 따르면, "평양 교계 인사들의 중재 노력은 마페트 교장을 비롯해 완고한 학교 측의 태도로 인해 별다른 효과를 얻지 못했다. 오히려 경신학교와 숭실학교의 지정학교 승격운동에서 보여준 학생들의 희생을 각오한 승격운동의 영향이 평양 사회의 관심을 불러 일으켰고, 선교부에서도 지정학교 승격을 위해 노력하게 되었다."[78]

숭실대학은 한국이 식민지 상태로 진입하기 전부터 시작하여 일제에 의해 부과된 각종 교육 규제들과 씨름을 하지 않을 수 없었고, 마포삼열은 그 노력의 중심에 있었다. 그의 서간문과 보고서들을 통해 그가 했던 역할들의 일부를 살펴보자.

1908년에 「사립학교령」이 나오고 뒤이어 1909년에 「기부금품모집취체규칙」이 나와 어려움을 겪으면서 마포삼열은 교육부 당국자들과 만남을 갖고 문제 해결을 위해 노력했다. 그는 교육부 당국의 권위는 인정을 하면서도 학교에 대해서는 교회 혹은 선교부에서 통제권을 가질 수 있어야 한다는 입장을 관철하려고 했다.[79] 1909년 2월 초에 마포삼열은 한석진 목사 외 3명의 한국인들과 함께 교육부 당국자를 만났다.[80]

---

77) 박혜진 『일제하 한국기독교와 미션스쿨』, pp.66, 72.

78) 박혜진 『일제하 한국기독교와 미션스쿨』, p.73.

79) 부록 〈1909년 1월 28일자 마포삼열이 브라운 박사에게 보낸 편지〉 참조.

80) 부록 〈1909년 2월 14일자 마포삼열이 미국에 있는 부인에게 보낸 편지〉 참조. 이 편지에서는 당국자들과의 만남 내용이 어떤 것이었는지는 알리지 않고 있다. 다만, 한국인들이 직접 교육부 당국자들이 하는 이야기를 듣고 또 교육문제와 관련하여 하고 싶은 질문들을 직

1910년 합방 이후 아직 「조선교육령」이 내리지 않은 상황에서 마포삼열은 정부가 사립학교에 대해 제시한 기준선들을 지키려고 노력하였다. 1911년 2월 말에 브라운 박사에게 보낸 편지에서 마포삼열은 숭실대학에 적절한 시설이 갖추어져 있지 못하여 지원을 요청하고 있다. 또한 교육과 관련한 문제가 발생할 때 중앙 중부와 지역 정부간에 법해석의 차이가 있어 어려움을 겪고 있다는 사실도 알리고 있다. 정부 및 고위직 사람들은 친절하기는 하지만 교육의 많은 부분들이 지역에서 해결이 되도록 만들어져 실질적으로 어려움이 상당한 편이라는 것이다. 예를 들면, 학교비용으로 사용할 목적으로 교회에서 헌금을 받을 경우 미리 경찰서장의 허가를 받아야 한다. 또한 학교가 화재로 소실되었는데 이를 재건축하기 위해 기부 혹은 헌금을 받을 경우에도 미리 허락을 받아야 한다는 것이다. 북쪽 지역의 교회에서 학교에 쓸 비용을 헌금으로 받아서 목사와 영수에게 각각 10엔과 7엔의 벌금이 부과되기도 했다. 판사 와타나베는 이런 행위가 법해석을 잘못해서 발생한 일이라고 했지만, 이 문제를 해결하려고 경찰에 대해 수개월에 걸쳐 노력했음에도 불구하고 지역 정부의 차원에서는 아무런 해결점에 도달하지 못하였던 것이다.[81)]

1911년 8월에 「조선교육령」이 나오고 뒤이어 10월에 「사립학교규칙」이 나온 시점에서 마포삼열은 숭실대학의 건물을 확충하기 위해 노력하였다. 1911년 11월 말에 브라운 박사에게 보낸 편지에서 마포삼열은 대학부지를 추가로 마련하기 위해 5천불이 필요하며 그 중에서도 2,500불이 긴급하게 필요하다고 알리고 있다. 그 부지는 신축 대학건물 뒤편으로 신축 기숙사 인근 부지라고 하며 현재 입수가능한 상황이어서 신속히 구매하는 것이

접 물어볼 수 있어서 그들에게 좋은 기회가 되었다 생각이 되었다는 말을 전하고 있다. 이 한국인들이 정부 당국자들과 만나게 된 것은 교육 때문이었고, 이렇게 해서 세상과 어떻게 접촉하고 세상 사람들을 다루어야 하는지를 배우게 되었다는 것이다. 어쨌든 이번 일은 마포삼열로는 무척 힘이 드는 일이었고 화요일 밤에 대구로 실행위원회 회의 차 떠날 때쯤에는 아주 지쳐 버렸다고 한다.

81) 부록 〈1911년 2월 22일 마포삼열이 평양에서 브라운 박사에게 보낸 편지〉 참조.

저렴하게 구입하는 방법임을 알리고 긴급히 총액의 절반에 해당하는 비용을 요청하고 있다. 추후에 구매할 경우에는 비용이 상승할 것이라고 예상하고 있다.[82)]

1912년 4월 초에 브라운 박사에게 보낸 편지에서 마포삼열은 당시에 처한 학교 교육의 상황을 설명하고 있다.[83)] 이에 따르면, 초등학교가 성공적으로 운영이 됨으로써, 앞으로 중학교와 숭실대학에 많은 학생들이 올 수 있을 것으로 예상하고 있다. 그런데 초등학교는 상당한 규제를 받고 있으며, 지방 관료 및 경찰로부터 상당히 지속적인 괴롭힘을 당하고 있다. 정부는 교육에 상당한 제약을 가하여 초등교육과 산업교육에 머무르도록 제약하고 있다. 이는 교육의 목표가 단지 돈을 버는 사람으로 만드는 데 초점을 두고 있으며, 다른 한편으로는 일본이 가진 이상에 부합하는 인재를 만들려는 것에 있기 때문이었다. 지리와 역사는 모두 금지되고, 수학은 초등 수준으로 제한되었으며, 일본어 학습을 위한 시간을 확보하기 위해 우리말과 한문 문헌 및 작문 수업은 축소되었다. 7년에 해당하는 교과과정을 축소하여 4년으로 줄이게 함으로써 초등학교, 중등학교, 대학교의 강좌들이 심각한 상황에 이르게 했다. 이제는 지리와 역사가 중학교에서도 배제될 것이라는 말도 들려올 정도이다. 지역 관료들과 경찰들이 여러 곳에서 기독교 학교 운영을 포기할 것을 강요하고 있고, 학생들을 정부가 만든 학교로 보내도록 요구하고 있다. 그래서 기독교 학교가 많이 위축될 수밖에 없는데, 이를 극복하고 학교를 유지하려면 더 많은 재정을 투입하여야 할 상황이 되었다. 하지만 숭실대학과 숭실중학, 그리고 신학교와 성경 기관들의 전망은 밝았다. 신학교는 140명이 등록하여 사상 최고 수준을 기록하였다. 신입생은 48명이고 11명이 졸업예정이다.

82) 부록 〈1911년 11월 20일 마포삼열이 평양에서 브라운 박사에게 보낸 편지〉 참조.
83) 부록 〈1912년 4월 9일 마포삼열이 평양에서 브라운 박사에게 보낸 편지〉 참조.

마포삼열이 임시 실행위원장으로서 브라운 박사에게 보낸 1917년 7월의 편지에서 그는 정부가 요구하는 시설과 교사 수를 맞추려면 많은 지원이 필요하다는 것을 알리며, 해외선교부가 필요한 금액을 지원해 줄 수 있을지 질문하고 있다. 기독교 학교들이 정부가 만든 학교의 교과과정에 부합하도록 교과과정을 맞추어야 한다고 하며, 또한 모든 강의가 일본어로 이루어져야 한다는 요구에 맞추어야 하는 상황이라고 한다.[84] 같은 달 중순에 브라운 박사에게 보낸 편지에서 다시 마포삼열은 중학교 교육을 정부 수준으로 만들려면 7개 학교를 위해 13,000엔에서 2만 엔 정도가 소요될 것으로 예상하며. 이런 식의 수준을 높이는 것이 현명한 것인지 또한 가능한 것인지에 대해 해외선교부가 판단해 줄 것을 요청하였다.[85] 또한 미국으로 휴가를 떠난 윌리엄 베어드 박사가 미국 체류동안 학교를 위해 모금 활동을 할 수 있도록 허가를 요청하였고, 숭실대학에 필요한 교수 1명을 즉각 보내 줄 것을 요청하였다. 만일 그렇지 못할 경우 대학에서 교수를 채용할 수 있도록 2천불을 즉시 보내줄 것을 요청하였다.

1917년 9월의 편지에서 마포삼열은 학교 내에서의 성경교육에 대해 언급하고 있다. 일본은 특별 교육 협의회를 통해 사립학교에서 성경을 가르치지 못하도록 하려 하므로 기도가 필요하다고 하였다. 고마츠는 학교에서 성경을 가르치는 문제에 대해서는 타협이 불가능하다고 했으나, 마포삼열은 학교들이 힘을 합하여 노력하면 10년간의 유예기간이 지나기 전에 성경을 가르칠 수 있는 권리를 가질 수 있을 것이라 믿고 있다고 말한다. 그리고 지금이 해외선교부와 선교부, 그리고 외교 관료들이 일본 정부를 만나 재고를 요청하는 노력을 기울일 때라고 생각한다. 선교사들이 종교 교육을 정규 학과 수업시간 밖에서 해도 된다고 믿는다면 이런 노력이 필요 없겠지만, 그렇지

84) 부록 〈1917년 7월 9일자 평양에서 마포삼열이 브라운 박사에게 보낸 편지〉 참조.
85) 부록 〈1917년 7월 13일자 평양에서 마포삼열이 브라운 박사에게 보낸 편지〉 참조.

않은 한에서는 지속적인 노력이 필요하다는 것이다.[86] 그리고 마포삼열은, 자신들이 물질적, 교육적 혹은 박애정신에 입각한 지원에 기초한 호소를 하지 않았고, 이교도들에게 하나님께서 인류를 구원하기 위해 주신 것을 믿도록 하는데 집중하였다는 점, 그리고 기독교만이 강조되도록 했고, 그리스도와 그의 진리만이 제시될 수 있도록 하였다는 점을 강조하였다.

1917년 9월 28일자로 마포삼열이 브라운 박사에게 보낸 편지에는 당시 조선총독부 외사부장 우사미의 글이 번역되어 첨부되었다. 그 글은 9월 3일에 장로교 선교부에서 우사미가 했던 연설 원고로서 〈서울 프레스〉에 개제되었던 글이다. 이 글에서 우사미는 일본의 종교정책의 목표를 설명하며, 정교분리 원칙을 준수할 것을 요구하고 있다. 한국학생은 미국국민이 아니라 일본제국의 신민이므로 일본정부 정책에 맞게 교육을 해야 하며, 그것이 아무런 교육을 받지 않는 것 보다 낫다고 주장했다. 따라서 미션 학교들이 자신의 교육 내용을 정부 정책에 맞추어 재구성을 한다면 정부와 교회는 좋은 관계 속에서 지내게 될 것이라고 했다.[87]

1918년 4월에 레이너 학장의 사임으로 마포삼열은 숭실대학의 3대 학장으로 취임했다. 이듬해인 1919년 2월에 마포삼열은 숭실대학 학장 자격으로 브라운 박사에게 편지를 보내, 해외선교본부가 대학문제에 지나치게 집중하는 바람에 현재 숭실대학이 처해 있는 다른 문제들에 대해서는 적절한 관심을 기울이지 못하고 있다는 점을 지적하였다.[88]

1919년 3월에 독립만세운동이 일어나자 조선총독부 교육부 관계자들은

---

86) 부록 〈1917년 9월 28일자 평양에서 마포삼열이 브라운 박사에게 보낸 "한국에서의 우리의 정책"이라는 제목이 붙은 편지〉 참조. 이 말은 언더우드 선교사와 감리교 계통의 선교사들에 대한 비판을 함축한다고 볼 수 있을 것이다.

87) 부록 「조선의 종교와 교육」 참조. 1917년 마포삼열이 브라운 박사에게 보낸 편지에 첨부된 것.

88) 부록 〈1919년 2월 19일자 평양에서 마포삼열이 숭실대학 학장 자격으로 브라운 박사에게 보낸 편지〉 참조.

3월 22일에 서울 조선호텔에서 선교사들을 초치하여 비공개회의를 진행하였다. 마포삼열은 평양에서 와서 이 회의에 참석하였는데, 당시 조선총독부 교육부 관계자들은 그가 평양에서 왔기에 뜻밖의 일로 여겼다. 이 회의에서 선교사들은 그간의 교육문제에 대해 말했는데, 마포삼열은 상당히 비판적인 어조로 발언하였다. 마포삼열은 자신을 한국에서 30년 동안 살아온 자로서 한국인들의 친구이자 그들을 존경하는 사람이라고 하며 발언을 시작하였다. 그는, 한국인들은 물질적인 것 보다는 영적이고 도덕적인 데 더 높은 가치를 부여하는 사람들임을 알게 되었다고 했다. 자신의 교육은 영적인 것을 고양하는 것이었고 그 결과에 아주 만족해 왔다. 한국인들은 정의(justice)를 무척 중요하게 여기는데, 일본인들이 한국인들을 정의롭게 대하면 이를 소중히 생각하고 기쁘게 받아들일 것이고 하였다. 도덕적, 영적 측면들을 발전시킨 한국인들의 문명은 중국을 통해 들어온 것이며, 그들은 인간으로 대우받는다면 감사해 할 것이고, 물질적 풍요보다는 인간적이고 영적인 호소가 그들에게 더 잘 받아들여질 것이라고 발언하였다.

마포삼열의 말에 대해 학무국장 세키야는 마포삼열의 판단은 그가 선교사의 눈으로 한국인을 보았기 때문이라고 답했다. 자신들도 한국인의 행복을 위해 노력하고 있으나 한국인들이 물질적 부족에 시달리고 있어서 산업교육에 중점을 두게 되었다고 답하였다. 그리고 한국인들은 영적 생활에 치중하다보니 물질적인 측면에 약하며, 형식을 지나치게 강조하여 허명을 쫓는다고 비판하기도 했다. 예컨대 학교가 제대로 시설을 갖추지 못하면서도 사실보다 더 높은 이름을 얻기를 바라는데, 이는 잘못된 것이라고 비판하였다. 예컨대 현재 한국에서 초등학교를 4년제로만 허용하고 있는데, 일본에서도 10년 전까지는 초등학교를 4년제로 운영하였고 현재의 한국의 초등학교 수준은 4년제 수준에 불과하다고 지적하였다. 한국에 학교 수가 부족한 것은 자금이 부족하기 때문이지만 이 때문에 세금을 더 걷을 수 없어서 현 상태를 유지할 수밖에 없다고 했다. 한국인을 일본화하기는 어렵지만 그들의 성격에서 나쁜 점들을 제거해야 한다고 주장했다. 또한 한국인들이 좋아하는 것만을 가르칠 수는 없으며, 한국인이 싫어하더라도 정부의 조치에 대해 선교사들은 협조를 해야 한다고 주장했다.[89] 이러한 세키야의 주장은 식민지 지배자인 일본의 논리 일뿐이며 사실을 왜곡한 것이다. 한국인의 나쁜 점을 강조하면서 한국인들이 그동안 교육에 대해 주체적으로 기울여 온 노력의 가치를 전면 부인하고 있는 것이다.

3월 24일에 열린 비공개 회의 둘째 날 모임은 가타야마의 인사로 시작했다. 그는 지난 첫 번째 회의에서 한일합방은 국제법에 따라 이루어진 합법적인 조치였고, 만세운동은 반역행위라는 취지의 발언을 했었는데, 둘째 날 회의에서 그는 만세사건은 오히려 그간의 교육이 성공한 결과라고 강변하였다. 총독부의 교육이 그들에게 정의감을 일으켰기 때문이라는 것이다. 또한 선교사들의 교육 또한 그런 점에서 성공적이었다고 말하였다. 하지만 한국에서의 학교 교육은 불충분하며 특별한 교육이 필요한 상황이라고 하였다. 마포삼열은 경찰관들이 행한 야만적인 행위에 대해 증언하였다. 군인은 체포만 하는 것이 아니라 거리에서 공개적으로 발로 차고 구타하는 일이 벌어지고 있음도 말하였다. 어린이들도 체포하고 나무와 총으로 반복적으로 구타하고 있다고 말하며 일본인들의 만세사건 진압행위에 대해 비판했다. 이에 대해 세키야는 마포삼열의 발언에 대해, 솔직하게 말하는 것은 일본적이지 않은 것처럼 보일 수 있다고 말하였다. 그러나 자신이 외국에 대해 솔직히 말한다고 해서 자기가 반외세적인 것이 아닌 것처럼, 마포삼열이 솔직히 말한다고 해서 그를 반일본적이라고 보지는 않을 것이라고 하면서, 당국에 앞으로도 솔직하게 직접 이야기해 주기를 바란다고 말했다. 마포삼열이 무슨 말을 하던지 간에 그것으로 인해 자신이 반일적으로 간주될 것이라고 여길 필요가 없다고 말하며, 마포삼열처럼 30년간 한국에 머문 사람이라면 일

89) 부록 〈1919년 3월 22일 토요일 서울 조선호텔에서 열린 비공개 회의 첫째 날 보고서 전문〉 참조.

본에 대해서보다 한국에 대해서 더 동정심을 갖게 되는 것은 당연하다고 생각한다고 말하였다.[90] 가타야마의 주장은 평화적인 독립만세운동에 대해 가해진 일제의 폭력적인 만행에 대한 마포삼열의 고발을 단지 한국인에 대한 마포삼열의 오랜 친분에 근거한 것이라고 왜곡하며 논점을 회피하는 방식을 취하고 있다. 일본 당국자의 면전에서 구체적인 사례들을 제시하며 비판하는 마포삼열의 용기 있는 증언을 일제가 제대로 응답할 수는 없었을 것이다.

1920년에 일본은 〈개정교육법〉을 발표하였는데, 마포삼열은 숭실대학 학장으로 재직하는 가운데 1921년 11월에 장모상으로 미국을 갔다가 1923년 2월에 귀국하였다. 1924년 12월 말에 연례보고서[91]를 작성하면서 숭실대학과 관련된 다음의 사실들을 서술하였다.

1. 중학교 교육을 위해 자격을 갖춘 2명의 교사를 확보했지만, 이들이 가진 자격은 정부가 요구하는 기술적 자격에 부합할 뿐, 실력 면에서는 숭실대학 졸업생들보다 만족스럽지 못하다. 다만 숭실대학 졸업생들은 정부가 요구하는 자격증을 받지 못하였을 뿐이다.
2. 조선총독은 사립학교 교사 자격을 위한 조치를 할 것이라고 약속했고, 이 조치를 기다리고 있다. 이 조치가 이루어지면 숭실대학 졸업생들이 교사 자격을 얻게 될 것이고, 학교 교사 부족문제를 다 해결할 수 있을 것이다. 또한 중학교도 국가 인정을 받을 수 있을 것이다.
3. 미국에서 발표한 〈일본 배재 조치(Japanese Exclusion Act)〉로 인해 반미 분위기가 어떤 영향을 받을 것인지에 대해서는 아직 말할 수 있는 것은 없다.
4. 루츠씨가 농사를 시작할 준비를 하고 있으며, 이는 중학교와 대학을 연계하여 이루어질 것인데, 이를 위해 5천엔이 시설비로 필요하다.

---

90) 부록 〈1919년 3월 24일 월요일에 서울 조선호텔에서 열린 비공개 회의 둘째 날 보고서〉 참조.

91) 부록 〈1924년 12월 30일에 마포삼열이 작성한 남자중학교에 대한 연례보고서〉 참조.

1925년 5월 26일자로 아들 제임스에게 보낸 편지[92]에서 마포삼열은 숭실대학이 "특별학교" 인가를 정부로부터 받았음을 알리고 있다. 그리고 대학과 중학교를 위해 재정적 지원을 더 잘 확보할 수 있다면 그것으로서 자신의 임무는 다한 것이 되리라고 생각한다고 쓰고 있다. 같은 해 6월 9일에 제임스에게 보낸 편지에서 마포삼열은 6월 8일에 대학 인가가 난 것을 자축하는 행사를 가졌다고 했다. 학교는 '전문학교'로 인가가 났고, 영문 이름은 Union Christian College를 유지하기로 했다고 하였다.[93]

마포삼열이 휘트모어에게 보낸 편지에 따르면, 전문학교 승격에 대한 공문은 5월 27일자로 되어 있었다.[94] 휘트모어는 숭실대학이 전문학교 인가를 받기 위해 기울인 교수들과 마포삼열의 노고에 대해 치하했고, 블레어의 모금 활동이 성공적이었으며, 마포삼열이 과학관 건축에 심혈을 기울였던 만큼 모금 성공에 무척 기뻐할 것이라고 생각하다고 말했다. 그는 현재 제1차 세계대전이 진행 중이어서 모금이 각별히 어려운 상태라고 언급하고 있다. 미국 내 세금이 50%에 달하는 상황이라는 것이다.[95] 1925년 8월에 휘트모어에게 보낸 편지에서 마포삼열은 한국 교회를 위해 제대로 교육받은 목회자를 세울 수 있기 위해서는 숭실대학이 유지되어야 한다는 데 더욱 더 강하게 확신을 갖게 된다고 쓰면서, 이 목적을 위해 비록 기쁘게 하는 일은 아니지만 학장직을 수행할 새로운 사람이 나오기 까지 최선을 다할 계획이라고 하였다. 또한 현재 많은 학교들이 정부의 방침을 지키려다보니 기독교의 고유한 특성을 거의 포기해버리는 경우들이 많다는 점을 지적하면서, 과거 학교를 통합하려 했을 때 학교의 목적과 교사의 특성을 유지하는 데 지속

---

92) 부록 〈1925년 5월 26일 평양에서 마포삼열이 첫째 아들 제임스에게 보낸 편지〉 참조.

93) 부록 〈1925년 6월 9일 평양에서 마포삼열이 첫째 아들 제임스에게 보낸 편지〉 참조.

94) 부록 〈1925년 6월 15일 평양에서 마포삼열이 뉴욕 선교부의 휘트모어 목사에게 보낸 편지〉 참조.

95) 부록 〈1925년 7월 7일 뉴욕에서 휘트모어가 평양의 마포삼열에게 보낸 편지〉 참조.

적인 균열이 나타났었는데, 결국 각자의 길을 감으로써 교육의 높은 수준과 기독교적 특성을 유지할 수 있었다고 썼다. 대구의 독립학교와 서울의 보성학교는 불신자들과 연합함으로써 기독교적 특성과 목적을 유지하지 못하게 되었다고 지적하면서, 평양의 경우 기독교적 특성을 유지하고 영적 특성을 특별히 강조할 필요가 있다고 했다. 세속적 성공을 우선시하는 기독교 학교에 대해 호소하여 그들로 하여금 철저히 기독교적으로 유지될 수 있도록 해야 한다고 하였다. 또한 현재 극동 지역에서 젊은이들의 마음을 폭넓게 장악하고 있는 볼세비키적 사회주의적 정치선전 한 가운데서도 진실 되고 흔들리지 않은 자세를 유지할 수 있도록 미션학교는 남녀들을 훈련해야 할 것이라고 썼다.[96)]

96) 부록 〈1925년 8월 28일 평양에서 마포삼열이 휘트모어에게 보낸 편지〉 참조.

5. 105인 사건과 1919년 만세운동과 마포삼열

1910년에 합방을 이룬 일제는 조선의 독립운동을 탄압하기 위해 소위 105 사건을 조작하였다. 이 조작사건은 평안도 지역의 기독교 세력을 억압하기 위한 것이었는데, 이를 조작한 이는 총독부 경모총감 아까이와 고등경찰과장 구니도모였다. 『한국장로교회사』는 이 조작 사건을 다음과 같이 요약하고 있다.

> 1910년 12월 28일에 압록강 철교 준공식에 참석하려고 신의주로 가는 데라우찌 총독을 선천역에서 암살하려고 했다는 것이다. 안태국, 이승훈의 지휘 아래 평양을 비롯한 평안도 각 지방에서 모여온 암살 음모자 60여명이 오전 6시에 정주발 북행 열차를 타고 선천에 도착하여 신성학교 제8교실에 들어갔고, 선우혁의 지휘로 선천에 도착한 황해도의 음모자 20여명이 합류하였다고 조작하였다. 매큔(G. S. McCune) 선교사가 다윗과 골리앗을 이야기하므로 구국운동을 격려한 후 제7교실 천정에 숨겨둔 감자 상자를 꺼내어 권총 5자루를 용감한 사람들에게 배부하였다고 총독부는 조작하였다.
>
> 27일 오후 1시, 이들은 선천역에 모여 안태국, 이승훈의 지휘로 요소요소에 배치되었으나 기차가 정차하지 아니하고 그냥 지나갔다. 이들은 다음날 한복, 양복, 학생복 등으로 위장하고 환영객 속에 끼어 서울로 돌아가는 데라우찌가 선천에서 하차하여 매큔 선교사와 악수하는 것을 신호로 암살하려 했으나 데라우찌의 위풍과 헌병들의 삼엄한 감시에 실패하고 말았다고 꾸민 철저한 조작극이었다.[97]

---

97) 김남식, 『한국장로교회사』 서울: 도서출판 베다니, 2012, pp.117-8.

이 사건과 관련하여 브라운 박사에게 1912년 4월에 보낸 편지[98]에서 마포삼열은, 1912년 4월 8일에 평양에서 14명 정도의 기독교인들이 체포되어 그 다음날에 서울로 압송되었는데, 거기에는 숭실중학 교사도 포함되어 있었다고 알리고 있다. 이들 외에도 비신자들 여럿이 함께 체포되었는데, 이들은 윤치호와 관련이 있는 이들이었다고 한다. 숭실대학 학장 베어드와 평양신학교 교장 마포삼열이 수요일에 경찰 서장에게 소환되어 그들이 체포 이유를 아는지 질문을 받았다. 마포삼열 일행은 정중히 응대를 받기는 했으나 체포 이유를 물어도 아무 말도 해줄 수 없다는 말만 들었다고 한다. 마포삼열은 아마도 윤치호와 관련된 일로 체포된 것 같다고 하였는데, 체포된 이들이 무죄라고 해도 쉽게 풀려날 수 없다고 생각하였다. 편지에는 더 이상 자세한 내용을 쓸 수 없다고 하면서, 그 이유는 자칫 잘못된 소문을 야기할 수 있기 때문이라고 하였다. 이와 관련하여 마포삼열은 총독에게 서한을 보내기도 했다.

이즈음에 마포삼열에게 오고 가는 편지들이 검열을 당하였다. 그의 부인 앨리스 마페트가 부모께 보낸 편지에서, 편지 검열로 인해 편지가 지체되거나 봉투가 개봉된 채로 전달되는 일이 지난 수개월동안 지속되었다고 말하며, 따라서 편지를 쓸 때는 누군가가 읽는다는 생각을 갖고 쓸 수밖에 없다고 하였다. 그러나 이러한 일본인의 부정의와 기만을 확인할 방법은 없다고 하였다. 그리고 체포와 구금이 계속해서 이루어지고 있는데, 이 일은 범죄자들이나 혹은 혐의를 받는 내용을 저지른 사람들 즉 정부에 대한 반대를 한 사람들에 대해 이루어지고 있는 것이 아니라, 선한 그리스도인들을 향해 이루어지고 있어서, 이는 당국이 교회를 공격하기 위하여 하는 일이라고 앨리스는 생각하였다. 하지만 이러한 일은 하나님께 대항하는 행위이기 때문에 성공하지 않을 것이라는 확신을 내비치고 있다. 체포된 사람들은 서울에 수감되

---

98) 부록 〈1912년 4월 12일 마포삼열이 평양에서 브라운 박사에게 보낸 편지〉 참조.

어 끔찍한 고문을 당하였는데, 당국자들은 어떤 고문도 없었다고 뻔뻔하게 부정하고 있다고 하였다.[99] 1912년 6월 4일과 12일 사이에 서울에서 쓴 것으로 보이는 A. F. D.의 편지에서는, 체포된 자들은 재판에서 선교사들을 증인으로 세우겠다고 요청했지만 판사는 답변을 유보하였고, 그들은 결국 고문으로 인해 선교사들이 음모에 가담했다고 자백하였다고 썼다. 이 편지의 말미에 "생의 한 가운데서 우리는 죽음 가운데 있다."[100]라고 덧붙이고 있다.

1919년 서울에서 3.1운동이 일어난데 뒤이어 평양에서도 만세운동이 일어났다. 3월 4일 화요일에 마포삼열은 숭실대학 교정에 모인 한국인들과 거리에서 만세를 외치는 것을 보았다. 가게 문은 모두 닫혔고, 거리의 사람들은 여기저기서 손들 들고 만세를 외쳤고, 군인들은 그들에게 달려들어 군중을 흩트리고, 사람들을 때리고, 체포하여 거칠게 끌고 갔던 것을 보았다. 마포삼열은 1919년 3월 5일자로 브라운 박사에게 보낸 편지에서 이런 상황을 자세히 서술하였다. 그중 일부를 옮기면 다음과 같다.

> 한 곳에서는 세 명의 군인이 두 한국인을 밀어붙여 단단히 결박하였는데, 그 중 한 사람은 양쪽 눈 주위와 그 아래에 깊이 베인 상처로 인해 피투성이가 되어 있었다. 다른 곳에서는 군인들이 대검이 꽂힌 총을 들고 사람을 뒤 쫓고 있었다. 우리가 경찰서 근처로 돌아왔을 때, 군인들이 길 가운데에서 15여명의 사람들을 뒤쫓고 있었고, 그 군인들 중 세 명은 가게 처마 밑에서 한쪽으로 가만히 서있던 대여섯 명의 남자들에게 덤벼들어 총으로 때렸다. 아주 깨끗한 흰색 코트를 입은 키가 큰 한 남자는 처마 아래쪽으로 총으로 내려치는 것을 피했는데, 그때 한 장교가 자신의 검으로 그 사람의 등의 날개뼈 쪽을 찔렀다.

---

99) 부록 〈1912년 5월 20일 앨리스 마페트가 평양에서 부모께 보낸 편지〉 참조.

100) 부록 〈1912년 6월 4일~12일 사이에 서울에서 쓴 것으로 보이는 A. F. D.의 편지〉 참조.

> 그 사람은 우리 앞쪽으로 불과 3미터도 채 되지 않는 곳에 있었다. 그는 길 건너편으로 내달려 문이 약간 열려 있는 가게로 들어가 옷을 벗었는데, 그의 내의에는 구멍이 나 있었고, 거기서 피가 솟아나고 있었다. 어떤 사람이 '병원으로 가라'고 소리를 쳤고 그는 길 끝에 있는 병원을 향해 달렸는데, 가다가 넘어지고 또 일어나 가다가 넘어지곤 했다. 내가 사람들에게 그를 부축해서 가라고 했더니 두 사람이 양쪽 팔을 부축하여 병원으로 달려갔다.[101]

또한 마포삼열은 1919년 3월 5일에 하나의 기록을 남기고 서명을 하였는데, 여기서 그는 신학생 5명이 5일에 있을 개학식을 위해 4일에 학교 기숙사로 들어 왔다가 체포 및 구금을 당하고 고문을 당한 내용 등을 자세히 썼다. 이 일 때문에 대학을 3월말까지 휴업하기로 하였다고 한다.[102] 이런 일이 있고 나서 3월 22일과 24일에 열린 조선총독부 교육부 관계자들과의 비공개 회의에서 마포삼열은 이런 상황에 대해 한국인을 옹호하며 직설적으로 언급하였다.[103] 앞의 장에서 언급한 것처럼, 한국인들은 정의감에 따라 행동했고, 이들의 행동에 대해 일본 경찰들은 야만적으로 응대했다고 비판했다. 경찰과 군인은 체포만 하는 것이 아니라 거리에서 공공연히 발로 차고 구타하였으며, 어린이들도 체포하고, 체포한 이들을 몽둥이와 총으로 반복적으로 구타했다고 증언했다.

또한 4월 7일에 미국공사관 버그홀츠에게 보낸 편지에서 마포삼열은 숭실대학 학생들 및 다른 학생, 그리고 선교사들과 관련된 이들에 대해 이루어진 수색과 체포, 구타와 고문에 대한 여러 사례들을 기록하였고, 마포삼열 자신의 집도 수색을 당한 내용을 자세히 기록하였다. 또한 일본 경찰이

101) 부록 〈1919년 3월 5일자 평양에서 마포삼열이 브라운 박사에게 보낸 편지〉 참조.

102) 부록 〈1919년 3월 5일에 마포삼열이 싸인하여 남긴 기록〉 참조.

103) 부록 〈1919년 3월 22일 토요일 서울 조선호텔에서 열린 비공개 회의 첫째 날 보고서 전문〉 및 〈1919년 3월 24일 월요일에 서울 조선호텔에서 열린 비공개 회의 둘째 날 보고서〉 참조.

베어드 박사 집을 수색하여 거기서 비서 일을 하던 학생을 체포하고 고문한 뒤고 석방한 내용을 썼으며, 또한 학생들이 선교사와 협의하여 자발적으로 경찰서에 감으로써 구타를 면하거나, 혹은 결국 아예 피해서 도망간 사례 등을 보고하였다.[104)]

그런데 이 와중에 숭실대학의 모우리(E M. Mowry) 교수가 경찰에 의해 체포되어 서울로 압송되고 재판을 받게 되었다.[105)] 모우리 교수는 동물학과 생리학, 지리, 영어를 숭실대학에서 강의하고 있었는데, 그의 혐의는 경찰들이 찾고 있던 5명의 대학생들 중 3명을 3일간, 그리고 한 명을 10일간, 그리고 또 한 명을 수일간 자신의 집에 머물도록 허락을 했다는 것이었다. 그러나 그들은 모우리 교수의 학생조교이거나 잘 아는 학생들로서 그들이 집에 머물도록 본인은 허락하지 않았고 집안일을 보는 사람이 허락 했는지 여부를 알지 못한다고 하였다. 또한 그들이 만세운동을 위해 활동하거나 독립운동을 하는 지를 전혀 몰랐다고 증언하였다. 모우리 교수는 한국의 독립운동과 아무런 연관이 없고, 돕지도 않았다고 하였다.[106)]

마포삼열은 손으로 직접 써서 여러 증인의 확인을 받았음을 명시한 기록을 남겼다. 이 기록에 따르면, 모우리 교수가 구금되어 구치소에 있는 동안 7일 동안 앉거나 눕지 못하고 서 있도록 강요를 받았다고 한다. 그는 16일 동안 구금을 당한 뒤 재판을 받고 무죄로 석방되었다. 또한 그는 한 대학생이 20일 동안 구금되었는데, 석방 후에 많은 고문의 흔적(몸에 멍이 듦)을 발견하였고, 한 소년이 구금되었다가 거의 죽은 상태로 석방되어 병원에 갔는데, 몸에 불인두로 지진 자국이 발견되었고, 그밖에 70세 노인을 포함한 많은 이

---

104) 부록 〈1919년 4월 7일자 평양에서 마포삼열이 미국공사관 버그홀츠에게 보낸 편지〉 참조.

105) 『한국장로교회사: 고신교회 중심』에 따르면 모우리 교수는 6개월간의 강제 노동형을 받았다고 하며 이때 마포삼열도 함께 구류되었다고 하는데, 이는 마포삼열의 서신 내용과는 일치하지 않는 것으로 보인다. 허순길, 『한국장로교회사: 고신교회 중심』 도서출판 영문, 2008, p.178 참조.

106) 부록 〈1919년 4월 21일에 이루어진 모우리 교수에 대한 재판 기록〉 참조.

들이 구금되고 구타당하는 등의 비인간적 상황이 벌어졌다고 적고 있다.[107)]

마포삼열은 5월 28일자 일본신문 〈쇼센신문〉의 기사 요약을 남겼다.[108)] 이는 일본인의 입장을 나타낸 글로, 한국인의 마음을 휘저은 것은 미국 선교사들의 죄로 인한 것이며 이번 폭동은 그들의 작품이었다는 주장이었다. 폭동의 원인을 조사하는 과정에서 2~3명의 선교사가 체포되고 심문을 받았음을 알리고, 선교사들은 다른 민족의 자유로운 풍습을 아직 전적으로 문명화되지 않은 한국인들에게 적용하려고 했다고 주장했다. 선교사들은 이번 폭동의 배후에 있는 유령과 같은 존재이며, 그들은 작은 월급을 위해 자신을 팔고 뱀처럼 배로 기어서 한국에 까지 왔다고 악의적으로 썼다. 마포삼열은 1920년 2월호 〈Korea Mission Field〉에 쓴 기고문에서 한국인들의 신앙의 모습에 대해 기록하고 있는데, 특히 만세운동으로 체포된 기독교 신자들이 감옥에서 침묵 찬양을 드렸다고 기록하고 있다.[109)]

107) 부록 〈1919년 4월말 이후에 평양에서 마포삼열이 손으로 쓴 기록〉 참조.

108) 부록 〈일본신문 「쇼센신문」 기사 요약본〉 참조. 5월 28일자로 기록됨.

109) 부록 〈1920년 2월호 Korea Mission Field 마포삼열의 기고문〉 참조.

6. 신사참배 문제와 마포삼열

마포삼열은 숭실대학이 전문학교로 인가를 받기 위해 수많은 노력을 기울여 결국 그 인가를 받아 내었지만, 그 자신은 대학에 전념하여 일을 하는 것에 대해 그리 기꺼워하지는 않았다. 1925년 8월에 휘트모어에게 보낸 편지에서 마포삼열은 한국 교회를 위해 제대로 교육받은 목회자를 세울 수 있기 위해서는 숭실대학이 지속되어야 한다는 데 더욱 더 강한 확신을 갖게 된다고 쓰면서, 이 목적을 위해 비록 기쁘게 하는 일은 아니지만 학장직을 수행할 새로운 사람이 나오기 까지 최선을 다할 것(for that reason I continue as President and reluctantly carry these heavy burdens until we can find someone to take my place)이라고 썼다.[110] 그래서 그는 당시 미국의 휴런 대학에서 총장직을 수행하고 있는 매큔 박사가 숭실대학의 학장직을 맡아 주기를 간절히 바랬다.[111] 당시 휴런 대학을 잠시 다녔고 매큔 박사와 지속적으로 관계를 하고 있었던 마포삼열의 큰 아들 제임스와의 편지에서도 매큔 박사에 대해 계속 언급했었다.[112] 다음해 2월에 마포삼열이 아들로부터 받은 편지[113]에는 매큔 박사가 휴런

---

110) 부록 〈1925년 8월 28일 평양에서 마포삼열이 휘트모어에게 보낸 편지〉 참조.

111) 이 전에도 마포삼열은 자신이 학장직을 마지못해(reluctantly) 수행하고 있다고 뉴욕의 브라운 박사에게 편지로 말했던 적이 있었는데, 1925년 10월 20일자 답장에서 브라운 박사는 자신이 매큔 박사에게 숭실대학으로 오라고 초청을 했다고 알리고 있다. 아직 매큔 박사로부터 응답이 없지만 현재 총장직을 맡고 있는 휴런 대학에 문제가 있어서 마포삼열이 압박하면 승낙할 가능성이 있다고 브라운 박사는 말하고 있다. 부록 〈1925년 10월 20일 뉴욕에서 브라운 박사가 평양의 마포삼열에게 보낸 편지〉 참조. 마포삼열은 개인적으로 매큔 박사에게 자주 편지를 보내 숭실대학을 맡아 달라고 요청하였다.

112) 부록 〈1926년 8월 7일 평양에서 마포삼열이 아들들에게 보낸 편지〉 참조. 이 편지에서 마포삼열은 올해에는 매큔이 숭실대학 학장직을 맡으로 오지 못한다는 연락을 받았다고 하며, 내년에는 그가 올 수 있기를 바라고 있다고 했다.

113) 부록 〈1927년 2월 13일 사우스 다코다, 휴런에서 아들 제임스가 마포삼열에게 보낸 편지〉 참조.

대학을 떠나 숭실대학 학장직을 맡기로 결심하고 휴런 대학에 알린 사실이 나온다. 제임스는 작년 여름에 이런 결심을 알았다고 한다. 휴런 대학은 매큔의 발표를 듣고 몹시 놀라고 충격을 받았다고 알리고 있다. 하지만 이것은 마포삼열에게는 정말 기쁜 소식이었을 것이다.

매큔 박사는 일본이 비자발급거부를 1928년에야 해제함에 따라 1928년에 한국선교사로 돌아왔다.[114] 그리고 그해 9월에 마포삼열은 숭실대학 학장직을 사임하고 4대 학장으로 매큔 박사가 취임하였다. 그러나 마포삼열은 숭실대학의 설립자(the founder)로 숭실대학과 계속 관계를 맺고 있었다.

이즈음에 마포삼열이 교육에 대해 가지고 있었던 생각은 이전과 다름이 없었다. 앞서 2장에서 언급했던 것처럼 뉴욕의 국제선교위원회에 보내는 보고서가 작성되었던 1927년에 마포삼열이 가졌던 교육에 대한 입장은 변함이 없었다. 그는 "우리가 확고하게 믿고 있는 바는, 교육이나 개혁, 사회적 개선, 문명의 진보에 따른 산업과 과학의 발전 등이 아무리 크게 욕구되고 장려되어진다고 해도 결코 인간의 마음을 변화시킬 수 없으며 세상의 복음화의 수단이 될 수 없다는 것과, 교회의 형성으로부터 생겨나는 그 같은 아주 바람직하지만 여전히 이차적인 유익들이 인간에게 호소할 수 있는 기초가 될 수 있는 것은 이미 형성된 교회가 초자연적인 메시지로서 그리스도의 교회가 되려고 할 때라는 것이다."[115]라고 선언하고 있는 것이다.

마포삼열이 1932년 1월 15일자로 보낸 편지에는 앞으로 다가올 신사참배 강요와 관련하여 더 강렬한 메시지를 읽을 수 있다.[116] 이 편지는 레이크빌 선교대회와 관련하여 선교지부의 내용을 담아 매카피에게 보고하는 문서인데, 선교 목표, 교육, 기독교 사회사업, 의료사업, 신생교회 등에 대한 내용

114) 「윤산온(G. S. McCune)편」 『인물로 본 숭실 100년』 p.477 참조.

115) 부록 〈1927년 9월 15일자로 마포삼열 등이 작성하여 뉴욕의 국제선교위원회로 보낸 보고서〉 참조.

116) 부록 〈1932년 1월 15일자 평양에서 마포삼열 매카피 박사에게 보낸 편지〉 참조.

을 담고 있다. 마포삼열은 교육의 원리에 대해 다음과 같은 내용을 담았다.

1. 비기독교인에 대한 일반교육이 선교회의 업무로 간주된다면, 선교회의 교육기관들은 기독교적 특성을 잃어버릴 위험에 처하게 되고, 교회나 선교회의 자산으로 남을 수 없게 될 것이다.
2. 만일 비기독교 사회에 기독교적 이상과 생활기준을 효모처럼 퍼트려 발효시키는 데 강조점을 두어 개인 구원을 주 목표로 삼는 일을 간과한다면, 결국 개인 구원을 점차 무시하는 경향이 생기게 될 것이고 따라서 비기독교적 사회에 올바른 영향을 미칠 수 있는 구원받은 자를 확보하는 일에 실패하게 됨에 따라, 이중의 실패를 겪게 될 것이다.
3. 연합 교육 사업은 기독교적 특성의 상실 혹은 축소를 가져오게 될 것이다.
4. 교육기관을 운영하는데 있어 비기독교인들과 연합하는 것은 거의 항상 의견 불일치를 낳게 되고 종종 법정 분쟁으로 나아가게 된다. 기독교 학교의 교사진은 반드시 기독교인이어야 하며, 만일 비기독교인을 교사로 사용한다면 그것은 임시적 편의를 위하여 비상시에만 그리해야 한다.
5. 성경을 가르치고 기독교적 종교 행사할 권리와 관련된 총독부의 〈지시〉를 확보한 한국의 경험은, 만일 이런 권리가 지속적이고 부단하게 주장되어 진다면 확보되어질 수 있다는 것을 보여주고 있는 것 같다. 기독교를 전파한다는 확고한 목적을 갖고 설립되고 유지되어온 기독교 학교들에게는 분명 그러한 권리는 쉽게 양보되어서는 안 된다. 어떤 기독교적 훈육이나 필수교과를 금지하는 학교를 운영하기보다 정부가 운영하는 학교를 다니는 학생들에게 영향력을 행사하려는 노력을 하는 것은 더 많은 것을 이룰 수 없지 않는가라는 문제가 제기되고 있다. 그러나 종교적 자유에 대한 부정 때문에 학교 문을 닫는 것 보다는 불공정한 규제 아래에서도 기독교 교사들이 기독교 자녀들의 교육을 하게 하는 것이 더 낫다고 생각하는 사람들도 일부 있다.

6. 비기독교인들에 대한 대중교육을 제공하는 것은 선교부의 업무로는 간주되기가 거의 어렵다고 보며, 그것은 오히려 정부의 업무가 될 것이다. 물론 반기독교적이지 않은 교육을 장려하고 고무하는 것이 어느 국가에서는 기독교 교회의 의무이기는 할 테지만 말이다.
7. 연합 교육기관이 더 이름을 얻고 있다고 해서 복음주의를 위한 학교에 대한 지원 보다 연합 교육기관에 복음주의 선교사업의 비용을 할애하는 것이 올바른 것인가에 대해 의문을 가지지 않을 수 없다.

이 시기가 이미 신사참배가 요구되어진 시점이지만 이후의 시기처럼 폐교에 이를 만큼 강하게 요구되지는 않았다. 하지만 마포삼열과 평양의 선교사들이 마음속에 가지고 있었던 교육의 목적에 대한 의식의 일관된 내용은, 비록 신사참배가 폐교를 요구한다고 해서 학교를 유지하기 위해 타협할 성격의 것은 아니었다고 볼 수 있다. 장로교회에서도 신사참배에 대한 점차 증가하는 강요에 대처하기 위해 1932년 9월에 평양에서 열렸던 제21회 장로교 총회에서는 차재명, 유억겸과 더불어 마포삼열을 총독부와 교섭할 사람으로 선정하였다.[117)]

일제가 신사참배를 강력하게 요구된 시점은 일제 강점기의 상황에서 식민지인들을 철저하게 억압하고 수탈하기 위해 정신 자세를 자신들이 원하는 방식으로 형성하기 위해 필요한 때였다. 일제는 1931년에 만주를 침략하였다. 또 1937년에 중일전쟁을 일으키면서 1941년이 태평양전쟁의 길을 닦았다. 일제는 1933년 5월 각 도의 학무과장과 도 시학관 회의에서 사립학교 문제를 토의하여 사상악화, 경영파탄, 무자격교원 채용 등의 사립학교에 대하여는 엄벌주의로, 개선이 불가능한 학교는 폐교 등의 조치를 하기로 하였

117) 허순길, 『한국장로교회사: 고신교회 중심』 p.251.

던 것이다. 사립학교에 대한 지도감독과 적극적인 사상 선도를 위한 감찰관 제도를 두기로 하고, 기독교 학교에도 신사참배를 강요하기로 했다.[118] 이런 상황에서 당시 한국의 기독교계 학교들은 미국 경제공황의 영향으로 선교비가 감소되어 재정난에 시달렸다. 총독부는 경영이 어려운 사립학교는 폐쇄를 명하는 등의 통제방침을 취하였다. 1931년 12월에 마포삼열이 아들에게 보낸 편지에는 이런 상황이 표현되고 있다. 그는 재정 상황이 나빠졌다는 이야기를 아들에게 하며, 가정의 지출의 축소가 불가피함을 알렸다. 미국에서 한국을 돕는 지원자들의 재정 상황이 나빠져서 약정한 금액을 채우지 못하게 되고, 주일학교 지원금도 끊어지게 되었다고 한다. 신학교의 한국인 교수 한 명의 봉급이 끊어졌고, 숭실대학 및 중학교 지원금의 일부도 지연되고 있는 상황이라는 것이다.[119]

조선신사는 이미 1925년에 완공되었고 각 학교에 신사참배를 강요하였으나, 기독교 학교는 이를 단호히 거부했고 일제도 여기에 강력히 대처하지 못하였다. 그런데 1933년과 1935년 사이에 일본은 식민지 대만에서 신사참배 강요하였고, 그 결과 영연방 선교사계 학교들은 당국에 굴복하여 신사참배를 하는 일이 발생했다.[120] 조선에서는 1935년 오가키 총독 때 종교적 신앙심을 이용한 식민통치 이데올로기의 확산과 정착을 위한 '심전개발운동'을 벌였고, 이를 통해 동화정책 강화하였다.[121] 1935년 10월에 총독부 학무국에서 각 도의 학무과장과 시학관들을 불러 국가관념 함양, 경신숭조, 일본어 보급 철저, 사립학교 지도감독, 심전개발, 교화사업 등을 지시하였다. 이에

118) 박혜진 『일제하 한국기독교와 미션스쿨』, p.47 참조.

119) 부록 〈1931년 12월 12일자 평양에서 마포삼열이 아들 제임스에게 보낸 편지〉 참조.

120) 박혜진 『일제하 한국기독교와 미션스쿨』, p.47 참조.

121) 박혜진 『일제하 한국기독교와 미션스쿨』, p.44 참조. '심전(心田)개발운동'이란 한국인의 정신생활을 통제하기 위한 것으로 사회 전반적으로 종교적 분위기를 만들어 신사참배로 이어지게 하고, 나아가 한국인들에게 '내선일체'에 입각한 황국신민으로서의 책무 수행을 요구하기 위한 것이었다.

따라 11월에 평안남도 도지사는 도내 공사립 초등, 중등학교장들을 연이어 불러 회의를 개최하였다. 도지사가 회의 시작 전에 교장들에게 평양신사 참배를 제의하였으나 숭실학교 교장 매큔, 숭의여학교 교장, 순안 의명학교 교장이 거부하였다. 이에 도지사는 교장들에게 서면으로 신사참배 여부를 요구했고, 선교사측의 교섭을 벌였으나 받아들여지지 않았다. 12월 학무당국은 어떤 학교든지 신사참배가 필요하면 반드시 참배해야 하며, 또 종교와 교육은 다르니 종교의 선포는 자유이지만 종교 때문에 교육정책을 고칠 수 없다고 강경히 주장하였다.[122)]

1935년 12월까지 서면으로 신사참배 여부를 보고하라고 하여 숭실학교와 숭의여학교는 1936년 초에 신앙 양심상 참배할 수 없다고 답변서를 보냈고, 이에 따라 일제는 1936년 1월 18일에 매큔에 대한 숭실중학 교장직 인가를, 그리고 20일에 숭실전문학교 학장직 인가를 취소하였다.[123)]

1936년 선교부 연례회의에서는 '교육철수 권고안'을 내어 일본의 국가신도에 복종하는 세속적 교육 현장에서 물러나기로 하였고, 미국 해외선교부에서도 이를 승인하였다. 1938년 5월 미국 북장로회 총회에서 한국에서의 모든 교육사업에서 일제히 철수하기로 하고 이를 정식으로 발표하였다.[124)]

일제는 1937년 7월에 「사립학교규칙」을 다시 개정하여 그동안 신고사안이었던 사립학교의 유지방법, 수업료와 입학료의 변경, 사립학교의 폐지에

---

122) 박혜진 『일제하 한국기독교와 미션스쿨』, p.48 참조. 부록 〈1936년 9월 27일자 평양에서 루시아 마페트가 인디아나 매디슨에 있는 마포삼열과 샘과 하워드에게 보낸 편지〉에 첨부된 신문기사에 따르면, 1935년 11월 14일에 신사참배를 거부한 교장들이 도지사 사무실로 불려와 최후 명령을 받고 협박을 받았고, 매큔은 양심을 거스르는 일을 할 수 없다고 하며 신사참배 거부의사를 분명히 밝혔다. 그러나 도지사는 조선 국법에 따라 양심의 자유를 허용하며 선교의 자유를 부여하지만 신사참배는 신앙적 행위가 아니며 단지 애국심의 표현일 뿐이라고 하며 12월 말일까지 최종 결정을 내리라고 요구하면서, 신사참배를 거부하는 것은 직무유기라고 하였다.

123) 박혜진 『일제하 한국기독교와 미션스쿨』, p.48 참조.

124) 박혜진 『일제하 한국기독교와 미션스쿨』, p.53 참조.

관한 조항을 당국 인가사항으로 수정하였다. 또한 사립학교 폐지 시 그 사유와 함께 학생의 처분 방법, 폐지 기일 등을 기록해 총독의 인가를 받도록 하여 폐지 또한 국가가 직접 감독하려 했다.[125] 1938년 3월에는 「조선교육령」을 다시 개정하였다. 숭실대학을 존속시킬 수 없다는 선교부의 입장이 확인이 되자 한국인들 사이에 숭실대학을 인계하여 유지하는 방법이 논의되었고 상당한 수준까지 진행이 되었다. 그러나 미국 선교본부의 방침에 따라 학교 명의의 인계나 졸업생에 대한 조치까지도 할 수 없다는 입장이 한국선교부에 의해 확인이 되어 결국 숭실대학은 폐교에 이르게 되었다. 블레어는 이러한 상황에 대해 도지사에게 다음과 같이 말했다고 한다. "만약 우리가 재정이나 인력이 부족하여 학교 문을 닫는다면 기꺼이 당신이 제안하는 대로 할 것입니다. 그러나 아시는 대로 우리가 학교 문을 닫는 유일한 이유는 신도 신사에 참배하는 것이 하나님의 계명에 위배된다고 믿기 때문입니다. 그렇게 믿으면서 어떻게 우리가 잘못되었다고 믿는 일을 하려고 하는 다른 사람들에게 학교를 넘겨줄 수 있겠습니다."[126]

사실 이처럼 폐교에 이르기 전 숭실대학은 지속적으로 발전을 거듭했고 또한 평양의 기독교 신앙의 중심지가 되어 있었다. 1929년에는 한국에서 가장 큰 강당 겸 체육관이 건설되었고, 1929년 10월 22일에는 김익두 목사가 설교하는 평양연합집회가 열리기도 했다.[127] 1930년 11월과 12월에는 숭실대학 강당에서 부흥회 집회가 열리기도 했다. 그리고 대학은 농과 설치를 정부가 승인해 주었고, 우유 산업도 농과 설치와 더불어 준비했다.[128] 숭실대

---

125) 박혜진 『일제하 한국기독교와 미션스쿨』, pp.49-50 참조.

126) 박혜진 『일제하 한국기독교와 미션스쿨』, p.191. 원래의 출전에 대해서는 p.192의 각주 121번 참조.

127) 부록 〈1929년 9월 11일 평양지부 명의로 보내어진 편지〉 참조.

128) 부록 〈1931년 1월 9일 평양에서 마포삼열이 친구들에게 보낸 편지〉 참조.

학에 농과가 설치된 것은 매큔 박사의 노력에 의한 것으로, 이는 숭실대학을 위해서는 아주 중요한 일이었다.[129] 이러한 교육에 대한 노력에 대해 한국교회는 많은 기부를 하기도 했다. 1930년에는 교회가 받은 전체 기부금 가운데 1/3에 해당하는 $375,000을 교육목적으로 기부하였던 것이다.[130]

마포삼열은 한국 학생들이 미국에서 공부할 수 있도록 지속적으로 도왔고 선교부 차원에서도 미국에서 유학생들이 재정적인 도움을 받아 학업을 할 수 있도록 노력했다.[131] 이런 지원을 받을 수 있는 영역은 신학 등 매우 제한적인 전공에 국한되었는데, 음악은 포함되어 있지 않았다. 그러나 박태준은 특별한 음악적 재능을 인정받아 특별한 추천을 받기도 했다. 박태준은 평양 숭실대학 졸업생으로 음악에 탁월한 재능을 보였고, 말즈버리 양의 특별지도를 받았으며, 대구중학교에서 수년간 교육을 하였고, 공부가 끝나면 분명히 다시 돌아올 것이라는 내용을 담아, 한국의 교육위원회가 만장일치로 미국선교부에 박태준의 지원을 요청하였던 것이다.[132]

마포삼열은 숭실대학 학장직을 매큔에게 넘기고 자신은 일선 대학행정에서 물러난 것에 대해 상당히 만족하였던 것 같다. 1928년 11월에 아들 제임스에게 보낸 편지에서 마포삼열은 대학과 중학교 업무에서 자유롭게 된 것에 대해 무척 다행으로 생각하고 있다고 쓰고 있다.[133]

마포삼열은 1930년 1월에 장로교 선교사로서 한국에서 사역한지 40년을 맞게 되었다. 그는 1890년 1월 25일, 그의 26세 생일에 미국 북장로회 한국 선교회 선교사로 서울 도착하였던 것이다. 이를 기념하기 위해 수많은 기독교인들과 일본인 관료들, 그리고 교육계 인사들이 함께 모여 축하해 주었고,

---

129) 부록 〈1931년 2월 28일자 평양에서 마포삼열 아들 제임스에게 보낸 편지〉 참조.

130) 부록 〈1931년 4월 10일자 평양에서 마포삼열 뉴욕의 매카피 박사에게 보낸 편지〉 참조.

131) 부록 〈1931년 7월 9일자 뉴욕에서 매카피 박사가 평양의 마포삼열에게 보낸 편지〉 참조.

132) 부록 〈1932년 4월 1일자 평양에서 마포삼열 매카피에게 보낸 편지〉 참조.

133) 부록 〈1929년 11월 18일자 평양에서 마포삼열 아들 제임스에게 보낸 편지〉 참조.

조선총독은 축하 만찬을 열어주고 선물을 주었다. 마포삼열은 이미 1925년에 황제의 날을 맞아 일왕이 주는 교육상을 받은 적이 있었다.[134] 한국 교회 인사들은 별도의 큰 축하연을 숭실대학 강당에서 가졌다. 최근에 지어진 5천명 이상을 수용할 수 있는 강당에서 행사가 진행되었다.[135] 이 모임은 "숭실대학 강당 겸 실내운동장에서 처음으로 열린 대중집회"라고 하였다. 1934년 1월 15일에는 70세 생일을 맞게 되었다. 이 날은 그의 한국선교 44주년이 되는 날이지만, 70세로서 선교사직에서 은퇴를 해야 하는 나이이기도 했다. 이날 축하연에서 지인들은 우정을 담아 『기억의 책 Book of Memories』을 만들어 증정하기도 하였다.

이처럼 마포삼열의 선교사로서의 삶이 마무리되어 가는 시점에 신사참배 문제는 본격적으로 등장하였다. 정부에 의해 불교와 신도가 가능한 모든 방면으로 장려되었다. 마포삼열의 부인 루시아 마페트는 가톨릭교회에서는 자신들이 운영하는 학교에 신사를 두도록 허용했다고 믿을 수 없는 소식도 듣게 되었다고 아들에게 편지를 썼다. 지금까지는 그 학교들은 신사 참배 요구에 대해 비신자들만 보냈고 침례 받은 아이들이 거기에 참여하면 처벌했었던 것이다.[136]

1935년 9월 14일에 루시아 마페트가 보낸 편지에 따르면, 이제 정부는 기독교 학교들이 기념일 행사에 참석한 뒤 영령들(spirits) 앞에서 절을 하지 않아도 되며 단지 참석만 하도록 입장을 조정하고 있는 것 같았다. 서울에서 교육장관이 직접 와서 자신들이 그 정도면 동의할 수 있는 수준이라고 했다는 것이다. 학생들은 뒤에 머물러 있다가 임석한 관리에게 인사하고 떠나면 된다

134) 부록 〈1925년 〈서울 프레스〉에 기제된 기사 "황제의 날 영예"라는 기사 전문〉 참조.

135) 부록 〈1930년 인디애나, 매디슨에서 출간된 신문 기사〉 및 〈1930년 〈미션필드〉에 수록된 평양 선교40주년 기념식 기사 전문〉 참조.

136) 부록 〈1935년 9월 1일 평양에서 루시아 마페트가 아들 하워드에게 보낸 편지〉 참조.

는 것이다.[137] 교육장관이 유화적인 타협안을 내 놓은 것처럼 보인다. 그러나 10월 18일에 보낸 편지[138]에 따르면 상황은 오히려 더욱 심각했다. 쿠크 선교사가 서울에 가서 고위 관료 중 한 사람을 만났는데, 그는 "당신들은 와서 반드시 절을 해야 한다."라는 말만 했다는 것이다. 장로교 선교지부는 정부에 대해 자신들이 복종하고 있다는 표시를 하는 방법, 즉 애국심을 표현하는 어떤 방법을 찾아 그로써 대신하는 길을 모색했다. 그래서 그들은 학교에서 일왕을 위한 기도 모임을 갖겠다고 제안을 했었지만 그것으로 일제를 설득시킬 수 없었다. 루시아 마페트는 9월 14일자 〈주일학교 타임즈〉에 나온 이야기를 전하고 있는데, 한 관료가 성공회 소속 교회를 방문하여 왕을 "구원하소서"라고 기도하는 것을 듣고 충격에 빠져서 그렇게 말한 자를 붙잡아 물어보니 성공회 예배 교본에 그렇게 되어 있었다는 것이다. 그래서 곧 성공회에서는 "구원하소서"라는 말을 "은총이 함께 하시길"로 바꾸고, "주의 주, 왕의 왕"을 "천지의 주재"라는 표현으로 바꾸었다고 했다.

11월에 들어오면서 상황은 아주 심각해 졌던 것 같다. 마포삼열은 아들에게 보내는 편지에서 곧 심각한 처벌을 받을 것 같다고 쓰고 있다. 정부가 학교의 교장, 교사, 학생들 모두 신사 참배를 해야만 한다고 요구했기 때문이다. 일제는 여기에 종교적 의식이 포함되지 않았다고 하지만, 그러면서도 그들은 신사에는 영혼이 깃들어 있고 거기에 절을 해야 한다고 말하는 모순적인 주장을 하고 있다. 마포삼열은 교회가 할 수 있는 모든 양보를 했지만, 일제는 막무가내로 모두가 나와서 절을 해야 한다고만 한다는 것이다. 마포삼열이 보기에 그것은 곧 학교 문을 닫는 것을 의미하는데, 우리는 그렇게 되질 않길 바라고 있고, 실행위원회는 대표를 선출하여 정부로 보내 양심의 자유를 인정해 달라고 호소하고 있는 상황이라고 설명하고 있다.[139] 12월 1일

137) 부록 〈1935년 9월 14일 평양에서 루시아 마페트가 아들들에게 보낸 편지〉 참조.

138) 부록 〈935년 10월 18일 평양에서 루시아 마페트가 아들 제임스에게 보낸 편지〉 참조.

139) 부록 〈1935년 11월 24일 평양에서 마포삼열이 아들들에게 보낸 편지〉 참조.

의 편지에서는 정부의 신사참배 요구에 대해 고민하느라 많은 시간을 쓰고 있으며, 연말까지 결정을 내려야 하는데, 심각한 순간이 학교에 다가올 수 있다고 마포삼열은 쓰고 있다.[140] 12월 8일에 쓴 편지에서는 일제가 태양의 여신을 제국의 선조로 인정해야 한다고 하며 신사 앞에서 절을 해야 한다고 하지만 매큔 박사는 신사에 가기를 거절했고 그래서 학교에서 물러나게 될 수도 있으며, 중학교들은 폐교위기에 있다고 쓰고 있다.[141] 같은 날 루시아 마페트가 쓴 편지에는 이것이 옳고 그름의 문제이므로 감히 타협을 하려고 하지 않을 것이라고 쓰고 있다. 신사참배 문제에 대해서는 올바른 해결이 가장 중요한데, 하나님에 대한 불순종의 결과는 인간이 몸과 물질에 대해 할 수 있는 그 어떤 일들보다 더 지속적이고 더 끔찍한 것이라고 하였다. 작은 신사에 바쳐진 잔에 담긴 음식이 예배의 한 형태가 아니라 단지 위대한 일을 한 사람들에 대한 존경을 표하는 것일 뿐이라고 하는 것은 사태를 호도하는 거짓일 뿐이라고 하며, 끝으로 자신의 부주의와 불순종에 의해 공포가 엄습하게 될 것이므로 우리의 하나님을 보는 기쁨으로 모든 고통을 삼켜야 할 것이라고 썼다.[142] 15일에 쓴 편지에서 마포삼열은 신사참배 문제로 인해 일상이 방해받고 있으며, 이 문제에 대해 아직 우리는 합의를 보지 못하고 있고, 교단의 총대들이 모임을 가지려고 했지만 경찰 수십 명이 중앙교회로 들어가지 못하게 막았다고 한다.[143] 29일에 쓴 편지에서 루시아 마페트는 매큔 박사가 방법을 모색하러 서울에 갔지만 신사참배 문제는 너무나 심각한 상태에 있다고 쓰고 있다.[144]

---

140) 부록 〈1935년 12월 1일 평양에서 마포삼열이 아들들에게 보낸 편지〉 참조.

141) 부록 〈1935년 12월 8일 평양에서 마포삼열이 아들들에게 보낸 편지〉 참조.

142) 부록 〈1935년 12월 8일 평양에서 루시아 마페트가 아들들에게 보낸 편지〉 참조.

143) 부록 〈1935년 12월 15일 평양에서 마포삼열이 아들들에게 보낸 편지〉 참조.

144) 부록 〈1935년 12월 29일 평양에서 루시아 마페트가 아들들에게 보낸 편지〉 참조. 이 편지에서 루시아 마페트는 기적을 바라는 내용도 함께 쓰고 있다. 목사 한 사람이 일본어 성경을 가지고 가서 경찰서장 앞에서 신사참배 문제와 관련된 구절을 길게 읽어 주었는

총독부가 정한 시간은 지나고 선교지부는 신사참배에 대한 답을 주어야 했고, 그들이 제출한 신사참배 불가라는 대답에 대해 식민지 정부가 어떤 처리를 할지 기다리는 상황이 이어졌다. 마포삼열과 아내 루시아가 쓴 아래의 편지에는 그들의 심정이 잘 나타나고 있다.[145)]

1936년 1월 12일 평양에서 마포삼열이 아들들에게 보낸 편지 : 우리가 신사참배를 하지 않겠다고 했기 때문에 우리에게 다가올 처벌이 어떤 것인지에 대해서는 확실히 알고 있지 못하다. 하지만 어떤 처벌이 오더라도 우리는 제1계명과 제2계명을 굳건하게 붙들고 있을 것이다. 이번 일은 우리가 지난 40년간 부딪혀 온 문제 가운데 가장 큰 문제이다. 우리는 주님께서는 정부가 하고 있는 적대적 행동을 다스리시며 그것으로부터 선을 이루실 것이라는 믿음 속에서 주님을 바라보고 있다.

1936년 1월 19일 평양에서 마포삼열이 아들들에게 보낸 편지 : 한 주가 지나면 72세가 된다. 이제 아빠는 늙은이가 된다. 정부가 매큔 박사의 숭실중학 교장직을 박탈했다. 조만간 대학 학장직에 대해서도 같은 일을 할 것이라고 본다. 매큔의 증언은 진실했다. 앞으로 어떤 일이 다가올지 모르겠다. 숭실중학 설립자로서 나는 새로운 교장을 선임해야 할 처지에 있다. 이 모든 일이 태양의 신 신사에 대한 참배 거부로 인해 발생한 일이다. 이 문제에 대해 대부분의 일본인과 한국인은 다르게 생각하고 있는데, 한국인들은 이것이 그들이 오래 전에 중지했던 조상에 대한 예배라고 느끼고 있다.

데, 며칠 후 사람을 보내 그 구절의 출처를 알려달라고 해서 알려주면서 일본어 성경도 함께 보내 주었다는 것이다. 이와 더불어 무디 선교사의 일화를 전하고 있다. 무디가 하루는 새로운 강당에서 마이크를 시험하려고 요한복음 3장 16절을 암송했는데, 보이지 않는 가운데 일하던 한 노동자가 그 말을 듣고 회개했다는 사실을 인용하며 이러한 일이 이루어지길 기원하였다.

145) 자세한 내용은 부록에 있는 해당 날짜의 일기 참조.

1936년 1월 19일 평양에서 루시아 마페트가 아들들에게 보낸 편지 : 어제 1월 18일에 매큔 박사와 마포삼열은 2시에 도지사에게 최종 답변을 하기 위해 갔다. 가기 전에 경찰에 의한 보호요청이 있어서 경찰이 왔다가 그들을 먼저 경찰서로 데려갔다. 거기서 경찰관은 다시 매큔 박사에게 사임을 할 것을 종용하면서 정부가 그를 강제로 파직하지 않도록 하라고 했으나, 두 대학 및 중학교 교무회(board of directors)에서는 그가 잘못한 것이 없다고 판단하여 사직서를 수리하지 않기로 표결하였다. 결국 그는 면직을 당했고, 마포삼열은 두 학교의 설립자로서 내일 학생들에게 이 사실을 알리게 될 것이고, 임시 교장의 역할을 수행하게 될 것이다. 도지사의 태도는 공손했고, 정부의 입장을 더 잘 이해해 달라고 요청했으며, 마포삼열은 도지사가 성경을 읽고 자신의 입장을 이해해 주길 바란다고 말했다.

1936년 1월 26일 평양에서 마포삼열이 아들들에게 보낸 편지 : 우리는 난관에 처해 있다. 나는 다시 숭실대학과 숭실중학을 책임지는 위치에 서게 되었다. 그러나 이 일은 임시적일 뿐이며, 이사장인 내가 새로운 학장과 교장을 임명하기 전까지만 그렇다. 사태의 전망은 밝지 않지만, 우리는 매일 모여 기도회를 갖고 있으며 주님께서 이 일을 다스려 주실 것이라고 믿고 있다. 미스 스누크도 숭의여중학교의 교장직에서 물러나게 되었다. 이 모든 것은 태양신의 신사에 대한 불경죄가 문제였다.

1936년 2월 2일 평양에서 마포삼열이 아들들에게 보낸 편지 : 처벌이 임박했는데, 그 처벌이 가벼운 경고에 그치고 진정한 기독교적 자유가 허용되기를 바라고 있다. 현재 숭실대학과 숭실중학에 대한 책임으로 무거운 짐을 지고 있다. 많은 회의와 미팅을 하는 중이다. 육체적 힘과 정신적 지도를 얻을 수 있도록 기도를 부탁한다. 교장직과 교사직을 박탈당한 매큔 박사와 미스 스누크를 위해서도 기도를 부탁한다.

1936년 2월 2일 평양에서 마포삼열이 아들들에게 보낸 편지 : 72세 생일을 막 지난 나는 은퇴를 했음에도 불구하고 막중한 업무를 수행중이다. 모우리 박사를 차기 학장 및 교장으로 선임했는데, 만일 그가 받아들여진다면 일이 조금 수월해 질 것 같다. 일본 정부는 국민(일본국민)이 숭실중학을 책임져야 할 것이라고 생각하지만, 만일 그렇게 된다면 그것은 선교부가 관련된 한 학교의 종말을 의미한다. (결국 신사참배로 나가게 될 것이기 때문)

1936년 2월 9일 평양에서 루시아 마페트가 아들들에게 보낸 편지 : 내 시간과 주의력은 전적으로 신사 참배를 하지 않은 탓으로 인해 폐교를 당할지 모르는 상황을 다루는 데 전적으로 집중하고 있다.

1936년 2월 16일 평양에서 마포삼열이 아들들에게 보낸 편지 : 가끔씩 손가락 마비로 글을 쓰기가 어렵다. 학교는 폐교가 될지도 모르는 상황이다. 결국 학교를 빼앗기는 한이 있더라도 신사참배를 할 수 없다.

1936년 2월 16일 평양에서 루시아 마페트가 아들들에게 보낸 편지 : 〈서울 프레스〉에서 무어 박사가 숭실대학의 새로운 학장이 되었다고 기사를 냈지만 오보이며, 모우리 박사는 아직 정부가 수용하지 않은 상태이다.

1936년 3월 8일 평양에서 마포삼열이 아들들에게 보낸 편지 : 우리는 최근에 격렬한 시간을 보내 왔고, 나도 전력투구를 하고 있다. 너무 지쳐서 휴식을 취하려고 며칠씩 침대에 누워있기도 했다. 모우리 씨는 숭실대학의 새 학장 및 숭실중학의 명예 교장으로 중한 책임을 맡고 있다. 내일은 대학 학위 수여식, 그리고 11일 수요일에는 중학교 졸업장 수여식이 있다.

1936년 3월 15일 평양에서 마포삼열이 아들들에게 보낸 편지 : 한 주간 누워서 휴식을 취한 뒤 다시 이사회, 위원회 등의 회의로 바빠졌다. 숭실대학이 졸업식을 할 수 있었고, 숭실중학에 한국인을 책임자로 세운 뒤에 두 중학교 졸업식도 할 수 있었다.

1936년 6월말에 작성된 〈교육사업의 상황〉이라는 제목의 교육위원회 보고서 (요약)

1. 신사참배와 관련한 입장들을 설명하고, 신사참배가 종교적이라고 보는 입장들을 열거하면서, 매큔 학장이 양심의 이유로 신사참배를 거부함과 동시에 학생들에게도 요구할 수 없다고 알리는 내용을 인용함. 그의 지위 박탈 사실을 서술함.
2. 다른 학교 교장들도 입장을 결정하지 못하고 있고, 결국 정부의 지시에 불이행하여 폐교가 될 수도 있는 상황임. 이런 상황에서 각종 회의들이 금지되었고, 선교부나 교회의 아주 적은 수의 공적 행위만이 가능한 상태임.
3. 많은 지역의 모든 수준의 학교들에 대한 많은 수요가 있지만 재정적인 어려움을 겪고 있는데, 거기에다 신사참배 문제가 겹쳐서 많은 어려움이 예상됨.

마포삼열은 여름휴가를 7월 3일부터 14일까지 황해도 소래에서 보냈는데, 평양으로 돌아와 일사병(sunstroke)에 걸렸다. 그리고 언어 장애도 발생했다.[146] 부인 루시아는 그의 말을 알아듣고 편지를 받아쓰기해서 발송하기도 했지만, 다른 사람들이 그의 말을 알아들을 수는 없어서, 마포삼열은 사람을 피해 집에 머물고 있었다. 점차 회복이 되기는 했으나 회복 속도는 많이 더뎠다. 9월 13일에 아들에게 보낸 편지에서 마포삼열은 자신의 병이 조금

146) 부록 〈1936년 8월 4일자 소래에서 솔토가 뉴욕의 맥카피에게 보낸 편지〉 참조.

씩 낫고는 있지만 신속히 호전되고 있지는 않다고 썼다.[147] 그러면서도 그는 집의 창문을 통해 서문에서 작은 다릿길로 이어지는 새로운 도로가 만들어져 학교 운동장으로 가는 길을 상당히 단축시켰으며, 운동장을 서쪽으로 옮겼기 때문에 그 길로 인해 운동장이 좁아지지는 않았다고 쓰고 있다. 이때쯤 마포삼열은 집 밖으로 나가기도 했고, 편지는 직접 썼다.

마포삼열은 9월 24일에 신병 치료차 평양을 떠나 미국으로 여행을 갔다. 10월 13일에 캘리포니아 오클랜드에 도착했고, 며칠 후에 시카고 인근 휘튼으로 가서 아들들을 만나고 이번 여행의 목적지인 인디애나 매디슨에 있는 본가에 도착하였다.

매디슨에 머물러 있던 시기는 신사참배 거부의 결과로 어떤 상황이 전개될는지 불투명한 시기였다. 평양에 있던 킨슬러는 마포삼열이 떠나고 난 평양은 무척 다른 곳이 되어 버린 것 같다고 아쉬워하면서 건강을 속히 회복해서 평양으로 돌아오기를 바라는 편지를 썼다.[148] 마포삼열은 아내 루시아와 모우리 학장, 그리고 다른 선교사들의 편지를 받으면서 한국의 상황에 대해 간헐적으로 정보를 듣고 있었지만 그 소식이 빈번하게 오지는 않았고 마포삼열은 많이 궁금해 한 상태였다.

마포삼열은 치료가 잘 끝이 나면 "진짜 집(the real home)"[149]인 평양으로 돌아가겠다는 의사를 지속적으로 표현했다. 처음에는 1937년 2월 중으로 가려 했으나 한국선교부에서 분명한 답을 주질 않아 기다리다가, 5월이 되면 한국으로 돌아갈 수 있기를 바란다는 의사를 표명했다. 하지만 한국선교부

---

147) 부록 〈1936년 9월 13일자 평양에서 마포삼열이 아들들(샘과 하워드)에게 보낸 편지〉 참조.

148) 부록 〈1936년 12월 6일자 평양에서 킨슬러가 뉴욕 외국선교부를 통해 마포삼열에게에게 보낸 편지〉 참조.

149) 부록 〈1936년 12월 13일자 인디애나 매디슨에서 마포삼열이 평양의 아내에게 보낸 편지〉 참조. 이 편지를 쓸 때 마포삼열은 자신의 본가에 있었음에도 불구하고, 자기의 진짜 집은 평양에 있다고 말하고 있는 것이다.

는 그가 돌아오는 것이 바람직하지 않다고 판단하고 있었다.[150] 그러다가 그는 결국 1937년 2월에 한국으로 돌아가려는 생각을 접게 되었고, 곧이어 한국으로부터 아내 루시아가 아들 톰과 함께 급거 귀국하게 된다는 전신을 받게 된다. 루시아 마페트는 이때 심각한 피해망상에 빠져 정신적 고통을 겪게 되어 평양선교지부는 아들과 함께 급히 미국으로 돌아가도록 조치하게 한 것이다. 1937년 3월 24일에 루시아 마페트는 캘리포니아에 도착했고, 잠시 매디슨을 들렀다가 4월에 마포삼열 내외는 루시아의 친정이 있는 캘리포니아 먼로비아에 정착했다. 마포삼열은 1939년 10월 25일에 75세의 일기로 사망하였다.

---

150) 부록 〈1936년 12월 4일에 쓴 것으로 추정되는 스코트 박사에게 보내는 솔타우의 편지〉 참조.

7. 결론

마포삼열 박사가 1934년 70회 생일을 맞았을 때 그의 지인들은 우정을 담아 『기억의 책Book of Memories』를 만들어 헌정했다. 거기에 나오는 마포삼열에 대한 언급 몇 가지를 발췌해 보자.

윌리엄 레이놀즈 2세 (William Davis Reynolds, Jr.) : 마포삼열은 숭실대학을 살아있도록 했으며, 10년 동안 학장으로 노고를 기울였다. 성경을 교과과정으로부터 뺀다면 미션학교들을 인가해 주겠다는 요구에 대하여 "돌벽 처럼 굳건히 버텼고" 돌벽 처럼 영광스런 승리를 쟁취했다.

베어드 박사 둘째 부인 로즈 베어드 (Rose M. Baird) : 베어드 박사와 마포삼열은 절친한 친구였다. 두 사람은 서로에 대해 신사다운 품위를 잃지 않았으며, 때때로 서로에 대해 "샘" "빌"이라고 불렀으나 대부분의 경우에는 "닥터 마페트" "닥터 베어드"라고 불렀다. 특별히 어려운 일을 만날 때면 두 사람은 서로를 찾았으며, 마포삼열 박사가 휴가를 떠났을 때는 "의논할 사람이 없다"는 말을 하는 것을 듣기도 했다.

클라크 (Charles Allen Clark) : 어느 날 우리는 당신을 숭실대학의 학장으로 만들었는데, 그때는 대학의 역사상 가장 힘든 시기 가운데 하나였으나 그때 당신은 대학을 구하였다. 어느 누구도 근접할 수 없는 정도로, "평양이 마페트이고, 마페트가 평양이다."

마포삼열의 아들 새뮤얼 휴 마페트(Samuel Hugh Moffett)의 기록에서 : 나는 마포삼열 축하연에서 사람들이 마포삼열에 대해 "선교사의 이상", "평양의 대주교"라고 부르는 것을 들었다.

필립스 (Charles L. Phillips) : 우리가 그를 기념하는 이 글을 쓰는 동안에, 마포삼열은 지역 장로교 총대들에 의해 다른 사람들이 걷기를 두려워하는 곳에서 홀로 행동하도록 추대되었다. 그 일은 우리가 이 도시에서 지금까지 들어보지 못했을 정도로 큰 위험에 교회를 빠트리는 일인데, 곧 신사참배 문제이다.

마포삼열은 큰 거인과 같았다. 그는 선교에 대한 확고한 신념을 갖고 있었고, 교육에 대해서도 그의 선교사역 내내 변하지 않는 일념을 지니고 있었다. 그것은 교육이 선교의 도구가 되어서는 안 되며, 교육은 교회의 리더십을 교육하는 목적으로 이루어져야 한다는 것이었다. 이러한 일관된 입장에 따라 평양에 학교가 세워졌고, 리처드 베어드가 "한국실험"이라고 부른 대로 네비우스 원칙의 자조의 정신에 따라 학교를 운영하려고 했다.

숭실대학이 건립이 되고 장감연합의 정신으로 힘을 모아 운영하자는 윌리엄 베어드의 뜻에 마포삼열은 동의하였지만, 서로 다른 신학이 문제를 일으킬 것으로 그가 우려했었고 그 우려는 현실로 나타났다. 네비우스 원칙에 입각한 학교의 운영과 학교의 목적에 대한 마포삼열과 윌리엄 베어드 및 평양의 선교사들 다수의 의견에 반하는 서울에서의 하나의 연합대학 결정에 대해 완강히 거부하며 자신의 뜻을 결국 철저히 관철시킬 수 있었던 것은 일관되게 가져왔던 교육에 대한 신념 때문이었다고 생각할 수 있다.

교육에 대한 이러한 일관된 신념은 일제가 한국을 병합하면서 억압적 교육정책을 폈을 때에도 종교의 자유를 지키고 학교를 지키는 기본적인 원칙으로 작용하였다. 강력한 억압에도 그 신념은 변하지 않았다. 또한 일제가 신사참배를 강요하였을 때에도 이러한 일관된 신념을 끝까지 견지하였고, 이는 결국 숭실대학의 폐교를 낳게 되었다. 그리고 폐교에 앞서 학교의 교명을 넘기거나 학교를 매각하는 문제에 대해서도, 결국 마포삼열과 그의 동료들이 가지고 있었던 일관된 신념이 작용하여 교명 양도와 학교 매각을 전면 거부하고 정신을 지키는 선택을 하게 되었다. 신앙인으로서도 타협할 때는 타협하는 자세가 필요하겠지만, 이 시기에 그리고 신사참배와 같은 문제에 대해서는 타협할 수 없는 사안이라는 판단을 그들은 내렸던 것이다. 선교사들이 떠나고도 이 땅에 남아 일제의 치하에서 삶을 살아야 하는 사람에게는 타협을 이룬 학교도 필요했을 수 있지만, 그 시대에 숭실대학은 타협할 수 없는 일에는 타협하지 않는 정신을 유산으로 남겨 주었다. 마포삼열의 정신이 그러했던 것이다. 신사참배 거부로 인해 평양숭실대학은 1938년 3월 4일 졸업식을 마지막으로 폐교함으로써 십자가의 죽음을 경험하였지만, 그로부터 16년이 지나 서울에서 숭실대학은 다시 부활하였다.

윌리엄 베어드는 이 땅에서 죽고 이 땅에 묻혔지만, 마포삼열은 결국 한국을 떠나야 했고 자신의 "진짜 집"이 있었던 한국이 아니라 자신이 태어났던 땅에 죽어 묻혔다. 그러나 이후 그의 제자들은 그의 유해를 일부 한국으로 모셔와 장로회신학대학의 교정에 모심으로써 그의 마음을 위로하였다. 그를 쓰러뜨리고 한국을 떠나게 했던 일사병은 그가 신사참배 문제로 보냈던 힘든 시간 뒤에 찾아 온 것이었다. 그 힘든 시간 속에서 그는 72회 생일을 보냈고, 노년의 몸에 남은 마지막 힘을 숭실대학을 위해 소진했던 것이다.

해방이 되고 마포삼열이 살았던 악의 시기와는 다른 시기를 살아가는 오늘날의 숭실인들에게 마포삼열은 곧은 정신으로 타협하지 않아야 할 것이 무엇인지를 정확히 알아서 싸워야 할 싸움을 싸우며 살아야 한다는 가르침을 주고 있다. 이 시대에 폐교의 정신을 되살리는 참된 싸움을 싸워야 한다는 것이다.

참고문헌

권태경, 「마포삼열(Samuel A. Moffett)의 교육 활동의 전개」, 『복음과 선교』 제32집. 2015.

김남식, 『한국장로교회사』 서울: 도서출판 베다니, 2012.

마포삼열, 옥성득 역, 『마포삼열 자료집 1』 (1868-1894), 숭실대학교 가치와 윤리연구소 간행, 새물결플러스, 2017.

-----, 옥성득 역, 『마포삼열 자료집 2』 (1895-1901), 숭실대학교 가치와윤리연구소 간행, 새물결플러스, 2017.

-----, 옥성득 역, 『마포삼열 자료집 3』 (1901-1903), 숭실대학교 가치와윤리연구소 간행, 새물결플러스, 2017(예정).

-----, 옥성득 역, 『마포삼열 자료집 4』 (1904-1906), 숭실대학교 가치와윤리연구소 간행, 새물결플러스, 2017(예정).

-----, 『마포삼열 자료집 제5권 (1907-1911)』 미간행 자료집.

-----, 『마포삼열 자료집 제6권 (1912-1920)』 미간행 자료집.

-----, 『마포삼열 자료집 제7권 (1921-1927)』 미간행 자료집.

-----, 『마포삼열 자료집 제8권 (1928-1934)』 미간행 자료집.

-----, 『마포삼열 자료집 제9권 (1935-1936)』 미간행 자료집.

-----, 『마포삼열 자료집 제10권 (1937-1939)』 미간행 자료집.

마포삼열박사 전기편찬위원회 편, 『마포삼열박사전기』 대한예수교장로회총회교육부, 1973.

박혜진 『일제하 한국기독교와 미션스쿨』 한국기독교역사연구소, 2015.

백낙준, 『한국개신교사: 1832~1910』 연세대학교 출판부, 1973.

베어드, 리처드, 숭실대학교 뿌리찾기위원회편역, 『윌리엄 베어드』 숭실대학교 출판국, 2016.

숭실대학교, 『인물로 본 숭실 100년』 숭실대학교 출판국, 1997.
언더우드, 릴리어스 호턴, 이만열 역, 『언더우드』 IVP, 2015.
옥성득, 『다시 쓰는 초대 한국교회사』 새물결플러스, 2016.
이덕주, 『초기 한국기독교회사 연구』 한국기독교역사연구소, 1995.
이덕주, 『한국 토착교회 형성사 연구』 한국기독교역사연구소, 2001.
이만열, 『한국기독교와 민족의식" 한국기독교사연구논고』 지식산업사, 1991.
이성전, 서정민 & 가미야나 미야코 옮김, 『미국 선교사와 한국 근대교육』 한국기독교역사연구소, 2007.
조경연, 『초기 한국장로교 신학사상』 도서출판 그리심, 2011.
한국기독교역사학회편, 『한국 기독교의 역사 2』 개정판, 기독교문사, 2012.
허순길, 『한국장로교회사: 고신교회 중심』 도서출판 영문, 2008.

부 록

평양숭실대학 관련 마포삼열 자료 (1904~1939)

*** 일러두기**

1. 이 자료는 마애린 여사가 정리하고 옥성득 교수가 편집한 마포삼열 자료를 일부 발췌 수록한 것임. 번역된 일부 자료는 옥성득 교수의 초고 번역임.
2. 여기에 발췌된 내용은 평양숭실대학과 마포삼열의 교육 이념과 관련된 부분에 한하며, 편지 혹은 해당 자료의 전문이 아니라 해당 부분만을 인용하였음. 단, 특별한 중요성을 갖는 자료에 한해 전문을 수록하였음. 따라서 마포삼열이 숭실대학에 직접적인 관여가 언급되지 않았던 1903년까지의 자료에 대해서는 자료를 수록하지 않고 대신 그 성격을 간략히 서술함.
3. 자료는 작성된 날짜순으로 정리되어 있고, 해당 자료는 첫머리에 저술자와 수신인과 저술 날짜를 명시하는 방식으로 제목을 부여하였음. 각 자료의 핵심 내용을 간단히 정리하여 제목 아래에 서술함.
4. 이 자료의 사용을 허락해 준 옥성득 교수께 감사한다.

〈1901~1903년 자료의 핵심 내용〉

* 1904년 이전 자료는 여기에 수록하지 않음.

1. 마포삼열은 숭실학당에 대해서 외부에서 지원하는 방식으로 관여하였다. 운영비용에 대한 문제의 해결, 운영 방식에 대한 소극적 관여, 베어드 선교사 부부에 대한 지원 등의 방식으로 도움이 이루어졌다.
2. 마포삼열은 이 시기에 서울에서 건립 중인 병원에 대해 부정적인 입장을 피력하였다. 이는 한국에 들어오는 선교비용의 많은 부분이 의료시설에 대해 집중되는 것이 선교의 본래적 목적에 부합하지 않는다는 판단에 따른 것으로 보인다.
3. 마포삼열은 언더우드 선교사와 신의 호칭 문제, 그리고 찬송가 문제로 의견대립이 심각했던 것으로 보인다. 이런 대립과 갈등은 언더우드가 마포삼열에게 보낸 1902년 9월 15일자 편지에서 잘 읽을 수 있다. 언더우드는 정중하지만 강력하고 명백히 비판적인 어투로 마포삼열의 말과 편지 내용 등에 대해 따져 묻고 있으며 서로 다른 점들에 대해 분명한 의견 교환을 할 것을 강력히 요구하고 있다. 이런 갈등 관계는 1902년 10월 2일자로 엘린우드 박사가 마포삼열에게 보낸 편지에서도 나타나고 있다.
4. 이 시기에 마포삼열은 숭실중학에 대한 지원 외에도 여자중학교와 여성들을 위한 성경공부 시스템 형성을 위한 구체적인 노력을 기울인다. 여자 초등학교의 기숙사에 대해서도 관심을 보이고 있는데 (1903년 10월 13일자 마포삼열이 브라운 박사에게 보낸 편지 참조) 여성에 대한 균형 있는 관심을 기울이고 있음을 알 수 있다.

〈1904년 자료〉

1904년 5월 12일 마포삼열이 브라운 박사에게 보낸 편지

마포삼열은 러-일 전쟁에 따른 혼란으로 인한 학교 운영의 어려움을 말하고 있다. 숭실중학의 학생 중 1/3이 전쟁으로 집안을 돌보기 위해 귀가하였다. 따라서 숭실중학은 줄어든 학생 수로 운영되고 있다. 전쟁으로 인해 전도 사업이 위축됨으로써 선교사들이 오히려 교육에 투입할 수 있는 시간이 많아졌다. 학교로서는 전화위복이 된 측면이 있다.

우리는 전쟁이 한국에서의 우리 사역을 거의 지장을 주지 않아서 우리가 실질적으로 방해를 안 받았다는 사실에 대해 모두 함께 기뻐할 수 있습니다. 2월과 3월 동안 주요 도로를 따라 러시아인들과 일본인들이 주둔하고 있어서 상당히 많은 장소에서 교회 예배를 중지하는 상황을 야기했고, 이곳 평양에서 상황은 상당히 불안정했습니다. 교회 예배 참석 인원은 안식일에 250명까지 낮게 떨어졌습니다. 러시아 정찰병들은 북쪽 도시 벽에서 일본인들과 총격을 교환했고 모든 도시 문은 닫혔고, 도시 성벽 외곽에 살고 있는 모든 사람들을 못 들어 오게 했습니다. 초병들은 우리 선교사들이 교회예배를 위해 들어오는 것을 허락했습니다. 많은 가족들과 거의 모든 젊은 여성과 아이들이 일본군이 들어 왔을 때 시골로 가서, 한 동안 여성 모임과 여자 아이 학교는 중단됐습니다. 남자 아이 학교의 출석수는 대략 200 명에서 50명으로 떨어졌고 [숭실] 중학교 학생의 1/3이 그들 집안일을 돌보기 위해 떠났습니다. 그럼에도 불구하고, 어떤 당황스러움도 없었습니다.

(중략)

[숭실] 중학교는 순회 여행을 할 수 없는 사람들의 강제적인 참석으로 인해 대단한 혜택을 확보했습니다. 스왈른 씨, 헌트 씨, 번하이젤 목사, 블레어 씨, 그리고 베스트 양 모두 학생들이 대단히 만족스러울 할 정도로 중학교

사역에 참여했고, 도시 교회에서 그들의 사역은 특히 때마침 이루어졌고 도움이 됐는데, 3월과 4월중 일부 동안 저는 "독감"의 심각한 발병으로 사역을 쉬어야 했고 더 심한 사역의 부담이 리 씨에게 떨어졌습니다.

1904년 10월 20일 마포삼열이 브라운 박사에게 보낸 편지

연례회의 후에 작성된 이 편지는 보고서의 성격을 겸하고 있음. 숭실학당에 투입된 선교사들에게 일어난 변동을 보고하고 있다. 매큔 부부가 떠난 뒤 되돌아오지 못하여 인적 결손이 발생하고 있음을 알리고 있고, 이에 대한 보충 인력의 필요를 호소한다. 재정적 자립의 원칙에 따라 학교와 관련한 비용들을 자급하기 위해 지역 교회들에서 지원을 하고 있음을 말하고 있다. 이런 상황에서 교사들은 학교에서 마땅히 받아야 하는 월급의 규모가 적어서 학교는 사실상 봉사 수준으로 운영되고 있음을 알 수 있다. 평양에서 공부하고 미국 LA와 샌프란시스코로 간 젊은이들에 대해 교단 차원에서 돌보아 주어야 할 필요성을 언급하고 있다. 감리교회에 비해 장로교는 이런 사역을 잘 하고 있어서 장로교 교육을 받은 청년들이 결국 감리교로 넘어갈 것을 우려하고 있다.

세 번째, 충원. 우리는 겨우 몇 명의 여성과 남성을 요청하고 있지만 우리는 정말로 이들이 필요합니다. 카슨 양이 대구로, 그리고 매큔 부부가 평양 [숭실] 중학교로 오지 못하게 된 것에 대한 우리의 실망은 매우 큽니다. 우리는 그들이 대단히 필요합니다.

(중략)

이것은 모든 사역지의 문제이지만, 우리가 자립의 원칙에 너무도 끈질기게 매달려 있는 이곳에서는 특히 그렇습니다. 우리는 그들의 교회건물과 학교건물을 건축하고, 그들의 목사들을 지원하며, 모든 교육 수업을 지원하고, 선교사들을 파송하며, 이 모든 것에 더해서 학교 교사들의 급여를 지불하기 위해서 우리 시골 교회에서 자금을 걷습니다. 이 교사들을 확보하려면 이제까지 다른 자리를 채우지 못해서 효율적이지 않은 인원들에게 지불했던 급

여보다 훨씬 더 많은 급여를 지불해야 하는데, 이들은 작은 임금에도 공평한 봉사를 기꺼이 해왔습니다. 우리는 효율적인 학교의 가치에 대한 객관적 교훈을 주기 위해 몇 몇 이런 학교들을 돕고 싶었습니다. 그러나 시골 학교에 대한 우리의 예산은 전액 삭감됐습니다.

(중략)

일곱 번째, 저는 미국으로 간 우리 교회의 젊은이들과 관련해서 무엇을 하는 것이 최선인지에 대해 귀하의 조언을 정말로 듣고 싶습니다. 학교에서 1년에서 4년까지 공부한 후에 진지한 기독교인의 품성을 지닌 가장 똑똑하고 선한 학생들 가운데 몇 명이 샌프란시스코와 로스앤젤레스로 갔고, 좀 덜 발전하고 좀 덜 기대가 되는 품성을 지닌 훨씬 더 많은 수의 학생들이 하와이로 갔습니다. 그들을 위해 우리가 무엇을 해야 할지 저는 모르겠습니다. 저는 샌프란시스코에서 중국인 사역을 담당하고 있는 래플린 목사에게 그들을 어느 정도 관리해줄 수 있을 것을 기대하고 서신을 써 보냈습니다. 상황은 이렇습니다. 이 사람들은 우리 교회의 신자이거나 우리 교회와 연관된 가족 식구입니다. 언젠가 그들 중 많은 사람들이 한국으로 돌아오고, 일부는 국가 또는 교회에서 책임 있는 위치를 맡을 자격이 있을 것입니다. 우리는 그들을 잃어서는 안 됩니다. 공부나 일할 목적의 이민을 반대하는 우리 정책하에서, 우리가 그들을 재정적으로 보조하려는 어떤 노력도 하지 않고 있다는 사실을 고려하면, 전반적으로 그런 학생들을 도와주고 서양의 교육과 물질적 진보를 배우려는 그들의 야망과 계획을 장려하는 정책을 채택하고 있는 감리교회의 관리와 지도를 받게 될 것입니다. 그 결과는 그들은 감리교회로 그들의 헌신대상을 바꿀 것입니다. 이것이 이 사안에 대한 최선의 결정입니까 아니면, 우리가 우리 신자를 감독, 관리하고, 한국에 있는 우리교회에서 앞으로 활동하게끔 하기 위해 이 젊은이들을 유지하는 조치를 취해야 합니까? 저는 우리가 지역 교회에 소속되거나 목회자와 연결되지 않은 흩어져 있는 신자와 지지자들을 돌보는 체계적인 규정을 가지고 있지 않다는 점에서 장로회 체계가 결점이 있다고 생각합니다. 개별 교회와 목회자 간의 협력은 잘 제공되지 않고 있습니다. 그런 조건을 충족하고 활동계획을 제공하는 책임이 누구에게도 있는 것 같지 않습니다. 우리는 하와이에서 어떤 사역도 하지 않고 있지만, 그곳에 간 많은 한국 장로회인들을 돌보지 말아야 하는 것입니까? 우리가 그렇게 하거나 하지 않을 것을 결정하는 것은 누구의 일입니까? 이 사람들이 이제부터 한국에서의 사역에 대단한 영향력을 끼칠 수도 있다는 것을 믿으면서, 저는 이 사안에 대해 조언을 듣고 싶습니다. 저는 서신으로 그들과 연락을 계속하고 있습니다.

〈1905년 자료〉

1905년 2월 27일 앨리스 피시 마페트가 사촌인 헤스터에게 보낸 편지

선교사들이 만든 학교에서의 교육과 생활에 대해 개괄적으로 설명하고 있다. 숭실중학은 5년 과정으로 운영되고 있으며, 1905년 초의 학생수가 85명 정도가 되고, 강의는 대부분 선교사들이 하고 있으며, 남학생들은 한자를 이미 공부한 경우가 있으나 여학생들은 그렇지 않아 남학교에서는 중국어를 교재로 사용하는 경우가 있다.

기독교 학교들은 교회와 예배당들과 연계되어서 이 나라 전역 여기저기에서 생겨났고 거의 모든 학교들을 한국인들이 지원하고 있고 한국 기독교인들이 가르치고 있다. 한 도시나 마을에 기독교인들의 소규모 미조직 교회가 생기면 그 첫 번째 결과 중 하나가 사람들이 자녀들에게 기독교교육을 시키고 싶어 한다는 것이다. 이 학교들은 그들을 위해 잘 훈련된 교사들이 없기 때문에 아직은 매우 원시적이다. 성경이 주요 교재이고 중국어, 적절한 한국어 활용, 초등 지리와 산수, 그리고 청결이 교과 과정의 일부를 이룬다. 매해 여름에는 이 시골 교사들을 위한 짧은 정규 과정이 있다.

이곳 평양에는 도시 곳곳에 여섯 개의 주간 남학교와 세 개의 주간 여학교가 있다. 5년 과정으로 약 85명의 학생들이 출석하는 중학교와 세 달에서 네 달 동안의 겨울학기만 있는 소녀들과 젊은 여성들을 위한 상급학교가 있다. 우리는 이 젊은 소녀들과 여성들이 집으로부터 완전히 벗어나서 일 년 내내 기숙학교에 머물지 않는 편이 더 낫다고 믿는다. 그들은 물론 더 빨리 교육받겠지만 우리는 그들이 집과 이전의 환경을 떠나서 교육을 받게 되면 그들을 많이 필요로 하는 곳으로 돌아가서 도움이 되는 일이 어렵거나 불가능하게 될 수도 있다고 우려하고 있다. 현재 계획으로는 이 소녀들은 겨울에는 도시에 공부하러 오고 봄에는 어디에 살든지 농장이나 밭이나 가사를 위해 집으로 돌아가서 학교에서 배운 것을 그들의 마을에 있는 소녀들과 여성들을 돕는 데에 활용한다. 이 학교와 중학교에서는 대부분의 수업들을 선교사들이 가르친다. 올 해 겨울에 나는 그 소녀들과 생리학과 위생에 대한 흥미로운 수업을 했다. 우리의 가장 큰 어려움은 한국어로 된 교재가 부족하다는 것이다. 물론 중국어로 된 교재는 많은데, 중국은 훨씬 더 오래된 선교지이기 때문이다. 중국어로 된 교재는 소년들과 남성들에게는 유용하지만 소녀들에게는 그렇지 않은데, 한국인들은 소녀들과 여성들을 절대 교육시키지 않기 때문이다.

1905년 3월 9일 마포삼열이 브라운 박사에게 보낸 편지

숭실중학 학생들이 전도 사역에도 기여하고 있다. 매큔 목사가 떠난 뒤 숭실중학에서는 그가 강의하던 것을 블레어와 리 목사가 강의를 하였다. 이 때문에 그들의 업무가 과도하여 전도사업에 지장을 초래하는 점이 있다. 따라서 매큔 목사를 대신할 사람이 강력히 요구된다. 베어드 박사는 학교 일로 아주 바쁜데, 이로 인해 그의 역량을 더 넓은 영역에서 발휘하지 못하고 있는 것이 아쉽다.

우리는 업무로 압도돼 있으며, 가르칠 수 있는 모든 사람들 그리고 도시나 시골에서 봉사를 위해 여가를 낼 수 있는 모든 사람들을 동원하고 있습니다. 중학교 남학생들은 도시에 전도를 다니고 새로운 개종자들에게 기도모임과 특별 토요 야간 집회들을 상기시키기 위해 방문하는 일에 매우 귀중한 도움이 됐습니다.

(중략)

이것이 우리가 당면하고 있으며, 지난 번 선교지부 회의에서 우리로 하여금 선교부 이사회에 세 명의 사역자-매큔 목사가 오지 않으면 그를 대신해서 중학교에서 사역할 한 사람, 전도와 학교 사역을 맡을 미혼 여성 한 사람, 그리고 리 목사의 사역의 사무 업무에 대한 부담을 덜기 위해서 사무직 사역자 한 사람-가 즉시 필요하다는 특별 진정서를 내는 조치를 하게끔 했던 상

황입니다. 우리는 가을 이전에 이 세 명을 파송해 줄 것을 간청합니다. 중학교에는 두 사람이 필요합니다. 우리가 두 사람이 하는 정도 분량의 수업을 간접적으로 제공하고 있기는 하지만 그것은 긴급한 전도사역을 희생하면서 하고 있습니다. 블레어 씨는 지금 시골 순회를 나가 있거나 또는 안주의 전략지역에 있어야 하지만 중학교에서 두 달 동안 가르치는 일로 묶여 있습니다. 4월, 5월 그리고 6월에는 리 목사가 마찬가지로 묶여 있게 될 것이고 그의 시골 사역은 관심 부족으로 이미 지장을 받고 있습니다.

[숭실] 중학교는 강하고 영향력 있는 기관으로 발전하고 있지만 우리가 만들고자 하는 적절하게 균형 잡힌 기관이 되기 위해서는 서로 보완할 수 있는 두 사람의 지속적인 감독과 협동 지도를 필요로 하고 있습니다. 베어드 박사는 너무 바빠서 그가 사역의 모든 분야를 발전시키는 것은 정말로 불가능합니다. 우리는 좋은 기회를 최대한으로 활용하지 못하고 있습니다. 삼년 동안 선교지부와 선교회가 인식해온 이 시급한 요구에 대해 다시 한 번 간절하게 말씀 드립니다.

(중략)

황해에 설립되는 새로운 선교지부는 곧 한 여성을 필요로 할 것이고 그녀는 지금 그것을 준비하기 위해 여기에 있어야 합니다. 세 번째로는 리 목사의 부담을 덜어 줄 한 남성이 필요합니다. 그는 그의 사역을 다 감당하는 것이 불가능하다고 느끼고 있습니다. 지역 교회 사역, [숭실] 중학교, 신학과 사경회 그리고 건축과 관련해서 평양에서 그에게 우리의 필요에 따라 더 많은 일들을 맡기는 사이 그는 너무 많은 일을 담당하고 있습니다.

마포삼열, “전도의 전제 조건과 원칙,” 『신규 선교사들을 위한 조언: 장로회의 선배 선교사들로부터』 (뉴욕: 미국 북장로회 해외선교부, 1905)[151]

선교사들의 글 모음집에 수록된 이 글에서 마포삼열은 교육은 이차적 중요성을 가질 수밖에 없고 선교가 항상 일차적인 중요성을 갖는 일로서 머물러 있어야 한다고 주장한다. 교육이 중요하기는 하지만, 전도 보다 우위에 두어서는 안 되며, 교육에 전적으로 몰두하다보면 본말이 전도되는 결과가 발생할 수 있는데, 그리 되어서는 안 된다.

"말씀을 설교"하라는 위대한 임무에서 벗어나려는 유혹은 그치지 않고 그럴듯하게 다가온다. 교육, 문학, 언어, 과학, 역사와 자선 활동은 모두 중요하다고 주장한다. 그것들을 이차적이거나 부차적인 사안들로서 확실히 인식하거나 적절한 위치를 부여하지 않으면, 그것들에 독점적으로 드는 시간과 노력의 양으로 인해 일차적인 사역을 대체하고 첫 번째인 것을 두 번째 자리로 격하시키게 될 것이다. 전도사역의 필수적 부분인 목회를 목적으로 사람들을 교육하는 것조차 전도와 관련된 것이 아니라 단지 교육적이 될 수도 있다. 즉 전도 보다는 교육이 그 목적이 될 수도 있는 것이다.

종종 부차적인 사안이 철저하게 적합하고 이득이 되는 기분전환으로서 받아들여지지만 이런 부차적인 사안들은 항상 자연인에게 호소하는 것이어서, 복음을 설교하는 것에 대한 자신의 열정이 식어버렸다는 것을 알기 전에, 그의 주요 사역은 매력을 잃고, 그의 주요 관심은 부차적인 사안에 흡수되면서, 영적인 사역과 이교도와의 영적인 만남이 일종의 단조로운 일이나 단순히 직업적인 업무가 된다. 우리가 필요로 하는 것은 영혼을 구하고 영혼을 발전시키는 사역을 우리 인생의 관심사 그리고 우리의 모든 것을 흡수

151) 라오스, 인도, 중국, 이란, 시리아, 한국에 있는 선교사들이 쓴 책 *Counsel to New Missionaries from Older Missionaries of the Presbyterian Church*에 나오는 11개의 기사들 가운데 제5장이다.

하는 열정으로 삼는 것이다. 한 사람이 기울인 최고의 노력이 이차적인 사역에 소요된다면 전도를 위한 그의 힘은 굴복된 것이다. 물론 위대한 전도 사역의 요소로서 성경을 번역하고 기독교 문학서와 교재를 마련하는 문서사역과 교육, 의료사역에 자신의 시간을 헌신해야 하는 몇몇 사람들이 있지만, 이것들은 다만 몇몇 사람들만의 소명이다.

〈1906년 자료〉

1906년 1월 31일 마포삼열이 브라운 박사에게 보낸 편지

대학교육과 관련한 장감 연합 사업은 우려스럽다. 교육 연합은 자칫 장로교회의 관점에서 볼 때 정도를 벗어날 수 있다. 만일 두 기관이 서로 따로 자신의 신념과 정책에 따라 최선을 다해 노력하되 서로 불필요한 경쟁심과 질투심이 없이 협력하여 일을 한다면, 이것이야 말로 진정한 연합의 정신일 것이며, 그 성과는 최선의 것이 될 것이다. 연합은 반드시 일을 공동으로 하는 것으로만 나타나는 것은 아니다. 그러나 연합으로 일을 하는 일에는 그 나름의 장점도 많이 있기 때문에 연합에 관하여 그동안 이견을 표명하지 않았는데, 대학 사역에 있어서는 대규모 협력을 희망한다.

연례회의에서 나온 두 가지 질문에 대해 간단히 논평을 하고 싶습니다. 저는 연합 운동에 대해서 어떤 것이든 쓰는 것을 주저해 왔는데 왜냐하면 저는 이 땅을 그리스도를 위해 정복하는 데 있어서 시간, 에너지 그리고 모든 선교회의 자원을 유지하기 위한 가장 거대한 협력과 신의 그리고 가장 밀접한 관계들에 반대하는 것처럼 보이고 싶지도 않기 때문입니다. 그럼에도 불구하고 제가 생각하기에 통합 정서의 열렬한 파도는 지혜롭지 못하게 다뤄져 왔으며, 많은 것들을 정말로 강력하게 통제하는 유기적인 통합을 요구하는 결정은 희생을 위협해서, 영적 권능의 상실과, 만일 두 교회가 협력과 형제애로 각각이 그 확신과 정책에 따라 충돌, 경쟁의식 또는 질시 없이 각자 자신의 사역을 진행해서, 먼저 얻어진다면 연합의 정신이 확보해야할 이런 것보다 더 큰 충돌과 마찰을 의미할 수도 있다고 제가 우려하는 희생을 위협합니다.

저는 빈턴 의사의 미션홈이 성공하고, 우리가 출판 사역에서 연합할 수 있기를 진심으로 바랍니다. 왜냐하면 저는 그렇지 않으면 한국에 필요한 전도 문서를 공급하는 일이 별로 희망이 없다고 생각하기 때문입니다. 교육 연합은 대단히 주의해야 할 필요가 있으며, 저는 연합 기관들이 장로회 기준들과 가르침에서 너무 많이 벗어나 한국의 진정한 복음화를 위해 가장 필요한 사람들의 성품을 개발하는 일에 실패할 수도 있다는 두려움을 고백합니다. 그러나 그 장점들이 셀 수 없이 많아서 저는 통합 또는 적어도 학교와 대학 사역에서의 대규모 협력을 희망합니다.

1906년 8월 1일 마포삼열이 브라운 박사에게 보낸 편지

마포삼열은 6월 1일에 아내의 건강 회복을 위해 평양을 떠나면서 받았던 평양의 교인들의 환송에 대해 감격적으로 서술하고 있다. 단 한 명의 기독교인도 없었던 평양에서 16년이 지난 당시 교인이 5천명으로 늘어났다. 이 가운데 1천 명 정도가 마포삼열 내외를 전송하기 위해 역에 와서 작별의 찬송가를 불러 주었다. 그리고 50명의 신학생들이 나와서 사랑의 징표로 은메달을 달아 주었다. 이런 말을 전하며 마포삼열은 숭실대학과 평양신학교를 위한 건물이 시급히 필요하다고 말한다.

우리는 6월 1일에 평양을 떠났으며 내내 편안하고 즐거운 여행을 했습니다. 그리고 지금 우리는 이곳 캘리포니아에서 마페트 부인의 부모님과 함께 휴가의 시작을 온전히 즐기고 있습니다. 저는 겨우 16년 만에 평양 시에 그토록 뚜렷한 변화가 왔다는 것을 깨닫는 것이 힘들었습니다. 16 년 전 이 달 그곳에 처음 들어갔을 때 그 도시에는 한 명의 기독교인도 없었습니다. 지금은 기독교 인구가 약 5 천명인데 이들 가운데 천 명 이상이 우리를 배웅하기 위해 3 마일을 걸어서 역에 왔습니다. 그 남성들과 여성들, 남학생, 여학생들이 모두 줄지어 서서 작별의 의미로 찬송가를 부르는 것을 볼 때 우리의 가슴은 벅찼습니다. 그리고 나서 50 명의 신학생들이 앞으로 나와서 그들 중 두 명이 우리에 대한 그들의 사랑의 징표로 우리에게 은메달을 달아 주었을 때 우리는 주님께서 한국에서 섬기는 특권을 우리에게 주신 데 대해 진심으로 감사했습니다.

귀하를 뵙고 우리의 커다란 기회들과 교육용 건물들—대학과 신학교를 위한—의 시급한 필요에 대해 말씀을 나눌 수 있기를 간절히 바랍니다.

새뮤얼 마페트, "한국 복음화의 정책과 방법들" *Chinese Recorder and Missionary Journal* XXXVII-5 (1906년 5월): 235-248.[152]

개신교 선교대회를 위해 쓴 이 글에서 마포삼열은 교육인 신앙을 전하기 위한 수단임을 역설하고 있다. 대학 교육 또한 이 목적을 위해서 설립되고 운영되어야 한다는 것이다. 서구 문명의 일부를 소개하는 것이 교육의 목적이 아니며, 교회를 세우고 기독교를 교육하는 것이 궁극 목적임을 분명히 하고 있다. 일반교육의 목표 (대학교육 포함)은 교회에서 평신도 사역을 위한 것으로 설명하고 있다.

개혁은 구원이 아니다. 단순한 도덕적 개혁이 아닌 죄로부터의 구원이 복음의 메시지의 본질이다. 문명은 기독교가 아니다. 서구적 사유, 관습과 발명은 기독교의 본질적 부분이 아니다. 사실 서구세계 특유의 몇몇 관념과 관습보다 많은 동양적 사유와 관습이 더 성경적 사고에 일치한다. 서구문명의 일부로 간주되는 많은 것을 소개하는 것은 영적인 삶에 대한 도움보다는 방해가 된다. 우리의 임무는 서구 문명이 아니라 영적인 기독교를 소개하는 것이다. 교육은 부활이 아니다. 우리는 이교도들을 위해 세속적인 교육을 제공하기 위해서 한국을 복음화하라는 부름을 받은 것이 아니라 이교도들에게 복음을 설교하고 예수 그리스도의 교회를 세우기 위해 임명받았다. 우리는 수세기동안 이교도들을 교육하고도 교회를 세우거나 이 나라를 복음화하는 사역에 실패할 수 있다. 그러나 교회 성장의 자연스럽고 필수적인 결과로서

---

152) 이 원고는 본래 장로회 선교사의 첫 한국 도착을 기념하여 1904년 9월 22일에 열린 개신교선교대회를 위해 작성되었고, 그 발췌본이 *The Korea Field* (Nov. 1904): 193-198면에 발표되었다가, 전문이 중국에서 발간된 *The Chinese Recorder and Missionary Journal* 에 실렸다.

이 나라를 복음화하는 데 있어서 강력한 요소인 그 사람들을 위한 기독교 교육이 없이는 교회를 세울 수 없다.

(중략)

어느 땅의 완전한 복음화는 토착민 전도사와 목회자라는 도구를 통해서만 실행될 수 있기 때문에, 이들의 발전과 훈련은, 교회의 설립과 성장과 함께, 전도사역에 있어서 갈수록 더 중요한 부분이 된다. 외국인 선교사는 교회의 기초와 설립을 위한 초기단계에서 중요한 도구이지만 토착민 교회 자체는 그 나라의 완전한 복음화를 위한 도구가 되어야 하며, 그 교회로부터 영구적인 요소들이 될 기관들과 사람들이 나와야 한다. 이런 지도자들의 발전에 있어서 우리는 두 개의 남성 반 훈련을 제공해야 할 필요가 있다. 앞으로 몇 년 동안 한국에서는 교회를 인도하는 사역의 대부분이 그런 사역을 위한 재능을 보이기는 하지만 목회에 대한 철저한 준비를 받을 수 없는 사람들에 의해 행해져야 하는데, 이들은 보통학교와 고등학교, 대학과 신학교 교육의 결과이다.

(중략)

나는 정규 분과가 가장 철저하게 설립된 우리 기독교 대학들과 연계되서 일부 학생들이 상급반 준비를 하는 동안 다른 학생들은 임박한 사역에 적응할 수 있게 되는 것을 기쁜 마음으로 보고 싶다.… 한편으로는 일반 기독교 기숙학교 그리고 또 한편으로는 세속의 대학과 관련해서, 설교자와 종교 교사의 훈련에 보다 큰 중요성이 부과되야 한다….확실하지는 않지만, 전도사로서의 지적인 능력과 영적 자질과 관련해서 조심스럽게 선출한 나이든 학생들의 학급에 상대적으로 보다 큰 관심을 기울이는 것이 언제나 너무 적은 우리의 재원을 더 경제적으로 사용하는 일일 것이다….

〈1909년 자료〉

1909년 1월 28일자 마포삼열이 브라운 박사에게 보낸 편지

마포삼열은 평양의 학교와 정부의 교육부 관계에서 발생하는 문제들을 직면하고 있는 상황에 대해 간단히 언급하고 있다. 교육부와의 문제는 아직 해결되지 않았지만, 그럼에도 해결의 희망은 있다. 조만간 있을 교육부 당국자와의 미팅을 가진 뒤에 관련 내용을 알리겠다. 교육부 당국의 권위는 인정을 하면서도 학교에 대해서는 교회 혹은 선교부에서 통제권을 가질 수 있어야 한다는 것이 선교사들의 입장이다.

We are face to face with great problems arising out of the relation of our schools to the Government Education Department and we have not yet reached a solution though we hope we are on the way to it. We shall report on this just as soon as we have another interview with the authorities and learn their attitude toward our plan for conserving Church control of our schools while recognizing government authority.

1909년 2월 14일자 마포삼열이 미국에 있는 부인에게 보낸 편지

마포삼열이 서울에 와서 교육부 당국자들을 만났던 내용을 아내에게 간단히 설명하고 있다. 교육부 당국자들과 두 차례의 면담을 가지면서 교육 문제를 다루느라 사흘 동안 무척 노력했다. 교육부 당국자를 만날 때 함께 했던 사람은 한목사, 정창노, 그리고 선천 지역에서 한목사를 따라온 두 사람 등 모두 4명의 한국인이 함께 하였다. 마포삼열의 입장에서는 한국인들이 직접 교육부 당국자들이 하는 이야기를 듣고, 또 교육문제와 관련하여 하고 싶은 질문들을 직접 물어볼 수 있어서 그들에게 좋은 기회가 되었다고 본다. 이 한국인들이 정부 당국자들과 만나게 된 것은 교육 때문이었고, 이렇게 해서 세상과 어떻게 접촉하고 세상 사람들을 다루어야 하는지를 배우게 된 것이다. 어쨌든 이번 일은 마포삼열로는 무척 힘이 드는 일이었고 화요일 밤에 대구로 실행위원회 회의 차 떠날 때쯤에는 아주 지쳐 버렸다.

We had a strenuous three days of work over the Educational question with two long interviews with the Educational Department officials. There were four Koreans who came with us: Han Moksa, Chung Changno and two from Syen Chun district. I was glad to have them meet the officials and hear for themselves what the government requires and be able to ask for themselves such questions as they wished. It is an education to them, also, to thus be thrown into contact with government officials and to gain a knowledge of how to meet and deal with men of the world. It was hard work for me and I was pretty well tired out by Tuesday night when Whittemore & I took the night train for Taiku for Executive Committee meeting.

1909년 7월 2일자 마포삼열이 평양에서 브라운 박사에게 보낸 편지

교육 공간이 부족하여 공간 확충의 필요가 있음을 알리고 있다.

The last class for the summer closes tomorrow and we have begun on the reports for the year. It has been a great year with by far the largest additions yet recorded. We shall report about 2000 adult baptisms in Pyeng Yang Station alone. We are still overcrowded and do so greatly need the College Buildings. Let us have word of appropriations for it from Propaganda Fund just as soon as decided upon, please.

1909년 11월 22일자 앨리스 마페트가 평양에서 자신의 부친에게 보낸 편지

앨리스 마페트가 하고 있는 여러 일들에 대해 간략히 설명하고 있다. 교회와 학교간의 관계가 중심을 이룬다. 한국교회는 교인들의 자녀들을 위한 초급 교육을 위한 학교를 지원하고 있고, 선교부는 그보다 고급 교육을 지원하고 있다. 초급 학교들이 많이 부족하게 되자 교회는 남자 아이를 위한 학교 건축을 위한 특별 헌금을 교회에서 하였는데, 곧이어 몇몇의 교회 여성들도 모여 여아들을 위한 학교 건축을 위한 특별 헌금을 하였다. 4~50여명의 여성들이 헌금한 액수는 400엔 (금화 200달러)로 일부는 현금으로 일부는 약정으로 하였다. 한국인들의 가난한 상황을 고려할 때 실로 놀라운 일이 아닐 수 없다. 이는 그들이 얼마나 자식들을 사랑하고 귀히 여기는 지를 보여주는 예이다. 한 여성은 한 달 임금이 8엔인데 그중 1/4인 2엔을 헌금으로 냈다.

The Korean Church is providing preparatory schools for its own boys and girls, while the Mission provides the advanced departments. But the preparatory schools are all crowded and another building is needed for the boys and one for the girls - as they can never study together. The people made an offering several months ago for the boys' building and that is under way. Just the other day some of the women of the church were called together to consider the matter of the building for the girls. Between forty and fifty women attended the meeting and their offering amounted to yen 400 ($200 gold) either given at the time or promised. Wasn't that splendid for so poor a people? It certainly shows how much they value education for their children. My Bible woman had just received her month's wages yen 8.00 before she went to the meeting and she at once gave one fourth of it. That means that she and her two children must live for a month on $3.00 gold instead of $4.00. I think some Christians in America do not yet begin to know what true giving means.

〈1910년 자료〉

1910년 1월 7일자 마포삼열이 평양에서 브라운 박사에게 보낸 편지

건물의 부족을 다시금 브라운 박사에게 말하고 있다. 한국인 목회자들도 부족하다. 곧 신학교에서 두 개 반이 졸업을 하고 대학에서도 두 개 반이 졸업을 하면 더 많은 인적 지원이 가능할 것이다.

We are not well equipped with buildings, and this two-story building, centrally located and well built, is a marked advance along this line.

The health of the station has been good but most of the men show the result of over-strain in the carrying of the burdens upon us. The ordination of a few more Korean ministers is most greatly needed and we trust that with the graduation of two more classes from the Seminary and two classes from the College, giving us more men who can carry full loads, we shall be somewhat relieved.

1910년 4월 4일자 마포삼열이 평양에서 브라운 박사에게 보낸 편지

모든 교육이 성황리에 이루어지고 있다. 신학교에 현재 137명이 등록해서 다니고 있고, 대학도 마찬가지로 정원이 차 있다. 모든 학생들이 최선을 다해 열심히 공부하고 있다.

Our Bible classes overflow. 700 in the Women's Class here this year. We have 137 theological students now under instruction. College and Academy full—and everybody works to his and her full capacity.

1910년 5월 마포삼열이 평양에서 Pyengyang Missionary Community를 발신자로 해서 쓴 보고서.

이 편지는 서울에서 연합대학을 건설하자는 서울 거주 선교사들의 안에 대하여 평양의 선교사들의 공동의 의견을 피력한 것이다. 서울 거주 선교사들이 평양 거주 선교사들의 생각을 알고 싶어 하는 데 부응하여 연합대학과 연관한 교육의 방향성 등을 피력하고 있다. 그 내용은 다음과 같다.

교육과 관련하여 발전을 이루어야 할 때가 되었다. 그 동안의 선교사들의 결실로 한국 교회가 네비우스 원칙에 따른 자립을 이루었다고 평가할 수 있고, 이를 뒷받침하기 위해 선교적 관점에서도 교육기관에 대한 확대가 필요하며, 이에 따른 기금 확보가 중요하다. 또한 그동안 시행했던 것보다도 더 인문적 차원에서 (on a liberal scale) 기독청년들을 교육해야 한다. 그리고 교육은 선교회와 교회가 콘트롤을 할 수 있도록 해야 한다. 교직원도 기독교적 봉사를 할 수 있도록 훈련할 필요가 있고, 또한 선교사의 에너지와 노력이 투입될 수 있도록 해야 한다는 큰 원칙을 가져야 한다. 이러한 원칙에 따라 이 편지에서는 다음과 같은 7 항목을 통해 의견을 구체화하였다.

1. 교육기관은 선교부와 관련 위원회가 직접 지명하고 임명한 이들로 구성된 사람들, 혹은 이 영역의 대표자들, 즉 선교부(the missions)가 직접 지명하고 임명한 이들로 구성된 사람들이 주도적으로 운영을 하여야 한다. 이사회와 자문기관의 구성과 역할을 규정하는 정관을 마련할 때에도 위와 같은 방식에 준해야 한다. 이런 방식으로 기독교 기관으로 교육기관이 이룩될 수 있다고 보았다.
2. 매일 채플과 성경공부를 하도록 규정화하여야 한다.
3. 교직원은 모두 신앙인이어야 하며, 한국어 학습을 필수로 한다.
4. 교육은 선교사역과 연동되어야 한다.
5. 학생들이 신앙적이 될 수 있도록 신앙의 수용과 서약을 하도록 해야 한다.
6. 학생들이 기독교적 정신에 머무르도록 등록금은 받지 않도록 한다.
7. 교육이 교회의 엄격한 통제를 받아서는 안 되기 때문에 선교부가 통제하는 방식

을 취해야 한다.

To the Promoters of the Union University in Seoul:

We heard with interest the representations of your committee, and understanding that you desire the expression of our opinion as well as our suggestions, we write you with this end in view.

Believing that the project for a large university in Seoul as outlined in your proposed constitution, and by your representatives, Drs. Underwood and Avison, on their recent visit to Pyeng Yang, is of great importance to us and to the whole missionary body in Korea, we wish to present for your consideration the following statement:—

We believe with you that the time has come for a forward movement along educational lines. If we are to hold the ground already taken, and make proper provision for the future; if the native church is ever to reach the missionary ideal of self-propagation, self-support and self-government, we must provide for the education of our Christian youth on a more liberal scale than has hitherto been possible or necessary. We wish success to the attempt to secure sufficient funds for our mission educational institutions, both as to buildings and equipment. At the same time we believe that the institutions to which we give mission energy and support should be Christian beyond the shadow of a doubt, and that they should be so conducted and controlled as to insure that they will remain Christian. Whatever other institutions may be established in Korea, the church should always have its own schools, entirely under mission or church control, where its workers may be trained for distinctively Christian service, and into these institutions the energies and efforts of the missionaries should go.

As we view the matter, the following essentials must be maintained in order to secure the above results in an institution to which, as missionaries, we can give our full sanction and support.

I. Whatever the source of financial supply may be, all the administrative affairs of the institution should be vested entirely in those directly nominated and appointed by the mission boards and committees concerned, or by their representatives on the field, that is the missions. And whatever shall be decided upon as the provisions of the constitution concerning the formation and duties of the board of trustees and advisory body, the above should apply to the method of their nomination and appointment. This would secure the perpetuation of the institution as a Christian enterprise and one which would serve the purpose of the missions.

II. Daily chapel attendance and the daily study of the Bible in the classroom as a part of the regular course for every student should be definitely stipulated in the constitution so as to be beyond the possibility of misunderstanding or neglect.

III. Special steps should be taken to ensure that the faculty be thoroughly evangelical men. The initiative in appointment and recall should rest with the boards and missions. The faculty should be in sympathy with the policies employed in the missions in essential matters and their appointment should be such that this condition might be realized in fact as well as in theory. They should be expected to learn the Korean language.

IV. Before launching any large university we believe that the Mission in session should be consulted and should have a part in the formation of constitution and policies.

V. While we are not ready to say that no non-Christian pupils should be admitted to the school, yet we do earnestly affirm that in our opinion the attendance on the institution should never be allowed to be anything but overwhelmingly Christian, and that this should be laid down in the constitution. This position is not taken from an unwillingness to teach the heathen. It was for this purpose that we came to this land, but we believe that they should be instructed first in the Gospel, and after they have accepted Christ and submitted their wills to the discipline of his laws that they should be offered the advantages of a Christian education.

A departure from this principle for the sake of numbers, or in the hope of the students becoming Christians ultimately, would, in our judgment, tend in the course of natural development, to change the character of our educational institutions to but nominally Christian or even non-Christian schools, thus leaving us without distinctively Christian institutions, and proving ruinous to the best interests of the mission work. We believe that the missions cooperating with such an institution might soon find that they had no school to which they could send their Christian boys with the reasonable hope that they would be strengthened and confirmed in the faith, and made to constitute a source of supply of candidates for the ministry or other positions of usefulness in the native church.

VI. If the acceptance of monies by our educational institutions would necessitate the departure from the above essential principles as to control and policies, we do not favor its acceptance. We prefer waiting on God for funds which are not hampered by such conditions. We do this fully aware of our need of additional means with which to enlarge our institutions.

VII. Without entering into the desirability or otherwise of having on the mission field educational institutions not controlled strictly by the church, we believe that as missionaries our concern is with institutions controlled by the mission and the boards, and that our mission force, constantly inadequate to the needs of the work, should be employed in maintaining and enlarging the mission institutions.

In short, our full and hearty support could be given to an institution under board and mission control with daily chapel attendance and daily Bible study in the classroom, a student body that was overwhelmingly Christian in name and sentiment, and a faculty whose manner of appointment would secure their being in sympathy and full cooperation with the missions.

〈1911년 자료〉

1911년 2월 22일 마포삼열이 평양에서 브라운 박사에게 보낸 편지

신학교와 대학에 적절한 시설이 갖추어져 있지 못하므로 지원이 필요하다. 학교에 대한 정부의 태도는 명목적으로는 친절한 편이며 특히 고위직의 경우는 그렇지만, 지역의 문제와 연관되는 일들이 많아 어려움은 상당한 편이다. 예를 들면, 경찰서장은 학교비용으로 사용할 목적으로 교회에서 헌금을 받을 경우 미리 허가를 받아야 한다. 또한 문법학교가 화재로 소실되었는데 이를 재건축하기 위해 기부 혹은 헌금을 받을 경우에도 미리 허락을 받아야 한다. 북쪽 지역의 교회에서 학교에 쓸 비용을 헌금으로 받아서 목사와 영수에게 각각 10엔과 7엔이 벌금으로 부과되었다. 판사 와타나베는 이런 행위가 법해석을 잘못해서 발생한 일이라고 했지만, 이 문제를 수개월에 걸쳐 해결하려고 경찰에 대해 노력했음에도 불구하고 아무런 해결점에 아직 도달하지 못했다.

But our needs along the educational lines are most urgent and we shall make a sad mistake if we fail to give adequate equipment to our College and Theological Seminary. What we are to meet along the lines of primary school development I do not know, for it is clear that with the changing industrial conditions the people are finding it more difficult to maintain the country schools and these are falling behind the Government schools in their equipment and efficiency. The Government attitude toward our schools is nominally friendly and among the higher officials probably sincerely so, and yet the new laws and the new police regulations as enforced locally in various districts are making our school problems very complex and difficult ones, requiring far more time and attention than we willingly give, e.g. our Chief of Police here has forbidden us to take up offerings in the Church for the running expenses of our schools without first securing a permit. He also says we must have a permit for taking up the subscriptions for rebuilding our burned grammar school. In one of our Northern counties the pastor and the leader of the Church were arrested and fined Yen 10 and yen 7 respectively for taking up an offering from parents for equipment for their school. Judge Watanaba says this is a mal-interpretation of the law, but nevertheless after weeks and months of effort we have not yet reached a settlement which enables us to go ahead. The necessity for more efficient supervision of our country schools and a closer dealing with their problems is upon us.

1911년 11월 20일 마포삼열이 평양에서 브라운 박사에게 보낸 편지

선교부의 결정에 따라 대학을 위한 땅 구매를 위해 5천불이 필요하며 그 중에서도 2,500불이 긴급하게 필요하다. 신축 대학건물 뒤편이며 신축 기숙사 인근 부지인데, 현재 입수가능한 상황이어서 신속히 구매하는 것이 저렴하다는 것을 알리고 긴급히 그 반액에 해당하는 비용을 요청하고 있다. 추후에 구매할 경우에는 비용이 상승할 수 있음을 알리고 있다. 대학 건물에는 이제 지붕이 올려졌다.

There are three requests for appropriations from our Station, approved by the Mission, to which I want to ask your special attention.

1st. For \$500ºº(¥1,000ºº) for "Securing City Wall and grading same".

2nd. For equipment for the Theological Seminary \$500ºº(¥1,000ºº)

3rd. For additional land for the College \$5,000ºº(¥10,000ºº) of which \$2,500ºº(¥5,000ºº) is now urgently needed.

(중략)

Concerning the third—We need greatly the land immediately back of the new College Building and a piece immediately adjoining the new College Dormitory. We can get these now and it is imperative that we buy while they can be bought. We want the whole ¥10,000ºº for College land as asked for but half of it is urgently needed to make purchases now while the land is purchaseable. If this should be bought up and built upon by Koreans—we would have to pay much more for it later on. Please try to find this $2,500ºº(¥5,000ºº) for us at once. We have been given so many good things in the last few years and are so grateful for them that we can wait awhile for some of the larger things still desirable but some of these smaller requests for land, equipment, heating plants, etc., etc. we greatly hope to secure at once so as to finish up present institutions. We have just welcomed the Lees on their return and rejoice to add [sentence missing on print-out of microfilm copy]

The College Building is under roof—the Woman's Academy occupied and work goes on as usual. Our 7th Church has just built a building for itself—putting on a thatch roof this year because of lack of funds, hoping to replace with tile in another year or two.

〈1912년 자료〉

1912년 4월 9일 마포삼열이 평양에서 브라운 박사에게 보낸 편지

초등학교가 성공적으로 운영이 됨으로써, 앞으로 중학교와 숭실대학에 많은 학생들이 올 수 있을 것으로 예상한다. 초등학교는 상당한 규제를 받고 있으며, 지방 관료 및 경찰로부터 상당히 지속적인 괴롭힘을 당하고 있다. 정부는 교육에 상당한 제약을 가하여 초등교육과 산업교육에 머무르도록 제약하고 있다. 그 근저에는 단지 돈을 버는 사람으로 만드는 데 초점을 두고 있으며, 다른 한편으로는 일본이 가진 이상에 부합하는 인재를 만들려고 하고 있다.

지리와 역사는 모두 금지되고, 수학은 초등 수준으로 제한되며, 일본어 학습을 위한 시간을 확보하기 위해 우리말과 한문 문헌 및 작문 수업은 축소되었다. 7년에 해당하는 교과과정을 축소하여 4년으로 줄이게 함으로써 초등학교, 중등학교, 대학교의 강좌들이 심각한 상황에 이르게 했다. 이제는 지리와 역사가 중학교에서도 배제될 것이라는 말도 듣고 있다. 지역 관료들과 경찰들이 여러 곳에서 기독교 학교들을 포기할 것을 강요하고 있고, 학생들을 정부가 만든 학교로 보내도록 요구하고 있다. 그래서 미션 학교가 많이 위축될 수밖에 없을 것 같은데, 이를 극복하고 학교를 유지하려면 더 많은 재정을 투입하여야 할 것 같다.

숭실대와 숭실중학, 그리고 신학교와 성경 기관들은 유망한데, 선천의 중학교만 105인 사건으로 큰 영향을 받고 있다. 신학교는 140명이 등록하여 사상 최고 수준을 기록하였다. 신입생은 48명이고 11명이 졸업예정이다.

대학을 평양에서 옮길 생각은 추호도 없다. 감리교회의 입장이 어떠하든지 상관이 없다. 일부의 사람들이 지속적으로 협상을 하면서 마치 이런 입장에 대해 어떤 불확실성이 있는 것처럼 하고 있지만, 사실은 그렇지 않다.

One of the most serious problems we are meeting is that of the regulation of our schools. We had most excellent prospects of developing a system of Primary schools which promised all the students we could care for in our Academies and College—coming from schools under the direct care of the Church, but we now find our Primary schools subjected to such restrictions and to such constant annoyance from local officials and police that one by one they are finding it impracticable to continue their existence.

The policy of the government is avowedly to curtail education and to restrict it largely to elementary and industrial education. The desire to make the people wealth producers—wage earners—seems to be molding the educational policy, while of course the desire to bring the people into harmony with Japanese ideas and policy necessarily affects the situation.

When all Geography and History are excluded and Arithmetic restricted to elementary work only, when in order to get time for the Japanese language, the time for Korean and Chinese literature and composition is cut down and our curriculum designed to cover 7 years is so reduced that but 4 years of work is covered, the problem of connecting our Primary school system with our Academy and College course becomes a serious one.

Now we hear that Geography and History are to be excluded from our Academies, also. Just what the outcome is to be is not yet clear but in view of the many vexations and the attitude of local officials and gendarmes in many places in seeking to force the people to give up the Christian schools and send the children to government schools, many of our people are pretty well discouraged (and fear they will not be able to maintain the schools. We do not feel that we should give them up but if they are to be maintained I doubt not we shall have to lead the people to provide endowments for them.

The College and Academy, the Theological Seminary and the Bible Institutes have been most encouraging, the Syen Chun Academy alone being greatly affected by the experiences of the year [referring to the Conspiracy Case]. Of the Seminary I can write most hopefully for we this year have an enrollment of 140 men, the largest number ever in attendance. The entering class numbers 48 and we shall probably graduate 11 men. Every province but one is represented and one student is here from Chiendao, the Korean settled province of Manchuria where the Canadian Presbyterians are shepherding the many Korean Christians who have moved there.

(중략)

P.S. (중략)

Whatever may be said to you, please do not get the idea that the Mission has the slightest idea of removing its college from Pyengyang to Seoul, whatever the Methodists may do. Unfortunately some people will continue to agitate and agitate and keep up an appearance of uncertainty as to decisions.

1912년 4월 12일 마포삼열이 평양에서 브라운 박사에게 보낸 편지

1912년 4월 8일에 평양에서 14명 정도의 기독교인들이 체포되어 그 다음날에 서울로 압송되었다. 숭실중학 교사도 포함되어 있다. 숭실대학 학장 베어드와 신학교 교장 마포삼열이 수요일에 경찰 서장에게 소환되어 그들이 체포 이유를 아는지 질문 받았다. 정중히 응대를 받기는 했으나 체포 이유에 대해서는 아무 말을 할 수 없다는 말을 들었다. 아마도 윤치호와 관련된 일로 체포된 것 같다고 한다. 많은 염려를 하였지만, 작년의 일로 미루어 보건데, 체포된 이들이 무죄라고 해도 쉽게 풀려날 수 없다고 생각된다. 더 이상 자세히 쓰지 않는 이유는 자칫 잘못된 소문을 야기할 수 있기 때문이다. 총독에게 서한을 보냈고, 그 사본을 첨부한다.

Dear Dr. Brown:

Just a note in order to keep you posted as to what is going on. Monday the

8th some 14 Christians here were arrested and sent upto Seoul the next day. They include an elder of the 5th Church (who is a teacher in the Academy and a theological student), an elder in 3rd Church (Mr.Blair's), an elder in the Central Church, 2 deacons—one of 5th and one of Central Churches, another teacher in the Academy and others who are not officers. Beside these there are a number of unbelievers, some of whom are connected with two private schools (not Christian) in the city. One Methodist was also arrested. Most all of the men have had some connection in one way or another with the school in the city of which Baron Youn Chi Ho has been patron—although we can learn of no connection with it on the part of some.

Dr. Baird and I as principals of College and Theological Seminary called Wednesday upon the Chief of Police to inquire if we could learn the reason for the arrests. We met with very courteous treatment but were told that he could give no information as he had simply arrested the men and sent them up under orders from the Gendarmerie in Seoul. He supposes it is in connection with the "Conspiracy Case" of Baron Youn [Baron Yūn Chi Ho] but knows of no charges against these men and hopes they are simply called as witnesses. Of course we are greatly concerned, the experiences of the last year teaching us that however innocent we may believe the men to be and however much we may hope for a speedy release of the men, there is no way to learn anything about the situation and no certainty as to what may be ______________________________ how long the men may be confined.

I do not feel it wise to write now very much concerning this whole affair which is one of such gravity. False rumors and unfounded statements are so numerous that pending greater certainty along some lines I have refrained from writing. The whole method of procedure is so different from our ideas that it is difficult to express one's views judiciously. The communication sent to the Governor General, a copy of which I sent you is the best expression of our well considered thought.

1912년 5월 20일 앨리스 마페트가 평양에서 부모께 보낸 편지

편지 검열로 인해 편지가 지체되거나 봉투가 개봉된 채로 전달되는 일이 지난 수 개월동안 지속되었다. 따라서 편지를 누군가가 읽는다는 생각을 갖고 쓸 수밖에 없다. 일본인의 부정의와 기만을 확인할 방법이 없다. 체포와 구금이 계속해서 이루어지고 있다. 이 일은 범죄자들이나 혹은 혐의를 받는 내용 즉 정부에 대한 반대를 한 사람에 대해 이루어지고 있는 것이 아니라, 선한 그리스도인들을 향해 이루어지고 있어서 이는 당국이 교회를 공격하기 위한 것임이 분명하다. 그러나 그것은 하나님께 대항하는 행위이기 때문에 성공하지 않을 것이다. 체포된 사람들은 서울에서 수감되어 끔찍한 고문을 당하였는데, 당국자들은 어떤 고문도 없었다고 뻔뻔하게 부정하고 있다.

Mother's letter spoke also of the long delay of one of my letters and of Mr. Dodd's surprise that I wrote as I did about the Japanese. We have known for months that our letters are often delayed—often opened and read. But for myself I have always written with the thought that they might see my letters and am willing they should do so. There seems to be nothing that will check them in their course of injustice and persecution but the public opinion of other nations and it is just as well they should know that we understand their deceitful methods and are writing to our friends about them. Of course we do not write for publication—though many things in letters from here have been unwisely printed. The arrests are still going on, occasionally, not of criminals or of men who have done the deeds they are charged with, but of good Christian men who are quite innocent, many of them, of offence against the government, so that it is very evident that the efforts of the authorities are against the Church. They are working hard to break it down, but that they can not do for that is working against God. They take these men upto prison in Seoul—torture them horribly and then deny flatly that there is any torture. They have been working now for months to trace out a plot and have thousands of pages of evidence but we know that most of it is false, extorted under torture. Meantime the Church goes on its way under the persecution—growing stronger because of it. I often think it would be a good thing if Christians in America had to endure persecution that would separate them from the world and make them stronger for the Lord and His work.

1912년 6월 4일~12일 사이에 서울에서 쓴 것으로 보이는 A. F. D.의 편지

체포된 자들은 재판에서 선교사들을 증인으로 세우겠다고 요청했지만 판사는 답변을 유보함. 그들은 고문으로 인해 선교사들이 음모에 가담했다고 자백하였다. "생의 한 가운데서 우리는 죽음 가운데 있다."고 글의 말미에 덧붙이고 있다.

[This is the postscript of a letter of sympathy written to Dr. and Mrs. Samuel A. Moffett after the death of their stillborn infant daughter on July 4th and before the death of Mrs. Moffett on July 12th. The letter, itself, is missing.]

....

P.S. Pardon me if I add a few words about the trial [Conspiracy trial]. A recess is being taken until next Monday, 10 a.m., I think.

In the last morning session Thursday the lawyers, among other things, requested that they be permitted to produce missionaries as witnesses. The judge reserved his decision on this, but it is expected that this will very likely be proceeded with on Monday at the reconvening of the court.

Yesterday the following cablegram was prepared and dispatched to our Board.

Avison, Whittemore, E. H. Miller (who signed it) Gerdine, etc. helping to prepare it. viz.—

"Inculcate, New York alleged confessions read yesterday in open court implicating in a conspiracy Bp. Harris, Becker, Noble, Morris [all Methodist missionaries], Underwood, Moffett, Wells, Swallen, Blair, Bernheisel, Baird, Holdcroft, Lee, McCune, Roberts, Sharrocks, Ross, Lampe, Whittemore [all Presbyterians]. Prisoners declare confessions forced by torture. Notify Methodist Boards.

Miller"

It seems to me that we may have arrived at a very critical point in the proceedings. All the above you probably already know, yet, possibly not, and your wisdom and assistance seem to me such a large factor in this business in which none more than you and dear Mrs. Moffett were vitally and intelligently interested, that I am constrained to enclose this in my letter of sympathy, feeling that both you and dear Mrs. Moffett will approve.

How strangely are matters mingled in this world—"In the midst of life, we are in death."

A. F. D.

〈1913년 자료〉

1913년 4월 21일 마포삼열이 평양에서 브라운 박사에게 보낸 보고서 편지
(미국 장로교 한국 선교부 부장실 소속 실행위원회 명의의 편지지로 발송)

실행위원회는 미국 연합위원회가 내린 대학 위치에 대한 결정이 최종적인 것이 될 수 없음을 지적. 규정에 어긋나는 것임을 지적하였다.

선교부의 입장은 대학의 위치에 대한 문제가 대학을 하나로 하는 문제에 부차적이거나 그에 속한 문제로 볼 수 없다는 점을 지적. 대학 숫자에 대한 결정과 장소에 대한 결정은 서로 연관된 문제이며, 각자 단독적인 표결을 통해 결정할 문제. 그리고 이에 대한 최종적인 투표 결과는 "한국에는 하나의 대학을 둔다는 것과, 그 대학을 평양에 둔다는 것"이라고 하였다.

대학 문제에 관한 선교부의 열망에 반하는 행위를 하는 선교부 내의 일부의 끊임없는 노력은 우리로 하여금 한국 내의 교회 전체의 영적 관심을 위기에 빠트리고 있다고 느끼게 만들고 있음. 이 문제에 대한 심각하고 사려깊은 결정을 해 주기를 바라는 교육위원회의 요구를 담은 성명서를 첨부하였다.

숭실대학에 과학 교수를 파견해 줄 것을 요청하였다.

A11.—That the Ex.Com. desires to point out to the Educational Senate, that in its action of reference of the location of College to the Joint Committee in America, the clause making the action of that Committee final does not lie within the province of the Senate to decide. The action of our Board ratifying the Constitution and permitting our Mission to participate, included the following:—"The Board therefore, while heartily sympathizing—saw no alternative but to make its approval subject to the condition that all acts and proceedings of—the Senate of the Educational Foundation shall be subject to the review and control of the co-operating Missions on the field, and, through them, of the

Boards at home, in the same way as other Union Institutions."

A12.—That the Ex.Com., referring to the Board's Letter 120, relative to one College in Korea, feels it necessary to say to the Board that in its opinion, the Mission in its action did not intend to make its decision as to location subordinate or secondary to its position on the question of one College. The two are bound up together, and together represent the very mature conviction of the Mission. The vote of the Mission on one College represents the Mission's position, only as it is taken with the vote on location; the final motion being:—One College in Korea and that to be in Pyeng Yang.

(Doubtless you already realize that the persistent effort on the part of a few in our Mission to defeat the desire of the Mission concerning the College has caused us to feel that they are jeopardizing the spiritual interests of the whole Church in Korea. I am sending with this a statement prepared at the request of the Educational Senate on the subject and ask a quiet, serious and thoughtful reading of the same.)

1913년 5월 14일 뉴욕에서 브라운 박사가 마포삼열의 처가로 마포삼열에게 보낸 편지

마포삼열이 캘리포니아에 도착할 것을 예상하고 이 편지를 보냄. 마포삼열이 미국에 있는 동안 개인적인 회담을 갖는 것이 중요하리라 생각하며, 세브란스 씨도 함께 하기를 원한다는 사실을 알리며 뉴욕을 방문할 계획이 있는지 혹은 방문할 수 있는지를 문의함. 여름 휴가철이 다가오므로 6월에 만나든지, 아니면 9월이 좋겠다고 함. 4월 26일자 전신을 받았고 그에 따르면 판결이 연기되었다고 했는데, 결과가 궁금하다.

I am sending this letter somewhat at a venture without knowing the exact time of your arrival but assured that it will await your return, if you are not already in California. We hope that you have had a pleasant journey. We deeply appreciate the problems and bereavement which have brought you home.

The Executive Council feels that it is exceedingly important that we should have an opportunity for a personal conference with you while you are in this country and Mr. L. H. Severance is also deeply interested in such a conference and wishes to be present. Do your plans include a trip to New York or could you arrange to return to Korea by way of New York? I am a little uncertain just what your immediate plans are and shall be glad to hear from you as soon as possible. On account of the scattering in the summer months it would be highly desirable that we should have this conference in June, if possible, and if not then, in September.

I enclose a copy of my confidential letter of this date to the Executive Committee of the Mission regarding the resignation of Miss Ethel McGee. As you are Chairman of the Mission's Executive Committee and will not be on the field, will you not immediately write me in such fulness of detail as you may deem proper. If we transfer Miss Sanders it must be very soon and as the Mission can only reply by cable within the time allotted, we shall need your fuller explanation. We received your cable of April 26th from Seoul, stating that the trial before the Supreme Court [in the Conspiracy Case] had been completed and that judgment had been reserved. We are anxiously awaiting the decision.

1913년 5월 31일 마포삼열이 샌프란시스코행 배에서 뉴욕의 브라운 박사에게 보낸 편지

6월 2일 월요일에 샌프란시스코 도착 예정이며, 7월 1일까지 캘리포니아에 체류하다가 매디슨으로 가서 지낸 후 산라파엘로 다시 돌아온 뒤 8월에 한국으로 돌아갈 예정임. 브라운 박사의 7월 일정이 궁금하며 그때 만나러 뉴욕으로 가도 될는지 문의함. 아직 재판결과를 듣지 못했고, 샌프란시스코에 도착해서 알게 되기를 바라고 있다.

We shall reach San Francisco on Monday, June 2nd and I expect to remain in San Rafael, California until the first of July, going on to Madison, Indiana for a part of the month of July and then returning to San Rafael until we return to Korea early in August.

I should like to know where your plans will take you during the month of July and also whether you wish me to go on from Madison, Indiana to New York to see you then.

I have not yet heard what was the judgment of the Supreme Court [in the Conspiracy Case] but am hoping to hear in San Francisco.

1913년 7월 7일 마포삼열이 인디아나, 매디슨에서 브라운 박사에게 보낸 편지

대학 문제와 관련된 한국 선교부로 보내는 브라운 박사의 편지 사본을 받음. 이 편지는 자신이 한국을 떠나기 전에 한국에 도착하지는 않았음. 사본이 산 라파엘에서 매디슨으로 전달됨. 브라운 박사가 대학 문제에 대해 한국 선교사 다수의 관점에서 볼 것과, 한국에서의 사역의 특성을 중심으로 고려해 줄 것을 요청하였다.

I have just received your letter enclosing the copy of the one to the Mission concerning the College Question. It was forwarded to me from San Rafael. It had not reached Korea before I had left for America.

I trust that even yet you in New York will see the College Question in the light that the majority of the missionaries in Korea see it and that the character of the work in Korea may be conserved. However, I can say more when I see you than I care to write just now.

1913년 7월 25일 뉴욕에서 브라운 박사가 인디아나 매디슨에 있는 마포삼열에게 보낸 편지. 7월 22일에 마포삼열이 뉴욕을 찾아 브라운 박사와 면담을 가진 뒤에 보낸 편지

22일에 있었던 대화가 짧아 우정을 나눌 수 없고 복잡한 문제에만 매달린 것에 아쉬움. 브라운 자신이 서울에 대학을 두어야 한다는 입장을 가진 것으로 보고 있으나, 그것은 오해이며, 자신은 입장을 갖고 있지 않음. 자신이 주장하는 것은 한국 선교사들 사이에 화합을 이루는 것과, 대학 문제에 대해 솔직한 입장을 듣고자 하는 것과, 결정이 내려지면 따라주기를 바라는 것임. 입장이 다른 편 사이에 존재하는 긴장과, 다수의 판단에 반하는 결정이 내려지면 수용하지 않겠다는 입장에 대한 우려. 이러한 일들은 선교에 필요한 협력에 해가되는 것이라는 생각이다.

해외선교부와 연합위원회는 대학의 수와 위치에 대한 문제를 구분해서 보고 있음. 연합위원회에 참여한 6개 본부들의 입장은 다를 수 있음. 대학의 수 문제가 장소 문제보다 더 중요하며, 장소가 어디에 있든지 간에 그것이 연합대학이 존재하지 않는 것보다는 그리스도를 위해 더 중요할 것임. 선교본부는 장소 문제와 관련한 어느 한 편을 지지하지 않을 것임. 연합위원회는 이 문제에 대해 공식적인 입장을 결정하지는 않을 것이며, 만일 어떤 입장을 내 놓는다고 해도 그것은 잠정적인 결정일 뿐일 것이고 선교지에서 다시 투표할 것임. 따라서 선교사들은 대학의 위치와 관련해 선호하는 장소를 선택할 기회가 있을 것이다.

한국선교부는 하나의 연합대학 문제에 대해 투표할 것이며, 선교본부가 승인을 하도록 요청할 수 있을 것. 그러나 연합을 이루고 있기 때문에 연합한 6개의 선교부의 다수의 결정이 중요하며, 그 중 한 선교부 내의 다수자의 결정이 전체의 다수 결정을 부정한다면 연합의 정신은 깨질 것. 연합에 임한 모두가 마찬가지로 지성의 소유자이며 그리스도에 헌신하고 있다.

연합대학이 평양에 있는 것이 하나님의 뜻인지가 큰 문제. 그것은 기도와 연구와 자문을 통해 확인될 것. 입장이 다른 한 편이 자신의 주장에 대해 하나님의 뜻이라고 하는 것은 다른 편에 있는 동일한 크리스천 형제들이 하나님에 대해 적대하고 있다는 것을 함축하고 있는 것. 마포삼열을 뉴욕으로 오게 해서 위원회에 참석을 시킨 것은 이 문제에 대해 그만이 책임이 있기 때문이 아니라 모두가 책임을 나누어지고 있음을 보이고 모두에게 마포삼열의 입장을 듣게 하기 위함. 그가 초청을 받은 것은 현재 미국에 있는 이가 그분이기 때문이었음. 만일 언더우드가 있었다면 그를 초치해서 다수의 의견을 받아 들이는 것이 어떻겠는가고 물었을 것이다.

현재로서는 아무 것도 결정된 것이 없고, 때가 되면 투표를 통해 다수결로 결정할 것이며, 모두는 그 결정에 따르는 것이 기독교 정신일 것이다.

I think of our conference last Tuesday, the 22nd, with mingled gratification and regret. There were so many anxieties that had to be discussed that there was little opportunity for conference upon those pleasanter subjects which were also in our hearts and concerning which we would have been glad to speak. It seemed too bad that the only day that you could spend in New York during this hurried trip to America had to be so largely given up to perplexing problems, rather than to the joys of congenial fellowship.

And I am not sure even now that we succeeded in making our position clear; for you of course understood that I was discussing the questions at issue in a representative capacity, knowing the position of others as well as my own, and feeling under special obligation to speak of the things that had led Mr. Severance to ask that the conference be arranged for. You and I appeared to be speaking with different objects in mind and therefore there was special danger that we might misunderstand one another. You were arguing for Pyeng Yang as the location of the College, and perhaps you thought that I was arguing for Seoul. I had, however, no such thought. I was arguing for harmony among the missionaries in Korea, for a frank referendum to them of questions on which they are fairly entitled to an opinion, and for loyal acceptance of the result when known. We are concerned here by an apparent disposition on the part of some members of our own Mission, on both sides of the controversy, not to consider the College location question in that way, but to discuss it with an undue intensity of feeling and in language which seems to portend a refusal to accept an adverse decision of the majority if it shall be contrary to their judgment; or, if not a refusal, at least a lack of co-operation which would be fatal to the enterprise and seriously harmful in other directions.

We are aware that the Mission voted to put union and location together as inseparable, as you explained and as some letters had emphasized. But the Boards and their Joint Committee feel that a distinction should be observed between them; that one of six parties to a union should not prejudge a question which from the nature of the case calls for joint action; that if we are going into a union at all, we should go with a willingness to discuss such a question as location with those who have as much right to an opinion on it as we have, and feeling that the way is clear to decide the issue on the merits of the case. All whom I have heard express a judgment in this country are emphatic in their conviction that the question of a union Christian College for Korea is very much larger than the question of location, and that any place that the missionaries in Korea may decide upon would be far better for the cause of Christ than no college. The Boards are not forcing the question of location in favor of any one station. I doubt whether they or the Joint Committee would have said anything officially on the subject if the Missions themselves had not compelled them to do so. And even then, the Joint Committee and the Boards expressed only a tentative opinion subject to another vote on the field. The missionaries themselves therefore have a chance to put the College where they want it.

And when I say missionaries, I, of course, mean the whole body of missionaries in Korea. Our Mission voted to go into a Union College, and asked the Board to approve its doing so. Having gone into a union, we should carry into it the union spirit—an open mind, a willingness to abide by majority votes on questions which a majority alone can decide, a readiness to accept not only our full share of responsibility but also our full share of risk. We cannot carry one Mission as a distinct entity into a union of six Missions and Boards, and then repudiate union if the majority of those with whom we have voluntarily associated ourselves does not coincide with a majority in our particular Mission. Union means that mission and board lines are obliterated for the purpose of the union and that all concerned become one common body. Of course, this would not be true if we were dealing with bad men or a worldly object, but this is a union among Christian men of presumably equal intelligence and equal devotion to the cause of Christ.

To say, as some of our missionaries have said, that it is the will of God that the Union College should be in Pyeng Yang, is to beg the question. The will of God is precisely what we are trying to ascertain by prayer and study and consultation with our brethren. When that consultation is in progress, is it fair for the advocates of one side to claim in advance that their position alone represents God, and thus imply that equally devoted Christian brethren are, however unconsciously, fighting against God?

We did not ask you to come to New York for conference because we deemed you particularly responsible for the unfortunate situation in the Mission. I fear from what you said that you may have gotten that impression. I think one member of the Board did have some misgivings on this subject; but everyone else whom I have heard express an opinion recognizes the fact that the responsibility must be divided between several men on both sides. You were called upon because you were the only one of these men on either side that is now in America available for conference; and as you are the official head of the Mission and the leader of its dominant party, it was natural for us to appeal to you to use your very great influence to bring about a state of mind more in accord with the spirit of union and co-operation among the various bodies of missionaries. If Dr. Underwood had been in this country instead of you, he would have been invited to a conference in precisely the same way, and I should have urged him to use his influence to acquiesce in a majority vote for Pyeng Yang if given, just as I urged you to use your influence to acquiesce in a majority vote for Seoul if it should be given. We thoroughly understand that your leadership in the Mission is in no sense whatever the result of your planning, but that it is solely due to the confidence of your fellow workers in your wisdom, devotion and experience. That confidence I strongly share. Indeed, I seriously thought at one time of publicly advising the Mission to elect you to your present position, and I refrained only because I became sure that the Mission would in due time elect you anyway, and that it would be better to have it come about in that way. But we who read the letters which come from all parts of Korea have ground for real distress as we note the polemic spirit which some of them indicate—a certain intolerance of mind, an apparent inability to realize that fellow-missionaries may differ with them and yet possibly be guided by the spirit of God as well as themselves. I need not tell you, of all men, what formidable problems and anxieties the whole cause of Christ now faces in Korea—anxieties in some cases created and in other cases intensified by an inrushing tide of worldliness and materialism, the strain that had developed between the missionaries and the Japanese authorities, the special problems that grow out of the very success of the work, and, in general, the new conditions which are bringing the Korean Church and the missionaries to a severer testing than they have yet known. Surely at such a time as this we all need to stand together in loving faith and effort and prayer, and it would be most lamentable if at this period of extraordinary emergency, the Adversary of Souls were to sow the seeds of distrust and disunion among the very Christian workers whom we—and surely we may say whom God—is depending upon to meet the new conditions aright.

And thus you see, my dear Dr. Moffett, it is neither Seoul nor Pyeng Yang that we are now thinking of. We shall undoubtedly think of one or the other when the vote of the missionaries is known, as it doubtless will be in the near future; and we must then consider what the Joint Committee and the Boards ought to do. But it is certain that, whichever way the majority goes, there will be a large minority; and whether that minority, either for Seoul or Pyeng Yang, will accept the result in a Christian spirit and throw itself with a whole-hearted devotion into the common cause—that is the question which is troubling us and which the correspondence from Korea, as well as some things that you yourself said the other day, give us some cause for being troubled about. Strong men on both sides have become so deeply stirred that strife will be engendered unless earnest effort is made to avert it.

It is very hard, in one sense, to write in this way to you, my dear Doctor; and yet in another sense it is easy. I regard you as one of my closest friends and most trusted advisers on the foreign field. I have felt very closely drawn to you, and I am eager to have our relations become those of still closer fellowship. It is, therefore, very hard for me, as the secretary for Korea, to be obliged to discuss such anxieties. And yet the very fact that I do trust you and love you so much makes it easier to talk and to write with entire freedom, assured that we know one another so well that neither of us need to be in the least afraid to speak frankly. I shall, therefore, not only expect, but desire, that you will reply with entire unreserve, and that not only now but at any future time, you will unhesitatingly tell me when and where you think that we are wrong.

We are grateful to you for taking the time and the trouble to make the long, hot and dusty journey to New York at this season. May God bless you as you return to your great work! You have a great opportunity, and I lovingly pray that our Father in Heaven may give you abundant grace for it.

And so I subscribe myself as always, and never more than now,

Affectionately yours,

Arthur J. Brown

〈1914년 자료〉

1914년 2월 14일 마포삼열이 평양에서 브라운 박사에게 보낸 편지

해외선교부에 요청할 내용을 우선순위에 따라 정리해서 요청함. 이 가운데 숭실대학에 과학 전문가를 파견해 줄 것을 요청하는 내용이 5번째에 있다.

Upon receipt of your letter No. 187 requesting the Ex. Com. to take the responsibility of arranging requests for new missionaries in order of preference, I communicated at once with the Committee. I send you at once the decision of the Committee which expresses its judgment, with which I doubt not the Mission would agree, although of course not unanimously on a question of this kind.

The Committee's judgment is that the first seven on the list should be:-

1. Evangelistic Woman for Kang-kei
2. Evangelistic Man for Manchuria, located at Kang-kei
3. Educational Woman for Pyengyang Women's Academy
4. Evangelistic Man for Taiku
5. Specialist in Science for Pyengyang College
6. Evangelistic Man for Manchuria, located at Syen Chun
7. Educational Woman for Seoul Normal Work

Syen chun would substitute for No. 4 above, Industrial Man, Syen-chun. And would place Evangelistic man for Taiku as No. 7, while dropping No. 6 above from the first seven. Syen chun also reverses 3 and 5 above in the order. It would be a great thing for us if you can send us these seven, a nurse and Syen-chun's Industrial man, and thus relieve the strain of each Annual Meeting.

1914년 4월 14일 마포삼열외 6인이 연명으로 평양에서 브라운 박사에게 보낸 편지 전문

연합위원회와 미국선교본부가 대학문제에 대해 취한 결정을 통해 판단의 자세한 이유를 알 수는 있었지만, 선교부가 가지고 있는 두 개의 대원칙, 즉 현장의 문제 해결과 다수결주의의 입장에서 볼 때, 이에 반해 제시된 이유가 중요하지 않아 보이며 설득력을 갖고 있지 못하다. 한국선교부가 이미 취한 입장을 바꿀 수는 없을 것 같다.

아마도 한국선교부의 표결은 평양 52%, 서울 30%, 28%는 기권이었던 것 같다. 여기에 대해 연합위원회는 오직 52%만 평양에 찬성하고 나머지 48%는 반대 혹은 무관심으로 해석한 반면, 마포삼열은 동일한 논리를 적용하면 오직 30%만 서울에 찬성하고 나머지 70%가 반대 혹은 무관심으로 해석할 수 있다고 주장한다. 또한 투표용지를 받지 못했거나 회신을 했음에도 서신이 도착을 하지 않아 표결에 임하지 않은 것으로 처리된 21명에 대해서 연합위원회는 미들 모두를 서울에 대한 반대 혹은 무관심으로 해석한 반면, 마포삼열은 그 21명 가운데 3명은 서울에 찬성했고 8명은 평양에 찬성했으며 10명은 투표를 하지 않았다고 답한 것을 근거로, 연합위원회의 해석이 잘못되었다고 비판하고 있다.

또한 기권을 소수의견에 합하여 계산하는 것이 미 의회의 방법이라 할지라도 "종교집회의 질서에 대한 규칙"에 따르면 기권은 다수의 의견에 묵종하는 것으로 여겨지며, 이에 따르면 70%가 평양에 찬성하는 것이 된다.

연합위원회와 선교본부는 표결 결과가 여러 선교부들에게서 비슷하게 보이지 않고 차이가 많이 나왔으므로 선교사들의 입장을 배제해야 한다고 결론을 내렸는데, 그 사실은 인정을 하더라도 그로 인해 선교사들의 입장을 무시해야 한다고 결론을 내린 것은 옳지 않다. 오히려 그것, 즉 선교부별로 의견이 상당히 나뉘었던 것은 중요한 사실로, 그 의미는 선교부들이 함께 위기에 빠져 있는 문제란 없지 않은가, 연합의 때가 무르익지 않은 것은 아닌가, 따라서 연합 문제를 지나치게 고집스럽게 강요해서는 상처가 남게 될 것임을 보여주는 것이 아닌가. 더욱이 표결에 여러 문제들이 포함되면서 대학의 위치 문제에 혼란이 발생한 것이 아닌가.

여러 문제들이 중첩되어 버린 것은 한국 선교부의 문제가 아니라 미국에서 움직이고 있던 연합위원회의 문제이며, 연합 문제에 장소 문제가 더해진 것은 훨씬 이후의 일이라는 점을 주지해야 함. 대학을 어디에 두기를 원하는가와 관련하여 선교부에서는 분명한 입장을 갖고 있음에도 불구하고 연합위원회와 해외선교부가 혼돈에 빠져버렸다. 해외선교부에서 선교사들의 입장을 잘 이해하지 못하고 불확실성에 빠져있다고 판단한 것을 근거로 선교사들의 입장을 배제하는 것이 좋다는 입장을 가지게 된 것은 이해하지 못할 일이다. 그랬다면 결정을 미루고 선교사들의 명확한 입장을 알아보도록 했어야 했다. 결정이 왜 이렇게 성급하게 이루어졌는지 의문이다. 현재 숭실대학은 아주 잘 운영되고 있다. 비록 감리교계의 학생들이 4명을 제외하고는 모두 등록하지 않았음에도 불구하고, 현재 숭실대학은 사상 최대의 학생들이 등록하였다. 현재 필요한 것은 미국 선교본부에서 보내주는 강력한 지원이다. 이미 우리가 잘 하고 있는 것을 잘 지원하는 것이 필요하지 이처럼 문제가 많고 장래도 불확실한 것을 새로 시작하면서 우리가 가진 것을 파괴하는 것은 옳지 않다.

대학의 위치를 결정한 이유가 평양으로서는 합의를 이룰 수 없기 때문이라는 점이 주장되었음. 감리교 선교본부가 대학은 반드시 서울에 있어야 한다고 주장했는데, 문제를 그렇게 결정되어서는 안 된다. 의견이 갈릴 경우 조정 위원회를 두고 심판관이 당사자들의 합의를 기초로 최종 결정을 내려야 하는데, 그렇게 하지 않고 고집을 부리는 소수의 입장에 휘둘렸다.

기독교 활동이 어디가 더 활발한가가 또한 판단의 중요한 고려점으로 작용한 것 같다. 통계자료를 활용하여 서울의 영적 활동이 평양에서의 영적 활동을 능가한다고 판단한 것은 흥미로운 일이다.

또한 현장을 방문한 저명인사의 의견에 많은 비중이 주어진 것 같음. 그러나 정확한 판단이 이루어지려면 현장 조건에 대한 지식이 필요함. 그러나 한국을 방문하기 전에 이미 뉴욕에서 입장을 정하고 나서 이를 선교사들이 수용하도록 하려고 했던 것으로 보임. 그리고 한국 선교부에서 수행한 교육정책에 대해 비판적이었다.

현재 추구하고 있는 정책은 수년간의 노력과 갈등의 산물이며, 현재에도 그것을 유지하려는 끊임없는 노력 가운데 있고, 그 정책은 우리 선교사들이 만장일치로 승인한 추상적인 이론인 셈이다. 대학 문제는 이러한 노력과 연관이 되어 있고, 따라서 그것은 단지 지리적으로 서울이냐 평양이냐의 문제가 아니다. 그것은 과거 이십여 년 간 많은 노고를 통해 발전시켜온 선교부의 정책이며 과거의 방법을 현재에 맞게 개선해온 방법과, 다른 지역의 다른 조건 하에서 활용된 최고의 정책일 수 있는 어떤 오래된 방법을 지향하며 그에 맞지 않은 경험을 덧대어 유사하게 만든 작업 방법 사이에 무엇을 선택하는가의 문제이다. 후자의 길을 선택한다면 이 나라와 이 선교부에 대해서는 빛을 등지는 것과 같으며 진리에 불순종하는 것이 될 것이다.

평양은 우리 선교부의 확립된 정책을 대표하며, 서울은 활발한 변화를 대표한다. 평양에 있는 당신들이 이러한 점을 적절하게 평가할 수 없다는 점에 대해 우리는 놀라지 않지만, 이것이 여러분들이 궁극적으로 고려해야만 할 사실이다.

현장의 선교부들과 그들의 위원들이 무시되고, 협상이 어떠한 현장에서 구성된 권위체의 의견도 참조하지 않은 채 거대한 비용의 지출을 통해 구매할 목적에 따라 수행이 되고 있다. 그렇다면 이러한 정책이 야기할 다른 문제들에 대해서도 같은 식으로 다루어지게 될 터인데 어떤 희망을 가질 수 있게 되겠는가.

연합위원회에서는 이번 결정으로 인해 평양에는 아무런 영향을 주지 않을 것이라고 했으나, 감리교 소속의 많은 학생들이 이미 빠져 나갔고, 이번 회기를 끝으로 감리교회의 지원을 중단하겠다고 알려오고 있는데, 이것이 감리교회에서 현 상황을 어떻게 해석하고 있는지를 보여주고 있는 것이다. 이 모든 사실에 비추어 볼 때 유일한 대안은 평양에는 장로교 대학을 두고 서울에는 감리교 대학을 주는 것 밖에는 없다. 유일한 연합대학을 두려는 시도는 저항을 불러일으키게 될 것이고 나쁜 결과를 낳을 것이다.

Dear Dr. Brown:

Your letter of February 24th (No.196) is at hand, bringing full information regarding the action of the Joint Committee and our Board on the college question. A careful reading of the letter shows that the information that had come to us from various sources was in the main correct, but we are glad of the light it gives us on some of the details of the question and the reasons given for the action of the Joint Committee and Board. At the same time it is very disappointing in that it in no way enables us to change our previously expressed conviction, nor does it in any way provide for a solution of the difficulties that face us on the field. If the two great principles of mission government, viz. the settlement of field questions on the field, and majority rule, are to be set aside, the reasons must indeed be weighty. The reasons you give are very unconvincing to say the least. To refer briefly to some of them.

First, the alleged small majority for Pyeng Yang. You figure out that only 52% of the missionaries on the field are in favor of Pyeng Yang while 48% are either opposed or indifferent. By the same process of reasoning only 30% favor Seoul while 70% are opposed or indifferent. Even though we accept your figures we cannot understand why 48% opposed or indifferent to Pyeng Yang is sufficient reason for ruling Pyeng Yang out, while 70% opposed or indifferent to Seoul present no difficulty in the way of locating the college in Seoul. But we cannot accept your figure that only 52% of the voters favor Pyeng Yang. How you reach that figure we cannot understand except on the theory that you did not all have before you the information of the Senate's Secretary, Dr. Adams, given in the letter sent to you August 13, 1913, reporting and tabulating the vote. Dr. Adams wrote you page 3, "I have not received the votes of 21. I have learned that some voters from among those on both sides never received the voting form. Some have said that they received it and returned their vote at once, but I never received it: Both doubtless have been due to inefficient mail service. I have no means of knowing what their vote would be but in the previous vote of which I have spoken, of these 21, there were three who voted for Seoul, 8 who voted for Pyeng

Yang, and 10 who did not vote either time. You can use your discretion about these." In the light of that information we cannot understand your decision that all of the 21 non-voters shall be counted as opposed or indifferent to P. Y.

But setting that all aside, we are astonished to learn that the principle was apparently followed of counting non-voters with the minority. We are aware that for certain reasons that practice is sometimes followed in the U.S. Congress, but those reasons do not exist here. In the "Rules of Order for Religious Assemblies" by Barton, is laid down the following rule. "The member not voting either for or against a measure must be understood as acquiescing in the vote of the majority." If we count those not voting as favoring Pyeng Yang which we had not done, then the percentage for Pyeng Yang is much larger, 70%.

In the second of the reasons you give for the Joint Committee's and the Board's action you say the vote was not distributed evenly through the Missions. We grant the fact but question the conclusion which you deduce from it, that is, that the Boards should therefore take it out of the hands of the missionaries and decide it regardless of the wishes of the missionaries. We draw a different conclusion. The fact that the voters divide so nearly along denominational lines is a serious fact, and at once raises the question whether perhaps there may not be vital interests on both sides which are imperilled, and whether it is not possible that the time for union is not yet ripe, and hence injury may be done by forcing too insistently the union question. But more of this later. The third reason that you give for your action is that the question of location was confused with other questions in the minds of the voters by adding question II & III and that the vote did not show where a real majority would stand if the vote had been taken on the uncomplicated question of location.

To this it may be answered, first, that it was the action of the Joint Committee itself which made necessary the adding of questions II & III. See Letter of Senate's Secretary, Dr. Adams to Dr. Brown, Aug. 13, 1913, p. 2. Second, we deny any general confusion of the question in the minds of voters, though we freely admit that in the minds of many there is in this situation a close connection between location and character of the school, of which more later. On the question as to where the body of missionaries desires the college to be located, if the Joint Committee and the Board was confused, we are sorry, for there is no uncertainty here on the field. But we cannot understand why the uncertainty of the home authorities as to what the mind of the missionaries is on certain points should be a sufficient reason for ignoring them on a question of such importance as this one has come to be. It seems to us that it would have been the safe thing to say the least, to have delayed action until that attitude was understood. We cannot understand the reasons for such haste in deciding the question. We already have a college which is doing good work. It has just enrolled the largest attendance in its history, even after the withdrawal of all but 4 of the M. E. [Methodist] students. All it needs is more encouragement from the New York end. A stronger support of the present institution and less feverish haste to destroy what we have and start something different, the success of which is problematical, seems to us to be more in order.

Another reason given for deciding in favor of Seoul, p.4, Board Letter No. 196, is that "A union college at Pyeng Yang is impossible for the simple reason that the Boards could not be united upon Pyeng Yang." In other words, the Methodist Boards made it "sine qua non" of union that the college be located in Seoul. We most solemnly protest against any weight being given to that attitude in deciding the question. The question was not so referred. When information reached the field that there was such an attitude on the part of some of the Boards, the

Secretary of the Senate wrote the Joint Committee explaining the meaning of the reference by the Senate and the Senate's protest to the Joint Committee as follows: "All parties are agreed that the question ought to have been settled upon the field. An unwilling minority however insisted upon a reference, the majority gave way and consented, but upon the explicit agreement that the question should be referred as a perfectly open question, quite capable of settlement for all parties in either of its alternatives; that it should be decided by the referee committee upon its merits; in view of the field conditions that in the mind of the Committee ought to determine in the case. You can readily see that no other basis of agreement to reference was possible. A question to be capable of reference must be an open question, and the referee must settle it on the basis "of the referring parties' agreement."

The Senate at the above mentioned meeting took the following action. As I remember, it was unanimous—all representatives of all Missions agreeing to it.

"Passed that Dr. Adams be requested to write to Dr. Brown, drawing his attention to the passage in Board Letter No. 145, a copy of which was sent the General Secretary, and asking for an interpretation of the same. If it means that the Northern Presbyterian Board was influenced in its position because there was no alternative to a Union College in Seoul except a Presbyterian College in Pyeng Yang and a Methodist College in Seoul, the Senate wishes to state that this does not represent the sense in which the question was referred, but that either location is to be considered as an open alternative 'for all parties'."

In the light of this letter we can understand your action only on the assumption either that the letter was not before the Joint Committee and the Board or else that the Joint Committee has set aside the Senate. Had it been known on the field that that attitude was in the mind of members of the Joint Committee the reference would never have been made, and the knowledge that such an attitude exists has raised a storm of protest on the field and an entire unwillingness to accept the decision. The Joint Committee has exercised authority inconsistent with that already delegated by the Boards to the field.

Again, weight seems to have been given to a comparison between Seoul and Pyeng Yang as centers of Christian activity at the present time. See Board Letter No. 196, page 6. The effort to show, by statistics, that the spiritual activities of Seoul surpass those of Pyeng Yang, and that the spiritual atmosphere of Seoul equals or surpasses that of Pyeng Yang is amusing.

Again a great deal of weight seems to have been given in the Joint Committee to the opinion of certain eminent men who had visited the field and had arrived at certain conclusions in the matter of college location. We have great respect for these gentlemen but this is a field question and requires a full and accurate knowledge of field conditions if a correct conclusion is to be reached. Of most of these gentlemen it may be said that if they, while on the field, made a serious effort to understand this question from the field point of view in all its bearings, we were not aware of it. The unhappy impression created by several of them was that they came here with their minds already made up, with the intention of trying to get the missionaries to adopt conclusions that had been arrived at in New York. Furthermore, of the educational policies of some of these gentlemen it may be said that they are directly antagonistic to those worked out by this mission as an essential part of its general mission policy.

We must take exception to the oft repeated statement that the question of the character of the college is not affected by the location. As an abstract theory, viewed from a council chamber ten thousand miles away, or by one simply passing through and so unable to gain an accurate knowledge of the deep currents of mission activity, that may appear plausible. But the actual facts in this present case, viewed by men on the field who have themselves been factors in the creating of these currents, that statement has little weight. The Mission has followed out a policy of work in Korea which has proved eminently successful. This policy is the result of years of toil and labor and conflict. It has been a continual struggle to maintain it. As an abstract theory our missionaries unanimously approve it. But in practically applying the policy to living situations a constant if unconscious effort has been made by some to break it down. This College question is a part of that struggle. It is not a question between Pyeng Yang and Seoul but between a policy of Mission work developed for the past twenty years by very great labor and pain, and a method of work approximating to methods that are older, which were perhaps the best policy under other conditions in other lands and with less experience, but which for this land and this Mission, would be a turning of its back to the light, and disloyalty to the Truth. In the present case Pyeng Yang and Seoul are not merely points in Korea situated at different points on the map. They stand for different policies. Bunker Hill as a spot of ground near Boston means little. Possibly there [were] some in those days who wondered why those fighting farmers made such a fuss over the possession of that hill. But they understood and we today understand that the contest for possession of that ground was a contest for a great principle of government which is being recognized more and more, the world around. Pyeng Yang represents the established policy of our Mission and Seoul represents a vital change. We are not surprised that you in New York are unable to appreciate this but it is a fact with which you will ultimately have to reckon. You say the missionaries can have the kind of college they want in Seoul. We were also told that the missionaries could locate it where they wished. (See in extenso Dr. Brown's letter to Dr. Moffett of 7/25/13 which says, "The missionaries now have the opportunity to locate the college where they want it.") But the location has been decided contrary to the expressed wishes of the missionaries. The Missions on the field, and their Senate have been ignored, and negotiations are being carried on for the purchase of a site at a large outlay of money, without reference to any constituted field authorities. What hope is there that other questions which may arise as to policy, etc., will not receive the same treatment.

The present situation in the field may be summed up as follows: Your own Mission stands practically unchanged in its position on the question of location, and there has come to be an intensity of feeling such as is found only where strong men are making a stand for vital convictions. While no votes have been taken in the other Presbyterian Missions we are creditably informed that in them the opinion on the location question remains unchanged while there is strong feeling against the way the decision of the Joint Committee has been brought about.

Although the Joint Committee recommended that there be no disturbance of the work being done at Pyeng Yang, the Methodist Mission last week drew out in a body all but four of their students in the college department and all but two from the Academy and they further inform us that they will sever all connection with the school in Pyeng Yang in all its departments at the end of the present term, this being their interpretation of what is required by their Board's action.

In the light of all the facts, the only action possible seems to us to be along the line of the Senate's recommendation, that is, a Presbyterian College in Pyeng Yang and a Methodist College in Seoul. An effort to force union in one college now in any place will be fraught with disastrous results to the work, and to the cause of real union as well. Feeling as we now know the Methodist people to feel, we oppose further effort to compel them to go to Pyeng Yang. Likewise an effort to compel the Presbyterian bodies to go to Seoul is equally out of the question and bears in it the possibility of consequences which we cannot bear to contemplate.

(Signed) The Executive Committee of the Korea Mission of the Presbyterian Church in the U.S.A.

Samuel A. Moffett
James E. Adams
Norman C. Whittemore
C. E. Sharp
Charles Allen Clark
A. G. Welbon
W. T. Cook

1914년 4월 14일자 항의서한 전문

선교부의 교육위원회에서 낸 결의문으로, 선교사 다수의 의사와 선교부의 정책에 반하는, 연합대학을 서울에 두도록 한 해외선교부 연합위원회의 결정에 대해 반대하며 재고할 것을 요청함. 선교부가 결정 내용을 알기도 전에 위임된 자를 통해 교육부지를 매입하려고 하는 결정에 반대함. 대학 설립을 위해 뉴욕에서 만든 기관이 현지의 기관과 무관하게 활동하는 것은 현장의 자율성을 우선시하는 원칙에 위배되므로 받아들일 수 없음. 이 결의문에 대해 총 투표 62명 중 찬성 45, 반대 13, 기권 4로 가결하였다.

Resolution of the Executive Committee to the Mission, for transmittal to the Board.

Resolved: That we recommend to the Mission the following items of protest to the Board as opposed to its action in the College location question.

1. We do formally and solemnly protest to the Board as against its action in

approving the recommendation of the Joint Committee of the Board's locating the college in Seoul, contrary not only to the desire, the long and carefully built up policy of the Mission expressed by repeated and overwhelming majorities, but also to the desire and judgment of two-thirds of all the missionaries in Korea; and we do earnestly request the Board to reconsider this action.

2. We also deprecate and formally protest the acquiescence of the Board in withdrawing from the authorized channels of its own field organization the field administration of this matter; authorizing individuals to purchase directly a site for the college without reference to the Mission; and even before the Mission had received notification of the Board's action.

3. We do formally protest the proposition of the Joint Committee authorized by the Boards and already inaugurated, to establish and operate the institution from New York outside the responsible field control of the regular line field organizations. In accord with long and frequently declared policy of the Board, this Mission has resolutely refused to permit in the past the control of such institutions by self-perpetuating independent field Boards. In like manner it does as resolutely refuse its assent to their direct control from the home end. The general principle is clear. Field operations are to be conducted by and through the field organization. In our view a contrary course is in violation of two fundamental principles of Presbyterianism—democracy in direct operation, and government by graded courts.

Mission vote on the above was—Affirmative, 45; negative, 13; not voting, 4; total, 62.

1914년 4월 18일자 평양에서 마포삼열이 브라운 박사에게 보낸 편지

현재의 사태에 대해 이런 저항을 하게 된 것에 대해 유감을 표명하며, 숭실대학에서도 저항 의사를 표명하고있다.

It is with intense regret and great sorrow that we feel it necessary to send you the accompanying protests. Some days ago I sent you a cable message as follows:

"Forty-four voting members sign protest action college also protest authorizing individuals to purchase site." Ex.

The "Ex" added to the last word means as per agreement that the Executive Committee sent the cable.

Chairman, Executive Committee.

1914년 4월 22일자 평양에서 마포삼열이 브라운 박사에게 보낸 편지

강계에서도 만장일치로 숭실대학의 폐지 및 해외선교부의 일처리 방식에 대해 저항의 의사를 표명함을 알림. 그 밖의 인원들도 반대 의사를 표명하였다.

Continuing in the necessary but painful duty which falls to me, I enclose the reply of our Executive Committee to of February 24th. Copies of this letter for each member of the Board will be sent you as soon as they are ready, possibly in this same mail.

On April 20thI received from Kang Kei the following telegram:

"Kang Kei unanimously protests the discontinuing of Pyeng Yang college and Board's method procedure."

The three men there had not signed the protest sent you so this makes 47 members who have protested.

Mr. W. E. Smith has also signed a formal protest, the action of the Mission which will be sent you to be filed as the formal official Mission action. He had not signed the other.

This means that 48 members have protested and still others may sign this protest; but at any rate three-fourths of the Mission, 48 out of 63, have already signed protests. Will the minority finally consist of two men.

Again I plead that you stand with your Mission and ask the Board to reconsider its action and to accord the Korea Mission the confidence it deserves and to leave it free to exercise the rights in decision of field questions which all just principles of Mission practice should accord to a Mission.

Yours sincerely,

S. A. Moffett

Chairman Executive Committee.

1914년 5월 11일자 평양에서 마포삼열이 브라운 박사에게 보낸 보고서를 겸한 편지

62번 권고안으로, 대학문제에 대한 평의회의 권고를 이행하도록 선교부에 촉구하였다.

64번 권고안으로 해외선교부의 결정에 대한 선교부의 공식적 항의 서한 내용을 첨부하였다.

Recommendation No. 62.

That we transmit the action of the Senate on the College question to the Mission and recommend the adoption of the Senate's Recommendation that our Mission co-operate in the Pyengyang Institution.

Affirmative 48, Negative 16, not voting 0

(later 3 of the 16 negative votes, from Kangkei, sent in their protest against the discontinuance of the Pyengyang College.)

(중략)

Recommendation No. 64.—Formal Protest of Mission against Board Action on the College Question (Copy enclosed) [and inserted below]:

Resolved,

That we recommend to the Mission the following items of protest to the Board as opposed to its action in the College location question.

I. We do formally and solemnly protest to the Board against its action in approving the recommendation of the Joint Committee of the Boards, locating the college in Seoul, contrary, not only to the desire, the long and carefully built up policy, and the confirmed judgment of this Mission expressed by repeated and overwhelming majorities, but also to the desire and judgement of two thirds of all the missionaries in Korea, and we do earnestly request the Board to reconsider this action.

II. We also deprecate and formally protest the acquiescence of the Board in withdrawing from the authorized channels of its own field organization the field administration of this matter, authorizing individuals to purchase directly a site for the college without reference to the Mission, and even before the Mission had received the notification of the Board's action.

III. We do formally protest the proposition of the Joint Committee authorized by the Boards and already inaugurated, to establish and operate the institution directly from New York, outside the responsible field control of the regular line of field organizations. In accord with the long and frequently declared policy of the Board, this Mission has resolutely refused to permit in the past the control of such institutions by self-perpetuating independent field Boards. In like manner it does as resolutely refuse its assent to their direct control from the home end. The general principle is clear. Field judgment is to be deferred to in field questions. Field operations are to be conducted by and through the field organization.

In our view, a contrary course is in violation of two fundamental principles of Presbyterianism: democracy in direct operation, and government by graded seats of authority through review and control, and also in direct violation of the Board's own enunciation of its principles of administration. (See Board letters No. 64, 197)

Affirmative 45, Negative 13, not voting 4(Total 62, as 2 had left on furlough)

Seoul Station Circular—That a Committee be appointed to represent the Mission in cooperation with others in arranging for opening of College work in Seoul in the Fall

Affirmative 13, Negative 47, not voting 4

1914년 5월 12일자 평양에서 마포삼열이 서울에 있는 베커에게 보낸 편지

선교부는 평양의 교육기관에 협조할 위원회의 구성에 대해 선교부가 이미 권고를 한 바가 있었기 때문에 동의하기로 하였고, 서울 지부에서 보낸 편지에서 가을에 서울에서 대학을 시작할 수 있도록 위원 3명을 선발하여 연합위원회의 업무에 협조하도록 하라는 권고안에 대해서는 찬성 13표, 반대 47표, 기권 4표로 부결되어 협조하지 않기로 했음을 알림. 또한 해외선교부 안에 대하여 이미 표결을 통해 저항하기로 하였음을 알리고 있다.

I am in receipt of your communication of May 7th, calling my attention to the circular letter to our Mission dated May 2nd, requesting us to send delegates "to form a tentative Board of Control for the Union Christian College of Korea," these representatives to meet June 1st.

In replying for the Executive Committee of our Mission let me call your attention to the fact that our Mission already has its duly elected representatives upon the Senate of the Educational Federation of Korea to which by regularly constituted action the six Federated Missions have delegated the handling of all preliminary questions of a college or colleges for Korea; that this regularly constituted body has sent a recommendation to our Mission that we should co-operate with the Pyengyang Institution as planned by that body; that our Mission by a vote of 48 to 16 has already adopted that recommendation; also that our Seoul Station sent a circular letter to our Mission recommending the appointment of a Committee of three "who shall unite with the representatives from other Missions in preparing plans for opening of College work in the Fall" in Seoul, and that our Mission rejected this recommendation by a vote of 13 in favor, 47 against and 4 not voting, this vote having been received within this last month.

As the proposition in your letter is the same as that already proposed to our Mission, and as our Mission has already by a double vote on this question, one in its affirmative and one in its negative form, taken action by a preponderant majority; and as our Mission has just taken action entering a formal protest with our Board against its action on the College-question, the vote being 45 in favor of the protest, 13 against it and 4 not voting, the Executive Committee would reply to your communication not only that our Mission declines to send representatives to the meeting you call, but that it protests against the unlawful usurpation of the functions of the Senate of the Educational Federation and the uncalled for indignity to the Educational Federation and to our Mission as one of the Missions federated in, and in a regular and orderly manner operating through the same.

Your letter of May 7th calling a meeting of "the Provisional Board of the Union Christian College for Korea" is a repudiation of the Senate and calls for a meeting of a body which is not recognized by our Mission and upon which one or more members are serving not only without the sanction of the Mission but contrary to the action of the Mission refusing to appoint such representatives. We would respectfully call your attention to the fact that such proceedings are subversive of all law and order and introduce disorder and disunion and militate against that confidence which is essential to harmonious co-operation of missionary bodies in the prosecution of the work of the Master whom we serve.

We express our deep regret and our serious concern over what we conceive to be causing uncalculated injury to the interests of missionary work and the Church of Christ in Korea.

1914년 5월 14일자 평양에서 마포삼열이 실행위원회 위원들에게 보낸 편지

남장로교 위원들이 평양에 와서 마포삼열 등과 회합을 갖고 돌아감. 이후에 서울 지부에서 임시 위원회를 구성하고 회의를 하기 위해 위원을 보내달라는 연락이 왔고, 거기에는 남장로교 위원들이 참여하는 것처럼 서술하여 그들의 입장이 표명되지 않은 것처럼 되어 있으나, 실상은 그들도 대학을 평양에 두는 것에 찬성하며, 저항에 동참한다는 의사를 표명하였음을 상세히 밝히고 있다.

I enclose copies of the two letters received from Mr. Becker, the answer to which I sent you for your approval. The Southern Presbyterian Committee, Messrs. McCutchen, Bull and Pratt, came to Pyengyang and had a conference with us here and they have a meeting of their Ad Interim Committee today. I sent them a copy of the letter to Mr. Becker, and Dr. Adams sent them a copy of his protest as Secretary of the Senate. What action they will take today we do not know, but apparently the Missions sending delegates will be the two Methodist and possibly the Southern Presbyterians. The latter have some awakening experiences before them.

I have just received a letter from Seoul Station asking me as Corresponding Secretary of [the] Mission to send some such cable message as the following:—

"Inculcate, New York. Southern Presbyterian Ad Interim Committee acquiesces in Joint Committee report and appoints delegates tentative Board meeting June 1st," their thought being that our letter of protest did not represent the position of the Southern Presbyterian Mission.

However, the Southern Presbyterian brethren stated that they still wish the College in Pyengyang and our protest represented their position and still represents their desire, so I see no call for me to try to in any way invalidate our protest in any particular.

I presume Seoul will send some such cable unless the Southern Mission takes different action at its meeting today. Adams and Clark are here and I confer with them on anything coming up.

Executive Committee recommendations No's 65 and 66 have both carried, the vote so far being 43 affirmative and 8 negative and 43 affirmative and 8 negative—Andong yet to hear from. These [recommendations] refer to Whittemore and Adams serving on Board [of] Control of Pyengyang College and permission to provide class rooms for the Academy [in Pyengyang].

1914년 11월 20일자 평양에서 마포삼열이 브라운 박사에게 보낸 편지

실행위원회 의장직 임기가 연말로 끝나게 되어 마지막으로 브라운 박사에게 보내는 편지. 숭실대학은 많은 학생이 등록하여 잘 운영이 되고 있음. 학교와 관련하여 약간의 어려움이 있지만 베어드 박사가 이러한 위기를 잘 극복하고 있음. 이 교육사업이 잘 유지될 수 있도록 해외선교부에서 잘 지원해 줄 것으로 믿음. 그래서 수년간의 희생이 물거품이 되지 않도록 해 주길 바란다.

Much to my relief my term expired as Chairman of Executive Committee, relieving me also of what was almost always a pleasure, the duty of correspondence with you. As it is my turn now to write you the Station letter, I resume the correspondence with pleasure.

(중략)

College and Academy are doing well with large attendance notwithstanding some difficulties incident to the situation upon which I hardly dare to touch. I feel keenly for Dr. Baird in this crisis. He has shown himself a hero and deserves sincere appreciation. We shall trust the Board to conserve this work, in faith that when all conditions are understood we shall not be made to feel that the work of years has been sacrificed.

〈1917년 자료〉

* 1915년과 1916년 자료에는 숭실대학 관련 중요한 내용이 거의 나오지 않음. 따라서 편집본에 인용된 자료가 없음. 1915년 6월 30일에 마포삼열은 루시아 피시와 결혼함.

1917년 7월에 평양에서 마포삼열이 Korea Mission Field 편집장 Mr. DeCamp에게 보내는 편지. 이때 마포삼열은 숭실대학의 Board of Directors 위원장직을 수행 중임.

그래햄 리 선교사의 사망과 더불어 형성된 기금을 숭실대 기금으로 활용하고 그 이름을 "그래햄 리 기념 기금"으로 명명할 것을 제안함. 관련 내용을 상세히 기록하고 있다.

I am sending you herewith a copy of an appeal for a Memorial to the late Dr. Graham Lee. The plan for a Memorial has been under consideration in Pyeng Yang Station for several months but no concrete plan for action had been worked out until the Board of Directors of the Union Christian College recently suggested the desirability of raising an Endowment for the College and naming it "The Graham Lee Memorial Fund." It is fitting that such a great man as Dr. Lee should have a lasting and impressive Memorial raised to his memory in the place of his labors.

Regarding Dr. Lee, Frederick Palmer, the great war correspondent, while on a visit to Korea said, "I would rather be Graham Lee and be doing what he is doing than to be any other man I ever knew." And that is the feeling which must actuate every other individual who learns of the marvellous influence he exerted throughout the great revival of 1907. He, more than any other single man, was the soul of that revival. God used him to begin that work, but in His Providence, Dr. Graham Lee has been called away from the grand work he so excellently began, to a higher and better service.

While the accompanying "Appeal"* is designed primarily for friends of Dr. Lee in the homeland, the Board of Directors believe that everyone who knew him in Korea, whether missionary, member of the Korean church, visitor, or acquaintance, will want a share in this Memorial. Several missionary friends have already responded to the call and a fund of approximately 10,000 yen has been subscribed.

The Board of Directors has no desire of adding an additional burden to the load the missionaries are carrying, but knowing how deep is the love many bore Dr. Lee, we wish to give everyone an opportunity, at least, to share in the Memorial. In proportion as we on the field show an interest in this matter may we expect consideration from friends at home. We would suggest, therefore, that anyone who so desires make whatever contribution he wishes personally and, furthermore, we would suggest that those who care to do so, agree to try to raise some specified sum for the cause, and forward the same to the Treasurer of the Committee on Endowment.

1917년 7월 9일자 평양에서 마포삼열이 브라운 박사에게 보낸 편지 (마포삼열은 임시 실행위원장을 맡고 있음)

정부가 요구하는 시설과 교사 수를 맞추려면 많은 지원이 필요함. 해외선교부가 필요한 금액을 지원해 줄 수 있을지 질문함. 기독교 학교들이 정부가 만든 학교의 교과과정에 부합하도록 교과과정을 맞추어야 한다고 하며, 또한 모든 강의가 일본어로 이루어져야 한다는 요구에 맞추어야 함. 현재 타코마에 머물로 있는 솔타우 선교사에게 전신을 보내어 대학에서 필요하므로 돌아와 달라고 요구함. 그가 돌아온다면 스미스 씨가 떠나서 생긴 결손을 보충할 수 있을 것으로 생각하고 있다.

3. That we represent to the Board the necessity of greatly enlarged appropriations for our schools if we are to meet the desires of the Government as to their equipment and teachers and that we make inquiry of the Board as to whether it can provide the necessary amounts.
4. That we commend the efforts of those in charge of our schools to make the curriculum correspond to that of the Government schools of the same years and grades and so far as possible to meet the Government request that instruction be given in the Japanese language."

I send this because it shows the Mission position as to registration under the present ordinance. It was adopted after a long discussion of all the principles and conditions involved.

In accordance with Mission action I also sent a cable to Mr. David L. Soltau of Tacoma, Washington, as follows:-

"Soltau, Tacoma, College need urgent, Mission requests you, Moffett."

It is believed that this will bring him to the field and as we hear that you have already found his credentials satisfactory we hope soon to hear of his appointment., This will fill Mr. Smith's place in the College.

I have received the Estimates from the Fiscal Committee and a copy of the Minutes from the Secretary and will send by registered mail.

1917년 7월 13일자 평양에서 마포삼열이 브라운 박사에게 보낸 편지

중학교 교육을 정부 수준으로 만들려면 7개 학교를 위해 13,000엔에서 2만엔 정도가 소요될 것으로 예상함. 이런 식의 수준을 높이는 것이 현명한 것이며 또한 가능한 것인지에 대해 해외선교부가 판단해 줄 것을 요청. 베어드 박사가 도서관 업무를 맡게 된 것과 관련하여 요청한 기금 문제를 다루어줄 것을 요구. 베어드 박사가 지난 주에 휴가로 미국을 떠났는데, 그가 미국에 있는 동안 이 기금 마련을 위한 활동을 할 수 있도록 해외선교부가 승인해 줄 것을 요청. 숭실대학에 필요한 교수 1명을 즉각 보내주기를 요청. 만일 그렇지 못할 경우 대학에서 다른 교수를 채용할 수 있도록 2천불을 즉시 보내줄 것을 요청하고 있다.

7. Educational Com's Report. Item No. 14, as follows:- "The Mission calls the attention of the Board to the fact that if the Mission Academies are to be conducted so as to compare favorably with the Government Schools, it will be necessary to make considerable expenditures for buildings and equipment and to increase the annual budget for the seven Academies by ¥13,000 to ¥20,000. The Mission asks the judgment of the Board as to how far such an increase would be wise and possible."
8. Apportionment Com's report, Items 15, 16, and 19 dealing with request for funds for Dr. Baird in connection with his assignment to Literary Work, and the request that the Board authorize Dr. Baird to raise these funds while in America. Dr. Baird left for furlough last week.

Also Item No. 19 requesting that the Board in case it should find itself unable to appoint a man to the Union Christian College at Pyengyang at once to allow the Mission $2000 this year for the employment of other teachers in the College.

I trust that these urgent requests will not seem too formidable and that notwithstanding war conditions the work may be provided for. We appreciate all that is being done for us and the strenuous efforts you put forth but in a growing work the needs must increase and we must put those needs before you.

1917년 9월 28일자 평양에서 마포삼열이 브라운 박사에게 보낸 "한국에서의 우리의 정책"이라는 제목이 붙은 편지

올해에는 그동안 네비우스 원책에 따라 행해왔던 정책과는 상당히 다른 노선에 따라 일을 진행해 온 경향이 명백히 존재함. 교회에 대해 자력으로 선교하고 자립할 수 있도록 함. 우리는 물질적, 교육적 혹은 박애정신에 입각한 지원에 기초한 호소를 하지 않았고, 이교도들에게 하나님께서 인류를 구원하기 위해 주신 것을 믿도록 하는데 집중하였다. 기독교만이 강조되도록 했고, 그리스도와 그의 진리만이 제시될 수 있도록 하였다.

의료사업과 교육사업의 내용이 적절한 때가 오면 최상의 것으로 만들어야만 한다는데 확인을 가지고 있지만, 그것은 어디까지나 교회를 이루는 사업에 뒤따라 나와야지 그에 앞서서는 안 된다는 입장을 가지고 있었음. 4년 전에 마포삼열은 이제 교육사업을 발전시켜야 할 때가 왔다는 신념을 갖게 되었고, 서울과 평양에 중학교를 잘 이룩할 수 있도록 노력을 기울여 왔다.

일본은 특별 교육 협의회를 통해 사립학교에서 성경을 가르치지 못하도록 하는 변화를 가져오려고 함. 기도가 필요함. 고마츠는 학교에서 성경을 가르치는 문제에 대해서는 타협이 불가능하다고 함. 그러나 학교들이 힘을 합하여 노력하면 10년간의 유예기간이 지나기 전에 성경을 가르칠 수 있는 권리를 가질 수 있을 것이라 믿고 있다.

지금이 해외선교부와 선교부, 그리고 외교관료들이 일본 정부를 만나 재고를 요청하는 노력을 기울일 때가 아닌가고 말한다. 물론 선교사들이 종교 교육을 정규 학과 수업시간 밖에서 해결할 수 있다고 믿는다면 다르겠지만 말이다.

OUR POLICY IN KOREA

This year there was an evident tendency to develop work along lines of a very different policy from that which has characterized our work for many years - ever since Dr. Nevius' visit in 1890.

I believe the most important element in the successful development of our work, that which has given us a self-propagating, self-supporting Church, has been the Apostolic simplicity of the work and the holding in the foreground the Gospel character, the soul saving spiritual nature of the message of God to a lost world.

We have avoided the presentation of any other appeal based upon material, educational or philanthropic advantages and have concentrated our efforts upon bringing to bear upon the heathen people the supreme claims of the gospel which we believe to contain what God has ordained for the salvation of men. No institution has been allowed to stand before the people as an exponent of Christianity but Christianity itself. Christ (and His truth) has been presented to them so that this people have been made to feel that the Church is the institution which stands forth as the evident center and aim of the [faith we proclaim].

Medical and Educational work have been made secondary, as they should be. I believe thoroughly in both the Medical and Educational work and in their thorough development as first class work when the time for that development arrives, and I have been foremost in the mission in advocating thorough first class medical and educational work - but I insist with all the strength of deep conviction that that development must succeed - not precede the establishment of the Church. (This would not rule out preliminary medical work where needed to open the way - but applies to developed institutional work.)

Four years ago I believed that the time for advance in our educational work had arrived and for four years I have urged over and over again the establishment of thorough Academies in the two stations, Seoul and Pyeng Yang where the Church has already provided a constituency, and I still urge the development of these Academies. This should be done to prevent the continued circulation of such erroneous and misleading statements. I am enclosing another article from the

Seoul Press and ask your particular and official attention to it.

The Japanese Government has organized an Extraordinary Educational Conference and it may be that providentially this is the opportunity for which so many have been praying and that through this Conference influences may be brought to bear which will bring about a change in the attitude of the government so as to allow to private schools the right to teach the Bible in those schools.

How I do wish the Board had stood by the position taken by you in your letter to Mr. Komatsu and had not compromised on the question of the Bible in our schools. I am confident that had we stood together we should win that right before the ten years of grace are over, and I still have great hope that we may secure that right if the Mission steadily maintains its position and the Boards will help us.

In view of this Conference, is not now the time for the Boards and Missions and our own Diplomatic Officials to approach the Japanese Government asking that this Conference give consideration to this question and meet the wishes of missionary bodies as to the right of religious instruction in our Mission Institutions? Of course if they think the Boards are satisfied with temporary interpretations which allow religious instruction outside of school hours and not in the school proper they will not grant more.

I do not think it is too late for our Board to make its influence felt to secure what the Mission is standing for.

Now, Dr. Brown, I do hope I have written nothing which in these days of strained relations and misunderstandings will be taken amiss. Until recently I have always felt free to write frankly and to express my convictions, believing that such freedom is conducive to the best interests of the work, but I confess to great hesitation about writing anything these days, since I know that some mistakes have been made in what has been written and the spirit in which they have been written has been misunderstood.

With kindest regards and earnest prayer that you may be guided in all that is done bearing upon the delicate problems of the work in Korea.

Very Sincerely,

Samuel A. Moffett

「조선의 종교와 교육」. 〈서울 프레스〉에 게재한 글. 조선총독부 외사부장 K. 우사미가 9월 3일에 장로교 선교부에서 한 연설 원고를 번역하여 포함함. 1917년 9월 28일자 평양에서 마포삼열이 브라운 박사에게 보낸 편지에 첨부하여 보낸 것으로 뒷부분은 존재하지 않음.

9월 3일 장로교 선교부 총회에서 조선총독부 외사과 과장 우사미가 한 연설을 번역한 내용. 우사미는 일본의 종교정책의 목표를 설명하며, 정교분리 원칙을 준수할 것을 요구. 한국학생은 미국국민이 아니라 일본재국의 신민이므로 일본정부 정책에 맞게 교육을 해야 하며, 그것이 아무 교육을 받지 않는 것 보다 낫다. 따라서 미션 학교들이 자신의 교육 내용을 정부 정책에 맞추어 재구성을 한다면 정부와 교회는 좋은 관계 속에서 지내게 될 것이다.

Mr. K. Usami

Director of Internal Affairs, Government General of Chosen

At a general meeting held on September 3 of the Presbyterian Mission lately in session in Seoul, Mr. K. Usami, Director of Internal Affairs of the Government-General of Chosen, delivered a noteworthy speech. We have been favoured with the draft of the address, from which we make the following translation:-

I am exceedingly glad to have been given an opportunity of meeting you here at this large assembly and privileged to lay before you my views concerning the

Church.

It is nearly full seven years since the Government-General of Chosen was first established. During this interval the revision of the regulations controlling private schools and the institution of regulations concerning religious propagation, which the authorities enforced, caused at one time misgivings and doubts among those connected with the Christian Church and evoked some discussion. But the Government-General has never entertained the slightest idea of persecuting religion or of impeding its development and spread. Some five or six years ago I was present at a meeting held in the Severance Hospital of many missionaries and other people connected with Christian evangelization and spoke on the subject of religious work in Chosen. I stated on the occasion that in order to promote the happiness of the Korean people, both political and spiritual assurance must be given them, and that politics and religion must cooperate in order fully to attain the desired end. I had occasion to read a report on Chosen prepared by Dr. Speer, who visited the peninsula in 1915 when an exhibition was held in Seoul. I could not help being impressed by the clear and thorough understanding of conditions in Chosen, which the learned gentleman had obtained. In this report Dr. Speer says:

"The annexation of Chosen to Japan, bringing with it so many and so great blessings in the government and development of the country, has brought with it also, and quite naturally, new problems regarding the mission work, involving the adjustment of mission schools and religious propagandism to the regulations of the government on these subjects, corresponding in part to similar regulations in Japan. Such readjustments are not always easy but, approached in the right spirit on each side, they ought not to be too difficult and there is no reason whatever why they cannot be happily worked out in Chosen where the missions on their side have no aim but to teach the people a religion which makes men law-abiding and loyal and to promote the process of natural progress and racial unity, and where the government on its side welcomes the spread of true religion and is ready to give every liberty consistent with its aim of complete assimilation of the people. We are coming away from Chosen with full confidence in the good faith and high purpose of the forces which are working for the betterment of the land."

I may say that I heartily agree in the main in what Dr. Speer says in the above quotation. Even a casual study of the history of Japan and a consideration of the Constitution will convince you that religious liberty has been and is a principle adhered to by our Empire. The Government is always ready to welcome a religion which will make people good and loyal citizens and contribute to the progress of the nation.

The policy of the Government-General of Chosen is such as has just briefly been stated. I am highly pleased that along with the progress of time, this has been well understood by all connected with Christian missions and now little or no cry is heard on the subject. With regard to the separation of education from religion a question most seriously discussed, the Government considers it highly satisfactory that many mission schools have either decided or are prepared to reorganize themselves in conformity with the Government regulations. Last year an unpleasant affair occurred in a certain mission school. The principal of that school was of the opinion that in order to prevent recurrence of similar affairs it was imperative to reorganize the school so as to satisfy the Government requirements. A few of the missionaries belonging to the mission, however, did not share his view and the question was pending. It happened at this time that two ladies specially despatched from home on a tour of inspection paid a visit to Chosen. Taking opportunity of this a meeting was held concerning the question above referred to and the views of the two ladies were sought. It is understood that the two ladies expressed themselves unequivocally in favour of the reorganization of the school, saying that it was out of question that the school should be adapted to the Government regulations. The Korean young people, whom the schools belonging to their mission, intended to educate, were subjects of the Japanese Empire and not of the United States. Therefore, in their opinion, they must be educated in conformity with the educational policy of the Japanese Government and it was really distressing to think of the future of these young Koreans not so educated. The day following the meeting the two ladies called on me at the Government-General office and told me that the reorganization of the school was decided on at the meeting, but that it must first be approved by the Mission Board at home, which would meet in May. They also assured me that on their return home they would explain to the members of the Board conditions in Chosen and endeavour to carry through the decision. Some time after I was pleased to receive information from the two ladies that the Mission Board had specially met at the end of March and decided to approve the proposed reorganization of the school. They further informed me that all the other schools belonging to the mission would also be similarly reorganized. In this way the school in question was able to reorganize itself from the beginning of the new school term in April. Were all the Christian Missions in Chosen to take such a liberal attitude, the relations between the Government and the Church would become exceedingly good. As a matter of fact, I am glad to say, such happy relations are beginning to appear between them. (to be continued)

1919년 2월 19일자 평양에서 마포삼열이 숭실대학 학장 자격으로 브라운 박사에게 보낸 편지

해외선교본부가 대학문제에 지나치게 집중하는 바람에 현재 숭실대학이 처해 있는 다른 문제들에 대해서는 적절한 관심을 기울이지 못하고 있음을 지적하고 있다.

The fact that you have written me again in this confidential way rather encourages me to write you again quite freely as of yore on the questions of vital import to the successful prosecution of the work in Korea and I hope to get time for it soon. I greatly fear that we may come to a disastrous situation here in Korea unless something is done to better support our educational institutions (I am not speaking of colleges) and unless we can have some more evangelistic workers.

I feel that the Board does not know the real conditions here and that the College question has been allowed to so overshadow everything else that other problems are not receiving the attention they deserve.

1919년 3월 5일자 평양에서 마포삼열이 브라운 박사에게 보낸 편지

3월 4일에 숭실대 교정에서 한국인들이 모여 이루어진 만세운동에 대한 보고. 많은 사람들이 거칠게 끌려가고 수색을 당한 내용이 기록되어 있다.

On Tuesday, March 4th, I, in company with Mr. Yamada, inspector of schools, went into the midst of the crowds of Koreans on the College grounds and thence went through the streets of the city. We saw thousands of Koreans on the streets, the shops all closed and Japanese soldiers here and there. Frequently the Koreans would throw up their hands and shout "Mansei" [Long Live Korea!] and the soldiers would rush upon and disperse them.

At one place three soldiers came along pushing two Koreans tightly bound, one having a bloody gash just above and at the side of each eye. At other places soldiers were chasing the people with fixed bayonets. As we came back and near a police station soldiers made a dash at some 15 or more people in the middle of the street and three of the soldiers dashed at some five or six men standing quietly at the side under the eaves of the shops hitting them with their guns. One tall young man in a very clean white coat dodged the thrust of the gun coming about five feet under the eaves when an officer thrust his sword into his back just under the shoulder blade. The man was not more than ten feet from us in front. He ran forward and across the street a little way to a partially opened shop and taking off his coat just as we reached there, disclosed a hole in his undershirt from which the blood was pouring. Someone shouted, "Go to the hospital", which was at the end of the street just ahead, and as he ran he stumbled, recovering himself, stumbled again but continued on. I called to some men standing by to go and support him which two of them did, one on each side running him to the hospital

Mr. Yamada was most indignant and said, "I shall tell Governor Kudo just what I have seen and tell him in detail." I asked him if he had noticed that the man was quietly standing at the side of the road and had given no occasion for the attack and he said, "Yes".

Just after that we saw 34 young girls and women marched along by some six or eight policemen and soldiers, the girls in advance not being more than 12 or 13 years of age.

Just outside of the West Gate Mr. Yamada and I separated and I went towards home. As I arrived near my own compound I saw a number of soldiers rush into the gate of the Theological Seminary Professor's Cottage and saw them drag out a man, beat and kick him and lead him off. Others began clubbing a youth behind the gate and then led him out, tied him tightly and beat and kicked him. Then there came out three others, two youths and one man, dragged by soldiers and then tied with rfope, their hands behind them. Thinking one was my secretary who lived in the gate house where the men had been beaten, I moved to the junction of the road to make sure, but I recognized none of the four. When they came to the junction of the road and some of the soldiers were within 10 or 12 feet of me they all stopped, tied the ropes tighter and then with 4 men tied and helpless these 20 or more soldiers in charge of an officer struck the men with their fists in the face and back, slapped them on both sides of the face, hit them on the head and face with a piece of board, kicked them on the legs and back, doing these things repeatedly. The officer in a rage raised his sword with both hands over his head as he stood before a boy, and both I and the boy thought he was to be cleft in two. The cry of terror and anguish he raised was most piercing. Then kicking and beating these men, they led them off.

The above I saw myself, and testify to the truthfulness of my statements. In all my contact with the Koreans these five days, and in all my observation of the crowds inside and outside the city, I have witnessed no act of violence on the part of any Korean.

1919년 3월 5일에 마포삼열이 싸인하여 남긴 기록

신학생 5명이 5일에 있을 개학식을 위해 4일에 학교 기숙사로 들어 왔다가 체포 및 구금을 당하고 고문을 당한 내용. 대학은 3월말까지 휴업하기로 하였다.

On March 4th, 5 theological students from south Korea arrived and entered the dormitory of the Seminary, which was to open on the next day. Late in the afternoon when the people were fleeing from the soldiers who were pursuing them with guns, beating and kicking them, the soldiers pursued those who fled into the Seminary grounds. These five theologues were in their rooms sitting down and had not been out with the crowd nor had they joined in the demonstration. Soldiers suddenly broke open the door and dragged these men out and took them to the police station where despite their denials they were given short shrift, taken out, arms and legs tied to the four arms of a large wooden cross face downward and beaten on the naked buttock with 29 blows of some hard cane or stick till they were all bruised and broken. Then they were dismissed. The next day when the Seminary opened only one was ab le to go the short distance from the dormitory to the main building.

In view of this and the danger to all students of arrest and beating without cause, it was decided to postpone the opening of the Seminary and the more than 80 students from all over Korea were dismissed to their homes. This was the more inevitable in view of the fact that last night the firemen were let loose on the village where many of the Academy students live and board, and near midnight broke into houses dragging out young men and beating them and that report says all students are to be so treated. Today when the Academy and College should have opened after the ex-emperor's [Kōjōng's] funeral, only two students of the Academy and 8 of the College dared attempt to study and both were closed until the end of the term this month.

To the best of my knowledge the above is a true statement of the facts.

1919년 3월 22일 토요일 서울 조선호텔에서 열린 비공개 회의 첫째 날 보고서 전문

삼일 만세운동 이후에 일어난 일들에 대해 조선총독부 교육부 관계자들과 선교사들 사이에서 이루어진 비공개회의에 대한 기록. 관료들과 선교사들의 발언 내용이 정리되어 있다. 마포삼열이 회의에 참석하기 위해 평양에서 온 것은 뜻밖의 일로 받아들여졌다.

마포삼열은 한국에서 30년 동안 살아온 자로서 한국인들의 친구이자 그들을 존경하는 사람으로 발언함. 한국인들은 물질적인 것 보다는 영적이고 도덕적인 데 더 높은 가치를 부여하는 사람들임을 알게 되었다. 자신의 교육은 영적인 것을 고양하는 것이었고 그 결과에 아주 만족해 왔다. 한국인들에게는 정의가 무척 중요한데, 한국인들에게 정의롭게 대하면 그들은 그것을 소중히 생각하고 기쁘게 받아들일 것이다. 도덕적, 영적 측면들을 발전시킨 한국인들의 문명은 중국을 통해 들어온 것이다. 그들은 인간으로 대우받는다면 감사해 할 것이고, 물질적 풍요 보다는 인간적이고 영적인 호소가 그들에게 더 잘 받아들여질 것이다.

마포삼열의 말에 대해 학무국장 세키야는 그것이 선교사의 눈으로 보았기 때문이라고 답함. 자신들도 한국인의 행복을 위해 노력하고 있음. 그러나 한국인들이 물질적 부족에 시달리고 있어서 교육이 산업교육에 중점을 두게 되었다고 답함. 그리고 한국인들은 영적 생활에 치중하다보니 물질적인 측면에 약하며, 형식을 지나치게 강조하여 허명을 쫓는다고 비판함. 학교가 제대로 시설을 갖추지 못하면서도 사실보다 더 높은 이름을 얻기를 바라는 점에 대해 비판함. 예컨대 초등학교는 한국에서 4년만을 허용하는데, 일본에서도 10년 전까지 초등학교를 4년제로 운영하였고 한국의 초등학교 수준은 4년제 수준에 불과하다고 함. 한국에 학교 수가 부족한 것은 자금이 부족하기 때문인데 이를 위해 세금을 더 걷을 수 없기 때문에 어쩔 수 없음. 한국인을 일본화하기는 어렵지만 그들의 성격에서 나쁜 점들을 제거해야 함. 한국인들이 좋아하는 것만을 가르칠 수는 없음. 한국인이 싫어하더라도 정부의 조치에 대해 선교사들은 협조를 해야 한다고 하였다.

Report: PRIVATE, NOT TO BE PUBLISHED.

March 22, 1919

Seoul, Korea

REPORT OF FIRST SESSION OF UNOFFICIAL CONFERENCE,

CHOSEN HOTEL

Present: Messrs. Watanabe, Katayama, Kobuku, Sekiya, Hoshino, Kawabata, Yamagata, Matsumoto, Sakaido, Niwa, Welch, Avison, Moffett, Gale, Gerdine, Hardie, Brockman, Whittemore, Noble and Bunker.

Those present met on the invitation of Judge Watanabe and Mr. Katayama.

JUDGE WATANABE acted as chairman and explained the object of the meeting which was to talk over matters connected with the present regrettable disturbances. Various professions were represented but all have but one object, the welfare of the Korean people. He said: "As a judge, I have had the desire to ensure that every Korean should get justice in the courts, that those who ought to be punished should be punished and that those who ought to be protected should be protected. It should be the first object of a banker, not to make money, but to improve the financial condition of, and provide a better financial system for, the people. The object of teachers should be to enlighten the people, and that of missionaries to aid their spiritual development, and perhaps the last is the most important of all. In spite of all our efforts we now have these very regrettable disturbances. It is probable that we, as officials, may have made some mistakes, but it is also probable that others than officials - - - bankers, missionaries, etc., may have made mistakes. I am glad for so full a response to our invitation and especially to have Dr. Moffett and Mr. Whittemore from outside of Seoul, whom we had not expected. We hope that you will speak out your minds so that we may have a frank expression of opinions.

"One of the stated causes of the trouble is inequality of treatment of Koreans and Japanese. I wish to call your attention to the conditions that existed here ten years ago. They were very deplorable. One of the first things I did after coming here was to go through the legal records in order to find out how the courts had been conducted but there were no legal records to be found although we searched for them. They had been intentionally destroyed to cover up the injustice and bribery of the judges. We found that official exactions were made whenever officials visited the districts. The forest lands of the country had been deforested until the mountains were bare. I have heard it said that a country is practically destroyed if one-third of its surface is denuded, but here more than one-half the whole area of the country had been deforested. As for education, there were practically no schools. The so-called schools were only places where the Chinese classics were taught. All these things placed the Koreans in a different status, and all we have done was done with good intentions for the sake of the Koreans. There has been nothing like oppression on the part of the government. I say this not for the government but in the interest of truth. The government planned to correct these inequalities in the course of time when they thought that the proper time had come." At this point the Judge again made a plea for frankness in the discussion.

DR. GALE: "I have been through all my life here a sincere well wisher of both Japan and Korea and also of the whole Far East. I am therefore very much disturbed over present conditions. The Korean has doubtless been very much benefitted materially by Japanese rule and for this he should be thankful. There was, however, his world of the mind quite apart from the material world and in this world he lives altogether a separate existence from me. For thirty years I have tried to enter into it, but even today am only an onlooker. His was a world of an ancient civilization that I have learned to respect the more I knew of it, a world more complex in its workings than my own, peopled with events, associations and ideals that made him a man quite by himself; very different from us of the West, and also very different I think from the Japanese. Such being the case, any methods taken to govern him must sympathetically take account of his civilization and try to build on that rather than try to force something foreign to his bringing up. The key to this mental world of his is the key to the solution of the problem. The body may be comfortable but if there is no comfort of the mind the comfort of the body does not count for anything with the Korean."

DR. MOFFETT: "I have lived for thirty years in Korea and have many friends among the Koreans. I like them and sympathize with them. I speak as a very great friend and admirer of the Koreans. I have come to find that they place a higher value on spiritual and moral things than on material. My teaching has been to elevate the spiritual and I have been greatly satisfied with the results. One must recognize the worth of the Korean along this line. The thing which appeals to the Korean is justice and justice has a greater appeal to him than anything of a material nature. Impress him with the fact that justice is rendered him and he will value and receive it gratefully. Their civilization which has developed the moral and spiritual side came through China. I find that they appreciate being treated like men and that manhood and worth appeal to them much more than physical comforts."

DR. HARDIE: "I have great love and admiration for the Koreans. Their development in manhood has been very marked during the last few years, and it must have expression. This development is due to the influence both of the Japanese and the missionaries. The Japanese educational system has done a great deal for the development of the Koreans, and I have been watching with interest the efforts of the Japanese and wondering how they would work out. Japan was generally believed to be the key to Asia. She could accomplish her mission in

Korea by giving the people a just, human, kind and sympathetic rule. I have rejoiced in the development of the country, have appreciated the improvements introduced and the economic prosperity. But while the Koreans admit the existence of these material improvements, the feeling among them is general that they are not wholly for their benefit. These benefits gave no satisfaction as long as they were treated as inferiors with arrogance and overbearing repression. In proportion to the growth of their manhood the sense of outrage has increased, and what we now see is the expression, on the first possible occasion, of their pent-up feeling of distrust, dissatisfaction and rebellion against a deliberate and forced form of race discrimination as they regard it. Koreans cannot b e made loyal subjects of the Empire by force: their will must be won. The key to the will is not in the body or intellect but in the spirit - - in winning their faith and confidence. Let us not destroy the work of our own hands."

MR. WHITTEMORE: Stated that the Koreans felt that they did not have religious liberty, and the multiplicity of laws grated upon them. While the laws in themselves might be good, so many of them worried the people.

MR. KOKUBO (Minister of Justice) supposed that the Koreans must be hard to lead in [a] spiritual way and had asked the missionaries to meet the present group so that those present might get the missionary viewpoint concerning the recent disturbances, that he had heard that the missionaries had instigated this trouble, and that as we all knew he had investigated it and was confident that they had had nothing to do with it. He asked if the missionaries were willing to co-operate with the government and put forth their effort. They had great influence. "If you put forth your effort to quiet the people", said he, "you will do much service and in this way you will do much for humanity and for peace."

MR. SEKIYA: felt that the students were not entirely responsible but that undoubtedly a large number of them had taken part in the demonstrations. He continued: "I am therefore not entirely free from blame since I am Minister of Education. The government may have ignored the thoughts of the Korean but if it did so we did it unintentionally. Our work has been to promote their happiness. Dr. Moffett says that the Koreans respect the spiritual more than the material, and while that is all right for the missionaries the aim of the government is different from that of the missionaries, because the latter simply aim at getting around them a number of Koreans and making as good Christians as possible out of them. You do everything for their spiritual welfare, but you must realize that they have many material shortcomings, and that the government may have to enforce measures which they are not glad to do. It has been necessary for the educational department to put its main emphasis on industrial education. The Koreans have a weakness for laying too much emphasis on the spiritual at the cost of their material life. In this present materialistic age it is necessary to cultivate both the spiritual and material side. Formerly the Korean method of education was only the teaching of reading. The Korean despised labor. We recognize this and have been endeavoring to make the Koreans see their mistake and realize that work is very important. Another Korean weakness is that they lay too much emphasis on formality. For example, they call their schools by a much higher title than they deserve. Some of the Mission Schools have also had a similar weakness. The government has not been giving such high sounding names to the schools but has been trying to increase their equipment. The Koreans complain because the elementary schools course in Japan is six years and in Korea only four. In Japan proper until ten years ago the elementary school course was only four years instead of six. The Koreans also complain because there are too few schools. This is due to lack of funds. We do not desire to tax the people too rapidly. The Government has drawn up its plans and has all but secured the recognition of the Diet for more schools. We have carried on all this work with sincerity. The Koreans must have failed to understand it. We may have failed in our methods but we have not lacked sympathy for them. We respect the character of the Korean people but it is expedient to root out their bad points. Things that are bad must be cured. It may be difficult to Japanize them but we must eliminate what is bad in their characters. Is it wise always to take the course that is pleasing to the Koreans? We must do things at times at the risk of being misunderstood by them. We Japanese may be too strict or too minute in government but in doing the things we have, there has been no intention of oppressing the people. We hope that the missionaries will co-operate with the government in carrying out the government measures though they may not be most pleasing to the Koreans.

MR. KATAYAMA: The way in which the Koreans have acted is very wrong, because Korea is a part of the Empire. The annexation was carried out in accordance with the rules of international law: there was no violation of international law. The annexation is a fact. It is therefore justified by fact and by law, and the Koreans who express views of independence are wrong. Their acts may be of a highly treasonable nature and as such the perpetrators must be brought to justice. I consider that the Koreans should be treated equally and justly. There may be instances where the Koreans have been treated unjustly but on the whole the Japanese have treated the Koreans with justice and equity. For example, in the treatment accorded to the Korean employees of the Bank of Chosen, who are graduates of the Higher Commercial School of Japan, we desire to treat according to the principles of equality, but in practice we must regard to status of individuals. We adapt those Koreans to suitable positions and give them proper work, taking into consideration their stage of development. All peoples must be law abiding and peace loving. There may have been violence in some cases but if so this is contrary to justice and if the missionaries will point out these cases we will respect their views. We should treat the Koreans generously and liberally but they must not oppose the government's policy. There is much misunderstanding which may result in war or conflict. Japan has for many years considered America her friend, but sources of misunderstanding may cause war. We will not forget friendly advice given by Americans. Now is the most important moment when we should unite in spirit and work for the whole world.

MR. BROCKMAN: For ten years I have labored in both Japanese and Korean Y.M.C.A. work. We have taken as our ideal the co-operation of both Koreans and Japanese and the keeping of Korean initiative among Koreans. This brings peace and happiness and hope to the Korean Association. I long to see the time when the Japanese Empire will be made up of representatives from the entire Empire Formosans representing the interests of Formosa, Koreans representing the interests of Chosen, and the Japanese representing the mother country. By such means Japan will take the place awarded her as one of the five great powers of the world.

MR. BUNKER: (after Mr. Sekiya) Believed a sense of injustice rankled in Korean hearts. It would be wise to give Koreans more to do in line of governing themselves.

MR. NOBLE: (after Mr. Kokubu) Had met a man from South who reported that so far there had been no disturbances in 100 churches and 45 schools under his supervision. Personally he had taught Koreans to be in subjection to [the] powers that be. Koreans felt that under present conditions they had no hope.

1919년 3월 24일 월요일에 서울 조선호텔에서 열린 비공개 회의 둘째 날 보고서

가타야마의 인사로 시작. 그는 지난 토요일 회의에서 한일합방은 국제법에 따라 이루어진 합법적인 조치였고, 만세운동은 반역행위라는 취지의 발언을 함. 그는 만세사건은 그간의 교육이 성공한 결과라고 말함. 총독부의 교육이 그들에게 정의감을 일으켰고, 선교사들의 교육 또한 그런 점에서 성공적이었다고 함. 한국에서의 학교 교육은 불충분하며 특별 교육이 필요한 상황이라고 하였다.

마포삼열은 경찰관들이 행한 야만적인 행위에 대해 증언함. 군인은 체포만 하는 것이 아니라 거리에서 공개적으로 발로 차고 구타하는 일이 벌어지고 있음. 어린이들도 체포하고 나무와 총으로 반복적으로 구타함. 세키야는 마포삼열의 발언에 대해, 솔직하게 말하는 것은 일본적이지 않은 것처럼 보일 수 있다고 말함. 그러나 자신이 외국에 대해 솔직히 말한다고 해서 자기가 반외세적인 것이 아닌 것처럼 마포삼열이 솔직히 말한다고 해서 반일적이라고 보지 않을 것이라고 함. 당국에 앞으로도 솔직하게 직접 이야기해 주기를 바람. 마포삼열이 무슨 말을 하던지 간에 그것으로 인해 자신이 반일적으로 간주될 것이라고 여길 필요가 없음. 마포삼열처럼 30년간 한국에 머문 사람이라면 일본에 대해서보다 한국에 대해 서 더 동정심을 갖게 되는 것은 당연하다고 생각한다고 말했다.

REPORT OF SECOND SESSION OF UNOFFICIAL CONFERENCE, CHOSEN HOTEL

Present: Messrs. Katayama, Kokubu, Sekuya, Hoshino, Kawabata, Saito, Niwa, Matsumoto, Sakaido, Yamagata, Welch, Noble, Bunker, Gale, Moffett, Avison, Whittemore, Gerdine, Hardie, Brockman and Dr. Egbert W. Smith.

MR KATAYAMA opened by stating that this meeting was in continuation of that held the previous Saturday and that everyone should feel free to express his views on the subjects discussed then or to be discussed tonight. He had been requested to begin the conversation. Mr. Niwa asked that either Bishop Welch or Dr. Avison begin now.

BISHOP WELCH said: We feel that this is but an adjourned meeting and entirely unofficial on both sides. We missionaries in no sense represent our Missions or our Korean friends, and anything we say will be an expression of our personal opinions only. I recall that at our previous meeting it was decided that our proceedings be not as yet published but I think that it is desirable that these meetings be regarded as private and if we are to be frank in our statements it will be necessary that we understand that nothing will be published and no public use made of what is said or even of the mere fact that we have met in such a conference. Otherwise it might be misunderstood by both Koreans and Japanese. We are here on your invitation ready to put ourselves at your service in any proper way. Our position as foreigners prohibits us from doing certain things. The question at issue being political, and concerning the state, it would be improper for us to intervene. Every missionary being a friend of both the Korean and Japanese is intensely concerned yet we must assume the position of bystanders. It must be clearly recognized that this movement was not instigated by missionaries. It is not even a Christian movement, for most of the leaders and a great majority of the people are not Christian. It is a national movement, a controversy between the people and the existing government. So it is improper for us to offer advice either to the government or to the Koreans.

Of course in such a discussion the foreigner has no choice but to stand in a neutral position. Outside of these considerations if we can assist the gentlemen here present in understanding the situation, all here will be glad to give such information as he has, though it is improbable that any missionary has information not already in possession of those present. Possibly if we proceed by way of question and answer we can get along better than by making set speeches. Apart from politics there are humanitarian questions involved but even here we do not wish to thrust anything on this company.

MR. MATSUMOTO: I am grateful for the opportunity afforded me to hear statements regarding the present trouble. From the speeches made on Saturday I gather that most of you are old residents, some having lived here thirty years and some twenty. I am comparatively young having been here but seven years and have no claim to such knowledge of the Koreans as you have. The older residents have an extensive knowledge of things Korean but that fact may sometimes be a hindrance in forming a correct judgment. The judgment of such a newcomer as I may be shallow but it may have some intuitive value. With reference to the present trouble I regard it not so much a serious matter but it is the outcome of the Korean demand for the abolition of the discrimination against them. It is declared to be a movement for independence and, judging from the manifestos issued, it is seemingly a political question; in my opinion it is not so, but rather a matter of sentiment. We must not be misled by words and names. Although this movement is called a movement for independence, it is rather a species of what the Japanese call "high-collar", a sort of fashionable following of foreign modes. This phrase does not mean that the person so styled really wears a high collar: it is rather pretending to a knowledge of outside affairs. Although the demonstrators on the surface are calling for independence, their real aim, in my opinion is to secure the abolition of discriminatory treatment. The demand for the abolition of unequal treatment is not confined to officials but the whole people are demanding that they be given exactly the same treatment as the Japanese born subjects. I have heard of a middle school student who took part in the demonstrations and when scolded by his father he said he did not look for the complete success of their demand, but he could no longer submit to the unequal treatment, not knowing how long it was going to last. His father was not able to reply to this, but tears came to his eyes. This incident shows the state of mind of the Korean people. This demand is reasonable and I sympathize with the Koreans for we Japanese are making a similar demand at the Peace Conference - - the abolition of racial discrimination. This demand of the Korean people is reasonable in theory but difficult to carry out in practice. Not only the officials and those engaged in religious work must co-operate but all other people also. For instance, the Korean people discriminate against the Japanese, because they do not let us know their inner thoughts. I am not pessimistic about the present trouble, I am optimistic. I consider it as in a certain sense a proof of the success of the Government General's educational policy, because the people are awakening to a sense of their rights. Formerly they dared not to do such a thing but now they have learned that justice may be obtained. The missionaries have contributed greatly to awakening in them a sense of justice which is also a proof of success. So, with regard to the future prospects of this people I am optimistic. I have heard from you that they are a worthy people capable of receiving education and of developing politically and industrially. I have great reliance on them as brothers and sisters. Although the present trouble is unpleasant we have secured through it many unexpected findings. Hitherto they have concealed from us their inner hearts but since this trouble began they speak without hesitation of what is not right in our doings as well as commend that which is good. As a lawyer I know many instances where Koreans have discriminated against us. In lawsuits against Japanese they carry on the suit to the bitter end, and when a Korean lawyer is on one side and a

Japanese lawyer on the other the Korean takes the strongest kind of measures. As a measure for settling the present as well as future troubles it is necessary to do away with discrimination. School education is insufficient; there must be special education, meetings of Japanese and Koreans where they can talk freely. This is very important. In conclusion I hope that the foreign gentlemen will give us suggestions as to how best to proceed in this matter.

MR. SEKIYA: I wish to give an example of how difficult it is to abolish this discrimination. Some months ago I went to Kanko (Hamheung) where I had two Korean friends, one a judge and the other a procurator. I was well acquainted with these two men and spoke to them freely. When I asked if they had any complaints to make about their position they said, No, except in the matter of the public baths. This is not the only example of that kind. I went to Seishu (Chungju) and it was the same there -- the Koreans were not allowed to take baths until after 9 p.m. (Here followed a long statement about discrimination in bath houses)

Regarding Bishop Welch's statement that missionaries cannot interfere I know that they are not here as representatives of the Boards, and am aware that I do not know very much about Christianity; but I will say a few words about it. Bishop Welch has said that the missionaries must not interfere in political matters and must be bystanders. I may be entertaining too selfish desires or ideas but I wonder if the missionaries are doing their real duty when they see the people who are under their leadership violating the laws of the state and committing crime and blunders which are going to bring them into suffering and difficulties and do not try to stop them! Is it kind of you who are their spiritual fathers to stand by and see them doing such things! So long as a demonstration is carried on without violence it is not so bad, b ut recently the demonstrators have been attacking police stations and destroying houses and school buildings. If the present government is really a bad one this attitude of the missionaries may be a proper one but the present government of Korea cannot be compared with the former one. We may have committed blunders and the people may have committed blunders against brethren. We are trying and shall try to correct mistakes. You older missionaries know well the conditions under the old regime, and should be able to judge impartially. Do you not think the Koreans should show a little patience? I may be speaking too boldly and frankly, but the Bible teaches that Christians should obey "the powers that be." Is not this the time to teach that commandment? It does not apply to times of peace but to restless times as these. Is it not time to act and tell them to obey as Paul told the Romans? I wish Bishop Welch and Dr. Avison would speak freely.

BISHOP WELCH: I will answer Mr. Sekiya's question but first wish to refer to an incidental remark that he has made. We are all here to learn and I want to know precisely what the facts are. The judgment of the world will be passed on the facts of the case, and I want to know just what they are. I understand that the watchword of the Koreans is "no violence", and while they have demonstrated, it has been without weapons in their hands. I have been told that instances are rare, if any, where Koreans did any violence until they were first attacked by deadly weapons. Can we be told instances where Koreans have been the first to make such attacks? Can those who have the facts speak.

MR. SEKIYA: So far as I know in some places the demonstrations were carried out peacefully but in others from the beginning they attacked the gendarme stations and police. Of late they have been of even a more violent nature, but I cannot cite names of places.

MR. KOKUBU: I may also say that the demonstration may be carried on peacefully, the fact that it is for independence makes it a violation of the law. The fact of yelling is a crime and a collision frequently follows. The police must stop them. In cities and towns the demonstrators refrained from violence in obedience to their leaders. In villages there are instances in which the rioters entered upon violence from the start, or to set free those who had been arrested. Admitting that the demonstrations were peaceful as a violation of law why do the missionaries hesitate to try to check the committing of further such offences? A law is a law even if bad, and must b e obeyed. It may be one that should be amended but as long as it is in force it is wrong to violate it. Ought not the friends of the people try to prevent them from carrying on their illegal acts? I am not inviting controversy but simply submitting what is in my mind for your consideration.

BISHOP WELCH: The statements made concern questions of fact and the attitude of the government. May I answer definitely why missionaries ought not to intervene? There are three reasons: (1) Interference by missionaries would be ineffective and would not accomplish the desired object. Most of the demonstrators are non-Christians and outside of our influence. I feel sure that even the Christians who have not asked our advice would not take our advice but on the other hand, resent it. (2) The people as a whole would resent our interference and the missionary can do his best work only if he has the confidence and affection of the people. If he should withstand their desire at this time the result would be disastrous. (3) It would be highly improper for any missionaries to intervene in a political question. If once admitted that it were proper for missionaries or foreigners to go into politics it would have to be admitted that they may take part on either side. The government would not admit that we should go into politics in opposition to it, so that in any domestic question we are advised by our Consuls to take an attitude of neutrality. We have been instructed by both the British and American Consuls to do this. Mr. Hisamidsu seems to have supported that position, as in the case of the Prefect's letter to school principals instructing them to read to the parents and explain to them the Government General's proclamation concerning the demonstrations, and to make their children attend in the matter of school attendance, missionary teachers were directed to refrain from doing so. (Bishop Welch here read the instruction from former Minister Sill, in 1897, warning American citizens against taking sides in politics.).

MR. GERDINE: The late Prince Ito held that it was highly improper for missionaries to take part in political questions. Today we are being urged to advise the people on a political question. These are two distinctly different positions. Which position is it proper for us to take?

MR. YAMAGATA: referred to a letter which was published in the Peking Daily News of March 15th, purporting to be from a missionary at SenSen (Syenchun). This letter he claimed showed violent hatred of the Japanese, making quotations from "The Tragedy of Korea" [by McKenzie]. It also makes disparaging references to the Governor General, Count Hasegawa. He did not approve of the foolish charges made implicating missionaries as instigators of the movement. But when such letters are published it is difficult to avoid the suspicion that some missionaries are behind the movement. These letters give hope to misguided Koreans and tend to embitter feeling.

DR. MOFFETT: claimed that he was not to be considered anti-Japanese if he should write about what he had seen in Pyengyang. He saw things with his own eyes which made him feel greatly concerned for the government and for the people. He saw things that were so unlawful and cruel that he felt it his duty as a man to make representations to his Consul but he had been unwilling to do that until he had first reported them to the Governor of the Province because he felt it was proper that the Governor should know them. He agreed with Mr. Kokubu that law is law, and that the Government must enforce the law. It was the cruel, unlawful acts of soldiers, gendarmes, police and firemen which no one could defend. He hesitated to speak of what he saw, and did so only with great feeling. It is not so pleasant to hear such things. "Yet", he said, "I feel that as friends, and especially as most of you are Christians, it is right that we should be frank, and if I can tell you what will help you understand the situation it will be doing you a service. I saw the soldiers not only arrest but knock down and kick men and women on the public street. While in the company of a Japanese gentleman I saw an officer run his sword into a bystander; and my companion was just as indignant as I was. Mr. Sekiya will know Mr. Yamada who was with me and who said, "I shall go in and tell Governor Kudo just what I have seen." On one occasion I saw soldiers and gendarmes beating some people near our gate quarters, and thinking one of the men looked like my secretary, I went quite close to make sure, but it was not he. I went as near as ten feet. They tied three boys and one man together, and twenty or thirty soldiers of the 77th regiment kicked them and beat them with boards and guns repeatedly, until I was sick. I saw the firemen with their spiked clubs let loose on women and children and not only arresting them but chasing them right and left; and you may know that I was indignant as you will be, for many of my best friends were thus treated. While the law takes its course, what I would ask is that you would guard against the unlawful things done in supporting the laws. Some of the leaders of this movement are among the best men in Korea. I pass no judgment on their wisdom or folly. I ask consideration of the fact that they are real men, and among the best in this country.

DR. AVISON: Being a British subject I may have more freedom of speech in some respects than my American friends; and I feel I must give expression here to the thoughts of a Britisher. You have asked us to speak frankly what is in our hearts and I am going to do so. I have learned from Mr. Sekiya to speak out frankly. We have had a great world war during which Japan fought with the other Allies for the great principle of freedom. The war has been fought and the victory gained not to crush Germany but to gain the principle of liberty. And now the world is organizing a great league to maintain that principle and Japan has joined as one of the five great powers to stand for that idea. Perhaps I might mention a few things that in my thought belong to the freedom of man, and without which a man cannot be considered to be free:

1. The right to cherish a national spirit. This may be thought by some to be a dangerous expression but in my judgment it is not necessarily so. I am English but my home has been in Canada since I was a small boy so I can speak of my experience as a colonist. In Canada we have not only a great English population but a large French population as well. Indeed one section of that country is inhabited almost entirely by the descendants of the original settlers, French, who maintain to this day the French national spirit, although at the same time they are just as ready as the British to uphold the Government of Canada. Sir Wilfrid Laurier, the great French-Canadian Premier once said in an address, "I am a Frenchman and proud to be a Frenchman; but I am also a Canadian and am loyal to the British government because Great Britain gives us full liberty within the Empire for the growth of a national spirit." The national spirit of each race in Canada is permitted full development. But the people recognize that this is subservient to the greatest good of the whole Empire.

2. A free man has the right to the use of his national language. Without that right a man cannot be happy. In Canada we have not only two languages but several and everyone has full freedom in the use of these.

3. Freedom of speech is another right. Every man must have the right to think

for himself and to express his thoughts freely without fear. If this cannot be done he must either think and keep on thinking and without the outlet of expression the time will inevitably come when there will be an outbreak in spite of all attempts at repression. There is no greater safeguard than the right of free speech.

4. Very similar to this is the right of a free press, which is different from the former only in the expression of one's thought in printed form rather than in spoken form.

5. Associated with these two is freedom of the right to assemble and freely discuss any problem that affects the well being of the people of the country. Goldwin Smith, a famous British historian who was at one time a professor in Oxford University and later in Trinity University,. Toronto, Canada was strongly in favor of the Union of Canada with the United States. He taught it in his classes, he spoke freely of it, he published articles in papers and wrote books on it, etc. But that was never considered to be treason. There were at one time in Canada three parties, one in favor of annexation to the U.S., one in favor of complete independence and a third wishing to retain its relationship to Great Britain as a colony. These parties freely discussed their views without any fear of being branded as traitors. When British Statesmen were asked what they would do if Canada asked for independence or for annexation they replied: "Canada can do as she wishes, while we would regret to see the tie between us and Canada broken, yet it is for Canada herself to say what would be for her own good. I may say that after hearing this, Canada preferred to remain within the British Empire and today, thirty years later, is more loyal to Great Britain than at any previous time.

6. Every free man is entitled himself to participate in the government. There is no human freedom when conditions are otherwise. A man cannot be free when he has no voice concerning the laws by which he is to be governed. That is, there

must be in every free country a system of government in which all the people participate.

One thing that has troubled me in Korea during all the past number of years has been the constant display of the sword as the symbol of government. Who can love a man who always wears a sword? When I go to see Mr. Sekiya at his home, after office hours, when he has doffed his uniform and sword, and look on his benevolent countenance I feel that I can regard him as a friend. But when I visit him in his office, dressed in his uniform and wearing his sword, I stand before him in fear and trembling. Personally I do not think that Mr. Sekiya really likes his sword.

MR. SEKIYA: No, I do not like to wear a sword.

DR. AVISON: So I trust that Japan will stand with the Allies to the very end for the freedom of man.

MR. SEKIYA: I would say to Dr. Moffett that speaking frankly may seem un-Japanese. But we are always glad to hear, and will receive as expressions of friendly feeling anything he has to communicate to us and I hope he will always speak frankly to the authorities. In my official capacity I frequently meet foreign gentlemen and speak freely but they do not on that account consider me anti-foreign. Therefore I do not consider you anti-Japanese. If I may be permitted to make a suggestion to you foreigners, you will do well to speak very freely and without hesitation. You should speak directly to the government. Dr. Moffett need not fear that in saying anything we will consider him anti-Japanese. It is quite natural that anyone who has lived in this country for thirty years should have more sympathy for the Koreans than for the Japanese. With Dr. Avison's speech I am much in accord, and I hope Japan will come to have just such a broad view, else we cannot govern Korea with success.

DR. GALE closed with some brief remarks.

1919년 4월 7일자 평양에서 마포삼열이 미국공사관 버그홀츠에게 보낸 편지

숭실대학 학생들 및 다른 학생, 그리고 선교사들과 관련된 이들에 대해 이루어진 수색과 체포, 구타와 고문에 대한 많은 기록. 마포삼열을 비롯한 많은 선교사들의 집이 수색을 당한 내용. 베어드 박사 집을 수색하여 거기서 비서 일을 하던 학생을 체포하고 고문하고 석방한 내용. 선교사와 협의하여 자발적으로 경찰서에 감으로써 구타를 면하거나, 결국 피해서 도망간 사례 등, 여러 사례들의 보고하고 있다.

On April 2nd and 3rd there was a systematic canvass of the city houses and students from Mission schools were arrested, some of them beaten, some soon dismissed and others detained under arrest. Word from the Chief of Police to one of our Japanese professors was that students entering school for the new term must be sent to the Police Station where they would be examined. As in the minds of all, such arrest was usually accompanied with beating and kicking and such mistreatment before any investigation or inquiry as to conduct, it was impossible to expect any students to enroll. And so for the Academy two students came, one former student and one new one, they disappearing, however, upon the appearance of the Prefect and his interpreter with swords who came to inquire as to the prospects of opening the school. At the College one student came but left at once upon hearing what the Chief of Police had said.

That afternoon, April 4th, about 4:30 p.m. when most of the missionaries had gathered for a prayer meeting at Mrs. Holdcroft's home, a cordon of police and gendarmes was suddenly picketed all about our property, and procurators and police and gendarmes began to search our residences. We were telephoned to from one of the houses. I immediately went to my house, found the compound gates shut and gendarmes on guard, about twenty police and gendarmes picketing the compound and upon going into the house I found my wife and children watching some sixteen to twenty gendarmes, police and detectives in charge of a procurator and his interpreter already searching three rooms. I asked the headman if he had a search warrant and he replied: "No, it is not necessary." I said, "I cannot give my consent to the search." He then gave me his card and I said: "Of course you can forcibly search but it will be without my consent." He said that that would be alright. (I judge that as he was a procurator he had the legal right to search even without my consent.) They spread through the whole house and in my study and in Mrs. Moffett's bedroom made a most thorough search of desks, drawers, bureaus, papers, letters, etc., even going into my property deeds and the safe.

They were not rude nor disrespectful and one said that he did not like the job but had to do as he was ordered. However, it was anything but pleasant to have to endure the indignity of having twenty officers, gendarmes, police and detectives take possession of everything in order to find practically nothing. In my study among my secretary's papers in the drawer of his desk they found the following inconsequential things:

1. A copy of the program of the Prince Yi Memorial service and the Independence service of March 1st written in ink in Korean.
2. A small piece of paper with a statement in Korean of the number of men killed and the numbers of those who had taken part from the several villages of Anju, in the demonstration.
3. An envelope directed to the Theological Seminary, coming through the mail with stamp and postmark on it, containing five copies of the Independence Newspaper. This had come when I was in Seoul and [it] was in the Secretary's desk where my Korean letters are placed.

None of the above had I ever seen before and the procurator's interpreter afterwards told me that my secretary also denied knowledge of the first two.

After searching the house they searched the out-buildings, the guest house and an empty Korean house in the lower part of my compound where my Bible woman and her son, my secretary had lived for years and which they again had permission to occupy. As we were trying to open the front door of the guest house my secretary came out of the back room where apparently he had been sleeping for several nights. (I did not know he had occupied this room, although he had had my permission since February to reoccupy the Korean house where he had formerly lived that is to say, this house in the lower part of the compound.) They seized him, tied him and according to the statement of my two sons who saw it (I did not see it), they hit him, kicked him, punched him, his nose bleeding, and one man hit him across the cheek with a short whip. In the empty Korean house referred to they found two copies of a mimeographed notice in Korean, thin paper rolled up into a small ball and thrown away. The detective told me that a boy had confessed that several of them had taken my mimeograph from the study and printed notices in that empty house. I, of course, knew nothing of it and if true it was probably done during my nine days absence in Seoul, March 17th to 26th.

While searching my house, the houses of Miss Snook, Mr. Mowry, Mr. Gillis, Mr. McMurtrie, Mr. Reiner, Dr. Baird and the Foreign School Dormitory were also searched. Miss Butts refused permission to search that house as they had no warrant and their supply of procurators being short, there was no procurator in that party of police and they refrained from searching her house. At Miss Snook's house they arrested the matron, cook (a woman) and a young man, Miss Salmon's secretary, searching Miss Salmon's room very carefully. At Mr. Mowry's they arrested a teacher of the City Church School who was leaving just as the police came, he having come to see Mr. Mowry, the principal, about the opening of school that day, also a student who had just been released from jail and had come to tell Mr. Mowry about his release. I think another boy was taken there and I understand they expressed disappointment at not finding Mr. Mowry's Secretary. At Mr. Gillis' house they arrested a boy who had been working in his garden for two weeks, a theological student from the country who had come in, and a medical student from Seoul, formerly a student here. These three had hidden in the house before Mr. Gillis returned from prayer meeting. In Mr. Reiner's yard, who had been somewhere on the compound and who was trying to escape, [a young man] gave himself up to the gendarmes who proceeded to beat him, strike him in the head and knock him down, after which they kicked him in the head several times. At Dr. Baird's they arrested a College student who was acting as secretary for him.

So far as I know, there was nothing wrong about any of these, being on our places or in our houses, most of them having regular occupations. But as the whole population is fearful of unlawful beatings, some of them when they saw the police coming, hid and tried to escape capture. They searched my cook also but did not arrest him. They marched off with their captives and went through the Seminary dormitories from which they took another mimeograph and breaking two windows in the Southern Presbyterian Cottage for Professors I am told arrested a man who had gone in there. Three men came back and asked to take the mimeographs from my study, to which I consented, asking for a receipt, which they said I could get the next day at the police office. That night between seven and eight o'clock, Mr. Mowry telephoned me that a messenger from the police office had come asking him and me to go down. I met them at my gate and we went down together. We were shown into a small room where were three police and sat down waiting for thirty-five minutes before Mr. Mowry was called out for examination. While waiting we were talking together in English when one of the policemen said, "You are not allowed to talk." Surprised, I replied, "What, are we under arrest?" He jumped up at once, and said "wait a minute", went out and came back shortly saying, "Never mind, it is all right." I replied, "Of course it is," and we continued our conversation. After Mr. Mowry was called out I was kept waiting another hour and was then called out for examination before the procurator and his interpreter who had searched my house, also a scribe [?] and for a part of the time another elderly official. They were very polite and very pointed in their questions, asking particularly about my knowledge of or connection with the Independence meeting of March 1st, about my secretary, his being on my place, and about the keys of the house in which he had been and whether he could have had the use of the key without my knowledge, about the use of my mimeographs, whether with my consent and knowledge as to the use to which they had been put. They asked about the three papers found in my Secretary's desk in my study and about my absence in Seoul, about the salaries of my Bible woman and secretary and my own financial condition, saying that I was reputed to be very wealthy, owning much land. After an hour's questioning in which they learned that I knew nothing, had consented to nothing and was in no way a party to or knew anything which may have been done by my secretary or others on the place or with my mimeograph (the secretary always having full access to the mimeograph for secretarial work), that I had stayed in Seoul on account of medical work for my wife and child at the Hospital and that the land in my name was the property of the Board of Missions of the Church and of Schools, they finished the examination.

I then made request for a policeman to accompany me and Mr. Mowry home as it was nearly midnight and a missionary had recently been stopped at night on the way to the railway station by two Japanese armed with clubs and it was not safe for foreigners to be out at night. They said there was no danger but I called their attention to the fact that the Japanese papers were publishing abusive articles about us and that the low class Japanese had great hatred towards us. They consented to send a policeman asking me to wait a little while, and I was shown into the main office of the police station where I saw sitting on the floor at one end the group of students and secretaries who had been arrested that afternoon and Dr. Baird's translator who had been arrested the night before. I asked if I might speak to them but was refused permission to do so. After waiting some twenty minutes the procurator and his interpreter came in and said that they would send a policeman home with me. I suggested that I wait for Mr. Mowry but they said that his examination was not yet finished and that I had better go first. I then asked to see Mr. Mowry to tell him that I was going out and would relieve his wife's anxiety by telling her that they would send a policeman with him a little later. One said, "He is now being examined but I will tell him." I then went, accompanied by a Korean policeman, but could not waken Mrs. Mowry so went home. I did not sleep well and in the morning had a hard headache so stayed in bed. About seven o'clock Mrs. Mowry telephoned Mr. McMurtrie that Mr. Mowry had not come home and asked if I had. He came to see me and I suggested that he get Mr. Bernheisel and at once go to the police station, ascertain the situation and if Mr. Mowry were under arrest, to ask the nature of the charges, telegraph you at once, ask to see Mr. Mowry and send him food. Mr. Bernheisel will write you what followed. I hope that I have not written in too great detail but it seems better to write some things which may seem of trivial import rather than leave out the very things you may wish to know.

Saturday afternoon, April 5th, five of those arrested were released, Miss Snook's matron, cook, Miss Salmon's secretary, the City School teacher, Mr. Gillis' working boy and Dr. Baird's secretary; and on Sunday morning Dr. Baird's translator was released, the translator reporting that while he was not beaten the others had been shamefully beaten while being examined. Saturday afternoon Mr. Mowry's secretary, who graduated from the College in March, came to Mr. McMurtrie's and said that he thought it best to give himself up to the police and not to try to escape from arrest. We then arranged that Mr. Bernheisel should go to the police office, Dr. Moore [J.Z. Moore, Methodist] taking him down in his auto and report to the police that this secretary was ready to deliver himself up if they would send out a man for him. Dr. Moore brought the man, a detective who knows all the students, back in his auto, and Mr. Mowry's secretary, Yi Po Sik, came out from Mr. McMurtrie's and gave himself up. Mr. McMurtrie accompanied him and the detective in the auto to the police station and we thus secured him immunity from beating on the way. The secretary did this on his own initiative. He asked me for advice, but I told him that he would have to decide for himself. When the police came on Friday, he had hidden and escaped arrest.

This is all I need to report now. I shall write you later commenting on the situation. I would say, however, that personally I do not believe Mr. Mowry has done anything which renders him liable to the law.

1919년 4월 21일에 이루어진 모우리 교수에 대한 재판 기록

모우리 교수는 숭실대학에서만 강의함. 자신은 미국인으로서 한국의 독립운동과 아무런 연관이 없고, 돕지도 않았다고 증언하였다.

재판정에서 이루어진 모우리 교수에 대한 문답에 대한 상세한 기록

Report on the Trial of the Rev. E.M. Mowry in the Local Court, Pyeng Yang, Korea

On Thursday, April 10th, I secured permission from the public Procurator, Mr. Itano, to see Mr. Mowry on the 11th and to have Mrs. Mowry see him on the 12th. At the same time I learned that the investigation was not yet finished and I preferred the request that when the investigation was finished, in case that he was held for trial, I should be notified. On the 11th I saw Mr. Mowry and was permitted to talk with him 15 or 20 minutes, but we were not allowed to say anything concerning the case. A detective intimated to me that he would probably be sent to Seoul for examination. On the 12th Mrs. Mowry saw him and again it was intimated that he would not be detained long. Monday afternoon the 14th I received a telephone message from the Methodist hospital saying that a gendarme had requested them to tell me that Mr. Mowry's trial would be held tomorrow at 10 o'clock, the 15th. Coming in directly and at such short notice, I hardly credited the report, but on the morning of the 15th Mr. Bernheisel and I went to the judicial building shortly before 10 o'clock and learned that the public trial was to be held that morning. Sometime after 10 o'clock we were requested to go into the court room, where we found the court convened with the judge, procurator, interpreter and clerk on the bench, several military officers behind them, Mr. Mowry seated below, six gendarmes and policemen on guard, three Japanese reporters and some thirty or forty Korean and Japanese spectators. Mr. Mowry was requested to stand up and the following examination took place conducted by the judge through an interpreter:

Q. What is your name? A. E. M. Mowry.

Q. What is your age? A. 39.

Q. What is your profession? A. Missionary.

Q. Where is your residence? A. Pyeng Yang, Sin Yang Li

Q. Where was your original residence in America?

A. Mansfield, Ohio, U.S.

The charge was then read; that knowing that police were searching for them you gave permission for the following boys to remain in your house: Yi Kyunho, Kim Taisul and Yi Insyun from the 2nd to the 4th day of April, Yi Posik for 10 days, and Kil Chin kyung for several days.

Q. Do you understand Korean? A. Fairly well.

Q. Do you raise any objection to the conduct of the trial in Korean?

A. No.

Q. Have you any decorations? A. No.

Q. Have you received any punishment? A. No.

Q. What is your religion? A. Christian

Q. What is your denomination? A. Presbyterian

Q. What education have you received?

A. Primary school, Middle school, Wooster College, Ohio, and Western Theological Seminary, Pittsburgh, PA.

Q. How much property have you? A. About 2,000 yen

Q. What family? A. Wife and 2 children

Q. Do they live here? A. Yes.

Q. When did you come to Korea? A. 1909

Q. For what purpose? A. As a missionary.

Q. Did you come direct? A. Yes.

Q. Direct to Pyeng Yang? A. Yes.

Q. What has been your occupation since coming to Pyeng Yang?

A. Teaching in the Soong Sil School (Union Christian College).

Q. What is your relation to the church? A. No special relation.

Q. What is your relation to the schools?

A. Teacher in the Soong Sil school, Principal of the Soong Duk school (Boys' Grammar school in City), Principal of the Soong Hyun school (Girls' Grammar school in City).

Q. How long have you taught in the Soong Sil school? A. Since 1911.

Q. Continuously?

A. Yes, except one year spent in America.

Q. Did you teach in both College and Academy?

A. In the College only.

Q. What did you teach?

A. Zoology, Physiology, Geology and English

Q. Did you teach in the Theological Seminary? A. No.

Q. Did you teach in the Soong Duk school? A. Yes, a little English.

Q. Do you know Yi Posik? A. Yes.

Q. Did you teach him? A. Yes.

Q. Had you specially friendly relations with him?

A. Yes, as my secretary.

Q. For how long? A. About six years.

Q. Until when? A. Until my arrest.

Q. Did you give him any school expenses? A. Yes, for about 5 years.

Q. Do you know Kil Chinkyung? A. Yes.

Q. What was his relation to you?

A. I know him very well, and his brother was a special friend.

Q. What was his brother's name? A. Kil Chinhyung.

Q. Did you visit his house? A. (Did not hear answer).

Q. Did you give him school expenses or any special teaching? A. No.

Q. Do you know Yi Kyumho? A. Yes.

Q. Were you particularly friendly? A. Yes.

Q. Did he visit your house? A. Yes.

Q. Do you know Yi Insyun? A. Yes.

Q. Had you any special relation to him?

A. He was a pupil and I knew him well in school and at the Central Church which we both attended.

Q. Did you provide him any school expenses or any special teaching? A. No.

Q. Did he visit your house? A. Yes.

Q. Do you know Kim Taisul? A. Yes.

Q. Did he also act as your secretary? A. Yes.

Q. Did you furnish his school expenses? A. Only his salary as secretary.

Q. How much was that?

A. He was paid by the hour, ten sen per hour.

Q. What did he do?

A. Several kinds of work; translation and copying of music.

Q. Was he at your house only during the day, and at night at his house?

A. That was his custom.

Q. Sometimes did he sleep at your house? A. No.

Q. When did he become your secretary? A. The 19th of January.

Q. Did you go to the Soong Duk school on March 1st? A. No.

Q. Were you at the Prince Yi Memorial Service? A. No.

Q. Did you not know of the meeting at the school of which you are Principal?

A. I knew of the meeting but was not invited to go.

Q. Did they ask to use the grounds for the service and you give your consent?

A. No.

Q. Had you no relation to it, or had someone else charge and gave consent?

A. I had nothing to do with it. There is someone in charge, but I do not know whether he gave consent.

Q. Did you know of the Independence following the service?

A. Yes, I knew of it that afternoon

Q. Did you hear that the Christians and students met there for an Independence meeting?

A. I heard of it.

Q. Did you hear that they had read the declaration of independence, made a speech, raised the Korean flag, etc.?

A. Yes, I heard of it.

Q. Did you know that they shouted "mansei" and went down into the streets shouting it?

A. Yes, I heard of it and also saw it.

Q. Did you know of the order of exercises? A. No.

Q. From whom did you hear these things?

A. I do not know from what individual, as I heard it from so many.

Q. Did you hear it from students, foreigners or Christians?

A. Yes, from all of them.

Q. What hour did you come to the street and see the demonstration?

A. In the afternoon, on the big road to the College only. I went into the city but did not see it there.

Q. Did you see any of these five boys shouting "mansei"? A. No.

Q. Did you hear that they had? A. No.

Q. Did you know that the police were searching for them for shouting "mansei"?

A. No, I knew of no special word concerning them.

Q. Did you hear that the police were searching for all students who had taken part in the demonstrations?

A. Yes, but where I heard it I do not know.

Q. When did you hear it?

A. On the 4th of April when we were to open school I heard that Mr. Narahashi had said that all students would be arrested.

Q. You heard from Mr. Narahashi that all students would be arrested?

A. Not directly from him, but in the discussion among the teachers that day, it was said that this report came from him.

Q. Did this apply to both College and Academy students?

A. Yes, I think so.

Q. On March 5th did Yi Posik come and ask to stay at your house?

A. He was at our house, but for what reason he did not say, and I do not know what he said.

Q. Did he ask to stay there because there was no other place to stay?

A. I have no recollection of just what he said.

Q. From the 5th to the 14th of March was he at your house, and did he eat there? A. Yes.

Q. Did you give him blankets, etc., to sleep at your house?

A. Yes.

Q. Did he sleep one night in a certain room and after that in a certain room?

A. Yes.

Q. Did he stay at your house all the time and not go out?

A. No, he went out.

Q. Both night and day? A. I suppose so.

Q. Yi Posik said he was hiding. Did you know that also?

A. He did not say so to me, but one day I guessed that that was true.

Q. You guessed that he was hiding, and kept him?

A. As a host I received him as a guest, but told him that I could not protect him if he were doing anything he should not.

Q. You said that you guessed he was hiding but said that you could not protect him, and let him stay? A. Yes.

Q. Did Kil Chinkyung come to your house at night on the 7thofMarch?

A. I do not know the day.

Q. Did you guess that he was fleeing from arrest? A. Yes.

Q. Did you consent to his staying?

A. I told him that I could receive him as a guest but could not protect him.

Q. His mother was anxious about him and did she send him there, and you consented to his staying?

A. I guessed at it only but had no knowledge of it.

Q. Did he come as though frightened?

A. No, he came out early and in the evening said that he wanted to stay all night.

Q. Since he was living with his mother, would you not think that in coming to the house of a foreigner that there was something up?

A. Yes, Koreans often slept at my house, and I could only guess at it in view of the times.

Q. Yi Posik and Kil Chinkyung slept in the same room?

A. Yes.

Q. Did you give Kil Chinkyung food?　　A. Yes.

Q. Did you know that three of the boys had mimeographed something in the empty house on Dr. Moffett's compound and also at the Theological Seminary?　　A. No.

Q. If you did not know that, did you know that they secretly distributed announcements and that the police were hunting for them?

A. I did know that the police were trying to arrest such men, but did not know those boys had done it.

Q. You knew the police were specially hunting for such?　A. No.

Q. Did you not hear that they were specially hunting for such?

A. No, I knew it not.

Q. Did these three boys come to your house on the 1st day of April?

A. They came one day but what day I do not know. One day Yi Insyun and Yi Kyunho came and said they would sleep there and I said alright.

Q. Did you guess the police were hunting for them?

A. I guessed it but that night thought nothing of it. The next day I did think of it and told them that while I had let them sleep there I could not protect them if they were doing anything they should not.

Q. Did you give them blankets and food?　A. Blankets, but no food.

Q. Yi Insyun says that on April 1st he came to you and you saw he was fleeing and you gave him permission to sleep there, and that on the 2nd he said to you he was fleeing from arrest. Also Kim Taisul was at Miss Doriss' house on April 3rd and came to you requesting to stay at your house. Is that so?

A. I consented to Yi Insyun's staying there but did not to Kim Taisul, and Yi Insyun said nothing to me about fleeing from arrest.

Q. You knew they were after Kim Taisul and consented to his staying?

A. I did not know they were particularly after him.

Q. You guessed at it?

A. Yes, from his frightened appearance.

Q. They slept there the 1st,2ndand3rddays?

A. (answer not heard).

Q. One stayed three days, one two days and one for one day?

A. Yes.

Q. Two slept in the study? A. Yes.

Q. On the 3rdtwosleptinthebedroom? A. Yes.

Q. You gave them bedding and food?

A. Bedding, but no food.

Q. You gave them blankets only? A. Yes.

Q. Where did they eat? A. I do not know.

Q. How could you not know when they were in the same house?

A. I did not know.

Q. They must have eaten.

A. I do not know; not at our house.

Q. Have you a Korean cook? A. Yes.

Q. Who is he? A. Kim Yungchip.

Q. Does he live in an outhouse near you? A. Yes.

Q. Did he feed them? A. I do not know.

Q. Do you give him wages but not provide his food? A. Yes.

Q. The three bought food from your cook at so much per table. Did you know it?

A. No.

Q. Has he...(I did not catch the question)? A. I do not know.

Q. ....(did not catch this question either)

A. .... (the answer was indistinct, but was something about 'too many guests' and 'I did not.').

Q. Did you give food to Yi Kyunho? A. No.

Q. It seems, then, that you guessed that the police were trying to catch these five boys and when they asked to sleep at your house you took pity on them and let them stay. As you are an American you are no relation of those five Koreans?

Q. They were acquaintances and students? A. Yes.

The interpreter then read a statement of evidence which had been secured from students, which briefly was as follows:

Kim Taisul says that he slept with Yi Insyun at your house on the 4th day of April. Yi Insyun also says that he was fleeing from the police and asked if he could sleep there and that you consented. Kil Chinkyung says that he spent two nights and saw Yi Posik there and that he slept with him. He said that he visited at Mowry's house and that you seemed to know that he was fleeing. Yi Posik says that Mr. Mowry must have guessed that he was hiding. He says: "I was there in March - - - - - - days." Yi Kyunho says that he was at Mowry's house one night in April and that you probably knew that he was hiding. He was with Yi Insyun also. Yi Posik, when examined for the third time, said he slept in a small room and after in a bedroom with Kil Chinkyung. Kil Chinkyung says that he slept one night in a small room and after that in a bedroom with Yi Posuk. Yi Kyunho says that he slept there on April 1st.

The judge then proceeded:

Q. Taking this evidence into consideration you allowed them to sleep there. Have you anything to show that you have not violated the law?

A. I allowed them to stay as guests, but I did not hide them as fugitives. I made no effort to conceal them, and I told them I could not do so. I told them that I knew of nothing they had done which was wrong and they must not do anything wrong while at my house, and that I could not conceal or protect them.

Q. Then you think that if they had said they were criminals and asked to be concealed, it would have been a crime but otherwise not?

A. If I had been informed that the police were trying to arrest them and had concealed them it would have been wrong, but I did not know that they were criminals. If anyone had come to arrest them then and I had concealed them it would have been wrong.

Q. When they came to arrest them, since you did not conceal them you think it was no crime. Have you anything to say in defense?

A. Nothing that I can think of. Concerning this matter nothing further, but concerning the independence movement I would say that I had nothing whatever to do with it, and kept free from it, and as an American, told them that I could have nothing to do with it.

Q. Have you anything else to say?

A. When asked by Koreans about this Independence Movement I said I could say nothing about it, and could give no advice.

Q. What is your Korean name?

A. Mo Oi Ri.

The prosecutor then arose and spoke. He said: "From the evidence and from your own statement it appears that all the students were to be arrested and you in part knew it, or guessed that the boys who fled to your house, were fleeing. And the boys say that they asked to be hidden and yet you say you did not know clearly that they were asking protection. This is the same as knowing, and while there may be a difference in the gravity of the crime yet both are a violation of the law. The law provides a punishment of imprisonment of two years or less or a fine of ¥200 or less. During March from Seoul to Pyeng Yang the Christian people were all engaged in demonstrations and this has continued until now and has not yet been quieted, and because of that - - - - - - while rumors say that certain people are inciting the Koreans it seems that many have been doing so and are therefore guilty. In the American possessions of Hawaii and the Philippines there are those who oppose President Wilson, and if in these countries agitators for independence were concealed by the Japanese there, what would the American officials do? It would be a crime for the Japanese there to conceal criminals. There is no doubt guilt in this case even though you say that you did not know it was wrong. It is impossible not to suspect Christianity in this matter and you concealed those who agitated for independence. Your crime is a grave one but on one side your taking employee and students who had no place to [go] was in a sense a manifestation of human kindness (insim). I demand a sentence of six months imprisonment, (and think that you should look on this as a light sentence). (this last sentence uncertain S.A.M.)

The interpreter then spoke. "Did you understand the Procurator's address?"

A. I understood it fairly well. (taikang turesso.)

Q. Have you anything to say in way of argument?

Mr. Mowry evidently misunderstood the Procurator's request for a six months sentence, and said: "What has been decided upon? Is six months the decision?"

Q. Do you consider that you are not guilty?

A. Since I said that I had no intention of concealing them I have committed no crime. If I had been given any information of the desire to arrest them and had concealed them it would have been wrong, but there was no such information given me and no attempt to arrest had been made there.

Q. 'E.M.' in your name is for what?

A. My full name is Eli Miller Mowry.

The judge then said, "The trial is ended. The judgment will be rendered at ten o'clock on the 19th."

The wicker basket was then put on Mr. Mowry's face and head and he was led off by a policeman. We went at once to Mr. Itano, a Procurator, not the one in the trial, and asked if in accord with Japanese law no opportunity was given for securing a lawyer before proceeding to trial. He said, "You had a right to secure a lawyer, and I sent word to you yesterday afternoon that the trial would take place today." We asked when Mr. Mowry knew that his trial was to take place today, and he said, "yesterday afternoon." We asked if Mr. Mowry had been asked if he wished a lawyer. He said, "No, it is not customary except in grave cases." We said that we had had no opportunity to secure a lawyer for him since the trial had been brought off so suddenly. He said that we could have asked for a postponement of the trial. We replied that we were given no such information. We asked whether in Japanese law [there can be] a request for a new trial, and he said, "No, but if judgment is rendered an appeal can be taken and a lawyer secured." We replied that in case he were acquitted our having no opportunity to secure a lawyer would make no difference. But that if he were convicted it was a matter of great importance. We remarked that we had had no opportunity to confer with Mr. Mowry about a lawyer, or a request for postponement or anything in connection with the case, as in the interviews allowed we were strictly forbidden to say anything about his case. The Procurator remarked that they had pushed his case ahead out of consideration for him as they did not care to prolong his confinement. We then went to the telegraph office and wired a statement of the facts to the consul general.

The word translated "guessed" above is the Korean "chimjak" which may be translated "guessed, reckoned, supposed." It does not imply knowledge.

Samuel A. Moffett

1919년 4월 26일 선천에서 휘트모어가 마포삼열에게 보낸 편지

곽산 교회가 전날 오전에 불에 탐. 기독교인들이 들어가 물건을 꺼내오려는 것을 금지 당함. 청주(Tyungju)에서는 옥에 갇힌 자들이 끔찍한 고문을 당함. "이는 아프리카 야만인들에게나 할 짓"이라는 표현이 담겨 있다.

If you get advance information of the visit of the friend of whom [James] Gale told us, I would be glad if you would wire me, unless you have any reason to know that he is coming up here too. I would rather go to Pyeng Yang than run any risk of missing him.

The Kwak San church was burned yesterday morning, and the Christians prevented from going in to put it out. The atrocious tortures of the prisoners in Tyungju are worthy of African savages and barbarians.

1919년 4월말 이후에 평양에서 마포삼열이 손으로 쓴 기록 (여러 증인의 확인을 받은 내용임을 말미에 명시)

모우리 교수가 구금되어 구치소에 있는 동안 7일 동안 앉거나 눕지 못하고 서 있도록 강요받음. 16일 동안 구금을 당한 뒤 무죄로 석방됨. 한 대학생이 20일동안 구금되었는데, 석방 후에 많은 고문의 흔적(몸에 멍이 듦)을 발견함. 한 소년이 구금되었다가 거의 죽은 상태로 석방되어 병원에 갔는데, 몸에 불인두로 지진 자국이 발견됨. 기타 많은 이들 (70세 노인 포함) 구금되고 구타당하는 등의 비인간적 상황에 대한 기록.

Some Incidents in Connection with the Independence Movement

1. The Secretary of our Girls School was arrested on suspicion of having allowed the school mimeograph to be used in printing announcements. He was tied and beaten to force him to confess to lies about having given the mimeograph to some students and to having received money from Mr. Mowry for the Independence movement. He was kept for 7 days in a room of about 2 tsubo space (12 feet by 6 feet) with 60 people - where they had to stand up all that time not allowed to sit or lie down - eating and sleeping standing leaning up against each other. All the wants of nature were attended to by these 60 people in that little room. After 16 days confinement he was released as innocent.
2. One of the College students was arrested at his home and kept at police office for 20 days. When released I visited him and saw the deep red bruises on his shoulders and arms where the cords were pulled tight until the breast bone was so pressed forward as to almost stop all breathing. He lost consciousness under the beating on shoulders and arms with a bamboo stick wrapped in paper to prevent breaking the skin and bleeding, but so applied as to bruise deeply. Days after the beating these great bruises were most sensitive to

the lightest touch of my fingers the boy wincing as I laid my finger on the spots. While tied up and suffering he saw a Chun Do Kyo man [syncretistic blend of Christianity and Korean cultural religions] beaten until he became unconscious, [then] 8 or 10 times being brought to consciousness between the beatings. He also saw a boy thrown down hard on the floor and stamped on repeatedly for half an hour until he became unconscious. He reported one boy as being almost dead from the same beatings given him and this has since been verified for he was the boy afterwards visited in hospital by Miss Doriss who examined him and saw the scars some five inches long where his flesh had been seared with a red hot iron. He had four of these. She saw the dead skin of the welts raised by blows on his hands which had swelled to twice their size. He told her of the way he was kicked and beaten until he fainted and then was given water to drink and water poured over his naked body until he came to when he was again plied with questions and beaten with a bamboo rod until he again collapsed.

3. On March 7th the demonstrations for Independence took place in the villages of Poo Paik and Saw Kam some 20 miles north of Pyengyang. It was participated in by practically the whole populace of these villages. The next day four soldiers and one Korean police came asking for the pastor of the Church there. Failing to find him they seized the school teacher, slashed him with swords twice on his head and thrust the sword twice into his legs. An Elder of the church stepped forth and protested against such treatment whereupon a Japanese soldier pierced him in the arm and the side with his sword. Both wounded men fell over unconscious. The Korean policeman seeing this became frightened and fled. The soldiers then searched the houses for the pastor but they too became alarmed and fled, upon which some of

the young men picked up stones and threw at them. The soldiers turned and fired, shooting and wounding four men. These four went to the Seventh Day Adventist Hospital at Soon An but stayed only a few days, fleeing as soon as a little better, for fear of the soldiers who kept coming to hospital to arrest them as soon as able to leave. Two of the men were soon arrested by soldiers who found them at home and they are now in prison in Pyengyang.

4. Spring house cleaning under police direction in the village of Chang Chun. Word came to the villagers that the police from the station of the district would visit this village on Sunday, April 27 to inspect the house-cleaning. Advance word to the Christians was that they were to look out for a hard time. The people of the village carefully cleaned their houses - the mats in the church were all taken out, beaten and dusted - floor swept and washed and pulpit and platform dusted. The leader sent word to all to gather early for worship so as to finish before the police came but just as he was leaving home for the church he saw the police enter the village - one Japanese in charge - 2 Korean police, 2 secretaries and 2 dog killers. They went to the church and called up the two leaders of the church. All were on the platform. The Japanese stepped down ran his fingers over the floor and held them up saying - look at this dust and ordered the leaders to sit down on the floor. Then taking a heavy stick such as is used for a flail he began beating the old man over the shoulders. The old man in his indignation said - "What, you beat a 70-year-old man this way"? The fellow replied, "What is 70 years, you rascal of a Christian" - and beat him and the other man all the more. Then calling for the church roll they took down the names of the Christians of the village and went forth from house to house leaving the houses of non-Christians but without question or examination as to whether the house had

been cleaned or not, proceeded to beat men, women and children without regard to age. In one house they made the women stand up and beat them - then told them to sit down and beat them - one elderly woman being sick ever since the beating.

That night, led by two liquor dealers (names given) who already disliked the Church, a number of half drunken men broke the doors and windows of the houses of the Christians and at daybreak of the 19th drove out the families from 8 houses - all Christians. They then forced the villagers to sign a report to the gendarmerie saying that the Christians had all been driven out and when this was presented they were commended by the gendarmes. Among those driven out were the families of the pastor, elder, deacon and school teacher, the women and children being forced out that night and morning. Before this, however, this same chief of gendarmes after the demonstrations at Saw Kam on the 7th March and the arrest of four Christian men, had on the 10th of March ordered the women and children of these homes out of the village and ordered the village elder (Tong Chang) to sell their household goods at half price and send them away at once. This was done and these 12 Christian families with most of their men in prison have been sent off from their homes to find refuge where they may.

The above is verified by the testimony of many independent witnesses and is apparently a true statement of facts.

일본신문 〈쇼센신문〉 기사 요약본 5월 28일로 기록됨

한국인의 마음을 휘저은 것은 미국 선교사들의 죄로 인한 것. 이번 폭동은 그들의 작품. 폭동의 원인을 조사하는 과정에서 2~3명의 선교사가 체포되고 심문을 받음. 선교사들은 다른 민족의 자유로운 풍습을 아직 전적으로 문명화되지 않은 한국인들에게 적용하려고 했음. 그들은 이번 폭동의 배후에 있는 유령과 같은 존재. 그들은 작은 월급을 받으려고 자신을 팔아, 뱀처럼 배로 기어서 한국에 까지 왔다.

EXTRACT FROM JAPANESE NEWSPAPER, SHOSEN SHINMUN

The stirring up of the minds of the Koreans is the sin of the American missionaries. This uprising is their work. In investigating the causes of the uprising two or three missionaries have been arrested and have been examined. There are a good many shallow minded people among the missionaries and they make the minds of the Koreans bad and they plant the seeds of democracy. So the greater part of the 300,000 Korean Christians do not like the union of Japan and Korea, but they are waiting for an opportunity for freedom.

These missionaries look upon the present Korean as they did upon the old Korean, and they consider it proper for the Koreans to say anything they want if only they enter the Christian schools. They take the statement of [President] Wilson about the "Self-determination of nations" and hide behind their religion and stir up the people.

The missionaries have tried to apply the free customs of other nations to these Korean people, who are not wholly civilized. From the part that even girl students in Christian schools have taken, it is evident that this uprising has come from the missionaries.

Behind this uprising, we see the ghost-like appearance of waving his wand. This ghost is really hateful, malicious, fierce. Who is this ghost wearing the dark clothes? - the missionaries and the head of the Chuntokyo [a syncretistic Korean religion]. These missionaries who have come out of the American nation. They have sold themselves for the petty salary of some 300 yen ($150) per year, and they have crept out like reptiles on their belly as far as Korea. There is nothing of good that can be said of their knowledge, character and disposition.

These messengers of God are only after money and are sitting around their homes with a full stomach. The bad things of the world all start from such trash as these. They planned this dirty work and got into league with the Chuntokyo. If we take all this into consideration these missionaries are all hated brutes.

Why no public apology in the press? No wonder John Thomas [missionary of the Oriental Missionary Society] was so brutally attacked. They would not believe him brutal.

1920년 2월호 Korea Mission Field 마포삼열의 기고문

이 기고문은 한국인들의 신앙의 모습에 대해 기록하고 있는데, 특히 만세운동으로 체포된 기독교 신자들이 감옥에서 침묵 찬양을 드린 내용을 기록하고 있다.

Perhaps, the most remarkable periods of worship are the inaudible praise services held in prisons where any other kind are impossible. In these a hymn is selected and all sing in unison, but not a sound goes forth, only the ear of the Lord hears the praise as it ascends from reverent hearts in the prison cells.

한국선교부의 위원회 회의록 발췌 (1920)

선교사들이 위원회 회의를 통해 대학문제의 과정과 본질에 대해 분석한 발언을 하고 있다.

마포삼열은 모두 발언을 통해 지난 7년간의 여러 문제들은 해외선교부와 조선선교부 사이의 의견 차이에 기인한 것이므로, 양자의 관계에 대한 명확한 정의를 할 필요가 있음을 강조함. 대학문제에 대해서 결국 문제의 해결은 조선선교지부의 투표였음을 강조하고 있다.

브라운 박사는 서울에 대학을 하나 새로 만들되, 그 대학이 보다 폭넓은 교육 정책에 따라 운영되며, 총회와 전세계 다른 선교부들의 정책과도 어울리는 방식으로 운영되는 대학을 만들 생각을 가진 것은 언더우드 목사였다고 말하였다.

솔타우 박사는 대학문제와 관련하여 가장 중요하게 생각했던 것은 종교적 자유의 문제였으며, 이와 관련한 제일의 원칙은 "비기독교인에 대한 교육은 우리의 사명이 아니다."라는 점을 강조. 우리의 사명은 복음화이지 교육이 아니다고 말하였다.

마포삼열은 대학을 다른 원칙에 입각하여 세우는 것은 한국에서 이룩했던 사업을 파괴하는 것이며 사업의 성격을 변화시키는 것이라고 함. 한국에 대학이 없었다면 다를 수 있었겠지만, 이미 한국에는 독특한 조건에서 발전시킨 대학이 존재하고 있는 바 이를 넘어뜨리고 새로운 원칙에 따른 대학을 만들 이유가 없다고 함. 서울에 세우려는 대학은 다른 원리에 입각한 것이며 이는 소수가 주장해온 내용이다.

마포삼열과 아담스가 리 박사와 논쟁을 벌인다. 아담스는 숭실대학의 학생들은 복음의 직접적 활동가이며 복음주의적 노력을 기울이는 가운데 6천명의 개종자를 낳았다고 주장한다. 반면 리 박사는 "기독교적 원리가 사회에 침투하도록 하는 것"이 기독교적 목표가 될 수 없는가라고 반문하며 반박하는데, 마포삼열은 자신들은 그런 원칙을 받아들이지 않는다고 대답한다. 리 박사는 그것이 미국 장로교의 정신에 부합하지 않는가고 묻지만 마포삼열은 그런 원칙에 입각해 있지 않다고 생각한다고 말한다. 리박사는 선교사역의 목표가 기독교 사회, 기독교 국가를 만드는 것인가고 반문한다.

회의의 말미에 다시 논쟁이 이루어지는 데, 아담스는 숭실대학이 교회의 복음주의적 선교 원리에 입각해 있다고 말하며, 숭실대학이 대학문제의 굴레에서 벗어나 전면에 나올 수 있게 해야한다고 주장함. 여기에 대해 리박사는 서울은 교회의 복음적 판단에 입각하고 있지 않은가고 반문한다. 아담스는 자기는 그렇게 생각하고 있다고 말한다. 서울이 복음주의 원칙에 입각하고 있지 않다기 보다는, 이 사안에서 그렇다고 말한다. 위원회의 결정에 따라 평양은 장로교에서, 서울은 감리교에서 대학을 담당하기로 했으니, 둘다 복음적이라고 해도 교파의 차이로 인한 정책적 입장 차이를 그렇게 표출하는 것으로 본다고 말하였다.

EXTRACTS FROM THE MINUTES OF THE CHOSEN COMMISSION

Preliminary Remarks - by Mission Representatives:

The action of the General Assembly in appointing this Commission was taken because of the overtures of several Presbyterians to the Assembly. For seven years the questions at issue have been a matter of difference between the Board and the Mission and we have tried to avoid the necessity of an appeal to the Assembly or to the Church.

We have felt in the past that a clearer definition of the relations of the Board and the Missions is necessary and it is our conviction that the erection of the proposed Mission Board would make still more imperative a clear definition of these relations and the giving of larger and more definite control to the Mission in Field matters.

We recommend that our delegates to the Post-War Conference be requested to present more fully to the Board the questions involved in the above suggestions.

We had contemplated in 1915 placing the matter by direct appeal before the General Assembly but as Dr. Speer in Korea at the time strongly deprecated this and represented that it would greatly injure the Board, we refrained. It now comes before you not by an appeal from the Mission to the Assembly but because the Executive Commission, having disclaimed jurisdiction in the petition of 53 members of the Mission, a number of Presbyterians overtured the Assembly on the subject.

We are here, therefore, as some of the members of the mission who signed the petition to the Executive Commission as given in the document that [the] petition [is] not the official action of the Mission but [is] based upon official actions and now signed individually by one less than two-thirds of the members of the Mission.

We have not undertaken this lightly nor from preference but only from a deep sense of duty and responsibility to our Lord and Master, to the Church whose Missionaries we are and to the work in Korea which we believe to be jeopardized. We believe the Board has made a colossal blunder, that the whole life work of our fifty missionaries and the character of the Korean Church is at stake and that we cannot be true to our Commission and remain silent. We believe it is due the Church that representation of its supreme judiciary which was not connected with the Board should know the facts.

It is with heavy hearts that we have borne the strain of the past years of controversy and it is in no spirit of personal animosity toward the Secretaries of the Board that we undertake to explain to representatives of the Assembly how and why we differ radically from some of the Secretaries and from the action of the Board.

This is necessary even though it indicates the shaking of our confidence in Secretaries or Board along some lines.

Particularly we ask that before you pass any judgment based upon what the Board calls "An Historical Outline of the Korea Difficulties" and placed in your hands by the Board, you allow us an opportunity to deal with it section by section that we may show wherein the statements are absolutely contrary to fact or glaringly inaccurate.

I can also state that less than one-fourth of the Mission constitute the minority which has favored or accepted the Board's position and through which the Board has inaugurated work contrary to the expressed wish of the Mission.

It was not clear to me that if the missionary body voted a majority vote for either location that the joint committee would decide against that. I thought this settled the question, that the vote of the missionary body settled the question of where the college should be.(Dr. Moffett)

Discussion of Question:

I wish we could all get into our minds that this Commission is not a judicial commission sitting for the purpose of deciding points of law. It is a Commission honestly trying to find out the wisest and best way of adjusting some difficulties in the field of foreign missions and I hope that the purely legalistic side will be kept right down through so that we can get the widest and most helpful results. (Chairman)

The root of the criticism is not that it is inconsistent with its own policies but that it is not ready to follow up a policy representing really a further advance. That is warranted by the new conditions? (Chairman)

What I am trying to get at is this - as to whether the real ground of criticism against the Board is in its administration of the ordinance or a criticism of the inadequacy of the policy established by the General Assembly. (Chairman)

Do you think that administration consistent with the policy of the Assembly? (Chairman)

Do you think there is a distinction drawn between the Board and the missionaries there? (Chairman)

But whether it was a pastoral letter or not it was clearly an enunciation of the policy which the General Assembly desired and expected to have adopted in connection with its educational work. (Dr. Brown)

Dr. Moffett stated a moment ago, if I correctly understood him, and if I did not he will correct me, that the Board has been trying to overthrow that Pyengyang system and introduce another. (Dr. Brown)

The way that policy started was under the Reverend Underwood, who, long years ago, conceived the idea that there ought to be a college in Seoul operated with a broader educational policy, one more in harmony with the policy of the General Assembly and the policy of all the other missions throughout the world and it was he who wanted a college of that sort. (Dr. Brown)

It is always understood in a case of educational institutions all over the world that when there is a union educational institution which is represented on the field by a field Board of Managers, the relations of the agency at home are to that field Board of Managers in official matters affecting that institution and not with the separate missions. Because where five or six missions are cooperating it is manifestly impractical to have them reciprocate. So the Board of Trustees in the Shantung University in China deal with the field Board of Managers in the Shantung Christian University and not with the separate Mission. The Board had an official request for Mr. Rhodes but those circumstances are explained in this letter. (Dr. Brown)

"The Mission had not wanted to appeal to the Assembly." That is true as I know from official correspondence. It did not appeal this year formally for the matter to come before the Assembly. "The appeal this year formally for the matter to come before the Assembly did not come from the Mission but from overtures from the Presbytery." That is technically true and really untrue because as a matter of fact not a single Presbytery acted on its own initiative. The Presbyteries took that action simply and solely because of a propaganda conducted by two members of the Mission who were at home on furlough and therefore it gives an altogether misleading idea to give the impression that the Presbyteries took the initiative in this matter and adopted overtures which they would not have adopted if they had not been asked to do so by two members of the Mission home on furlough. (Dr. Brown)

Filled with the clear proof that the Board does not take its understanding of the situation on the field from its organized body on the field. It does not accept those understandings. It comes to its conclusions and its decisions from somewhere outside of that, not from the body of its missionaries on the field. (Dr. Adams)

I can only say without going into the discussion that I dissent from Dr. Adams' statement and in the words of Webster in the British Parliament I wish to have my dissent understood as emphatically as the rules of the house will permit.(Dr. Brown)

I think in this way - I think if the Mission had been left alone when this matter had first come up and when the majority would have had permission to stand without any action upon the Board - I think the matter would have died out in time and would have been quieted down. But the Board took the side of the minority of the Mission and in that way it is very evident to me that indirectly pressure was brought to bear upon the majority of the Mission and has been all through these years. (Mr. Hoffman)

It is simply the attitude of the Mission toward the Board or the attitude of the Mission to simply stand on ceremony that has been in the way or sentiment? I just get that inference from your statement just now. It hasn't been as much a matter of principle as it has been deliberately standing within the original action rather than being influenced by advice from the Board or others. (Dr. Barber)

As far as I am concerned and a number of the other young members of the Mission have had the same experience, we wanted to do what the Board wanted us to do although we felt the principle was too great. I was on the point more than once of voting in favor of the Seoul College in order to carry out the Seoul College but the only thing in the way was the principle at stake. The stand we have taken on religious liberty - (Dr. Soltau)

There were a number of principles at stake; the matter of the rule of the majority is one principle. The stand which the Mission had taken before the Korean Church on the matter of the place of education in the Church. (Dr. Soltau)

The fact that all the students must be Christians? (Dr. Soltau)

That first sentence - "Education of non-Christians is not our commission." Our mission is evangelization and not education. (Dr. Soltau)

But isn't the crux of the question this: that the Mission takes the point of view that all questions of missionary policy - and those questions are all included in it - are the exclusive responsibility of the Mission and the Board can only advise in that matter but cannot go any further? Isn't that the crux of the thing? Isn't that the position you take, that the Board has no right to do anything more than act in an advisory capacity, that the Mission itself must really determine all questions of policy and that the Board is really usurping the rights and the responsibilities of the Mission in undertaking to do anything more than express an opinion to the missionaries. Is that your position? (Chairman)

That might be an extreme statement perhaps, but it would necessarily have to be qualified. That the Board should not have the right to impose upon the Mission; or if you wish to make it right, the great majority of the Mission, a policy contrary to the convictions of the Mission unless the Board received the direct authority to do so from the General Assembly. That would be our position I am quite sure. (Dr. Moffett)

One of the things that is made the task of this Commission is to discover precisely what those powers are and to attempt some kind of an interpretation and definition of the relations between the Board and the mission. That is what I want to get your point of view on first. (Chairman)

I don't see that the two things are parallel. The Mission is not the Presbytery. (Chairman)

In this organization, with the Assembly organizing the Board, and the Board organizing the Mission, and then having the right of review, doesn't it mean that the Assembly holds the Board ultimately responsible for the whole work? (Dr. Lee)

I think not, because of the Manual. (Dr. Adams)

If the Mission makes a mistake in any way that arouses the criticism of the Church at home in your judgment who would be the person held responsible to the Church at home? (Chairman)

I would say that the Board can restrain the Mission. (Dr. Adams)

Wouldn't the Board be held responsible for the action of the Mission? (Chairman)

Yes, because that is the power of restraint. (Dr. Adams)

It is not true that a part of the claim urged this morning is that the Board has been trying to restrain the Mission and the Mission is protesting before this General Assembly because the Board has been trying to restrain the Mission? And may I say that the impression plainly impressed on my mind during my fifteen years correspondence is that the fundamental position of the majority of the Mission is not Presbyterian. (Dr. Brown)

The Board is under criticism by the Mission and as I understand it we finally came to the point where it is admitted that the point of criticism was not that the Board departed from the accepted policy of the church as it has been practiced through years in the Mission field generally, but that the criticism is that under the special circumstances existing in Pyengyang that have not established a new kind of a college, that the circumstances there warranted. (Chairman)

That is right and that the establishment of that college on a different principle is subversive of the work which has been established in Korea and changes the character of the work. That is, if there was no college in Korea, if we had conditions as in other fields, doubtless there would be no question raised. But we have a college which has developed under the peculiar conditions which exist which conserves the character of the church as it has been developed and the Board interjects into that a college of an entirely different stamp which will change the character of the work, be subversive of what has been established and inimical to the continuation of the college which will maintain the character of the work which has been established. Now I say there is no room for such an institution in Korea. (Dr. Moffett)

It is your judgment that a college that is in entire harmony with the general missionary policy, missionary educational policy of the church and the Board, that there is no place for such a college in Korea even though the Pyengyang institution is fully sustained and allowed to develop along the line that the Mission may desire to seek. You feel - you used the word destructive with the idea that that would destroy the whole force of the Pyengyang work. (Dr. Lee)

It would tend to destroy, not the whole force, and therefore, I do not think there is a place for it. (Dr. Moffett)

I can say that that has been one of the great factors that has been back of the missionary position, that the missionary body there has been convinced that the establishment of the Seoul Institution on a different basis would tend to change the character of the Korean Church throughout Korea and that that is the reason that they have stood so strenuously for the position of the Pyengyang College and against the hojin [Japanese word for Juridical Person or Corporation]. (Dr. Moffett)

That is the whole history of the development of the Korean Church and its character and the contest which has been going on in the country for years between the majority of the Mission and the small minority who have advocated different principles of work. (Dr. Moffett)

What are they? Has the College failed in maintaining its Christian character, its evangelistic character? (Dr. Lee)

I can say this, that the student body of the Pyengyang College has been the direct agent in something over six thousand conversions in its evangelistic efforts. (Dr. Adams)

The whole issue is that you feel that that is not the Christian object - to permeate society with Christian principles. (Dr. Lee)

That is a very marked issue, gentlemen. That is fundamental. We do not stand for that principle. (Dr. Moffett)

Do you feel that the Church at home, the Presbyterian Church that we belong to here and our General Assembly, that the Church at home with all its history and all its great work, would stand seriously by such a position? (Dr. Lee)

I hope the Presbyterian Church in America does not stand by the position that the object of Christian education is the permeation of society with Christian ideals. (Dr. Moffett)

Do you consider the object of the missionary work the creation of a Christian society, a Christian state? (Dr. Lee)

I feel if there is no clearly defined policy of the Mission on this let us have it stated then. The Mission has taken a persistent stand. We have listened here for a day and a half to all this detailed work. We have not gotten down to a real valid explanation of the thing unless it is in this matter of the fundamental conception of the work. I believe that we are here, to my mind, at the crux of the whole situation and if we want to spend a day discussing this, this is the point we ought to know about. If the Mission does stand for this let us know it. If that is at variance with the whole policy of the Presbyterian Church then let that be stated. If the Mission is asking now to conduct its work entirely on a line apart from the Presbyterian Church, let us know that. Let us find out just the motive and the purpose back of it all. (Dr. Lee)

The Principles of the Presbyterian Church are inconsistent with the aims of the Mission. (The Chairman)

Do the General Assembly and the Home Church believe that the time has come to modify or in any degree change the present policy of the General Assembly to supervise and conduct the work of foreign missions through a board for that purpose by the General Assembly and directly amenable to the General Assembly? If so, what should those modifications be? Are the Home Church and the General Assembly prepared to accept the alternative of releasing the Board of a part of the responsibility to which the General Assembly and the Church now hold the Board? And if that power is to be transferred or some part of it, should it be transferred to the Mission, or should it be transferred to the presbytery on the Mission field? (Dr. Brown)

The Board does not claim to be infallible. It is composed of human beings and is at any time liable to make a mistake; and it cordially recognizes the right of any mission to appeal a particular decision. But I think we would be interested in having a ruling of the Chairman of the Commission on the subject as to whether the particular question before us now is whether the powers of the Board should be changed and abridged and those powers that are liberated transferred either to the Mission or the Church; or whether the question is as to whether the Board in these particular concrete cases in Korea exercised its power wisely and justly.

(Dr. Brown)

I can simply say for myself as the one who conducts the Board's official correspondence with the Mission that if the Commission will speak in an authoritative way one way or another, it will be very desirable. This matter has been under discussion on the field to my personal knowledge for twenty-five years. It has been a discussion between the majority of the Mission and this Board for eight years. We can simply go on discussing it forever. (Dr. Brown)

It seems to me the function of the Board is to do two things; is to let the majority decide nearly all matters, as it does, because in the great majority of instances the majority decision will be right. (Dr. Avison)

But the Board has another function, and that is to see that the majority which sometimes makes mistakes, is not allowed to carry those mistakes into execution. (Dr. Avison)

The position you have taken all the time is that the Board had nothing to do with the location? (The Chairman)

It is claimed that the taking of the Bible out of the curriculum was in itself an ungodly act. I didn't feel that way. I haven't read anywhere in the Bible that in order to carry on Mission work you must have a school. Nor are there any directions within the Bible that if you do have a school, as to the type of school, nor is there any direction as to which particular hour in the day you shall teach the Bible to those whom you are teaching. (Dr. Avison)

In Mission work we found it convenient to have schools. Those schools were primarily intended, when the schools were established, for the teaching of arithmetic and those other subjects were primarily intended to develop the intellectuality of the students whom we had. (Dr. Avison)

I think we can clear it up this way: that the petition is one thing. Then when the overtures came to the General Assembly from the presbyteries, they introduced another question, and the Assembly appointed this Commission and gave it two things to deal with. One was the substance of that petition which was placed upon the Post War Conference program and it is being discussed there. (Dr. Moffett)

Not one of those presbyteries knew anything whatever about the situation in Korea except as they got it from Dr. Whiting and Dr. Adams; possibly other members of the majority, I do not know. And, therefore, to give the impression here that presbyteries have been so much disturbed by this situation that they have voluntarily taken the initiative and have overtured the General Assembly it seems to me is really disingenuous. (Dr. Brown)

Do you think this matter would have come before the Assembly if this matter hadn't been projected from the field? You speak of the overtures. (Dr. Lee)

I don't think the presbyteries would have taken action at all. (Dr. Moffett)

Do you think that the pressure came on the presbyteries and they took action on them with this book in their hands? (Dr. Lee)

I can only say that if addresses before presbyteries, if a volume of letters, do not constitute propaganda, I would be glad to know what constitutes propaganda. (Dr. Brown)

You have doubtless recognized the fact that the whole controversy pivots on the one question, did the Board err when, in order to secure union in higher education, voted in opposition to the judgment of the majority of the Mission to locate the college at Seoul? (Dr. Alexander)

I deeply appreciate the patience and carefulness with which the members of the Commission have listened during the many hours of the session and I can imagine the profound concern with which the members of the Commission must have discovered the unhappy conditions that exist., I could have wished that more pleasant and inspiring aspects of missionary work might have come before such friendly pastors and elders. I should be extremely sorry if the Commission were to regard the conditions in Korea as in any way typical of the conditions that exist in the twenty-seven Missions or between the twenty-six other Missions and the Board. (Dr. Brown)

There are nine Missions in my Department, including Korea; no such conditions exist in any of the other eight Missions, and I say with grief that I have had more anxiety, more distress of mind over Korea than I ever had over the other eight put together. Indeed, I do not know of any one of the other twenty-six missions where such long continued irritations and frictions have prevailed. Of course, there are differences of judgment in the annual meetings of all the Missions and between Missions and between stations in the Missions, occasionally between a Mission and the Board, but those differences of judgment are ordinarily settled in an amicable way. They do not lead to irritations. This is the first time in my experience of twenty-five years that missionaries have complained to the General Assembly against the course of the Board. (Dr. Brown)

You can imagine, Mr. Chairman, that it has not been very pleasant for those of us who have labored and prayed for this Mission for many years to listen to the charges that have been made, charges which have been based apparently on the assumption that the Board is the enemy of the Korean Mission and the work being done there, charges some of which have impressed us as wholly imaginary; others as having some basis in fact but exaggerated out of all proportion to their relative importance. (Dr. Brown)

I also assume that you will hardly take seriously statements to the effect that the representatives of the minority in the Mission, men like the sainted Dr. Underwood and Dr. Sharpe, men like the living Dr. Avison and Dr. Gale and

Dr. Hirst and Mr. Rhodes, men of that sort, who have given their lives to the cause of Christ in Korea and who in devotion and self-sacrifice, unflinching loyalty to the cause of Christ, are the peers of any missionaries in the world, I can hardly believe it possible that you think that those men are adopting and insisting upon policies which to quote one of the statements of the complainants, "Put the whole life of the Mission and the character of the Korean Church at stake." (Dr. Brown)

"The present leaders of the majority were the real cause of all the difficulty. They, without a protest, united in sending arguments to the joint committee in New York to prove that Pyengyang was the location for the college in preference to Seoul and yet they today deny the validity of the whole thing and say that it meant nothing. Had the decision of the joint committee been in favor of Pyengyang I can see the same group of gentlemen heralding its praise. Their attitude from the first was this, 'if the joint committee decides in our favor well and good; if not, we will find a technical point to invalidate the question.'" (Dr. Brown)

I fully agree with Dr. Adams and Dr. Moffett when they say that the majority should rule. I agree with that most cordially. But I ask, a majority of what? They say majority of the Mission. I am obliged to say majority of the Board, subject only to an appeal to the General Assembly. I understand that that is what the General Assembly in the supervision and conduct of the work, to use the phrase of the General Assembly of 1847. They say that a majority of the Mission should prevail. (Dr. Brown)

To say that the majority of the Mission should prevail impresses me as pure congregationalism. That is the ultimate supremacy of the local union. We are Presbyterians. To say that the majority should prevail would split our Presbyterian world-wide work into twenty-seven different pieces, as many as there are

Missions. It would place the minority in any Mission at the absolute mercy of the majority and again I say you have been witness of the plight of the minority in the Korean situation. Some of the ablest missionaries of the Presbyterian Church would have been driven out of Korea before this if it had not been that there was a Board. (Dr. Brown)

I think too the effect of that upon donors would be absolutely disastrous. The Board could not assume the responsibility for the expenditure of funds which is now done. (Dr. Brown)

I fully agree also with Dr. Moffett and Dr. Adams when they say that the Mission, the majority of the Mission should have power in field matters. I thoroughly and cordially agree in that. But suppose opinions differ as to what field matters are, whose opinion is to prevail? What are field matters in the memorandum which has been placed in your hands? The matters which in the judgment of the majority of the Mission were field matters were listed and you will note what was said on the subject, there perhaps I may just refresh your memory at that point, as to the question of what field matters are and showing how exceedingly difficult it is to determine just what is a field matter. (Dr. Brown)

The statement has been made that the Board inaugurated the work in Seoul contrary to the wish of the Mission. We dissent from this. The Mission itself, by an overwhelming majority, united with other Missions in voting for one union college in Korea. The difficulty arose over the location of that college and the situation that grew out of that. (Dr. Brown)

Granting for the sake of argument that the exception were justified, has the minority and has the home Church no right to the type of educational work and Mission work that is in harmony with the General Assembly and the home Church and all the other Missions, or has a majority in a local Mission absolute power to overrule not only the minority but the Board? (Dr. Brown)

Dr. Adams and Dr. Moffett say and admit that the Board has been within the powers committed to it by the General Assembly, and I, of course, agree again with them. They raised the question whether the time has come in view of the development of conditions, to modify that power. Then three questions follow, which will doubtless have the careful consideration of the Commission. (Dr. Brown)

"Do the Assembly and the home churches desire to modify that policy?" (Dr. Brown)

If so, are the Assembly and home Church prepared to release the Board from some of the responsibilities which it is now carrying for the Assembly and for the donors to the Missions? I understand that Dr. Adams holds that this is not involved. I think that it is. I certainly as one of the administrators of this enterprise would not feel the same sense of responsibility for the expenditure of work and the conduct of Mission policies and methods if the General Assembly shall see fit to modify that principle. (Dr. Brown)

And C - "If the present policy is sound and should be continued, did the Board exercise its powers under that policy wisely and justly in this instance?" (Dr. Brown)

The final fact that it seems to me has been made clear for years and that surely is now clear, and especially after you have read the letter of Dr. Gale which I trust you will re-read, is that the Commission is dealing not merely with questions of policy and methods but of personalities, of temperament. Suppose that both parties were right, the majority and the minority. Suppose they were both right in principle. Can't they live together in harmony and as Christian brethren? Isn't it possible for a majority and minority in the Mission, or in the Senate, or in a Presbytery, or between the Mission and the Board, to differ in judgment without such consequences as have ensued in this case? Why, questions of far greater importance to the Kingdom of God, or of as great an importance as this, are constantly under the discussion of our executive council and in the Board, and in our Presbytery and they are adjusted between Christian brethren without all the trouble that has arisen. We are dealing with a state of mind, with a psychological condition, which finds it practically impossible to act when it is getting an unfavorable decision. Personally, I am more deeply distressed by it than I would very well indicate. I have tried to mediate but you have seen how my letters have been regarded. (Dr. Brown)

That may be. I would not wish to divide with that. And yet, as I understand the Church - and I am traveling in the Church a great deal, I do not believe that the Presbyterian Church today would ask us to sacrifice that work and go out of a union effort in the line of education. Certainly the last Assembly with its tremendous emphasis on church union stands with unit or union in connection with educational enterprises and furthermore has taken the position that we are willing to make even considerable sacrifices in order that that may be done. (Dr. Stevenson)

I really think if anything has been put over on the Board it has been while the Board has had its eyes wide open and I speak of that detail because if I were standing outside the Board I think I would exactly know what the process had been. You can be very sure, gentlemen, that this action, that whatever the Board has done, has been the action of the Board. It has been guided, of course, by its Executive Officers in such matters, if it could not be guided by them it would, of course, dispense with them. They are elected every year. It has a chance to dispose of them every year and it could easily dispense with any one of them if it had come to feel that it could not trust their judgment. But I think it has gone back to the Executive Council in every case to the Korea Committee that they might go into it more fully. (Dr. McAfee)

I have been trying ever since we began these conferences not to try to find out where our Korean brethren are wrong, but where I might be wrong or where we all might be wrong. To get back to just the real origin of this jungle into which we have worked ourselves these last eight or ten years, I dismiss at once from my mind the thought of any moral obliquity, any wrong-mindedness on anybody's work. I am sure there wasn't any conscious wrong-mindedness and I don't see what the value is of Christ and our trust in the Spirit of God if we can't believe that He kept us all from unconscious wrong-mindedness. (Dr. Speer)

First, there are some documents and investigations which I think this Commission will need to consult if it is to do its work thoroughly. You are dealing with one of the most difficult and intricate and far-reaching problems of church statesmanship that men have ever been called upon to deal with, and there is an enormous background of material that you can't take time to work into but a few lines of which at least either by the work of the Chairman or by delegation of responsibility to the Commission you ought to deal with. (Dr. Speer)

First of all, there ought to be some study of the background of the place of Missions and the administration of Missions in our church. Dr. Adams has made some study of the years 1836 and '37. I have made a study for thirty years of the backgrounds, from 1812 down to the present day. I think it would be desirable for someone to go back and go into the writings of Elisha P. Swift and Walter Lowrie, and John C. Lowrie and Ashville [Ashbel] Green. We will furnish you with the books, which lay out clearly before us what our Church was about when it established our foreign missionary work and just how it intended to carry that work on. (Dr. Speer)

In the second place there should be a study of the development of missionary policy in our Church. Two men have explained practically the whole of the development of missionary policy in our Church - John C. Lowrie and Dr. Allen Wood - and we can put in your hands the judgments of those men. Their documents, the papers that they drew, accepted by the Board and by the Church with regard to the principles of missionary administration, and relationship of the Assembly's control of the Board and of the Board's relationship to the Mission. (Dr. Speer)

In the third place, there should be a careful study of many reports. The few which we can pick out we will put in your hands. The studies of these problems of the relation of education to missions, of the relation of education to evangelism, of the ideal and aim and legitimate method and proportion of method in the missionary enterprise. (Dr. Speer)

Secondly, just a mere passing word with regard to one of the arguments to which Dr. Moffett spoke in his paper with regard to the attitude which the Board was believed to have taken breaking down the Mission's firmness of position on this question of the Bible in the schools. He spoke of my disastrous visit to Korea. I thought it was a rather rich and ample adjective - but let that go. It may be explanatory of much other language also. We don't want to lift the mere detail out of its perspective. (Dr. Speer)

As to the effects of that visit, I will submit a letter from Dr. Underwood written some months afterwards. I don't think there could have been any disaster because the situation remained practically unchanged. It may have been disastrous in that it didn't redeem the whole situation. But Dr. Moffett knows better than any man that that was beyond any man's power to do. The only damage that was done was to me, and I knew that there would be that damage before I went there. (Dr.

Speer)

I didn't want to go to Korea. No mortal man could have gone there and come out unscathed. It wasn't a question of what he said and what he did; it was a question of what he didn't say and didn't do. (Dr. Speer)

As I look back, we walked on the edge of a precipice. I think if we would have done anything else than what we did, Dr. Moffett might have used the word "disastrous". It damaged me. It hurt some friendships that were among the dearest possessions of all the years. I never would have gone to Korea if I could have avoided it. But it was one's duty to go and you could only go and do your best and take the consequences. (Dr. Speer)

What I spoke of as the source of all this difficulty was the cause of this failure to appreciate the store that the Mission set for the maintenance of the college at Pyengyang. It was thought here that the main thing was one college, and that, therefore, when it was decided that that college was to be in Seoul, it followed naturally that the Pyengyang College would adjust itself to the higher grade of the Seoul College. And that expressed itself in the first actions of the Board. I don't remember just what they proposed, but it was some low development, a middle school for the Pyengyang college, and the higher advancement for Seoul. (Dr. Speer)

I think the difficulty arose as I say. Now, as to whether the Board was wrong or Dr. Brown was wrong in these letters that pressed on the Mission, or that they felt were pressing on them that they should join also in the Seoul College may be they were right. (Dr. Speer)

But we must try it, and I think may be we were wrong here in New York to the extent that any pressure has gone out to the Missions to lead them to share in the Seoul College. I don't think that is a very great wrong. I don't think that alone, standing by itself, would trouble anyone. If that was a mistake, let us all recognize there was a mistake. (Dr. Speer)

The first of these is the question that has come up again, and again, and we are to consider it more fully tomorrow - - the question of the relation of the Missions and the Board. I don't want to anticipate the discussion tomorrow, but there is something to that that may be better to say today so that they won't need to come up then. That is a far larger question than we are defining it. It isn't a question of the Mission and the Board. Anybody who thinks about that will know that it is a far deeper question than that. (Dr. Speer)

There is the question of the majority and the minority of the Mission, which is a more difficult question than this one. There is the most difficult one of all, the relation of any corporate association to personal liberty. That is the hardest problem we have to deal with. How are you going to relate the freedom of the individual to the obligations and associations of corporate life and activity? That is our real problem, and I am afraid that is too big for us to settle. But I believe we can make a further step toward its solution. (Dr. Speer)

That step will not be an antagonistic step. It doesn't have to grow out of a controversy between some of us and others of us. There is only one principle that has dominated the development of the Board from the beginning, and if you want to take time I can give you the documents and prove it without peradventure - only one principle, and that is the principle of decentralization, of transferring as large a measure of power from the Board in New York to the Missions on the field. That principle has controlled from the very beginning. I don't say that there haven't been little whirling eddies now and then that seem to turn backwards. I don't say that in a particular case someone may not feel that the principle has not been given an adequate development. But I do say that it can be demonstrated that from the year 1837 down until now that has been the steady principle of advance. (Dr. Speer)

Three years ago when it looked as though what the Korean Mission was asking for was full autonomy, I prepared a brief for the Board trying to show why fully autonomous Missions would be self-destructive; but recommending at the end that because I didn't believe the Korean Mission should be given absolute autonomy learning it by experience, the Korean Mission should be given absolute autonomy with no other limitation whatsoever except that it wasn't to involve the Board or the other Missions in financial responsibility; it might embarrass them. (Dr. Speer)

I couldn't get anybody to accept that view, and the Korean Mission has now rejected it. They don't want autonomy. They realize that autonomous Missions are impossibilities. They will be self-destructive. (Dr. Speer)

We believe that in framing policies on the field and in all other matters that are primarily field matters, the very largest degree possible of self-government should be allowed to the missionaries, to the regularly constituted Mission body. And put into words, this is the definite policy of the Board, and the General Assembly has recognized this principle and has directed that it should be followed out in its missionary work as it appears in the action of 1917, as follows, quoting that: "Amend the manual of the Board having to do with the powers of the Missions and their functions by adding this section of the petition of these friends in Korea to that paragraph." (Dr. Speer)

I don't believe that we can attain that result by specifying the particulars in which autonomies exist here or there. The Korean Missions tried that in 1915 and they tried it as conscientiously and capably as any group can, and they realized the immaturity and inadequacy of the list. And, as Dr. Avison was pointing out, and anyone could point out, it is impracticable in many of those lists to locate full autonomy either at home or on the field. (Dr. Speer)

First of all, I think we should take a step in advance in writing into the manual a more emphatic statement of this transfer of administrative control from the home to the foreign field. That is one of the great issues before you. (Dr. Speer)

The second one is the question of the extent to which we will adjust ourselves to political limitations without giving up our missionary activity. That is the question that lies behind this issue of the last years with regard to the exclusion by the Japanese under their regulations of the religious teaching from the schools. (Dr. Speer)

That question isn't confined just to that one matter. It is a question of what amount of political hindrance will we regard as necessitating abandoning our work or any part of our work. Happily, the Korean Mission itself changed its position on this matter and adopted the views, which again I think bring us entirely together. (Dr. Speer)

I think the Committee was right in saying: "If we can't get all that we want, we won't shut up our schools absolutely and give up any possibility of educating our children with Christian teachers who will teach even the secular subjects that they are allowed to teach. We will still keep them up." (Dr. Speer)

And I suggest the last of the great principles issued before this Commission. That is, whether we are to move forward on a principle of exclusion or a principle of inclusion, on principle of comprehension or on a principle of allowing only our own principles and view and conviction. (Dr. Speer)

In one sense, gentlemen, it doesn't matter very much how you decide it, because time and truth are going to decide it and they will decide it only one way. Time and truth will never endure the principle of exclusion in Christian fellowship or Christian service or missionary activity in any field even, or one denomination. It doesn't matter what the Korean Mission may do, not what this Commission may decide. The Board will obey this Commission. But this Commission can't keep the principle of comprehension and inclusion out of any field in the world. Dr. Moffett may wish that it could. I may wish that it could. But it can't be done, and I don't think that we ought to wish that it could when we are as one as we are here. (Dr. Speer)

If you will remember the early minutes of the Mission, you will find they existed when Dr. Underwood, Dr. Heron and Dr. Allen were in the Mission. They existed when Dr. Underwood, Dr. Heron and Mr. Gifford were in the Mission, before I ever reached Korea, these dissensions were in the Korean Mission. (Dr. Moffett)

What was the subject of all the dissension in that early time? There wasn't any college question at that time, was there? (The Chairman)

I think it was the inability of the people to work in harmony. (Dr. Moffett)

It is a matter of personality altogether and temperament apart, altogether? (The Chairman)

That dissension has come to be now a question of difference on vital principles. (Dr. Moffett)

In my preliminary statement I made the first day, I referred to that, and read my covering letter to the Executive Commission, in which I said: "We hope you will be able to take this up with the Board so as to arrange for a full discussion at the Post-War Conference and not have to take it to the General Assembly." But the Executive Committee said they had no jurisdiction. But it was in the minds of the Executive Committee and the missionaries on the field that if we couldn't get it, that then it should come through the Presbyteries. (Dr. Moffett)

So that when Dr. Adams and Dr. Whiting spoke to members of presbyteries, they were not going contrary to the thought and purpose of the men on the field, although it had been hoped that that wouldn't be done this year, and that we could avoid the necessity of it. (Dr. Moffett)

My own feeling was, if we couldn't get the Board to grant a discussion of the question, that we would eventually have to go to the General Assembly. I have tried for years for that. (Dr. Moffett)

Would this Conference have any authority or power to ask or tell the Board to withdraw from the Seoul College? They wouldn't have any authority of that kind. (Dr. Hay)

I have been listening to a great many statements that seem to repeat each other about this position being strong, this position and this position between those two; but I confess that for the life of me yet, I haven't seen or heard a distinct and clear explanation of what it is that is objected to, that is un-Christian, and that does not fit into this Seoul College. (Chairman)

Are we not taking a whole lot of things for granted that have never been demonstrated? After what Dr. Speer said this afternoon, apparently, in the minds of many there is no vital difference between the college in Pyengyang and the college in Seoul. There is a slight difference of emphasis. If there is some other difference, I wish one of you people would put it in such a definite form that we can get hold of it. (Chairman)

What is it? Is it a matter of theology, or a matter of what? If the whole Korean Church is lined up, it must be definite enough to put it in very definite form. We will be glad to hear about that. (The Chairman)

Before that, while I had my own definite opinions, just as Dr. Brown had - and in our official correspondence with each other we had taken the same position:

that a majority of the missionaries on the field ought to settle the question; that wherever the institution was placed, it couldn't possibly be a success unless the majority of the missionaries were behind it and backed it up. So that that should be determinative and that has proved true. And then when finally the vote was taken, that settled me with regard to the necessity of the location, that the large majority of the missionaries has decided. (Dr. Adams)

That has been spoken of a number of times both by questions from members of the Commission this evening and by rather discrediting statements by others in regard to it. I would like to explain the matter to the Commission. I have here a copy of the letter that was sent to the Presbyteries. The way it came about was this: In the Spring, when the action of the Board had been taken subsequent to the action of the Executive Commission of the General Assembly declining to take the matter up and saying that the proper way was to take it to the General Assembly since they carried no authority, the Board took action on it and sent this action to the Mission and to the members of the Mission here. Dr. Whiting was in Iowa. He received a copy of the letter. He had been interested and had been excited on the matter and the next I knew I had a letter from him saying that he was on his way back to his Presbytery in southern California to take the matter up to his Presbytery. That action of the Board was of a character and worded in such a way that the situation couldn't be carried any further and he was going to take it to his presbytery and get it over to the General Assembly. (Dr. Adams)

Do you mean to deny that the Executive Committee of the Mission or the Mission, either or both, did not send a communication to the Executive Commission to be a representation from the field and which did carry with it severe criticisms and arraignment of the Board? (Dr. Brown)

The Executive Commission understood it to be an appeal for it made precisely the same reply that it made this year. I have it. (Dr. Brown)

Is the Commission left to assume that a letter of the overtures came from missionary representatives in the Presbyteries? (Dr. Barber)

I don't know. That is not true because the Chairman of the Foreign Missions Committee of my Presbytery to whom I sent this shortly after they had a meeting of the chairmen of the Foreign Missions Committees of his Synod and he brought the matter up in his Synod and there were other overtures from Presbyteries of that Synod but I don't know about that. (Dr. Adams)

They all received their inspiration by your work. (Dr. Lee)

Dr. Halsey has just received a letter from Dr. Whiting in which he admits this very specifically. Dr. Halsey has handed the letter to me. (Dr. Brown)

I can only state that the first intimation I had that the matter was in the hands of the Executive Commission was a telegram from my colleague, Dr. Speer, who told me that the report was there and just after that my first copy arrived from Dr. Adams. (Dr. Brown)

I do not want to pursue this inquiry much, yet I want to settle in my own mind this. I received a copy of this two weeks prior to the meeting of the General Assembly and I just remarked to Mrs. Barr, "I presume that is being sent out to a large number of the Commissioners." Was it sent to a very large number of the Commissioners, do you know about that? (Dr. Barr)

I would say this, that we are as much Presbyters of the Presbyterian Church as any man at home. We have been loaned to the general work of the Church by our Presbyteries, they can call us home at any time they wish to. The general work is under the general agent of the Church and as my Presbyters told me that our trouble was our own fault and we wouldn't bring it to our Presbyteries, that was the proper ecclesiastic way to do it. As long as we were not willing to do that, because they knew why, because we felt it would injure the work of the Foreign Missions of the Church to bring it to the Presbyteries, we would have to stand it. But if it was brought to the Presbyteries then they would take it up and the keeping open of that road was the way in which such things would not happen. I say we are Presbyters of the Church and can take things to our own Presbyteries. (Dr. Adams)

But we do believe that the exercise of this has come to such a point that Presbyteries cannot submit to it in the church's work. Modernism is not in this land alone, nor does it propagate itself here alone, and conditions of the Church in general have developed to where if some degree of the protection which Presbyterian principles of administration provide are not allowed to the field, modernism in objective as well as doctrine will be poured out through the land to the destruction of the faith of the Church.

The desire of the Mission in principle is that the dominating position given the Seoul College should be restrained and reduced, and that the Pyengyang College, standing for the evangelical missionary principles of the Church, should be released from bondage and passed to the front. (Dr. Adams)

Do I understand you to say that Seoul does not stand for the evangelical judgment of the Church? (Dr. Lee)

That is my judgment. I would not say that it does not stand for it, but I would say that the outflow from it is not that. (Dr. Adams)

I am only trying to bring out that if it wouldn't be better rather than just abandon the institution to the management of some that you may feel you cannot trust, whether it wouldn't be better to go in and manage it and give it the protection of your strong evangelical feeling and your evangelistic sense, so as to keep that in line with your ideas. (Dr. Lee)

If that is true, doesn't it seem to be well worth consideration? Even if you cannot get all that you want, if you can approximate to what you want in the way of a thorough-going Christian institution there, isn't it better than letting the thing go at loose ends and letting it be in the hands of the Japanese government authorities? (The Chairman)

If you want my judgment on the subject, I would say that it was the final decision of the Educational Senate, which worked out this way: that the Seoul institution should be a Methodist institution, and the Pyengyang institution a Presbyterian institution.

There were reasons for that in the country between the missions and the different policies of the missions, and the situation of the missions and the spirit and doctrinal positions of the missions. I think, perhaps, you don't realize one of the difficulties that is growing up in union institutions where denominations of different lines - they may be both evangelical - but denominations of different lines of polity and position, attempt to et together. (Dr. Adams)

Weren't they of different lines and polity and disposition before you went into the union before? (The Chairman)

Are we getting at the crux of the thing now - that the real feeling that the majority of the Missions have is that we are attempting an impossible thing in attempting a union with the Methodists under any conditions? (The Chairman)

I think that is the belief of a large number. (Dr. Adams)

Then no matter how it was, it won't work. (The Chairman)

Let me say that there is an increasing weight on that line that has developed within the last two or three years. It is this: that the Methodist Church has been distinctly going over to modernism. I have always held for unionism so far as denominationalism goes. (Dr. Adams)

With reference to the other matter of modernism as it affects you over there, I think it is so easy for us to find outstanding instances of what we know would be destructive if carried on, and then, perhaps, to impute an extreme position of that kind to those who may be associated in one way or another with such exponents. (Dr. Barr)

I can only say for this new point that has been brought up for the last, that anybody who knows men like those who are in the minority of the Mission and supporting Seoul College as I know them, and anybody who knows my associates in the Board and in the membership of the Board who can imagine that they are trying to force an unevangelical system of theology into Seoul, you can understand - I needn't say the rest. It is simply astounding that anybody should raise that question. (Dr. Brown)

1920년 9월 24일 인디아나 매디슨에서 마포삼열이 첫째 아들 제임스에게 보낸 편지

피츠버그에서 숭실대학을 포함한 평양의 학교를 위한 모금을 잘 하고 있음을 말하고 있다.

I had a good time in Pittsburg and secured some money for the College & Academies in Pyengyang - not much but enough to help out a very great deal. There I had a peculiar accident also. I wanted to catch a street car and it stopped on the opposite side of the street from which I expected and as I rushed across to catch it, all of a sudden something struck me so hard right in the calf of the left leg and I didn't know what had happened.

〈1921년 자료〉

1921년 4월 11일 인디아나 매디슨에서 마포삼열이 첫째 아들 제임스에게 보낸 편지

아들에게 보내는 이 편지에서 마포삼열은 캘리포니아 산라파엘에 있는 Dollar Steamship Lines의 Captain Dollar로부터 5천불을 기부 받아 즐거운 마음을 표현하고 있다. 이 기금으로 평양신학교 재건축과 서문교회의 훈련 교실, 그리고 숭실대학 강당을 건축하는 데 사용할 것이라고 한다.

I am rejoicing over another gift of $5000, this time from Captain Dollar of San Rafael [of the Dollar Steamship Lines], for taking down and re-erecting the Theological Seminary building, for West Gate Church for Training Class rooms and [for the] College auditorium. We want to put the new building for the seminary on the site of the present one.

1921년 6월 13일 캘리포니아 산라파엘에서 마포삼열이 첫째 아들 제임스에게 보낸 편지

숭실대학을 위해 4천불 추가 모금에 성공했다.

Had a successful campaign and secured promise of $4000 more for the college. I go back greatly encouraged.

1921년 9월 19일 평양에서 마포삼열이 첫째 아들 제임스에게 보낸 편지. 숭실대학 학장 편지지를 사용하고 있다.

학교들이 잘 개학했음을 말하고 있다. 총 700명 가까운 학생들이 등록했다고 한다.

We had a good time at Sorai Beach and have been home now about a month and you may well know that I am busy. College & Academy have opened well and we have nearly 700 students all told. Foreign School is running with Miss Lloyd, Mrs. Hunt's sister who came out last Spring, acting as assistant teacher until a new teacher comes. They are expecting Dr. Foote's daughter, Jean, who graduated in Nova Scotia last year - to come as the new teacher. How long before you want to try a couple of years as teacher in the Foreign School? The annex to the Dormitory is finished and gives there a fine larger building now.

1921년 9월 26일 평양에서 마포삼열이 첫째 아들 제임스에게 보낸 편지

로버츠 씨가 평양신학교의 학장으로서 많은 일상업무를 담당해 주시는 하지만, 숭실대학과 중학교 등의 일로 몹시 바쁘다고 쓰고 있다.

Theological Seminary opened Saturday and I begin my classes today. What with Seminary, College & Academy I have my hands full although Mr. Roberts as Dean of Seminary has relieved me of much routine work.

1922년 4월 9일자 캘리포니아 오클랜드에서 발간되는 〈오클랜드 트리뷴〉에 실린 소옴스의 기고문 (마포삼열 관련 이야기가 나옴)

이 글에서 마포삼열은 한국에 관한 여러 이야기들을 하고 있다. 그 가운데 교육과 관련하여, 한국인은 앵글로 색슨 족과 마찬가지로 지성적이며, 교육을 잘 이용하고 있다고 말하고 있다. 자기가 한국에 갔을 때는 한국에는 근대교육이 전혀 이루어지지 않고 있었지만, 지금은 미국내 여러 대학에서 한국인들이 우수한 성적으로 공부를 하고 있다고 말하고 있다.

C.A. Wood Soames, "Two Boys and An Elevator Jag," Oakland Tribune

(Oakland, California), April 9, 1922, Magazine and Fiction Section.

Greatest thing in America? Why, the Elevators! Declare Youngsters Fresh from Korea.

Noah Webster should have taken a trip to Korea before he started to compile his well-known dictionary. If he had done this he would not have made the grave error of describing an "elevator" as he did in his compilation of words.

He would not have said : "Elevator - a cage or platform and the hoisting machinery in a hotel, warehouse, mine, etc. for conveying persons, goods, etc. to or from different floors or levels, called in England a "lift"".

Had the eminent Mr. Webster journeyed to far off Korea and remained there for six or seven years he would have returned and jotted down in his notebook a description something like this: "Elevator - a wonderful machine that lifts you up and shoots you down with great speed: the greatest thing in America: something in which one can ride for days on end and still be thrilled."

At least that is what Samuel and Howard Moffett think and they are not hesitant about expounding on their favorite subject. Samuel is six years of age and Howard is four years and eight months and while they may disagree on everything from eggs to elevators they will agree on elevators.

The two boys are the sons of Dr. Samuel A. Moffett and are paying their first visit to their mother country. They were born in Korea and have looked forward to this visit home for a long time. Before they left Korea they were anxious to see a thousand American inventions they had been told about, but once they arrived they concentrated their attention on the prosaic elevator.

"The very first day we arrived here I had occasion to drop into one of the big department stores with the two boys," explains Dr. Moffett. They were still bewildered with the seeming miracles of America.

"We entered an elevator and there the whole charm for America was confined into this one mechanism. They forgot everything else and were I not possessed of some strength of purpose I am afraid that we would still be in the lift riding up and down.

"As it was we rode enraptured for the indefinite period. So long, in fact, that I am afraid the operator thought that both I and the children were insane. Since that first memorable ride I hear nothing but elevators.

"Yes, elevators are certainly wonderful," seconded Samuel and Howard. "We could ride in them forever. When we go back to Korea the first thing we will build is an elevator. Daddy will have to find out how to make them."

That the same mental reaction is true in all ages is advanced as a theory by Dr. Moffett, who is the president of the Presbyterian Theological Seminary at Pyengyang, Korea, a country where he has spent the past thirty-two years in missionary work,.

"In order properly to appreciate your native heath you should go to some distant country, Korea or a similar place for seven years. When you return you will marvel at the luxuries that you otherwise take for granted," says Dr. Moffett. "Every seven years I return to America on a furlough and each time I experience the same thrills. This time I find that when I hear the hum of an airplane motor I simply cannot keep my eyes on the ground.

"I cannot but reflect that seven years ago an airplane was an unheard of thing. Now they are everywhere. You who reside in America and reap the harvest of the growth and advantages do not realize what it is to do a Rip Van Winkle.

"I stay here for a few months and then return to my work in Korea and frankly spend much of my spare time wondering what new things my native land will have to offer when I return seven years hence.

"It was in 1890 that I left for Korea. At that time there wasn't a single trolley car in the whole country. We all thought that we were doing very nicely with the horse cars. In fact, some of us thought that it was a reckless individual who would trust himself in one of those contraptions.

"Seven years later I returned. The horse cars with the exception of one or two in San Francisco, had gone into the discard. Thy were laughed at. They were considered old fashioned and the trolley car was coming into its own. It was no longer considered dangerous to ride in a trolley car. I think that I was the only one in California at the time who actually got a thrill out of the rides.

"As I went on my way back to the Orient again I chanced to pass through Paris and there I had the pleasure of seeing the first horseless carriage. With the rest of the natives I scoffed at the invention and loudly decried it not only as impractical but decidedly risky to life and limb.

"The year of 1905 saw me back again and automobiles were then so common that the Americans had learned to pronounce garage and chauffeur and the flivver was coming into its own. Of course there was plenty of room for improvement but the automobile was being universally used. The airplane was still to come and this time I am enjoying it.

"As yet I have not made up my mind to take a ride but I concede that they are safe enough.

"These inventions that I mention are not the only ones that might be called attention to. Consider the telephone, the telegraph, the wireless, the moving picture, the radio, goodness only knows what more. The ones I stress are merely the ones that appeal to me, just as the elevator appeals to the boys more than anything else."

A native of Madison, Indiana and a resident of Oakland once in every seven years, Dr. Moffett is here again with his wife and two boys with an interesting tale of conditions in Korea. While he declines to discuss the political conditions there since the advent of the Japanese rule, he has volumes to speak of the Koreans.

In recent years Korea has gone ahead by leaps and bounds, according to Dr. Moffett. The popular conception of the Korean as an almond-eyed gentleman with a topknot and a high stiff hat would receive a great shock today.

First of all, the topknot has gone, along with the queue of the Chinese, as a result of the western invasion. The ideas of the west are rapidly assimilated by the Koreans, according to Dr. Moffett, with the result that the old order is rapidly changing.

Seoul, the capital, has a huge water works, electric lights, a trolley car and a moving picture theater. No longer are the residents of Seoul carrying their water from community wells and reading their script with typically Grecian lamps burning a mixture of castor bean oil.

Today your resident of Seoul repairs to his home after the day's work, drapes himself in an easy chair, switches on the electric light, has it blown out and gropes about in the dark trying to put in a new fuse just like his American cousin.

In Pyengyang the novelties are not yet firmly installed but there is vast improvement, according to Dr. Moffett. In December of this year Pyengyang had just commenced work on a $5,000,000 light plant and plans are being made to have a trolley car similar to the one in Seoul.

The railway system which is run by the Japanese government, is kept in good shape, the doctor states, and there are three good hotels conducted on the European plan along the line. Further than that, the servant problem, the bane of every American housewife, does not trouble the Korean housewife at all.

Dr. Moffett believes that this advance will continue, for he rates the Korean very highly along intellectual lines. He has watched the natives of the peninsula, which lies between the Yellow Sea and the Sea of Japan, for a life time, and has had ample opportunity to study the life, habits and possibilities of the race so often mistaken for either Japanese or Chinese.

"The Korean is the intellectual equal of the Anglo-Saxon," said Dr. Moffett. "By that I mean the Korean who "has had the advantages of education. Of course when I first went to Korea there was no system of [modern] education. Since then times have changed perceptibly and in the universities of America there are many Koreans who have achieved high honors.

"Many people think of the Korean either as a Japanese or a Chinese. Neither is true. Their language is of the Turanian family like the Japanese is like the Chinese. The Koreans apparently are a mixed race combining the Mongolian, Malay and Ainu. They are taller than the Japanese. Their hair is lighter in color and their nose is less flat.

"Here the similarity ends, however. Your native Korean is not Japanese in thought or spirit. He is rather Chinese and the Korean scholar is always well versed in Chinese literature. Further than that the Korean is not overly friendly with his Japanese ruler as was evidenced in 1919 when the struggle for freedom took place.

"The country is possessed of vast wealth, much of which has never been exploited. Unlike Japan with its overpopulation and China with its under population, Korea has established a middle path. There is more than enough wealth for the inhabitants and they are independent of other countries.

"Western influence has been felt in Korea in many ways. Perhaps the most noticeable is the disappearance of the top-knot. You have always a picture in your mind's eye of a Korean wearing a high stiff hat and affecting a top-knot. With the disappearance of the Chinese queue, so also has gone the top-knot. The stiff hat remains.

"I might say here that dressed alike it is impossible to tell a Korean, a Chinese and a Japanese apart that is unless you hear them speak."

That women's suffrage is another one of the coming things in Korea was also announced by Dr. Moffett. The women thirty-two years ago had an unhappy lot. "She was kept in what the male Korean considered 'her place,'" continued Dr. Moffett. "In other words her duty was to work, bear children, serve her lord and master and participate in none of the joys of her western sister. Education for the feminine of the species was decidedly taboo.

The fight for independence of the Koreans started in March of 1919, just after the Great War. A declaration of independence was issued on March 3, 1919, and a provisional government was organized with a temporary capital in Manchuria and a provisional constitution was proclaimed on April 27, 1919. This constitution provided for a number of innovations including: A republican form of government. Universal suffrage. Freedom of speech and assembly. Compulsory education. Abolition of the death penalty, corporal punishment and vice.

As readers of contemporary history will recall, the fight for freedom was unsuccessful in the main; but in September of 1919 the newly appointed Japanese governor general, Baron Saito, announced a new policy for the government of the Koreans which insured "abolishment of racial discrimination" and "non-interference with freedom of speech and press so far as it should be consistent with public safety."

While the Korean was not entirely satisfied with this compromise it served the purpose in a measure and he was assured freedoms heretofore not permissible under the Japanese rule. Meanwhile the Japanese started to develop the iron and graphite mines and look into the school situation.

It was after the Japanese accession that foreigners were forbidden to participate in the wealth of Korea. Prior to that, four American companies had gained mining concessions and are still taking gold at a profit.

All of which may be all well and good, the boys of Dr. Moffett concede, but there still remains the question of elevators and Korea is as free of elevators as the west side of Broadway.

This article was found on the Internet in 2010 by Cathy Vallevieni, granddaughter of Samuel Austin Moffett's oldest brother, William McKee Moffett. Cathy sent it to Samuel Hugh Moffett, one of the two boys so fascinated with elevators on arriving for the first time in America. He had remembered the incident, but not many of the details.

1923년 4월 28일 평양에서 마포삼열이 브라운 박사에게 보낸 편지

마포삼열이 장모상을 당해 미국에 갔다가 일 년간 휴가를 지내고 복귀하여 브라운 박사에게 평양의 현재의 모습에 대해 보고하고 있다.

자신이 돌아와 보니 많은 일들이 이루어져 있고 발전도 있었다. 그러나 정치적, 산업적, 사회적, 종교적인 여러 조건들에 변화가 있어서 문제의 복잡성이 상당히 증가해 있다고 말하고 있다. 청년들도 새로운 세대들이 이전 세대들보다 더 활발하고 거침이 없는 모습을 하고 있다고 한다. 숭실대학은 130명의 학생으로 신학기를 시작했다. 학생 수가 증가하여 여유가 없을 정도로 일로 가득한 상태이다. 더 좋은 시설이 필요하고 경상비로 사용할 비용도 더 필요하다. 새로운 건축들도 많이 이루어졌는데, 숭실대학에 과학관이 생기도록 계속 기도중이다. 자신의 부재중에 숭실대학을 위해서는 모우리 교수가 많은 수고를 했다.

I have been asked to write the Station letter for April and I do so realizing somewhat that during my long absence from the field conditions have changed very much, indeed.

Upon my return I am tremendously impressed with the very large development of the work, the marked advances made in certain respects and the increased complexity of many of the problems due to the changed conditions politically, industrially, socially and religiously.

The new generation of Koreans differs so greatly from the past generation. It is restless, ambitious, impatient, less self-controlled, more inclined to lawlessness and more likely to be shaken by every wind of doctrine or thought. The Church is the one great hope of the people - and the great steadying influence - and our Christian people, while not uninfluenced by new conditions, are nevertheless in the main steady and true to faith and principle.

Our student class is ambitious, eager for things on a larger ……

[page 2 missing]

were subjected to disabilities and discriminations but the steady refusal to give up our rights has now been rewarded and the moral and spiritual effect upon the Church and the body of students is decidedly for their strengthening.

We have opened the new school year with 130 students in the College - over 600 in the Academy, 170 in the Woman's Academy and 120 in the Theological Seminary for this term. The year's enrolment will exceed these figures but with these we have our hands full and the opportunities to train leaders are practically unlimited.

As you know, we need better equipment and more money for running expenses. I will

not weary you with a recital of our needs but will only trust you to keep up your efforts to meet these needs while our opportunity is so great. We rejoice in the fine new building for the Theological Seminary and the new building - (recitation) - for the Woman's Academy and we continue to pray for a Science Hall for the College, a dormitory for the Academy and a building for the Hospital.

Our churches are growing - new churches and chapels springing up here and there rejoicing our hearts, while disappointments of one kind and another - troubles in certain churches and schools - and difficult problems are numerous enough to make us realize that we need more than man's wisdom and ability to meet the needs of the Korean Church.

Our West Gate Church in its new building has a congregation every Sunday of over 1500 & crowded to the doors after ruling out the Academy students for lack of room - so that they [have] a separate service. Three chapels in the city and three in nearby villages have grown from the work of this church and one of these is now a separate church of three hundred people.

We certainly are profoundly affecting this people but to conserve the spiritual character and interest of the work we do greatly need more evangelistic workers and more equipment for our training institutions.

As I come back to my own work I realize what very great burdens have been borne by Mr. Roberts in the Seminary, Mr. Mowry in the College and Dr. Blair in the whole evangelistic work of Station and Mission. What a fine lot of men we have in this work, and how greatly they have been blessed in it!

1924년 로버츠 박사 학장 취임식에서 마포삼열이 읽은 〈평양신학교 역사〉

1914년 입학자격 조건으로 연령이 25~27세의 경우에는 고등학교 졸업만을 필수로 했으나, 25세 이하의 학생의 경우 대학 수업을 들어야 하는 것을 했다. 마포삼열이 휴가를 가졌던 기간 동안에 로버츠 씨가 학장(Dean)으로 선출이 되어 평양신학교는 물론 숭실대학의 학장 역할을 함께 했다.

In 1914 entrance requirements were again raised, all applicants under 25 being advised to take a College course and those between 25 and 27 an Academy course, while all over 40 were to be received only in case of exceptional circumstances. The largest attendance of under-graduates ever enrolled, 196, was in residence.

1921: Mr. Roberts was elected Dean, having acted as President during the previous year while the President [S.A. Moffett] was on furlough, the President also having become President of the Union Christian College.

1924년 10월 20일 평양에서 마포삼열이 첫째 아들 제임스에게 보낸 편지

현재 학장직을 수행하면서 재정문제, 학생 훈육문제, 그리고 정부와의 관계 문제를 늘 다루면서 여러 일들이 여전하게 진행되고 있다. 자신은 이 일을 아주 많이 즐기고 있는 것은 아니지만, 최선을 다하고 있다고 말하고 있다.

There is little news of interest - things go on much as usual. Since I am in College and Academy my days are very much the same, always dealing with financial problems or discipline or relations to the government. I do not enjoy it very much but am doing the best I can.

1924년 11월 4일 평양에서 루시아 마페트가 친구들에게 보낸 편지

마포삼열의 둘째 부인인 루시아 마페트는 친구들에게 보내는 이 편지에서 평양의 학교에 대한 여러 일들을 적고 있다. 마포삼열이 35년간 사역을 하고 있는데 지금처럼 많은 실직자가 있은 적이 없었다. 특히 남편이 정치적 이유로 구금되고 달리 안정적 생계 수단이 없는 가족이 있다. 숭실대학의 웅변 팀이 서울에서 있은 경연대회에서 우승을 했다. 또한 대학에서 성경을 가르칠 수 있게 되었고, 교사 자격과 관련한 문제도 해결되었다.

Dr. Moffett has been here 35 years and says he has never known so many people out of work and needing help. In two days three women came, all of whom he knew, all having 3 children to support, no husband, or husband still in jail for political reasons and absolutely no source of income. And these were only samples.

(중략)

One of the college students who graduated from Princeton a year ago and is now teaching Bible over in the Academy as well as special classes, just came in for some helpful books and went off delighted with four good English volumes on Revelation. An easy reading knowledge of English is a great asset. In the contest at Seoul recently our college orator took the prize. The band, I guess, is still playing, though sad to say, he had to come home in the rain.

Apparently the firm stand for principle is beside the victory of being able to keep the Bible in the curriculum, leading to another victory in securing examinations to settle the question of what the government calls qualifications for teacher in private schools. None have yet been held so we do not know what their character will be.

(중략)

Do you people who have not been here for several years realize how fortunate Pyeng Yang is in the matter of music - Soltaus, Lutzes, Hamiltons, Mrs. Winn, Mrs. Ashe, Miss Foote, Miss Gibson (the new primary teacher), the Shaws, Mr. Carlson, a new accession on the other side, etc., etc. The children are all working so eagerly in their various music classes. The Bigger children hated music in America. After the first lesson at Mrs. Soltau's, Ruth [Bigger] came home declaring she was going to practice all day Saturday. Sammie wakes me up mornings to tell me some choice bit about a "famous composer" he may have neglected to mention before. How Mrs. Soltau, even with all the help she has, can keep a watchful and effective eye on every would-be musician from the Theological Seminary and College down to Junior Phillips - - who can explain?

1924년 11월 16일 평양에서 마포삼열이 첫째 아들 제임스에게 보낸 편지

YMCA가 주최한 축구대회에서 11월 14일에 숭실대학 팀이 우승하였다.

Our college football team went up to Seoul two days ago and we received a telegram last night that they had won in the contest between schools - the contest being under auspices of the Y.M.C.A. We took the district contest also not long ago.

1924년 12월 29일 평양에서 마포삼열이 첫째 아들 제임스에게 보낸 편지

대학에서 이루어지고 있는 과학 교육이 신앙을 위험에 빠뜨리는 비기독교적 내용을 담고 있다. 과학교육은 기만적 측면을 갖고 있다.

Mother, Charles and I are reading a book sent us - "The High Way" by Mrs. Caroline Atwater Mason, a fine story, and one greatly needed these days. Hope you read it. It ought to put backbone into you - and make you stand for the faith and give no uncertain testimony. The tragedy of this age is the way teachers in schools and colleges are undermining the faith of students, teaching as assured results of scientific research mere guesses and theories which have no proof and which will be discarded by the next generation of scientists but which will, in the meantime, do immense harm and deceive many. However, "the Word of God standeth sure" and "liveth and abideth forever". But I pity the students who are deceived by this "science falsely so called." Read something every few months as a tonic and in order to keep yourself fortified against the insidious attacks which are made from all sides these days!

1924년 12월 30일에 마포삼열이 작성한 남자중학교에 대한 연례보고서

이 보고서에서 마포삼열은 숭실대학과 관련된 다음과 같은 몇 가지 사실을 서술하고 있다.

중학교 교육을 위해 자격을 갖춘 2명의 교사를 확보했지만, 이들이 가진 자격은 정부가 요구하는 기술적 자격에 부합할 뿐, 실력 면에서는 숭실대학 졸업생들보다 만족스럽지 못하다. 숭실대학 졸업생들은 다만 정부가 요구하는 자격증을 받지 못하였을 뿐이다.

조선총독은 사립학교 교사 자격을 위한 조치를 할 것이라고 약속했고, 이 조치를 기다리고 있다. 이 조치가 이루어지면 숭실대학 졸업생들이 교사 자격을 얻게 될 것이고, 학교 교사 부족문제를 다 해결할 수 있을 것이다. 또한 중학교도 국가 인정을 받을 수 있을 것이다.

미국에서 발표한 〈일본 배제 조치(Japanese Exclusion Act)〉로 인해 반미 분위기가 어떤 영향을 받을 것인지에 대해서는 아직 말할 수 있는 것은 없다.

루츠씨가 농사를 시작할 준비를 하고 있으며, 이는 중학교와 대학을 연계하여 이루어질 것인데, 이를 위해 5천 엔이 시설비로 필요하다.

Last year 2 qualified teachers were secured and two this term but the fact is that they possess only government technical qualifications and are not as satisfactory teachers as our College graduates to whom as yet the government has not granted qualifications.

The Governor General has promised us that this year he will make provision for passing upon the qualifications of Private School teachers by examinations and we are eagerly awaiting the regulations providing for this. When granted we can expect our College graduates to secure qualifications and then a sufficient number of teachers to secure recognition for the School can be obtained. What effect the anti-American agitation due to Japanese Exclusion Act in America will have we can not yet tell.

(중략)

Mr. Lutz is now ready to begin agricultural work and to conduct an extension course in connection with the College and Academy and we greatly need ￥5,000 for equipment for the same.

1925년 〈서울 프레스〉에 게재된 기사 "황제의 날 영예"라는 기사 전문

마포삼열이 일왕이 주는 교육상을 받게 된 사실과, 마포삼열의 간단한 약력을 소개하고 있다.

Editor, "Empire Day Honors," Seoul Press (February 11, 1925).

EMPIRE DAY HONORS

Kigensetsu has developed into one of the most important and interesting days of all the year in Chosen during the past few years. It was originally a day set apart in Japan for national rejoicing and celebration to commemorate the accession of Emperor Jimmu, the August Founder of the Empire. Today is the anniversary of that most happy historical event. It carries back the minds of all Japanese to the hazy antiquity of twenty-six centuries ago, and fires their imagination concerning the glorious achievement of the founder of the Empire whose direct descendant they actually have as their reigning sovereign.

This memorable day has been chosen by Baron Saito, Governor-General, to reward those who have distinguished themselves by rendering exemplary services in the line of education. The Rules providing for it were promulgated in 1922, and today will witness the third distribution of awards throughout the country. People so to be honoured this time will be twenty in number, gentlemen who have devoted many of their precious years to the promotion of education either as school teachers, founders of private schools or by connecting themselves with educational institutions in other capacities. Of this number thirteen are Japanese, five Koreans and two Americans. The Rev. Dr. John Z. Moore of the Methodist Mission North, and the Rev. Dr. Samuel A. Moffett of the Presbyterian Mission North, both resident at Pyongyang, are the two Americans referred to, and we should heartily congratulate all the Government authorities concerned upon their having recommended to the Governor-General for this distinction these two foreigners whose names are now almost household words among a great many inhabitants of the peninsula. Having arrived as a missionary in 1903 Dr. Moore is stated to be the founder of fifteen private schools, and Dr. Moffett who crossed to the Hermit Kingdom still earlier, to be more precise in 1889 [reached Korea in 1890], can claim to be the founder of some sixty schools. These figures alone, we believe, will speak volumes of the valuable contribution they have made to the uplift of young Koreans besides propagating the gospel of Christ among tens of thousands of the young and aged. A brief official account supplied us for publication seems to indicate that all the recipients of Empire Day Honours - if so we may appropriately term the awards fully deserve that reward, but evidently none more so than these two venerable American gentlemen.

마포삼열 언니 수잔이 동생 토마스에게 보낸 편지 (8남매 중 수잔은 셋째, 마포삼열은 6째, 토마스는 막내임)

이 편지 말미에 수잔은 마포삼열이 교육상을 받았고, 부상으로 은제 꽃병을 받았음을 알리고 있다.

Have you heard of the honor that was conferred on Sam [her brother Samuel Austin Moffett] on "Empire Day"? Lest you have not, briefly it was this. At an elaborate celebration of "Empire Day" the Governor General recognized about 20 men for distinguished service and among them were two "venerable American gentlemen" of whom Sam was one, honored for distinguished service in the cause of Education. After an elaborate and impressive ceremony he was presented with a silver vase with many inscriptions acknowledging his great service.

1925년 5월 26일 평양에서 마포삼열이 첫째 아들 제임스에게 보낸 편지

마포삼열은 숭실대학이 "특별학교" 인가를 정부로부터 받았음을 알리고 있다. 그리고 대학의 재정적 지원을 더 잘 확보할 수 있다면 그것으로서 자신의 임무는 다한 것이 되리라고 생각한다고 쓰고 있다.

The yard is beautiful just now and how I would enjoy "walking around the yard" with you once more. [We] were to have had a lawn party here this afternoon, the Governor and other officials invited but a heavy rain this morning will drive us into the Reiner house. You will be glad to know that at last we have secured government recognition for the College as a "Special School" which gives us standing. [We] expect it for [the] Academy also in a few days & then we shall have won our 12 year contest for the Bible in the curriculum – with concrete application to our own schools here. I never fought so hard & so long continued a struggle against so many odds. But it is great to have won out. Now if only I can get better financial support for Academy & College I shall feel that my work for them is finished.

1925년 6월 9일 평양에서 마포삼열이 첫째 아들 제임스에게 보낸 편지

6월 8일에 대학 인가가 난 것을 자축하는 행사를 가졌다고 한다. 학교는 '전문학교'로 인가가 났고, 영문 이름은 Union Christian College를 유지하기로 했다고 한다.

We celebrated Government Recognition of the College yesterday - it becomes a "Special School" - a Chun Moon Hak Kyo in Korean - but remains the Union Christian College in its English name.

1925년 6월 15일 평양에서 마포삼열이 뉴욕 선교부의 휘트모어 목사에게 보낸 편지

모금을 위해 블레어 박사의 휴가를 연장해 줄 것을 청원. 모금은 숭실대학, 특히 새로운 과학관 건축을 마무리하기 위한 것으로, 5천불이 급히 필요한 상황. 현재 지하실과 1층을 건축한 상태. 총 2만 5천불이 소요하게 되는 것임. 전문학교 승격에 대한 공문은 5월 27일자로 되어 있고, 축하가 넘치게 오고 있다.

As you would readily surmise we have all been delighted to know that you are acting as Secretary of the Board in the absence of Dr. Brown. I am sure you will enjoy it and that you will do much good. Doubtless also you will have some suggestions for us all when you return to Korea.

I am exceedingly busy and can take time now for but a few words in acknowledgment of your letter of May 20th and in order to present to you the fact that the Board of Directors of the College and the Mission have united in a request that Dr. W.N. Blair's furlough be extended in order that he may seek to raise funds for the College and especially for the finishing of the new Science Hall (now under construction as far as the first story & basement). $5000 is desperately needed at once while $25000 is the entire sum now needed.

The Mission also wants him to have permission to raise funds for the eight academies and the P.Y. [Pyeng Yang] hospital building. We all hope and believe permission will be granted and that he will succeed. In our Secondary Educational Program we presented the urgent need of the Academies which you thoroughly appreciate. We have been overwhelmed with congratulations upon receiving recognition of the College as a "Chun Moon Hak Kyo" - official notice of which came to us May 27th. We are assured the Academy is all right also and will receive recognition as soon as they settle certain ambiguities in their own rules. It has been a long struggle over negotiations but it means much to reach the end. Of course this but accentuates the importance of the increase in appropriations asked for - in order to maintain our status. What a volume of work there is on this Mission field!!

1925년 7월 7일 뉴욕에서 휘트모어가 평양의 마포삼열에게 보낸 편지

숭실대학이 전문학교 인가를 받기 위해 기울인 교수들과 마포삼열의 노고에 대한 치하. 블레어의 모금이 성공적이었음. 마포삼열이 과학관 건축에 심혈을 기울인 만치 모금 성공에 무척 기뻐할 것이라고 생각함. 현재 제1차 세계대전이 진행 중이라 모금이 각별히 어려운 상태임. 미국 내 세금이 50%에 달하는 상황이다.

I was very glad to get your letter of June 15 and to learn officially that the College had been given "Designation". This is the first word that we have had of it, although the last word received through Blair was that it would probably be received at any time within a few weeks. I most certainly want to congratulate you and the rest of the faculty who have worked so hard to make this possible. I will be very glad to make the announcement of this at the Council meeting tomorrow, and to the Board at its meeting the middle of this month.

As you will have learned from the cable which we sent in your care for Dr. McAfee, Will Blair has been very successful, considering the short time he has been at it, in raising the money for the Science Hall, and I know how you will appreciate the relief as you have been personally carrying the building operations. How much more he will be able to do during the summer months, when so many churches and people of means are not functioning benevolently, I do not know, but I certainly hope that he will secure some more funds so that the work may go on to completion.

The raising of money in America, especially since the War [World War I], has become much more difficult and more of a science than ever before. Many fear that when the surtax on large incomes is reduced the giving by some people is likely to fall off. As it is at present, for the people of very large means, half the amount is practically paid by Uncle Sam, for if they do not give the money away, Uncle Sam takes it in the form of the surtax up to about 50%.

1925년 8월 28일 평양에서 마포삼열이 휘트모어에게 보낸 편지

미국 피츠버그 제일교회가 숭실대학을 위한 기부금을 연 5천불로 올려주기를 희망한다. 한국 교회를 위해 제대로 교육받은 목회자를 세울 수 있기 위해서는 숭실대학이 지속되어야 한다는 데 더욱 더 강하게 확신을 갖게 된다. 이 목적을 위해 비록 내키지는 않지만 학장직을 수행할 새로운 사람이 나오기 까지 최선을 다할 계획이다.

현재 많은 학교들이 정부의 방침을 지키려다보니 기독교의 고유한 특성을 거의 포기해버리는 경우들이 많았다. 과거 학교를 통합하려 했을 때 학교의 목적과 교사의 특성을 유지하는 데 지속적인 균열이 나타났었는데, 결국 각자의 길을 감으로써 교육의 높은 수준과 기독교적 특성을 유지할 수 있었다.

대구의 독립학교와 서울의 보성학교는 불신자들과 연합함으로써 기독교적 특성과 목적을 유지하지 못하게 되었다. 우리의 경우 기독교적 특성을 유지하고 미션학교들이 영적 특성에 특별히 강조할 필요가 있다. 세속적 성공을 우선시하는 학교들에 대해 호소하여 그들고 하여금 철저히 기독교적으로 유지될 수 있도록 해야 한다.

현재 극동 지역에서 젊은이들의 마음을 폭넓게 장악하고 있는 볼셰비키 사회주의적 정치선전 한 가운데서도 진실되고 흔들리지 않은 자세를 유지할 수 있도록 미션학교는 남녀들을 훈련해야 할 것이다.

한국의 학교들을 돕기 위한 모금을 해외선교회가 지속하려는 데 대해 기쁘게 생각하며, 향후 2년 정도의 힘든 시절을 지나면 앞으로는 더욱 평화로운 시절이 올 것이라고 생각한다.

With government recognition we are of course in far better shape to carry on to advantage and now we are hoping that the First Church of Pittsburgh will increase its contributions for the Annual Budget to $5000 so that our constant struggle for enough to meet the bare necessities may be relieved. I am more and more convinced that the College must continue if we are to have a source for an educated ministry for the Korean Church and for that reason I continue as President and reluctantly carry these heavy burdens until we can find someone to take my place.

The school here very nearly gave up its distinctive Christian character in its eagerness to secure a Government charter and the element in the church which lays the emphasis upon the secular and political purposes rather than the spiritual and religious always exercises a strong influence in the conduct of the school and to a large extent determines its character. Did we attempt a merger there would be constant friction and trouble concerning the management, the character of the teachers and the purpose of the school, while if both are maintained the very fact that we maintain high standards becomes the greatest factor or influence towards maintaining the Christian character of that school.

As you know so well, the Osan school in the Syenchun Station territory started as a distinctively Christian one in its management, character and ideas but it has long since come under the domination of the secular and political element. What a mistake we should have made had we united the Syenchun Academy and that school!!

So too, the independent school in Taiku and the Po Sung school in Seoul are in alliance with unbelievers and have not maintained a Christian character or purpose.

Then, too, as we have often represented, there is need for many more than our Mission Academies in order to meet the needs of the Christian constituency and there is an urgent need for the Mission Academy with its special emphasis upon the spiritual character. Other academies will inevitably appeal to the people who place secular success in the foreground and while we shall do all possible to keep those schools thoroughly Christian some of them will draw the interest of those who if associated with us in the support and control of our academy would be a source of friction and internal dissension.

As you know it is difficult to explain all the subtle influences which create the "atmosphere" of the situation with which we deal but they very largely constitute the factors which form our convictions that it is not desirable to propose or attempt a union of the academies.

It is in our Mission Academies that we shall train the men and women who will stand true and unshaken in the midst of the ferment of Bolshevistic and Socialistic and political propaganda which is so largely occupying the thought of the young people of the Far East. Our Mission academies are a steadying factor in the life of the Church in the crises through which it is going and which rapidly succeed one another in this changing Far East.

1925년 10월 20일 뉴욕에서 브라운 박사가 평양의 마포삼열에게 보낸 편지

마포삼열이 숭실대학 학장직 수행을 마지못해 하고 있다는 말에 응답하면서, 매큔 박사에게 냈던 초청장에 대해 그로부터 응답을 받았는지 묻고 있다. 그리고 현재는 응답이 없어도 현재 학장직을 맡고 있는 휴런 대학에 문제가 좀 있어서 마포삼열이 압박하면 승낙할 가능성이 있다고 하였다.

I hope that you and Mrs. Moffett are well and that all goes prosperously with you in your own work. You state in your letter that "I continue as President reluctantly, carrying these heavy burdens until I can find some one to take my place". Do you hear anything on the field directly from Dr. McCune as to the possibility of his accepting the invitation which the Mission extended him a year ago to return and take the presidency of the College? I wrote to him as soon as I received the Mission's action, but he replied to the effect that the way was not clear to accept it. I may say to you confidentially that I have heard within the last few weeks that matters are not running smoothly at Huron College, and I wonder whether if the Mission still desires him to take the presidency of Pyengyang College he might make a different response if you were to press the matter upon him.

1926년 1월 27일 평양에서 루시아 마페트가 첫째 아들 제임스에게 보낸 편지

마포삼열이 올해 62세가 되어 그의 건강을 염려하는 내용을 아들에게 보냄. 휴식이 필요하다고 함. 아들이 대학을 마치고 돌아오면 많은 힘이 될 것이라고 하였다.

Your father's birthday has just passed and so many of the Koreans remembered it with chickens, our Christmas flock is quite replenished. He is sixty-two years old! No one would think it and yet I have been afraid that he might not be able to pull through another year unless relieved. He is carrying more than one man should. But think what he has accomplished for this country. I believe he has done more than any other one person.

(중략)

Your father wrote you recently to come home if you thought best and could not go on with college. I am not at all sure that that is not what you are being led toward. If you will you could help your father in many many ways and to have a stalwart son like you to lean on and talk things over with would make work a pleasure once more. The boys [Sam and Howard] and F.S. [foreign school] children would regard you as an oracle and Tommie would learn to know his big brother.

1926년 8월 7일 평양에서 마포삼열이 아들들에게 보낸 편지

올해는 매큔이 숭실대학 학장직을 맡으로 오지 못한다는 연락을 받음. 내년에는 가능하기를 희망하고 있다.

I hear we cannot get Dr. McCune for the College here this year at least but we are hoping another year will bring him.

1926년 12월 8일 평양에서 마포삼열이 스피어 박사에게 보낸 편지

이 편지는 중국에서 있었던 선교사 회의에 참석한 뒤 그 인상을 보고하는 내용임. 중국에서 이루어지는 선교사의 교육정책에 대해 비판적으로 말하고 있다.

교회가 중국에서 만든 교육 기관들이 교회와 선교사업과는 전적으로 무관하다는 사실에 대해 통탄함. 중국의 미션학교들을 보면서 과거의 한국에서의 경험에 비추어 볼 때, 역시 교육기관의 발전을 위한 노력은 교회의 발전에 부차적이어야 한다는 것과, 교회의 형성에 기여하기 위해 그런 노력이 이루어져야 한다는 것을 더욱 더 확고하게 믿게 됨. 중국에서 기독교적 성격을 의심하게 되는 대학들의 지나친 발전상에서 커다란 실수가 이루어졌다고 생각함. 그것은 (비록 의도된 것이 아니었다고 해도) 복음전도 보다는 교육을 그 목표로 삼았다는 것과, 부유한 계급을 상당히 받아들이고 비기독교인들을 감당할 수 없을 만큼 받아 들였다는 것이다.

중국의 교육자들에게는 교회의 발전에 대한 관심이 없다. 사람들에게 복음을 제시함으로써 교회를 세우는 것 보다는 지적 계급의 교육을 통해 기독교적 이념을 퍼트리는 것이 더 중요하다고 생각하고 있다. 선교사들은 기독교 보다도 교육에 더 가치를 두고 있다는 인상을 중국인(학생 포함)들에게 주어져 있다. 그리스도를 죄로부터 구원하는 구원자로 받아들이는 것 보다는 종교적 도덕적 이념을 명목적으로 지적으로 받아들이고 깨우치는 것이 교육 사업의 목표라고 느끼고 있다.

기관으로서 교회의 기능과 메시지로서의 복음의 기능에 대해 무관심함. "낮은 계급" 성직자와 복음전달자에 대해서는 냉소적이고 거의 경멸적인 태도를 갖고 있으며, 졸업생들은 고소득 직업에 대한 열망을 갖고 있으며, (성직자로서가 아니라) 지도자적 지위에서 역할을 하는 "고도로 훈련된 사람"이 되기를 바란다. 대학 및 그와 연관된 신학교의 배출자들은 선교에 대한 진정한 소명을 느끼지 않을뿐 아니라 목양의 필요에 적합하지 않은다는 것을 복음주의적 선교사들은 느끼고 있다. 교육 기관들은 복음 사역에 도움이 되는 연관성을 갖지 않고 또 그와 무관하게 발전되었고, 학생들은 교회에서 유용한 존재가 되는 것과 무관한 분위기와 조건 가운데서 훈련되고 있다는 느낌이다.

중국에 있는 우리 대학들은 교회를 위한 교육을 갖춘 리더십을 제공하고 있다고 마포삼열은 보지 않는다고 말한다.

Fifth : I hardly know how to express in moderate terms my impression of the undue development of the educational institutions on a scale out of all proportion to the Church and in water-tight compartments almost wholly unrelated to the Church or the evangelistic work.

Necessarily I think in terms of our own experience and, while having no desire to deal in invidious comparisons, I more firmly than ever believe that the development of institutional work should be secondary to the development of the Church and should be made for the sake of contributing to the up-building of the Church. It seems to me that a huge mistake has been made in China in the over-development of universities of questionable Christian character, with education rather than evangelism as the objective (unintentional as this may have been) and to an absurdly unwarranted extent for the non-Christian population and on a scale which caters to the wealthy classes.

With keen regret do I state the impression that there is a lack of sympathy for and interest in the development of the Church on the part of many educationalists and a feeling that more important than the building up of the Church through presenting the Gospel to the people is the dissemination of Christian ideas through the education of an intellectual class and I fear that the impression made upon the Chinese (including the students) is that the missionaries value education rather than Christianity and feel that the inculcation of a nominal intellectual acceptance of religious and moral ideas rather than an acceptance of Christ as Savior from sin is the objective of our educational work.

The indifference on the part of the faculty, foreign and Chinese, to the Church as an organization and to the Gospel as the message; the cynical almost contemptuous attitude towards the "lower grade" pastors and evangelists; the desire for the employment at high salaries of their graduates, "the highly trained men", in positions of leadership (not as pastors); the feeling on the part of the evangelistic missionaries that the product of the universities and their related theological schools not only feels no real call to the ministry but is not fitted for use in the pastorate; their feeling that the educational institutions have been developed apart from and without any helpful correlation to the evangelistic work, that the faculty feel little if any responsibility for the progress of the Church, that the students are trained in an atmosphere and under conditions which unfit them for usefulness in the Church; their feeling that the whole work is largely in the grip of institutions which are more and more independent of the missions and that they are hopelessly entangled in an institutional system which does not meet the needs of the situation and which militates against the progress of the Church. These and other factors lead me to question the whole policy of the educational work in China.

I base this upon very frank avowals made in committees and in private conversations with many, in and out of the conferences. I quote from my note book as follows: -

"Christ laid very little emphasis upon the Church".

"We have in effect two missions in China, a general mission and an educational mission."

"The University sub-station has less relation to the mission than any station."

"College men will not go into the ministry - hence we have Dr. Felt's school in Peking to train ministers" -- an M.E. [Methodist Episcopal] missionary.

"The schools have no touch with the Church"

"The students have no Church life."

"We cannot use the men from our Theological Seminary - so we send our men to the M.E. Bible School for their training."

"We cannot furnish the big salaries the Theologues demand."

"You cannot expect any graduate of the Canton Christian College to go to the Theological Seminary." -- The head of religious instruction in the Canton Christian College.

"Canton Theological Seminary has 50 students but graduates only one or two each year."

"Yenching School of religion has 6 students with 12 teachers." "One of the teachers published articles in a radical magazine saying Jesus was the natural son of Joseph."

"Tsinanfu Theological Seminary has 35 students of whom 4 are Presbyterians."

"Educational work is divorced from the Church. Students graduating from school also graduate from the Church." -- a Chinese pastor and teacher.

"Most of those who become Christians in High Schools fail to link up with local churches when they return to their country homes."

"It is true that few of the graduates of schools become assets to the churches a few years after graduation." -- a Y.M.C.A. Secretary from the interior.

"Some of the teachers are orthodox, some are not" -- a Yenching professor.

"Graduates are lost to the Church."

"The Dean does not ask visitors to speak at Chapel for fear there will be only one or two girls there." "Ginling has 50 or 60 out of 140 at Chapel."

"Of 300 girls in the school 40 are Christians."

"Of 280 boys in the school 35 are Christians."

"One half of the teachers are Christians."

"Of 210 boys in the school 60 are Christians, 30 of these being Presbyterians."

"12% of the students in 100 Middle Schools of East China are Christians."

"In the C.C.C. [Canton Christian College] fees have been increased 3 times until only the rich can attend."

These are only some of the many remarks I heard and I am quite aware of the fact that these quotations are not always accurate statements and do not furnish definite proof, yet they have helped to form my impressions.

I know, too, it is easy to find fault and to see defects while it is far more difficult to make constructive suggestions. However, it is clear to me that conditions are far more serious than merely unsatisfactory and call for a re-consideration of the policy to be pursued. I cannot but feel that a halt should be called in the plans for the top-heavy development of educational institutions and that those engaged in this work should be led into a more sympathetic, helpful co-operation with the evangelistic purpose or should be re-called.

The Educationalists are always over-sensitive to the criticisms made along this line but better far wound the feelings of some than to fail to bring their work into line with the main objective of all mission effort. I do not see that our universities in China are providing an educated leadership for the Church.

1927년 2월 13일 사우스 다코다, 휴런에서 아들 제임스가 마포삼열에게 보낸 편지

이 편지에서 매큔 박사가 휴런 대학을 떠나 숭실대학 학장직을 맡기로 결심하고 휴런 대학에 알린 사실을 제임스가 아버지에게 알리고 있다. 제임스는 지난 여름에 이런 결심을 알았다고 한다. 대학은 매큔의 발표를 듣고 몹시 놀라고 충격을 받았다고 한다.

There must be great rejoicing in Korea over Dr. McCune's announced intention to return. I knew of his plan last summer but the college was quite surprised and shocked at the announcement last month.

McCunes just traded in their old Dodge sedan for a new Chrysler 60. It's a beauty. Had a short ride in it today.

1927년 5월에 마포삼열이 남학교에 대해 쓴 보고서

남자 중학교에 대한 보고서 가운데 숭실대학에 관한 내용이 일부 포함되어 있다. 지난 3월에 29명이 중학교를 졸업했는데, 그 가운데 11명이 숭실대학에 들어갔다. 과거 졸업생 몇 명도 함께 입학하였다.

We graduated 29 men in March of whom 11 entered College with several former graduates. The 5th year now numbers 26. We received without examination the 4th and 5th year students of the Soong In School in the city as financial conditions led them to run only three years course for the present. Our enrollment for this new term is now 313 so that we are pretty certain to enroll more this year than last. I am glad to report also a far better attitude toward the school on the part of the Church officers and parents of the city. They seem to have conquered their disappointment in our delay in receiving designation and show an interest and sympathy and readiness to co-operate. Interviews with Government officials concerning designation in hope that we might get favorable consideration this year leave us still in uncertainty.

1927년 9월 15일자로 마포삼열 등이 작성하여 뉴욕의 국제선교위원회로 보낸 보고서. 초안의 대부분은 마포삼열이 작성하였다.

이 글에서 마포삼열 등은 현재 경험하고 있는 시대적 변화에 대해 선교사로서 복음에 대해 어떤 입장을 가질 것인가에 대한 입장을 천명하고 있고, 나아가 기독교 교육이 반드시 어떤 모습을 가져야 하는가를 천명하고 있다.

우리가 변화하는 시대에 살고 있으며 이러한 현대의 삶에 맞추어 변화된 조건에 적응하여야 할 필요가 있다는 것을 깨닫고 있다. 그러나 우리는 외국 현장의 경험에 비추어, 오늘날 이 세상에 필요한 것은 수세기동안 필요로 해 왔던 것과 동일하다는 것, 즉 우리 주 예수 그리스도가 십자가에서 돌아가심으로 우리가 죄로부터 구원을 받았고, 그 사건에 하나님께서는 죄에 빠진 세상을 위한 사랑을 보여주셨다는 것을 깊이 확신하고 있다. 하나님께서 변하지 아니하시는 것처럼 이 메시지도 변하지 않으며, 예수 그리스도는 어제나 오늘이나 영원토록 동일하시다. 인간의 죄된 본성은 변하지 않았으며 인간이 죄에서 구원을 받아야 한다는 것도 변하지 않았다. "하늘 아래 어떤 사람에게도 구원을 이룰 다른 이름이 없다"는 것은 여전히 진리이다. 교육은 인간의 마음을 변화시킬 수 없으므로, 교육은 교회를 세우며 예수그리스도의 초자연적인 말씀의 능력을 통해 교회를 발전시키는 데 이차적인 중요성을 가질 뿐이다.

선교부의 교육사업은 타협함 없이 기독교적이어야 하며, 기독교인을 위하고 교회를 세우려는 목적에서 이루어져야 한다. 교육은 긍정적인 기독교적 인격을 갖춘 사람들에 의해 이루어져야 하며, 따라서 교육기관과 관련을 맺는 사람은 자신들이 그리스도와 복음을 알리려는 목적을 위해 존재한다는 것을 깨달아야 한다. 오직 기독교만을 실제로 그리고 일관되게 교육하고 학생들과 사람들의 생각 가운데 기독교가 현저히 드러나게 하려는 교육 기관만이 기독교 미션스쿨로 존재하고 또 지원을 받을 권리가 있다.

We realize that we are living in a changing world, that methods need to be re-adjusted to changed conditions and the message applied to the life of the modern world, but we are deeply convinced, from actual experience on the foreign field, that what the world needs today is just what it needed through the ages, the message of redemption from sin through the death on the Cross of our Lord Jesus Christ, wherein is revealed the love of God for a world lost in sin; a message which changes not, even as God changes not, and as Jesus Christ is the same yesterday, today and forever. Man's sinful nature has not changed nor his need of redemption from sin, and it still holds true that "there is no other name under heaven given among men whereby we must be saved."

We have a profound conviction that education, reformation, social improvement, industrial and scientific advancement with progress in civilization, however greatly to be desired and however to be fostered, can never change the heart of man nor be the means for the evangelization of the world, and that no such highly desirable, yet secondary benefits accruing from the establishment of the Church can be the basis for the appeal to man if the church established is to be the church of Christ with a supernatural message which has power to regenerate men and to become the spiritual force in the life of people and of nations which will transform men's lives and meet the needs of the modern world with its problems in connection with the political, industrial and social questions which today are the despair of men who have not faith in God and in His Word.

(중략)

Third: Mission educational work should be uncompromisingly Christian and with a view to the education of the Christian constituency and the upbuilding of the church and it should be conducted by men of positive Christian character and conviction, so that those who come into relation with the educational institutions realize that they exist for the purpose of making Christ and the gospel known.

Only those institutions which do actually and consistently teach Christianity and seek to make it pre-eminent in the thought of students and people have any right to exist and be supported as Christian mission schools.

(This statement largely drafted by S. A. Moffett for the signatories.)

〈1929년 자료〉

1929년 9월 11일 평양지부 명의로 보내어진 편지

10월 22일에 한국의 가장 강력한 전도자인 김익두 목사가 평양에 와서 교회들이 연합 집회를 갖는데, 이때 숭실대학에 새로 지은 강당에서 행사를 할 수 있기를 바라고 있다. 이 강당에는 5천명을 수용할 수 있는 새로운 대학 강당이다.

This is a call for special prayer. The evangelistic movement in Pyengyang has continued throughout the year. On October 20th, the Rev. Kim Ik-tu, probably the strongest of our Korean evangelists, will come to Pyengyang to lead revival meetings for two weeks, in which all the Presbyterian churches in Pyengyang city will unite, and which we hope can be conducted in the new College gymnasium - auditorium which is now in process of erection and which will seat over 5,000 people.

1929년 11월 18일자 평양에서 마포삼열 아들 제임스에게 보낸 편지

매큔 박사가 숭실대학과 숭실중학의 책임을 담당하여 그 업무로부터 자유롭게 되어 무척 다행으로 생각함.

I am busy as can be with plenty of work but am finding it a great relief to be free from College & Academy responsibilities. Dr. McCune has taken hold of them in a fine way.

〈1930년 자료〉

1930년 인디애나, 매디슨에서 출간된 신문 기사

최근 평양에서 우리 마을 사람인 마포삼열이 한국에서 장로교 선교사로 일한지 40년 되는 것을 기념하기 위해 현재의 기독교인들과 일본인 관료들, 그리고 교육계 인사들이 연합하였다. 총독이 축하 만찬과 선물을 주었고, 한국 교회 인사들이 모여 큰 축하연을 가졌다. 최근에 지어진 5천명 이상을 수용할 수 있는 강당에서 행사가 진행되었다.

Recently, in the city of Pyengyang, Korea, thousands of native Christians, Japanese officials, and representatives of educational institutions united in doing honor to our fellow townsman, Dr. Samuel A. Moffett, upon his fortieth anniversary as a Presbyterian missionary in Korea.

The governor of Korea at a state dinner given in Dr. Moffett's honor, presented him with a large beautifully wrought silver vase, and Governor General Viscount Saito of Japan sent a rare cut velvet tapestry representing a Japanese feudal scene accompanied by a letter of congratulation.

Next week all the churches of Pyengyang and surrounding country will unite in a big reception, using for the first time the new auditorium capable of seating more than five thousand.

Dr. Moffett left Madison forty years ago for Korea—the "Hermit Nation", and in these years he has been not only a close observer but has had a large part in the spiritual development of the Orient.

1930년 2월 18일에 마포삼열이 뉴욕에 있는 스피어 박사에게 보낸 편지

이 편지에서 마포삼열은 선교 40년을 맞는 소감을 피력한다. 보고서 성격의 편지이다. 아직 정년퇴임을 하기까지는 4년이 남아 있고, 기쁘게도 힘차게 일을 하고 있다. 매큔 박사가 숭실대학과 중학교를 맡아 주어 자신은 복음사업과 신학교 및 성경기관에서 강의를 하고 있다고 한다.

I still have four years until retirement and apparently am as well and vigorous as ever for which I am grateful. Now that Dr. McCune has taken over the College and the Academy, I am free to get back again into the evangelistic work and to teaching in the Seminary and Bible Institutes and I find the opportunities for reaching the people with the Gospel are as great as ever. Upon a recent eight days visit to my country district for a Bible Class in which three Churches united it was encouraging to find the people eager for study while at the night services the Church was packed full with from 250 to 300 ready to listen to the preaching. Nearly 100 of these were young men from 16 to 30 years of age.

1930년 〈미션필드〉에 수록된 평양 선교40주년 기념식 기사 전문

"Fortieth Anniversary Celebrations in Pyengyang," Korea Mission Field (1930)

평양 숭실대학 강당 겸 실내운동장에서 처음으로 열린 대중집회는 마포삼열의 선교 40주년을 기념하기 위해 가진 모임이라고 함. 숭실대학과 중학교는 마포삼열이 10년간 교장으로 수고한 학교로서 그가 정부 인증을 받기 위해 많은 노고를 기울여 인증에 성공하기도 했다. 이 학교들이 그를 축하하기 위해 만찬을 준비했다.

Fortieth Anniversary Celebrations in Pyengyang

The first meeting of a general sort to be held in the new Auditorium-Gymnasium of Union Christian College in Pyengyang was a gathering of church people who wished to show their appreciation of Dr. Moffett and the years of his life which he has given for Pyengyang. Foreigners and Koreans have at various times reminded him of his forty years in Korea since the January date which marks the anniversary. This celebration was planned and carried out by the many church leaders. There were greetings from various organizations - Presbytery, local Presbyterian Churches and Methodist Churches, General Assembly and Mission representatives were there and said some of the many fine things which are to be said of the forty years of wise leadership and rich fellowship which Dr. Moffett has so gladly and efficiently given. Schools, too; Seminary, College, Academy and Primary, vied with each other in words of appreciation for the years of unceasing concern which led him to give so freely of strength to them as President, Principal and Director. Church Choirs and School Choruses, Orchestras and Band, Individuals, Korean and Missionary, enlivened the occasion with song. Tables were there with gifts of silver, gold, brass, wood and embroidery.

Dr. Moffett and his family sat on the platform where all could enjoy any embarrassment which might arise as praise was heaped upon him for his work! His first helper was there to remind him of days of persecution and difficulty. The first elder recalled the little band who gathered about him in those early days. The first pastor was led to the platform that, blind though he is, he might tell of the vision of great things he had shared with Dr. Moffett. And last of all, Dr. Moffett himself was allowed to remind us all of the growth from the small beginning that had come during the years. As he recalled the workers who had come and gone, as he told of the spread and development of the church work, as he pictured the establishment and growth of the schools, we realized anew the grace of God in the work that is all about us and joined in gratitude to Him that He had used and spared this servant of His for such signal service.

The dinner tendered Dr. Moffett that evening on his lawn called together many from out of town as well as local church officers and was enriched with music from Korean minstrels of the old time variety on their old time instruments. The evening was given over to a genuine Korean entertainment of song and play which made the years drop away as Dr. Moffett listened to what he so often heard in the little Korean house which was the first home of the Mission work in Pyengyang.

The Seminary had met to honor him and to remind of the days when he had led them in the beginnings of theological training. The College and Boys' Academy faculties, over which he had presided for ten years, during their struggles for Government recognition and which he had guided so ably, gave him a dinner in honor of the anniversary. In presenting him with a memento, the speaker said they had thought of silver or gold, of precious or rare embroidery, but had agreed to give him that which they knew from long and close experience with him he valued above all else - and so had chosen a Bible. Dr. Moffett, in responding to the various addresses, has often referred to the marvelous changes which he has seen during these forty years. God has wrought wonderfully in fulfilling His purposes for Pyengyang - and Churches, Schools and Country districts all join in gratitude for the blessing that has rested upon them and upon this worker, whose forty years of life [in Korea] have gone so unsparingly into the upbuilding of God's Kingdom.

〈1931년 자료〉

1931년 1월 9일 평양에서 마포삼열이 친구들에게 보낸 편지

작년 11월과 12월에 있었던 부흥회 집회가 숭실대학 강당에서 열렸다. 숭실대학의 농과가 정부의 승인 약속을 받았고, 그와 더불어 우유 산업도 준비 중이라고 한다.

November and December saw great gatherings in the new auditorium-gymnasium of the College when the Revival Meetings were carried on and when the Training Class was in session. Dr. Baird is writing a special account of the Revivals for a Station publicity letter. It was great to see the more than 5000 people in these gatherings, an inspiration to us all. The three Presbyteries united in the Bible Training Class and I am told there were between two and three thousand in attendance at the night meetings.

All phases of the work go on as usual. The Agricultural Department of the College has the promise of Government approval and plans are under way for a dairy in connection with it. Mr. Lutz and Mr. F.O. Clark were busy for two months with the special course for fifty men from all over Korea -- one from each Presbytery or Conference. We are still hoping for designation for our Girls' Academy. Join us in prayer that this may soon be granted. Miss Snook was quite sick with pneumonia but is better. She goes on furlough this summer and we are hoping for designation before she leaves. Dr. Clark is laid up with serious trouble with his eyes but we hope for speedy improvement. Dr. Baird has gone to Seoul for three months to work on Bible revision in the hope that this great task may be finished.

1931년 2월 28일자 평양에서 마포삼열 아들 제임스에게 보낸 편지

매큔 박사의 노력으로 숭실대학 농과가 정부로부터 승인을 받았다고 하며, 이는 대학을 위해 상당히 중요한 일이었다고 한다. 숭실대학의 강당은 한국 내에서 가장 큰 강당이라고 아들에게 말하고 있다.

Dr. McCune of course is a lively factor in all our station life & work. They live in the home Mr. Soltau built - just inside what you knew as Miss Best's gate quarters - back a distance - just behind the big chestnut tree which you will locate in the lower part of Miss Best's compound. So we are next door neighbors. He is just receiving from the Government [a] permit for an agricultural course in the College which will mean much.

I sent you photos of the new gymnasium/auditorium - the biggest auditorium in the country. It is playing a great part in life of the school and of the Church. Our churches continue to grow and our hands are full of work as always.

1931년 4월 1일자 뉴욕에서 매카피 박사가 평양의 마포삼열에게 보낸 편지

라이너 씨는 숭실대학에서 자신에게 할당한 교과목을 받아들이기 위해서는 상급 학위를 받을 수 있을 때까지 미국에서 머물러 있을 수 있도록 해 주어야 한다고 함. 해외선교부는 그때 까지의 재정적인 문제를 확보할 수 있다면 승인할 수 있다고 함. 그러나 상급 학위를 받을 때까지인 2년간 휴가 기간에 지급하는 금액을 지급하는 것은 규정 위반이므로 어려움. 대학에서 강의를 하지 않으면 외국인학교에서만 강의하게 될 텐데, 선교사로서 그렇게 하는 것은 바람직하지 않고 선교부도 인정을 하지 않을 것이라고 본인이 생각함. 문제는 교육당국이 학위를 요구하기 때문인데, 매카피 박사는 현재 정도의 준비로도 강의하기에는 충분하니 돌아가서 한 기를 지낸 뒤 다음 휴가에 학위를 마무리하는 것이 좋을 것이라 생각함. 교육 당국이 학위를 요구하는 것은 어리석다고 생각하고 있음을 밝히고 있다.

I am having a rather active correspondence with Mr. Ralph O. Reiner and have been hoping for rather more definite word from Dr. McCune, to whom I wrote sometime ago. Mr. Reiner takes quite positive ground that he cannot accept the assignment of the Mission to continue to teach his subject in the Union Christian College unless he can remain in this country long enough to get his advanced degree. His reasons are familiar to you. The action of the Mission authorizes him to remain and the Board would acquiesce in this desire if Mr. Reiner could see any way of financing it. I do not feel that I can properly ask the Board to violate a principle which it has maintained for years by extending furlough allowances for two years for the sake of advanced study. It is enough to have the work disorganized by such a long absence though there are very essential reasons for that at times. Mr. Reiner wants the matter put before the Board for decision and there is no question in my mind about what the decision would be. He asks me whether I think he should send word to the Mission that he cannot agree to further work in the College at Pyengyang. He does not think it is wise for a missionary to devote his whole time to the Foreign School and thinks the Mission would reject it immediately. I am trying to make him feel that what he needs is not the degree but the training for it and that this year of intensive work has fitted him to teach his subject, the only demand for the degree being from the educational authorities who are not holding the College in suspicion for lack of it. He could teach for another term with his present preparation and come back to finish his work for his degree after another period of service.

My sympathy is with men who feel the pressure of educational authorities for these higher degrees. We are in a perfect panic regarding them here in America. A lot of us are trying to be patient under some very foolish requirements. My sympathy is entirely with Mr. Reiner at this point, but I think the conclusion which we have reached will be the only one which we can reach. I am very anxious that the Mission shall not feel that we disregard its action. We are wholly ready to acquiesce in it, sharing the regret which you would all feel at the loss of a worker for another year. It is the financial allowances which seem to make the complication.

1931년 4월 10일자 평양에서 마포삼열 뉴욕의 매카피 박사에게 보낸 편지

한국 교회는 교육에 관심이 많으며, 작년에 교육을 위해 자신이 받은 전체 기부금의 1/3인 $375,000을 교육 목적으로 기부하였다.

(5) If we are to secure additional and enlarged cooperation on the part of the Korean Church, it is urgent that the Mission and the Board fix on a settled policy for the maintenance of our academies. Also from the government standpoint in granting designation, this is important. The program as outlined for the future is on the basis of Korean cooperation. In the midst of the present economic depression in Korea and considering the heroic giving of our Korean Christians to maintain all departments of the work of the Church, additional financial assistance will not be easily secured if the Koreans are left in doubt as to whether or not we intend to maintain the particular school in which they are interested. The Korean Church is interested in education; one-third of their total gifts of $375,000 last year was for education. The encouraging cooperation of the Korean Church in the support of our Syenchun schools, resulting in designation, encourages us to believe that they will cooperate in other schools as they have begun to do in some.

These are some of the reasons why we urge the Board to give a favorable reply to our request as soon as possible and before next Annual Meeting; otherwise we will be embarrassed as to how to plan for the future both in our representations to the Korean Church and to the government.

May we emphasize the fact that to maintain our academies to date has cost many of our missionaries and many of our Korean Christians sacrificial living and giving. In some cases Korean teachers have voluntarily reduced their own salaries. Givers to the $50,000 fund believed that the maintenance of these academies is a worthy cause in the interest of Christian education in Korea. At this time of writing the status of the Christian movement in this land is most encouraging. There is a large increase of interest and attendance in all our churches, Sunday Schools and Bible classes. It is too late and it would not be wise to embark on a policy of retrenchment.

1931년 7월 9일자 뉴욕에서 매카피 박사가 평양의 마포삼열에게 보낸 편지

숭실대학 및 평양신학교 졸업생인 김성락 목사가 미국에서 신학교육 관련 어려움을 겪음. 박경호는 음악을 공부하길 원하지만 그 공부를 위한 재정지원을 받을 수 없음. 배민수의 재정적 어려움을 알리고 있다.

An even more troublesome case is that of Seung Lak Kim who is well known to you and bears an honorable name and record. He has had a most bewildering experience here. He had his year at Park College and two years at Princeton Seminary. Then he decided to go to Yale Divinity School to get a Ph.D. The teaching there was objectionable to him (which may well be put to his credit) but he decided not to stay for examination and so left with no credits at all. Then he went to the new Evangelical Seminary at Dallas, Texas, and at last accounts had made application to the Board of Christian Education for aid to attend the Southern Baptist Theological Seminary at Louisville, Kentucky, in the hope of getting a Th.M. The Board has given him aid on several occasions, always providing for it by some special appeal because he is an ordained man and, under their rules, he cannot receive aid. He came here a graduate of the Union Christian College and of the Seminary at Pyengyang in 1927 and this means that he has been here four years. He would be glad to go back but has no money.

Mr. Kyung Ho Park has been here studying music for sometime. He wants to stay and do more of it still. We have no plan whatever for helping students of music even though they think they will go back and teach music in their own countries. The Board of Christian Education feels it cannot go any farther with him. Special funds are hard to get at this time and the rules of the Board make no provision for aid under such circumstances.

Meanwhile Mr. Minsoo Pai has just arrived in this country with a very cordial letter from Dr. Clark, to be followed by formal endorsement by the Mission, to enter the second year at Chicago. He writes me rather earnestly, enclosing Dr. Clark's letter and expressing the hope that we will very soon send him the appropriation of the Board of Christian Education since he has no money and does not know what to do. Of course, if he really has no money he will be embarrassed because the Board of Christian Education will make no grant until the fall - its total amount then being $150, which the Seminary will match, making $300 in all as the total amount which the Church is prepared to give. In one way and another many of these brethren pick up other amounts, but we cannot count on anything more than these two sums.

1932년 12월 1일자 평양에서 마포삼열이 매카피 박사에게 보낸 편지 전문

베어드 박사가 11월 28일 오전 7시에 장티푸스와 합병증으로 사망한 소식을 알림. 베어드 박사는 지난 2월에 40년 사역을 마침. 11월 30일에 숭실대학 강당에서 거행된 장례식에 많은 사람들이 모여 애도를 표함. 5천 명 이상이 모였고, 도지사 등의 관료도 참예함. 베어드 박사에 대한 칭송을 표함. 그와 52년을 함께 일함. 평양 숭실대학과 숭실중학의 창립자. 두 아들은 목사가 되어 선교사업을 이어가고 있고, 아내는 계속 선교를 도울 것이라고 한다.

Dear Dr. McAfee:-

The cable message from Mr. Genso will have given you the information of the death of Dr. William M. Baird, Sr. on November 28th. His death took place at seven a.m. after nearly a month's illness with typhoid fever and other complications.

Dr. Baird finished his forty years of service in Korea last February. Churches and schools, government officials and the Missionary community had just recently celebrated this anniversary showing in what esteem he was held, while the very large gathering of Christians and others in the College auditorium for the funeral service yesterday gave some indication of the great regret felt by all that his earthly life had come to a close. Some five thousand people filled the auditorium, the Governor of the Province and his wife and a representative of the people of the city coming in person to express their sympathy and to do honor to one who had done so much for this city and people.

Dr. Baird was a great missionary, a great scholar, a great educator, a great man and above all a great Christian. We shall feel his loss most keenly. His influence in and upon the Church in Korea was very great indeed and most helpful.

He had high ideals and most unswervingly stood for righteousness. He had a most implicit faith in God's Word and with deep conviction and great joy proclaimed the Gospel, in season and out of season, following his messages with fervent believing prayer, knowing from personal experience the grace of God without which there is no salvation.

He was nearly seventy years of age and would have retired next June although we were confidently expecting him to continue on at least until he should finish what was the crowning glory of his Missionary work, the translation of the Old Testament into Korean.

He and I had been most closely associated for fifty two years, having first met in the Preparatory Department of Hanover College. Through College and Seminary we were together, ordained together in 1888 and serving a year each in Home Mission work in Missouri. Then he spent a year in Colorado as President of a College, a fitting preparation for his great work as Founder and President of the Union Christian College and Academy [Soongsil] here in Pyengyang.

He reached Korea in February 1891 and our close friendship and association in the work here has continued these more than forty years.

Two of his sons are ordained missionaries in Korea following in their father's footsteps.

Mrs. Baird will continue on the field. Much younger than Dr. Baird she has the prospect of many years of service in the Women's Higher Bible School, the Bible Institute and Training Classes in which she has been so signally blessed and for which she has had such adequate training.

I take it the Board will take whatever action is necessary for her continuance on the field as a regular member of the Mission and for the salary and allowance for her and their ten year old daughter, Mary Anna.

Dr. Baird did a great work. Would that we had many such men of like faith and devotion and ability.

Yours very sincerely,

Samuel A. Moffett

1931년 12월 12일자 평양에서 마포삼열이 아들 제임스에게 보낸 편지

재정 상황이 나빠졌다는 이야기를 아들에게 하며, 가정의 지출의 축소가 불가피함을 알림. 미국에서 한국을 돕는 지원자들의 재정 상황이 나빠져서 약정한 금액을 채우지 못하게 되고, 주일학교 지원금도 끊어지게 되었음. 신학교의 한국인 교수 한 명의 봉급이 끊어졌고, 숭실대학 및 중학교 지원금의 일부도 지연되고 있음을 알리고 있다.

Financial conditions are beginning to tell out here and we have word of a probable cut in April. Supporters of the work at home have lost their money and cannot meet their pledges. Dr. Holdcroft finds practically all the support for the Sunday School work is cut off - - the salary of one of the Korean professors in the Theological Seminary is cut off and payment of some of the support for the College and Academy is necessarily postponed. Our income is very decidedly cut off and we shall have very little if any income aside from our salary and allowance. That means we must curtail our expenses along all lines until better times set in.

1932년 1월 15일자 평양에서 마포삼열 매카피 박사에게 보낸 편지

이는 레이크빌 선교대회와 관련하여 선교지부의 내용을 담아 보고하는 문서. 선교 목표, 교육, 기독교 사회사업, 의료사업, 신생 교회 등에 대한 내용을 담고 있음. 특히 다음과 같은 교육의 원리에 대한 내용을 담고 있다.

1. 비기독교인에 대한 일반교육이 선교회의 업무로 간주된다면, 선교회의 교육기관들은 기독교적 특성을 잃어버릴 위험에 처하게 되고, 교회나 선교회의 자산으로 남을 수 없게될 것이다.
2. 만일 비기독교 사회에 기독교적 이상과 생활기준을 효모처럼 퍼트려 발효시키는 데 강조점을 두어 개인 구원을 주 목표로 삼는 일을 간과한다면, 결국 개인 구원을 점차 무시하는 경향이 생기게 될 것이고 따라서 비기독교적 사회에 올바른 영향을 미칠 수 있는 구원받은 자를 확보하는 일에 실패하게 됨에 따라, 이중의

실패를 겪게 될 것이다.

3. 연합 교육 사업은 기독교적 특성의 상실 혹은 축소를 가져오게 될 것이다.
4. 교육기관을 운영하는데 있어 비기독교인들과 연합하는 것은 거의 항상 의견 불일치를 낳게 되고 종종 법정 분쟁으로 나아가게 된다. 미션스쿨의 교사진은 반드시 기독교인이어야 하며, 만일 비기독교인을 교사로 사용한다면 그것은 임시적 편의를 위하여 비상시에만 그리해야 한다.
5. (29) 성경을 가르치고 기독교적 종교 행사할 권리와 관련된 〈지시〉를 확보한 한국의 경험에 근거해 볼 때, 만일 이런 권리를가 지속적이고 부단하게 주장한다면 결국은 확보되어질 수 있음을 보여주고 있는 것 같다. 기독교를 전파한다는 확고한 목적을 갖고 설립되고 유지되어온 기독교 학교들은 분명 그러한 권리를 쉽게 양보해서는 안 된다. 어떤 기독교적 훈육이나 필수교과를 금지하는 학교를 운영하기보다 정부가 운영하는 학교를 다니는 학생들에게 영향력을 행사하려는 노력을 하는 것은 더 많은 것을 이룰 수 없는 길이 아닌가라는 문제가 제기되고 있다. 그러나 종교적 자유에 대한 부정 때문에 학교 문을 닫는 것 보다는 불공정한 규제 아래에서도 기독교 교사들이 기독교 자녀들의 교육을 하게 하는 것이 더 낫다고 생각하는 사람들도 일부 있다.
6. 비기독교인들에 대한 대중교육을 제공하는 것은 선교부의 업무로 간주되기가 거의 어렵다고 보며, 그것은 오히려 정부의 업무가 될 것이다. 물론 반기독교적이지 않은 교육을 장려하고 고무하는 것이 어느 국가에서는 기독교 교회의 의무이기는 할테지만 말이다.
7. 연합 교육기관이 더 이름을 얻고 있다고 해서 복음주의를 위한 학교에 대한 지원 보다 연합 교육기관에 복음주의 선교사업의 비용을 할애하는 것이 올바른 것인가는 의문이다.

GROUP II EDUCATIONAL

The findings under this head do not meet with such unqualified approval as those under group 1 and we would bespeak a very careful reconsideration and rewording of some of these findings.

(24) This meets approval if the emphasis is properly placed upon education of a Christian constituency and not upon that of the non-Christian. Experience indicates that where the general education of non-Christians is considered the province of the Mission the institutions are in danger of losing their Christian character and thus fail to become assets to the Church or Mission. One member writes, "The Mission should primarily help educate Christian children but may include non-Christian children in its schools."

If the leavening of non-Christian society with Christian ideals and standards of life is stressed to the disparagement of individual regeneration as the main objective, then the tendency is to neglect the latter and so, failing to secure redeemed individuals through whom alone non-Christian society can be rightly influenced, lead to a double failure.

(25) Here the emphasis must be placed upon "actual practice", not theory only in securing thoroughly Christian institutions. "The importance of securing thoroughly Christianschoolscallsforspecialemphasis."

(26) Union educational work can be had at the expense of Christian character, purpose and achievement and when secured with a compromise as to the Christian character of the student body or of the faculty or of the instruction given, the Union may result in an apparently more efficient institution projected on a larger scale but with little in the way of a Christian product and may result also in the elimination of a smaller and less pretentious institution which was or can be made to be a real asset in the development of the Church.

(27) Not only the faculty should be composed of active, not merely nominal Christians, but the Board of Directors should be composed of Christians. Union

with non-Christians in the control of an institution has almost always resulted in dissention and frequently in law suits. "Mission school teaching staff should be of the highest Christian character, a non-Christian teacher being used only in an emergency as a temporary expedient." With reference to endowment it is absolutely necessary that Mission schools be perpetuated by endowment. It is time that all the schools permanently needed by the Mission churches should be endowed to the extent of meeting the minimum need for their continued existence.

(29) Korea's experience in securing Designation with the right to teach the Bible and to conduct Christian religious exercises would seem to indicate that if this right is consistently and persistently maintained it can be secured. Certainly such right in a Christian school founded and supported by Christians with the avowed purpose of propagating Christianity should not be surrendered lightly. The question arises as to whether more cannot be accomplished by efforts to influence students in government schools than by conducting schools which are prohibited having any Christian instruction or requirements.

Some, however, think it better to have Christian children taught by Christian teachers even though under unfair restrictions rather than to close the school because of the denial of religious liberty.

(31) Provision for mass education of non-Christians would hardly seem to be the province of a Mission but rather of the government even though it may be the duty of the Christian Church in any land to foster and encourage any education which is not anti-Christian.

(33) Some of us question very seriously the justice or the wisdom of giving preferential treatment and privilege in the raising of funds for Union institutions at the expense of the evangelistic work or of our own Presbyterian institutions

which often are greater assets to the Church than are some of the larger, more expensive and often less positively Christian schools and hospitals. Many missionaries and supporters of the Board's work feel keenly the injustice of what seems like discrimination against the evangelistic work and our own institutions just because the privileged ones are Union institutions, irrespective of the fact that our own institutions may be far greater factors in the development of a thoroughly evangelical Church. Others question the advisability of the "creation of a department promoting especially the interest of the higher educational institutions" fearing that such a department would emphasize dangerously the institutional work at the expense of evangelism which is the primary objective of Board and Missions.

(50) We suggest that in stations where there is no access to public or private libraries some provision be made for supplying missionaries with books for their own intellectual and spiritual development and with books which may aid them to prepare for more efficient service along exegetical, historical or medical lines. The Board might to advantage maintain at but small expense a circulating library, the books to be sent from station to station, kept for a stated period and sent on at the reader's expense for postage only. Five hundred dollars would keep a hundred or more books in circulation.

1932년 4월 1일자 평양에서 마포삼열 매카피에게 보낸 편지

이 편지는 실행위원회에서 미국 유학생들에게 재정지원을 해 줄 것을 미국의 해외 선교부에 요청하는 편지이다. 지원의 대상은 신학생들인데, 이번 편지에서는 음악을 전공하는 박태준도 추천을 하면서 그 이유를 설명하고 있다. 박태준은 평양 숭실대학 졸업생으로 음악에 탁월한 재능을 보이고 있고, 말즈버리 양의 특별지도를 받았고, 대구중학교에서 수년간 교육을 하였으며, 공부가 끝나면 분명히 다시 돌아올 것이라고 한다. 위원회가 만장일치로 박태준에게 지원해 줄 것을 요청하고 있다.

I reported to you in my letter of February 18th that the Executive Committee would doubtless approve the application for aid of Thomas J. Kang, a student at Biblical Seminary, New York, and of Peter C.K. Moon, a student in Princeton Theological Seminary.

The Executive Committee has approved these two applications. Also Mr. Lee Wan Mo has already been reported to you as approved, although he has not yet left for America.

At this meeting we have also approved the application for aid of Mr. Pak Tai Choon who has the approval of his Presbytery and of Taiku Station. Mr. Pak has exceptional ability as a musician. He is a graduate of the Union Christian College here and has also had special training under Mr. Malsbary. Ordinarily we will not endorse for aid those who are taking the music course but as Mr. Pak has taught several years in our Taiku Academy and in all probability will again teach there upon his return from America we have unanimously endorsed his application.

〈1934년 자료〉

〈1864년 1월 15일생인 마포삼열은 1934년 1월 15일에 70세 생일을 맞게 된다. 그리고 70세가 되면 선교사직으로부터 은퇴해야만 하는 나이이기도 하다. 생일을 맞아 많은 지인들이 우정을 담아 〈BOOK OF MEMORIES〉를 만들어 증정하였다. 아래는 그 책에 실린 글 중 일부이며, 특히 숭실대학과 연관되어 서술된 부분만을 발췌하였다.〉

William Davis Reynolds, Jr.

마포삼열은 숭실대학을 살아있도록 했으며, 10년 동안 학장으로 노고를 기울였고, 성경을 교과과정으로부터 뺀다면 미션학교들을 인가해 주겠다는 요구에 대하여 "돌벽처럼 굳건히 버텼고" 돌벽처럼 영광스런 승리를 쟁취했다.

2. Moffett, the Missionary. He was a great itinerator in those early years. Before our arrival on the field, Moffett and Gale had made a long, long trip of exploration from Seoul to Euiju, and along the borderland in Manchuria looking for the Christians that were reported to have believed through the colportage of Sŭh Sang Yūn, and the pioneer preaching of Underwood and Appenzeller. Just after the Christmas party of 1892, Moffett kindly initiated me into the mysteries of mid-winter itinerating on a pioneering trip to Kōngju and Chŭngjū. At Kongju two Koreans called at our inn and bowed low to the ground before Dr. Moffett, mistaking him for a Roman Catholic priest. Next day at a market town where we stopped for lunch, our language teacher suspected that bandits were mixing with the crowds that swarmed around our luggage, and urged us to leave at once and travel as fast and as far as possible before stopping for the night. With the mercury near zero, we walked till 10 o'clock, and my aching legs testified that a

bandit would have to put on seven leagued boots to overtake Moffett! At Chungju we were entertained by the Magistrate, and I sat in spellbound admiration of Moffett's fluent Korean. Not a word did I understand, in fact all I knew at that time was **** [Korean is very difficult]. The expression "Missionary Statesman" always makes me think of Dr. Moffett. In February 1893, he was the leading spirit in reorganizing the Presbyterian Council, has been an active member of the Bible Committee and Christian Literature Society as far back as I remember, founded the Presbyterian Seminary and served for 25 years as its first President, kept alive the Union Christian College, and served as president for ten strenuous years; "stood like a stonewall" against the registration of Mission schools at the expense of cutting out the Bible from the curriculum and like Stonewall won a glorious victory. He was the first and also the last moderator of the Korean Presbyterian Council, and the first moderator of the National [Korean] Presbytery, and the second moderator of the [Korean] General Assembly [Dr. Reynolds was mistaken here, Moffett was the 8th moderator of the General Assembly].

Rose M. Baird (베어드 박사 둘째 부인)

베어드 박사와 마포삼열은 절친한 친구였다. 두 사람은 서로에 대해 신사다운 품위를 잃지 않았으며, 때때로 서로에 대해 "샘" "빌"이라고 불렀으나 대부분의 경우에는 "닥터 마페트" "닥터 베어드"라고 불렀다. 특별히 어려운 일을 만날 때면 두 사람은 서로를 찾았으며, 마포삼열 박사가 휴가를 떠났을 때는 "의논할 사람이 없다"는 말을 하는 것을 듣기도 했다.

My husband's closest friend. He told me of Dr. Moffett before I came to Korea and when we arrived we went at once to his house and spent our first days in Pyengyang in his little guest house.

They studied together in Prep. School, in Hanover College and in McCormick Seminary and spent almost forty years together on the Mission field. They never lost their dignified gentlemanly bearing toward each other occasionally they called each other "Sam" and "Will", but mostly it was Dr. Moffett and Dr. Baird. They sought each other's company when there was some particularly hard problem to work out, and I have heard William say when Dr. Moffett was on furlough, "There just isn't anyone to discuss things with." So it was to the end.

During the last days of his [Dr. Baird's] illness, Dr. Moffett used to walk over every evening with Mary Anna, who stayed in their home then, to inquire how her father was doing [He died Nov. 28, 1931]. She, too, feels at home in his home.

His outstanding characteristic is that he never is beaten. When one way is blocked he immediately looks for another better one. His prayers are usually those of optimistic faith. True to the fundamentals of the Christian Religion with the old Scotch idea of the Sabbath, he was the kind God could use to help build the great church of Korea, which has been such an outstanding example of modern missionary endeavor.

Heartiest congratulations to you, Dear Dr. Moffett, and may the years to come be filled with His richest blessings.

Charles Allen Clark

어느 날 우리는 당신을 숭실대학의 학장으로 만들었는데, 그때는 대학의 역사상 가장 힘든 시기 가운데 하나였으나 그때 당신은 대학을 구하였다. 어느 누구도 근접할 수 없는 정도로, "평양이 마페트이고, 마페트가 평양이다."

You've always been our greatest evangelist. One day we made you a College

Prexy and you saved the college at one of the most difficult periods in its career. We elected you again and again to our Executive Committee as member or chairman and you've been our greatest executive. From Fusan to Wiju and beyond, whenever we've had a church quarrel too difficult for local folks to settle the Assembly has always sent you and you've been our greatest "trouble expert". We've done a lot of sawing and fitting and joining to create an indigenous Constitution for our indigenous Church and you've been our greatest church lawyer. Korea is known as the land of native church self-support and you've been its greatest exponent. We've sent you to America to find support for the work and you have been one of our greatest money raisers. In Station, Mission and all of our Councils when we other folks get up against problems that we cannot solve we always turn to you. Many great men try to do everything themselves and particularly to garner all the bouquets for their own. You've been our greatest developer of the younger men of the Mission, opening doors for them and putting them forward to do their best.

"Seventy years old, the calendar says today". Seventy years young, say we. "You cannot vote any more in Station and Mission" the Board's rules say. You still have the privileges of the floor and always will have and that will carry far more weight than a dozen votes might give you. We are coming together on this birthday night not for a goodby meeting. We're just checking up on the past ready now to really tackle things and get some work really done. Pyengyang is Moffett and Moffett is Pyengyang in a way that no other person ever can or will be.

George Shannon McCune

평양에서 있었던 일을 기록한 나의 일기장에 쓰인 여러 사건들, 특히 한국의 최초의 대학을 만드는 일에 있어서 마포삼열 박사의 이름이 자주 나온다.

In my diary account of our early years in Pyeng Yang, our Korean birthplace, in the beginning of work in the Central Church, the country churches and in the organization of the first College in Korea, Dr. Moffett's name occurs often.

William N. Blair

마포삼열은 평양장로교대학(여기서 블레어는 숭실대학을 이렇게 부르고 있다)의 학장직을 10년간 수행했는데, 이때 한국 교회는 미션 학교에서 성서를 가르칠 권리를 쟁취하였다.

Dr. Moffett is a man of unusual executive ability. It was his foresight and business sagacity that secured our fine station site of forty acres, originally outside the West Gate of Pyengyang, but now in the heart of the rapidly growing city. He is not only dean of the evangelistic workers of the mission, but has been intimately connected with the educational work. He founded the Presbyterian Theological Seminary in Pyengyang, and was its president for twenty-five years. He was president of the Pyengyang Presbyterian College [Soongsil] during the ten strenuous years when the right to teach the Bible in church schools was being won by the Korean Church.

Samuel Hugh Moffett (마포삼열의 아들)의 축하연 기록 전문

아들이 남긴 마포삼열 축하연에 대한 이 기록은, 마포삼열이 사람들에 의해 "선교사의 이상", "평양의 대주교"라고 부르는 것을 들었다고 전하고 있다.

January 25th, 11934 was Dr. Moffett's seventieth birthday. Dr. Moffett is my father, and may be seventy, but it's hard to believe. At least he lacks the white beard and tottering figure I associate with that age.

The day began auspiciously with the arrival of a sleepy messenger-boy carrying an early telegram of congratulations from Chairyung Station. This started the avalanche. The boys from the post-office wore a beaten track to our door and smiled wearily as they handed in the telegrams. The post-man unloaded huge piles of letters, until father was fairly snowed under with congratulations. Of course the day could not have been run off successfully without the usual gifts of chickens, boxes of oranges and strings of eggs which are an infallible sign of a birthday in Korea.

The small dinner party given annually for four whose birthdays come the same week, was, this evening, unexpectedly broken into by the community serenading with "Auld Lang Syne". Following this the whole station and all our Methodist friends, trooped in and prepared to spend the evening.

We learned things about father that night: - his weakness for red hats, his abilities as a soccer coach, his tender solicitude for a pile of tiles left out in the rain, and his undignified actions on the tennis court. All this came out when Mr. Phillips read from a Book of Remembrance presented to father by the community, and filled with pictures and congratulations and personal reminiscences from each member of the foreign community. In it he was commended for everything, from interest in baseball to unselfishness and high courage. Others commented on his zeal, his generosity and even his pep. He was called "an ideal missionary," and "the Archbishop of Pyengyang," - and all this time had to sit up in front and try not to look self-conscious! This kept up for an hour and a half, and I certainly think he deserved everything that was said.

About the time father arose to thank the station, several of the ladies disappeared toward the kitchen, so we knew what was coming. A huge cake was brought in, flaming with candles, and father unsuccessfully did his best to cut it symmetrically.

As a parting present, pictures of father – a look of grim determination on his face, – were given to each member of the community.

Charles L. Phillips

우리가 그를 기념하는 이 글을 쓰는 동안에, 마포삼열은 지역 장로교 총대들에 의해 다른 사람들이 걷기를 두려워하는 곳에서 홀로 행동하도록 추대되었다. 그 일은 우리가 이 도시에서 지금까지 들어보지 못했을 정도로 큰 위험에 교회를 빠트리는 일인데, 곧 신사참배 문제이다.

As we write these lines, Dr. Moffett has been appointed by the local Presbytery to act alone where others fear to tread, in one of the most distressing church difficulties that we have ever had in this city. [The shrine issue]

What is the road ahead? Has Dr. Moffett retired? Is he resignedly sitting on his front porch with his feet on the railing, dreaming of those great 44 years of service? Is he going to leave Korea, and rest his weary limbs in some bungalow in sunny California? Well, we confess that we live right near him and ought to know, but we're stumped for the answer. "We'll just have to let that one simmer awhile!"

마포삼열이 〈미국 장로교회 한국선교 50주년 기념〉이라는 책자에 쓴 "한국에서의 선교사 생활 50년"이라는 제목의 글 전문

Samuel A. Moffett, "Fifty Years of Missionary Life in Korea," The Fiftieth Anniversary Celebration of the Korea Mission of the Presbyterian Church in the U.S.A. (Seoul: YMCA Press, 1934): 36-49. // [It is read at the Fiftieth Anniversary Celebration of the Korea Mission of the PCUSA, held on from June 30 to July 3,

1934, at the Post Chapel of John D. Wells School in Seoul.]

FIFTY YEARS OF MISSIONARY LIFE IN KOREA

I met my first Korean in the harbor of Yokohama, Prince Pak Yung Ho, who came on board the steamer with Mr. Loomis, the agent of the American Bible Society. My next Korean acquaintance was the old Confucian scholar, Song Soon Yong, Dr. Underwood's language teacher and literary assistant. Prince Pak was in foreign dress; Mr. Song in Korean scholar's garb, a novel and striking figure.

The two new-comers, Miss Doty and myself, then met Mr. Underwood and his wife who were in Yokohama seeing through the press the first Korean-English and English-Korean dictionary and grammar. Dr. Ballagh took me to a Japanese prayer-meeting and I began my missionary career with a short talk to a group of Japanese Christians.

Steamers then put in at Nagasaki and there we found Dr. and Mrs. Allen returning to missionary service in Korea, after rendering assistance to the first Korean delegation to the Western world at Washington.

From Nagasaki under the care of Captain Jones on the little rocking tub known as the Ohwara Maru we crossed the choppy sea to Fusan where Mr. Gale was living for a few months, studying the Korean language, traveling through Kyeng Sang Province and visiting the capital, Taiku. We saw his Korean teacher but missed him.

Reaching Chemulpo [Inch'on] on January 25 [S.A.M.'s birthday] 1890, we were met by Dr. Heron, Mr. Gifford and Miss Hayden who with Mrs. Heron constituted the rest of the mission.

By chair and pony we all traveled from Chemulpo to Seoul, arriving after the curfew bell had rung, but were able to squeeze through the West Gate, which Dr.

Heron's faithful old soldier had induced the guard to keep partially open for us.

Along the crooked, narrow street we rode past Steward's little store, the only foreign goods establishment in Seoul (still standing - 1934) and soon found ourselves inside the Heron compound where we were most heartily welcomed.

The first Sunday in Seoul I attended the foreign service in the little brick building known as Pai Chai School. There were about twenty adults in attendance, practically the entire missionary body, and a few others.

My first Korean service was in the little three kan [room] house, partially on the Girls' School compound where Miss Hayden lived and had nine little girls under instruction. There were some fifteen adults present and thirty children from the Orphanage and the Girls' School. No singing was allowed since the American Minister so requested for fear of arousing suspicion on the part of the Government.

The next Sunday I was in charge of the Sunday School with twenty or more boys from the Orphanage. From them I began my acquisition of the language - posting up a picture scroll and by pointing to this and that in the picture and asking, "Ee got moo in yo (What is this?)", eliciting answers which gradually added to my vocabulary. Remember we had then no English-Korean dictionary or grammar, the French mission books being our only text books until we were able to give an eager welcome to Scott's Manual and the Underwood dictionary and grammar.

A few days after arrival Dr. Heron took me for a walk and with evident concern and in all seriousness put to me the question as to whether my first impressions were that the missionaries were living in too great luxury, whether they were making a mistake in living in the large houses and compounds and on the plane of the upper classes rather than as lived the lower and middle classes. Certainly I had not seen the evidence of luxuriousness other than that servants were many and that all foreigners, including missionaries, were called "Tai in" (great man).

I want to pay a just tribute to Dr. Heron, the first missionary appointed by our Board to Korea, and, as I knew him, an ideal missionary physician. He was not only a most successful physician and surgeon but he had a deep sense of responsibility for the preservation of the health of his fellow-missionaries. It was his delight to plan proper exercise for the members of the mission. A good rider, he planned horse-back rides for us all and because of his relation as physician to the King he had access to the Royal Stables for such use of the horses as he wished. He had made good progress in the use of the language, was a faithful student of the Bible and with Mr. Underwood and Dr. Scranton was one of the first men to be assigned to the translation of the scriptures.

He was honored by the King with the rank of Champan, the second highest rank of nobility, followed Dr. Allen as head of the Royal Hospital (which became the Severance Hospital), was physician to the foreign legations and to the families of the Chinese Resident Yuan Shi Kai and his secretary Tang Shao Yi, the future President and Prime Minister of the Chinese Republic.

Dr. Heron was held in the highest esteem by all, his funeral service conducted by the writer being attended by Korean, Chinese and European officials and members of the Diplomatic Corps. His colleague, Mr. Gifford, prepared an appreciation of his life and character for the Korea Repository for December, 1897.

It was my privilege also to know Mr. Henry Davies of the Australian mission. A linguist, he was soon preaching in Korean and distributing tracts on the streets and among the squatters on the city wall. His enthusiasm for evangelistic work was an inspiration to us younger men and his desire to see the Scriptures translated led him to arrange with Mr. Bunker for the three of us to meet once a week in order to keep up our knowledge of Hebrew.

His long trip through Choong Chung and Chulla provinces spread a knowledge of the Gospel there, but by the time he reached Fusan he had contracted small-pox and in spite of the careful nursing given him by Mr. Gale he passed away after but six months service in Korea.

He had already arranged with Mr. Underwood for a Presbyterian Council in order to unite the work of the two missions in one Korean Church. Later this plan was revived when others from Australia arrived and the Southern Presbyterian mission came. The newly formed Council advised a distribution of territory among the Presbyterian missions and this Council became a great unifying factor in the development of but one Presbyterian Church in Korea as an indigenous Church, independent and self-governing. The death of Mr. Davies who was so peculiarly gifted intellectually and spiritually, removed one whose leadership would have been most beneficial.

Another pioneer missionary who did much for the widespread proclamation of the Gospel is Mr. Fenwick, now living in Wonsan. I have often regretted our inability to win his cooperation with us. Originally a Presbyterian, with unusual gifts as an instructor in the Scriptures which he unwaveringly accepts as the Word of God and with an implicit faith in the supernatural work of the Spirit of God, he had much to do with the training of many of the early Christians, notably Saw Kyeng Jo, one of the first seven men ordained to the Korean ministry, and Ko Hak Youn, teacher and helper to Mr. Baird in opening the station in Fusan and in teaching the early converts there, whose son Ko Myeng Oh, is now a surgeon in Severance Hospital. Mr. Fenwick afterwards affiliated with the Baptist Church and for over forty years has carried on an independent work. As a great Bible student and teacher, he has been a blessing to many ministers and elders and others of the Presbyterian Church.

In June, 1890, Dr. Nevius of China made a short visit to Seoul, was an inspiration to us and had a very decided influence upon the adoption of our methods and policies. For many years our mission made his "Methods of Mission Work" a part of the required study of all new missionaries. From him we received two most helpful seed thoughts which led to the development of our unique training class system and to the emphasis which we placed upon the cultivation of self-support. Our mission has gone considerably beyond the suggestions of Dr. Nevius on these lines but to him we owe a great debt of gratitude for his advice and counsel when we were first formulating our policies. I often recall Dr. Nevius' reply to a question I put to him, said he, "If you had asked me that twenty-five years ago I should have been ready with a dogmatic answer but I am not so sure about everything now."

To the Scotch and Irish Presbyterian missionaries in Manchuria we owe not only the first translation of the Scriptures into Korean and the conversion and baptism of the first Korean believers, but we owe also to them the adoption of another distinctive policy. Mr. Gale and I visited Mukden in the spring of 1891 when we took a three months trip through Manchuria and the northern provinces of Korea. There we met Dr. Ross and saw the work of Mr. McIntyre, Mr. Webster and Dr. Christie. What impressed me most was the large Church building erected according to Chinese architectural ideas and the services conducted by the Chinese pastor, all things being conducted in accord with Chinese life and customs. The idea of developing an indigenous Church took deep root and through the years since we have endeavored to develop the Church on the basis of Korean thought and custom, objecting only to that which was contrary to Scripture and allowing freedom for the natural expression of Korean ideas.

Of course through these earliest years Dr. Underwood was the indefatigable leader in everything. His great enthusiasm, his indomitable energy, his great faith and his deep conviction that his message was a supernatural one, made him the outstanding leader, his influence being felt in the inauguration of all kinds of work.

Whether in Bible translation in Korea, the preparation and printing of language text books in Japan, his ringing messages and challenges to the students in McCormick Seminary and in Union Seminary, Virginia, and his appeals to the Board and Church in America, he was always in the forefront pushing anything that would hasten the evangelization of Korea.

His was the faith of Carey - "Expect great things from God." Who that heard him will ever forget the ringing challenge of his appeals or the quick energetic movements of his whole body as he preached the Word, or made his optimistic reports, or advocated plans for advancement.

One of his great services for Korea and the mission was his securing for Korea, Graham Lee, Swallen, Moore and Tate from McCormick Seminary, Reynolds and Junkin from Virginia, F.S. Miller from Union Seminary and Dr. O.R. Avison from Canada. It was he who led to the opening of a mission of the Southern Presbyterian Church.

He was a great walker and in country itineration was always in advance of his pack ponies, zealous, eager, impatient of delays, ever pressing on and ahead. Who but Dr. and Mrs. Underwood would ever have taken that really dangerous trip to Kangkei in the far interior on the hunt for Koreans who had received copies of the Ross version of the New Testament.

There has never been any uncertainty as to the evangelical message of the Korea mission. Most of its members have been men with a strong conviction that the Bible is the very Word of God, the sword of the Spirit and that salvation is in none other than in Jesus Christ the eternal Son of God who died on the cross, shedding His blood for the remission of sin, and rose from the dead, who ascended into heaven and who will come again. We have believed that our commission is to declare the Gospel, a supernatural revelation from God and that in so doing we had a right to expect God to honor His own Word and accomplish a supernatural work in the regeneration of those who believe. In this belief the Bible has been given the pre-eminent place in our work. I do not hesitate to state the conviction that the unique and pre-eminent place given to instruction in the Scriptures as the very word of God has been the outstanding factor through these fifty years in the evangelization of Korea.

The early missionaries set the example of personal evangelism and the Korean Church following their example has developed as a witnessing Church because of a personal experience of God's grace through the study of His Word. The wide spread proclamation of the Gospel, the long itinerating trips in the early days, the distribution of sheet tracts by the hundreds of thousands - with a sale of Scriptures by colporteurs, has developed the Church as one obeying the Master's commission, "Go ye into all the world and preach the Gospel to every creature."

This desire to give the Gospel to all Korea led the Mission to open a station in Fusan (afterwards removed to Taiku), and stations in Wonsan and Pyengyang, while on advice of the Presbyterian Council, the Southern Presbyterian Mission opened stations in Chulla Province. Thus by 1893 plans had been formed for the evangelization of the whole country.

Self Support. In any description of, or history of the Korean Church, prominence is given (and properly so) to the fact of self-support and to the struggle for the establishment of and maintenance of the same, as one of the factors in securing a successful, independent, indigenous Church.

If the younger generation has the idea that the attainment of the measure of self-support now characterizing the church and the acceptance and enforcement of that principle were secured without a prolonged struggle and against many difficulties and much opposition, it needs enlightenment.

In the early days, profiting from the experiences of a hundred years of mission work in other fields under the free use of foreign funds, and profiting from the advice of Dr. Nevius, there grew up in the Mission a profound conviction that the church should be developed as an indigenous church, not only a self-propagating church with the duty and privilege incumbent upon it to proclaim the Gospel, but that it should also be a self-supporting church bearing its own financial burdens. The idea that the mission should proclaim the Gospel and establish the church but not support that church took hold and became a conviction.

Emphasis, therefore, was placed upon evangelization as the duty alike of missionaries and believers, all appeals based upon the great spiritual truths of Scripture and the spiritual blessings of Christianity, not upon mercenary motives or material advantages, the Gospel to be propagated not by evangelists paid by the Mission, but by the individual believers who first accepted Christ as Saviour and Lord.

The Church was led as a matter of course to provide its own meeting places, its running expenses and in time to provide the salaries of those called to give their time to the instruction and oversight of the groups of believers gathering here and there for worship. I well remember the first collection of thirteen cash (2½ sen) in the Pyengyang Church and the collections taken in the country churches for the partial or entire support of evangelists, the distinction being made between the support of an assistant to the missionary, and the support of an evangelist to serve the church, the one a legitimate use of foreign funds, the other an obligation of the native church. I had three assistants on foreign pay under my care for the first two years, but after that never more than two. It is a great move forward from that collection of thirteen cash and the purchase of a little thatch building for a church costing seventy cents, to the entire support of hundreds of pastors and the building of thousands of churches costing anywhere from $100 to ¥30,000.00 ($15,000) in city and country.

The Mission outlined its policies and insisted upon the members of the mission living up to the same, but many were and still are the infractions of this principle - and while the Korean Church has reached a very gratifying measure of self-support the natural inclination to lean upon others rather than to bear one's own burdens has not been eliminated and the new generation of missionaries will find there is need for eternal vigilance and definite convictions if this principle is to be maintained.

I well remember some of the discussions in mission meetings when men tried to secure permission for employment on foreign funds for more than one or possibly two helpers, or more than one Bible woman, or for furnishing funds for building of churches. What a thrashing out of principles we had when we adopted the policy of allowing in special cases in the large centers as much as one third of the cost of a building which was also to be used for station classes, school graduation exercises or other work of the station. The concession then made has not injured the principle of self-support.

In 1899 the Foreign Board reported to the General Assembly that, "In that Pyengyang field alone the people have built during the year forty-four churches" and in 1901 it reported, "The Korea Mission still leads in the rapid development of a self-supporting, self-propagating and self-governing church," and "the large accessions, the spirit of self-support, the foundation of church schools, the interest shown in Bible conference study and the aggressive work of the rank and file of the church membership stamps the Korean Church as apostolic."

Education for Christians. The principle enunciated in the saying, "The Gospel for the heathen and education for Christians," has elicited approval and support from many, and while the policy so enunciated has been contested by some and cannot be said to be fully established, yet in line with the policy of making all forms of mission work contribute to evangelization and the establishment and growth of the church as the body to which Christ committed the proclamation of His Gospel and the nurture of believers, the Mission and Korean Church has pretty generally accepted the idea that Christian education is primarily for the Christian constituency, so that in most, though not all of our schools, the student body is made up largely of professing Christians.

In maintaining the Christian character of our schools we have had a long hard struggle to secure the right to teach the Bible in the curriculum. This has meant a persistent and at times a discouraging conflict with government authorities. The history of the struggle cannot be related in a paragraph or two but thanks be unto God who giveth us the victory, the victory has been won and we have five middle schools which have received "designation" which gives permission to teach the Bible as a part of the school work and still to have the qualifications granted by the government to other schools. The Southern Presbyterian and Australian Presbyterian Missions have stood with us loyally in this struggle, refusing all compromise and they too have secured "designation" for three of their schools.

Once more we seem to be called upon to bear witness to our determination to maintain the Christian character and testimony of our educational work. The present problem turns upon the demand of the Government that all schools shall take part in the ceremonies connected with the "worship" of the spirits of the soldiers who have died in behalf of their country. We are still laboring for a solution of this question, quite willing of course, to honor the dead in a national patriotic service which does not involve the worship of departed spirits.

The question of observance of the Lord's Day, the demand of the church for attendance upon worship and the study of the Bible with a cessation from labor and the ordinary avocations for a livelihood, may seem to some as bordering upon legal requirements, but a Bible studying, spiritually awakened and consecrated Christian constituency has felt that the Scriptures call upon the Church to set aside one day in seven as a day of rest and worship. The very large number of business houses closed in Pyengyang and Syen Chun and elsewhere bear testimony to the willingness of the Korean Church to set and maintain a high standard of Sabbath observance.

The question of polygamy or concubinage is one which was met and settled in the early days. The Korean Church has favorably responded to the position that for the sake of the purity of the Church and its testimony to the Scriptural teaching as to the sacredness of the marriage relation, a man should not be baptized so long as he has a concubine or has separated from his wife on other than scriptural grounds. For some time the church received such as catechumens but later the conscience of the church reacted against this and while welcoming such to church attendance and a Christian life they were not enrolled as catechumens but were exhorted to seek God's guidance as to what course to pursue and await baptism until such time as under the guidance of the Spirit of God they should be able to come to the Church with marriage relationship to but one woman.

The controversy on this subject was most vigorously carried on for some time but was settled by the Presbyterian Council in 1896 when Dr. Baird presented his exhaustive and conclusive paper on the subject, printed in July and August 1896 in the Korea Review. In 1904 when the question was again raised, the Presbyterian Council Committee on marriage relations through Mr. Junkin reported as follows: "We believe that in those cases where especially puzzling entanglements exist in the marriage relations of those having relation to the church, it is proper that they should remain in a prolonged catechurmenate or state of suspension as the case may be, until they have by themselves come into such a rectified relation as may Scripturally entitle them to seek the benefits of the Sacraments." The Korean conscience accepts this as right.

Another controversy and most troublesome question was that of ancestral worship and the offering of sacrifices to the spirits, a controversy which while settled for the Korean Church in accord with the first and second commandments, is again before us in the demands of the Japanese Government authorities in connection with the offering of worship at the shrines or at the patriotic services in honor of the spirits of the departed soldiers. To the Bible instructed Korean Christians there is little difficulty in agreeing that all such worship is contrary to Scripture although to the unbeliever the question is one which often delays the willing acceptance of Christ and profession of faith in Him. However, when the sacrifice of Christ upon the Cross in vicarious atonement for the sins of the world is understood and accepted, the conscience of the Christians responds with a willing abandonment of all other sacrifice.

The high standard of the Korean Church is maintained on such questions as temperance and the exemplary conduct of the officers in the church. In 1902 Mr. Junkin presented to the Council the report of the Committee as follows: "That while we think it unwise to attempt special legislation on the subject of temperance and Sabbath observance we would at the same time urge the maintenance in the Korean Church of the highest standards of Christian living as evidenced by the most careful observance of the Sabbath and abstinence from spiritous liquors." In accord with that, the Korean Church is practically a total abstinence temperance organization and the Korean Church conscience has reacted to the exclusion from the office of minister or elder of those who are given to drink or even to the use of tobacco, as detracting from the spiritual influence of officers of the church. Better high standards than low ones, better rigorous requirements for those who are to be the spiritual guides of the people rather than the toleration of questionable habits which weaken one's spiritual influence.

Persecution. Another factor in the spiritual development of the Korean Church has been persecution. From the beginning the Christians have fulfilled the Scripture passage, "For unto you it is given in the behalf of Christ not only to believe on Him but also to suffer for his sake." Almost every kind of persecution has been visited upon individuals and upon the Church as a whole and yet it has come through with a testimony as to the sustaining grace of God, a testimony which has strengthened the Church, spread a knowledge of the Gospel, and thwarted the designs of the Devil. In many a village the first believers have been beaten, or burned, fathers have banished their sons or daughters, husbands have discarded their wives, or tied up and gagged them, men have been imprisoned and beaten by officials and forced to pay large sums for release. In an article by Dr. Vinton in the Korea Repository for January 1895 mention is made of "Old Paik the Eui Ju evangelist", the first Korean baptized by Mr. McIntyre in Manchuria, in prison for two years and beaten with many stripes.

The Christians in Pyengyang held that memorable prayer meeting in the spring of 1894 when they read Luke 12:14, " Be not afraid of them that kill the body and after that have no more that they can do." Suddenly the police broke in upon them, beating the men with sticks of cord wood, tying them with the red cord as worthy of capital punishment and carrying off to prison Han Syek Chin and Kim Chang Sik, the latter Dr. Hall's teacher and evangelist. Put in the stocks they were offered release if they would recant and curse God, and threatened with execution if they refused. Remaining true they were led out to the execution ground, their heads placed on the block and once more offered release if they would recant. Refusing and expecting the next instant the descent of the executioner's sword, they were surprised as they were jerked up and given a shove and told to "Go!", the order having come from Seoul for their release.

I well remember the scene in my study when three men from Soon An came to tell me of the persecution they were subjected to, hoping that I would interfere and protect them. I pointed out to them the Scripture passages showing that they were to expect persecution and that I had warned them that such would come. I remember so well the way they looked at each other, one of them saying "That is true - let us go back and endure it."

I remember that the Chang Chun Christians refused to give for the erection of a heathen temple and the magistrate had them arrested, brought before him and made to stand all day long until their feet and legs ached to the point of exquisite torture. I remember the poor fellow whose eyelids were propped open in the glaring sun by order of the military official in Pyengyang until he was nearly blinded and suffered agonies and yet refused to recant.

Time will not suffice to relate the many, many cases of persecution at the hands of the Roman Catholics in Whang Hai Province, where our Christians were ordered by the priest to help build their churches. Arrested by armed men, soldiers under command of the French priest who had previously carried things with a high hand in the Philippines, our Christians were brought before him and tried and tortured for refusal to help build the churches. They were beaten, strung up to the beams by their thumbs, their shin bones almost broken when subjected to the torture of being forced down into a bushel measure with a stick between the shins.

The magistrates were afraid to interfere until appeal was made to the Central Government in Seoul for protection. A trial before the Governor of the province was ordered, officials from Seoul and representatives of the French and American governments being present. Dr. Underwood and I attended as representatives of the American Legation. The trial showed clearly that the priest and his so-called soldiers had arrested and tortured the Christians, that they had held in contempt the legal officials and usurped the powers of government. The French priest was transferred elsewhere and the persecution ceased. There is much history in this affair too much to be dealt with in this paper. The Gospel was much more widely made known and the distinction between Protestants and Roman Catholicism made clear.

In 1912 persecution from the government in the so-called "conspiracy case" took us all by surprise. 123 Christian pastors, elders and others (even including missionaries) were charged with a plot to assassinate the Governor-General. Tortured into all kinds of confessions, even that the missionaries had instigated the Christians, given them revolvers and sent them to the railroad station with instructions to kill the Governor-General, they assented to these absurd charges and so-called confessions which for a time were apparently believed by the Japanese. The history of this case fills a large book and will always constitute a mystery as it seems impossible to understand the motive, the character of the trial, and the decision reached in this most absurdly remarkable and severe persecution of wholly innocent men, men of the finest Christian character and attainment.

After prolonged investigation and trial six men were declared guilty on the basis of confessions secured by the most outrageous tortures. This persecution also made the Gospel more widely known and more favorably thought of by the Korean people; it strengthened the faith of pastors and elders and brought about an even greater friendship and sympathy between missionaries and the leaders of the church.

In 1919 came the "Independence Movement" which involved the whole Christian Church and again led to arrest and persecution and to tortures equaling if not surpassing the "Conspiracy Case". Here too a large book would be required to record the history of this movement. It would be of great interest to read of the varied experiences of those in this whole Independence affair. The writer will never forget the meeting in Pyengyang at which the Declaration of Independence was read. Completely taken by surprise he wonders to this day how the Koreans managed to carry on this meeting, after the service in memory of the deceased Emperor, without giving any intimation of it to missionaries or government officials.

The story of the prison experiences of pastors and elders, the daily prayer-meetings in prison led by Pastor Kil [Sun-Ju], who was in solitary confinement, the reception of catechumens and the baptism of six of them after instruction in prison, the whole service conducted by Pastor Kang, the testimony to Christ given by the many Christians to their fellow-prisoners - all these would require far more time to record than is available.

The advance of the Church with most of its pastors and elders in prison was checked for a while, but once again the Gospel was more widely proclaimed and before long the church again increased in numbers and in strength. Probably further persecutions await the church but the same Lord who has over-ruled in the past and given power to endure will, we believe, give the grace needed to witness to Christ and enable the church to stand true in the worship of none but the living and true God.

The sudden spectacular growth has not been sought for but almost every phase of the work has been begun on a small scale, the foundation laid in the Word of God so that the Church has had a peculiar spiritual power and influence. The appointment of unordained officers - Nyung Soo and Cho Sa prepared the way for the selection, training and ordination of permanent officers - ministers and elders.

The training class system prepared the way for Bible Institutes and Theological Seminary, these being carried on so as to fit into the life of the Korean people so that Church officers and Sunday School teachers might continue in their usual avocations and yet be given opportunity for instruction and training in Bible Institutes in sessions for a month or two months over a period of years, while the future ministry studied six months a year for five years and cared for the churches the other six months, their training having for its distinctive feature the inculcation of a thorough knowledge of the Bible.

The day of small things has been succeeded by the day of larger things. From the medical services of Drs. Allen, Heron, Vinton, Field and nurse Jacobson in the dark, half tumble-down quarters of the Royal Hospital in Kurikai to the great plant of the Severance Hospital and Medical College built up by Dr. O.R. Avison and his staff of doctors and nurses, foreign and Korean, is a great forward movement. From the first surgical operation in Pyengyang by Dr. Wells, when he amputated the gangrenous hand and fore-arm of a patient without an anesthetic on the porch of our house, and his first dispensary in the little three Kan house now occupied by teachers in the Pyeng Yang Foreign School, to the Hall Memorial Hospital and the Wells Memorial Dispensary of the Union

Christian Hospital in Pyengyang with its school for nurses, is another advance from the day of small things.

From the Girls' School of nine pupils under Miss Hayden (Mrs. Gifford) and Miss Doty (Mrs. F.S. Miller) to the Chung Sin School in Seoul under Miss Lewis, and from the little girls' school of primary grade started by Mrs. Lee in Pyengyang to the Soong Eui Academy with three hundred and fifty pupils under Miss Snook and Miss Swallen, from the little primary school inside the East Gate in Pyengyang to the beautiful plant of the Soong Sil Academy and the Union Christian College are other forward movements from the day of small things. From the Industrial work for a few students under Graham Lee to the prosperous work of the Anna Davis Industrial Department under Mr. McMurtrie and the Agricultural Department of the College under Mr. Lutz, we have again gone far ahead of the day of small things.

It is another long step forward from the two elders received as candidates for the ministry in 1900 with Graham Lee and Moffett as teachers in 1901, to the 120 students and 509 graduates of the Theological Seminary, a faculty ranking with the best of the Seminaries in America and a plant almost adequate to its needs; and another step forward from the eleven students at the opening of the Higher Bible School for Women in 1923 to the eighty students and seventy-nine graduates, a competent faculty and a good classroom building.

I like to recall the leading of the Spirit of God in regard to the visits made to the little market town way up in the mountains of North Pyeng An Province. One believer from Eui Ju was reported to have located in Koo Sung Sai, Chang Keri (market place) - so off the shepherd goes to find this one lost straying sheep, a full two days journey by pack pony through sparsely settled territory. Jogging along over this rough road the missionary was tempted to think this an uncalled for, foolish expenditure of energy but the straying sheep was found and a little group of men gathered to hear this stranger, the first foreigner to have entered this region. For three years I made a yearly visit to this mountain village. Among those who listened and became interested was a young Confucian scholar and a blind man. The young scholar was Nyang Chun Paik, one of the first seven men ordained to the ministry, for twenty five years pastor of the large church in Syen Chun, and more than any other Korean, the greatest factor in the gathering of the church in that northern province over which he traveled proclaiming the Gospel. The blind man's son also became a minister serving the Church as pastor in various places from Fusan in the extreme south to far distant points in Manchuria in the extreme north. All told, from that little isolated mountain village, there have come seven pastors, three colporteurs, four elders and a student in the seminary. The missionary learned the lesson that the Holy Spirit is a better guide than is man's wisdom and that God still continues to use the foolish things of the world, the weak things, the base things and things which are despised and the things which are not, that no flesh should glory in His presence.

Relation of the Missionary to the Younger Churches. "A missionary should in all cases seek the fullest possible fellowship with the younger church in the field. Where invited by the younger church, the missionary should accept full or affiliated membership in that church, but in the capacity of an individual and not as a representative of the Mission. The Board requests the General Assembly at this coming meeting to approve of an arrangement whereby missionaries shall retain their relationship to the Home Church, and remain under its full jurisdiction and control, while at the same time accepting where it is deemed wise and desirable, such relations to the Church on the field as the latter may wish to offer." This is almost exactly the wording of the policy advocated and put into practice by the Presbyterian Council upon its organization of the Presbytery of the Korean Church in 1907. The Korean Church has never been ecclesiastically connected with or subject to the American or any other church and yet the missionaries have been requested by it to cooperate with it in a special relationship.

I close this paper with an expression of the deepest gratitude to God that He has granted me the privilege of seeing the establishment and growth of the Korean Church and given me the privilege of having a part these nearly forty-five years in the proclamation of the Gospel of our Lord and Saviour Jesus Christ, and of seeing it as the power of God unto salvation to every one that believeth. Blessing and glory and wisdom and thanksgiving and honor and power and might be unto our God for ever and ever. Amen.

1934년 9월 9일자 평양에서 마포삼열 아들 새뮤얼에게 보낸 편지

오늘 한국선교 50년 기념을 위해 총회가 모임을 가졌는데, 이 생사는 숭실대학 운동장에서 개최되었고, 1만 5천 명에서 2만 명 정도가 모였다.

Today has been a great day for the Korean church. General Assembly meeting here is celebrating 50 years of mission work and a great mass meeting with flags and banners and brass bands playing hymn tunes met on the college athletic field before an improvised platform. Somewhere between 15,000 and 20,000 Christians assembled and it was a great sight. After the meeting they marched through the city - a procession from two to three miles long. It was a great demonstration and think what a contrast with conditions 45 years ago when I first came here with not a Christian to be found.

〈1935년 자료〉

1935년 9월 1일 평양에서 루시아 마페트가 아들 하워드에게 보낸 편지

정부에 의해 불교와 일본 신도가 가능한 모든 방면으로 장려되고 있다. 로마 가톨릭 교회에서는 자신들이 운영하는 학교에 신사를 두도록 허용했다고 들었는데, 믿을 수 없다. 지금까지는 그들은 신사 참배를 요구받았을 때 비신자들만 보냈고 침례 받은 아이들이 거기에 참여하면 처벌했었다.

Mr. Hamilton is to have charge of the "Boys' Clubs" in Mr. Kinsler's absence but the government is making some restrictions. It seemed doubtful for a while whether they would be permitted to meet at all. Buddhism and Shinto are being promoted in every possible way.

The Roman Catholics are said to have permitted shrines in their schools. I can hardly believe it. Hitherto they have sent non-believers when the schools were called to celebrate at the shrines but punished baptized children who went.

1935년 9월 14일 평양에서 루시아 마페트가 아들들에게 보낸 편지

이제 정부는 기독교 학교들이 기념일 행사에 참석하여 영령들 앞에서 절을 하지 않아도 되며 단지 참석만 하도록 입장을 조정하고 있는 것 같다. 교육장관이 서울에서 와서 그 정도로 동의할 수 있겠다고 했다. 학생들은 뒤에 머무르고 있다가 떠나면 된다는 것이다. 총회가 열렸을 때 실행위원회가 모두 모였다. 그래서 결정은 교장들의 손에만 달린 것이 아니었다. 신사참배 문제보다 더 긴급한 문제는 없는 것 같았다. 기념식은 시청 근처의 공원에 있는 기념비에서 이루어질 것이다. 기도를 부탁한다

It looks now as if the government were making arrangements so Christian schools can attend the Memorial services this month without bowing to the spirits.

The educational secretary, himself, came up from Seoul to make arrangements such that they could be complied with. On leaving after the wreaths for the spirits have been presented by principals of government schools, and the spirits have gone - our schools which have been in the background, on leaving, salute the prefect. The executive committee were all here at General Assembly, so the burden of decision has not rested alone on the few principals here. Nothing further about the shrines seems imminent, we hope. These memorial ceremonies, you know, are at the monument in the park by the Town Hall. Pray for the Korean Christians, though, that they may have strength for any trials they may have to undergo.

1935년 10월 18일 평양에서 루시아 마페트이 아들 제임스에게 보낸 편지

모두의 주된 관심사는 신사참배 문제. 쿠크씨가 최근에 서울에 가서 고위 관료 중 한 사람을 만났는데, 그는 "당신은 와야하고, 반드시 절을 해야 합니다."라는 말만 했다고 한다. 장로교 선교지부는 정부를 가능한 어떤 방법으로도 복종하고 있다는 표시를 하고 싶었고, 애국심을 드러내는 방법을 찾았다. 학교에서 천황을 위한 기도 모임을 갖겠다고 제안을 했었지만 만족스럽지 않았다. 9월 14일자 〈주일학교 타임즈〉에 따르면 한 방문객이 교회를 방문하여 왕을 "구원하소서"라고 기도하는 것을 듣고 충격에 빠져서 그렇게 말한 자를 붙잡아 물어보니 성공회 예배 교본에 그렇게 되어 있었다고 한다. 곧 성공회교는 "구원하소서"라는 말을 "은총이 함께 하시길"로 바꾸고, "주의 주, 왕의 왕"을 "천지의 주재"로 변경했다.

Your father is busy working on a Commentary on Jude for the seminary but everyone's chief concern, aside from the trouble in Ethiopia, is the government attitude toward obligatory attendance at the shrines. Mr. Cook has recently been in Seoul and says they saw one of the higher officials. All he would say was "You must come and you must bow."

The Presbyterian Mission wishes to obey the gov't in anything possible and to teach the Koreans to do so, as we still hope that they will find a way for Presbyterian patriotism to manifest itself. A meeting at the school to pray for the Emperor has been suggested and is not satisfactory.

The S.[unday] S.[chool] Times of Sept. 14, mentions that a visitor at some church heard prayer made to "save" His Majesty. Horrified, he took the speaker to task and was told the form was from the Episcopal service. Soon the Episcopalians were requested to amend the form, as such an expression used of one of divine origin and power was "improper". It has been changed to "prosper" and the phrase "Lord of lords & King of kings" to "Lord of heaven & earth".

Evangelistic meetings that fill the college gym. have been held under Mr. Soltau's leadership. We hope for a great revival.

1935년 11월 24일 평양에서 마포삼열이 아들들에게 보낸 편지

우리는 곧 심각한 처벌을 받을 것 같다. 정부가 학교의 교장, 교사, 학생들 모두 신사 참배를 해야한다고 하기 때문이다. 그들은 여기에는 아무런 종교적 의식이 포함되어 있지 않다고 하지만, 그와 동시에 신사에는 영혼이 깃들어 있고 거기에 절을 해야 한다고 한다. 우리는 할 수 있는 모든 양보를 했지만, 우리 모두가 나와서 절을 해야 한다고 그들은 고집하고 있다. 그것은 학교 문을 닫는 것을 의미하는데, 우리는 그렇게 되지 않길 바라고 있고, 실행위원회는 대표를 선출하여 정부로 보내 양심의 자유를 인정해 달라고 호소하고 있다.

It looks very much as though we are to meet with severe persecution soon - on account of the government demand that the principals, teachers and students of our schools shall all bow at the shrines. They say that there are no religious rites in connection with it but at the same time say the spirits are in the shrines and all must bow to them. We have made every concession we can but they still insist that all shall bow. It may mean the closing of our Academies but we still hope not and our executive committee is trying to make representations to the government which will lead to a recognition of our conscientious scruples. Pray for us!

1935년 12월 1일 평양에서 마포삼열이 아들들에게 보낸 편지

정부의 신사참배 요구에 대해 고민하느라 우리는 수많은 시간을 쓰고 있다. 우리는 연말까지 고민을 하고 결정을 해야 하는데, 심각한 순간이 학교에 다가올 수 있다.

I preached the Thanksgiving sermon last Thursday and have some things off my hands, but we have had to spend a lot of time in considering the Government's demand for attendance on the shrines. We have until December 31st for consideration and decision and we may have serious serious times ahead with the possibility of closing our Boys' and Girls' Academies. We hope not. We need your special prayers this month.

1935년 12월 8일 평양에서 마포삼열이 아들들에게 보낸 편지

중학교들은 폐교위기에 있다. 그들은 태양의 여신을 제국의 선조로 인정해야 한다고 하며 신사 앞에서 절을 해야 한다고 한다. 매큔 박사는 신사에 가기를 거절했다. 그래서 학교에서 물러나게 될 수도 있다.

We are passing through a serious crisis in our work and our Academies are in jeopardy and we may have to close them as the Government seems to take the position that we must recognize the Sun-goddess as the Imperial Ancestor and all must do homage to her memory and bow before the shrines. Keep on praying fur us in this emergency. Dr. McCune refused to go the shrine - so may be removed from the school. We still hope and pray the Lord will work on the hearts of officials so that some solution not contrary to our consciences may be secured. Things look pretty dark at present.

1935년 12월 8일 평양에서 루시아 마페트가 아들들에게 보낸 편지

신사참배 문제에 대해서는 올바른 해결이 가장 중요한 문제이다. 옳고 그름의 문제에 있어서 우리는 감히 타협을 하려고 하지 않을 것이다. 하나님에 대한 불순종의 결과는 인간이 신체와 재화에 대해 할 수 있는 그 어떤 일들보다 더 지속적이고 더 끔찍한 것이다. 작은 신사에 바쳐진 사발에 담긴 음식이 예배의 한 형태가 아니라 단지 위대한 일을 한 사람들에 대한 존경을 표하는 것일 뿐이라고 하는 것은 사태를 호도하는 거짓이다. 마지막 말에 우리 자신의 부주의와 불순종에 의해 우리 자신과 타인들에 대해 상실한 것으로 인해 우리는 공포가 엄습하는 것을 알게 될 것이다. 우리의 하나님을 보는 기쁨으로 모든 고통을 삼켜야 할 것이다.

Yet after all, nothing matters but the right settlement of the shrine question. We dare not compromise in a question of right and wrong. The consequences of disobeying God are far more lasting and more terrible than anything man can do to body or goods. The food cups used at the small shrine when primary teachers were being instructed in the required ceremony and the explanation by the Seoul Press that there was no worship in the forms (merely respect paid at certain places to those who had done great deeds and were the guardians of Chosen) [is misleading]. This is not an accurate quotation. Their present guardianship was stated.

The little prince was named amidst great noise to keep off evil spirits, a sword "for self protection" was laid by his side at birth, etc. Japan has been so eager to adopt western ways. If Christ had been held up and Christian nations had been Christlike, Japan would have seen and believed, I am sure.

Do you think you are praying all you should? Don't fail in that. I think we shall be horror struck at the last day at what we lose for ourselves and others by our own carelessness and disobedience. That is for me as well as you. Yet all the pain will be swallowed up in the joy of seeing our Father and we have the joy of forgiveness - only how stupid of us!

1935년 12월 15일 평양에서 마포삼열이 아들들에게 보낸 편지

신사참배 문제로 인해 일상이 방해받고 있다. 이 문제에 대해 아직 우리는 합의를 보지 못하고 있다. 총대들이 모임을 가지려고 했지만 경찰 수십 명이 중앙교회로 들어가지 못하게 막았다. 계속 기도중이다.

Here our usual routine has been interrupted by the trouble over bowing (or rather not bowing) to the shrines. We have not yet reached a solution of the question. Presbytery tried to meet but scores of policemen prevented their going into the Central Church yard. We continue in prayer that the Lord will turn the hearts and minds of officials.

1935년 12월 29일 평양에서 루시아 마페트가 아들들에게 보낸 편지

매큔 박사는 서울에 갔고, 신사참배 문제는 너무나 심각한 상태에 있다. 목사 한 사람이 일본어 성경을 가지고 가서 경찰서장 앞에서 신사참배 문제와 관련된 구절을 길게 읽어 주었는데, 몇일 후 사람을 보내 그 구절의 출처를 알려달라고 해서 알려주면서 일본어 성경도 함께 보내줌. 무디가 하루는 새로운 강당에서 마이크를 시험하려고 요한복음 3장 16절을 암송했는데, 보이지 않는 가운데 일하던 한 노동자가 그 말을 듣고 회개했다는 사실을 인용하며 이러한 일이 이루어지길 기원하고 있다.

Speaking of college presidents, Dr. McCune is in Seoul now and his wife was asking about a problem, sorry to trouble your father. "Oh", he said, "man is born to trouble as the sparks fly upward." College troubles are so thick just now we had to laugh.

You heard I suppose how one of the pastors took a Japanese Bible and read to the chief of police at length the passages bearing on the shrine question. A few days later another officer went to him [the pastor] and asked for the references in writing. He gave him those and a Bible in Japanese, also.

I noticed in the last M.B.I. [Moody Bible Institute] that Moody once went into a new auditorium & as it seemed empty tested the acoustics by repeating John 3:16. A workman unseen was busy in some corner and it led to his conversion.

1936년 1월 12일 평양에서 마포삼열이 아들들에게 보낸 편지

우리가 신사참배를 하지 않겠다고 했기 때문에 우리에게 다가올 처벌이 어떤 것인지에 대해서는 확실히 알고 있지 못하다. 하지만 어떤 처벌이 오더라도 우리는 제1계명과 제2계명을 굳건하게 붙들고 있을 것이다. 이번 일은 우리가 지난 40년간 부딪혀 온 문제 가운데 가장 큰 문제이다. 우리는 주님께서는 정부가 하고 있는 적대적 행동을 다스리시며 그것으로부터 선을 이루실 것이라는 믿음 속에서 주님을 바라보고 있다.

We are still uncertain as to what will come to us as punishment for our schools because of refusal to go to the shrines - but come what may - we have to take our stand on on the 1st and 2nd commandments. This is the biggest question we have confronted for 40 years. We look to the Lord in faith that He will over-rule and bring good out of as yet seemingly adverse action on [the] part of [the] government.

1936년 1월 19일 평양에서 마포삼열이 아들들에게 보낸 편지

한 주가 지나면 72세가 됨. 이제 아빠는 늙은이가 됨. 정부가 매큔 박사의 숭실중학 교장직을 박탈했음. 조만간 대학 학장직에 대해서도 같은 일을 할 것이라고 봄. 매큔의 증언은 진실했음. 앞으로 어떤 일이 다가올지 모르겠음. 숭실중학 설립자로서 나는 새로운 교장을 선임해야 함. 이 모든 일이 태양의 신의 신사에 대한 참배 거부로 인해 발생한 일임. 대부분의 일본인과 한국인은 이를 다르게 생각하고 있고, 한국인들은 이것이 그들이 오래 전에 중지한 조상에 대한 예배라고 느끼고 있다.

Another week and I [will] become 72. So your father is "an old man". Nevertheless, I am pretty well, good health, good appetite - able to outwalk most of the men here - and still working at a pretty good pace though trying to cut out work.

News - some important, some of not much import. Am sorry to say the government has withdrawn its permit to Dr. McCune as principal of [the] Academy and the same will be true soon with reference to the college. Sorry indeed but he has given a fine testimony - approved by the whole station and all the Koreans on Boards of Control of our various schools. Just what the future has in store for us we do not yet know. As Founder of the Academy I now have charge of it with responsibility to appoint an acting principal. This all comes from our refusal to do obeisance at the Shrine of the Sun-Goddess, reputed ancestress of the Emperor.

Most Japanese and Koreans interpret the whole question differently but the Koreans feel it is ancestral worship - which they have given up long ago. Pray for us that the Lord will conserve our schools and guide us in solving a most difficult question. I have been giving my time for many days to meetings of boards & committees, interviews with governor and other officials, trying to keep away from detectives and newspaper men, etc. etc.

1936년 1월 19일 평양에서 루시아 마페트가 아들들에게 보낸 편지

전날인 1월 18일에 매큔 박사와 마포삼열은 2시에 도지사에게 최종 답변을 하기 위해 감. 가기 전에 경찰에 의한 보호요청이 있어서 경철이 왔다가 그들을 먼저 경찰서로 데려감. 거기서 경찰관은 다시 매큔 박사에게 사임을 할 것을 종용하면서 정부가 그를 강제로 파직하지 않도록 하라고 했으나, 두 대학 및 중학교 교무회(board of directors)에서는 그가 잘못한 것이 없다고 판단하여 사직서를 수리하지 않기로 표결함. 결국 그는 면직을 당했고, 마포삼열은 두 학교의 설립자로서 내일 학생들에게 이 사실을 알리게 될 것이고, 임시 학장의 역할을 수행하게 될 것임. 도지사는 공손했고, 정부의 입장을 더 잘 이해해 달라고 요청했으며, 마포삼열은 도지사가 성경을 읽고 자신의 입장을 이해해 주길 바란다고 말하였다.

Yesterday was the day Dr. McCune and your father were to give the final answer to the governor at two o'clock. The police came up early to make sure they went and to have them stop at police headquarters. They also brought the information that Mr. Langdon had demanded protection for Dr. McCune and that they would take him in charge after the interview. At the police office they urged again that he would resign and not force the government to remove him but the board of directors of both college and academy had voted not to accept his resignation since he did what they thought right. He has been removed from both schools and your father as founder is to speak to the students tomorrow and appoint an acting president. He cannot, of course, appoint anyone who will go to the shrine.

Last night when Dr. McCune went to Seoul a whole cordon of police were at the station and escorted him to the train and one went to Seoul with him. We are being protected, too. A real nice young man watches outside until too cold or a guest comes, then comes in to get warm. Last night Dr. Holdcroft came in followed by one of his protectors - the other was probably off for dinner - but soon came in. With our man that made three. Mary Anna was doing Latin and pretty soon Mrs. Baird came in to help her go home without stopping for "Dorm Saturday night".

About 3:30 yesterday Mrs. McCune remembered she had not had any lunch. It was a strenuous day. The governor was very courteous and "hoped the position of the government might be understood better". Your father said he wished he would get a Bible and try to understand our position. In October of last year a Japanese authority published a book of 1000, going into the history of Shinto in detail and showing how in all its branches, national as well as sectarian, it is religious. Germany, it seems, looking at the [Japanese] empire and the divinity of its emperor, is thinking of making Hitler divine. And they have had the Bible.

1936년 1월 26일 평양에서 마포삼열이 아들들에게 보낸 편지

우리는 난관에 처해 있다. 나는 다시 숭실대학과 숭실중학을 책임지는 위치에 서게 되었다. 그러나 이 일은 임시적일 뿐이며, 설립자인 내가 새로운 학장과 교장을 임명하기 전까지만 그렇다. 사태의 전망은 밝지 않지만, 우리는 매일 모여 기도회를 갖고 있으며 주님께서 이 일을 다스려 주실 것이라고 믿고 있다. 미스 스누크도 숭의여중학교의 교장직에서 물러나게 되었다. 이 모든 것은 태양신의 신사에 대한 불경죄가 문제였다.

Here we are in the midst of trouble. I am again in charge of both college and academy - but only for a time, as I must as Founder keep things going until I appoint a new president and principal. Things do not look very promising but we are meeting for prayer each day and trusting the Lord to overrule. Miss Snook also is removed from principalship [of Soong Eui Girls School] but as Founder [she] is in charge for a while. The whole point at issue is the "obeisance" to the shrine of the sun-goddess.

1936년 2월 2일 평양에서 마포삼열이 아들들에게 보낸 편지

처벌이 임박했는데, 바라기는 가벼운 경고에 그치고 진정한 기독교적 자유가 허용되기를 바람. 숭실대학과 숭실중학에 대한 책임으로 무거운 짐을 지고 있음. 많은 회의와 미팅을 가지고 있음. 육체적 힘과 정신적 지도를 얻을 수 있도록 기도 부탁. 교장직과 교사직을 박탈당한 매큔 박사와 미스 스누크를 위해 기도 부탁.

We are going through strenuous times and while our trust is in the Lord we do not know just what experiences he will lead us through. Persecution seems imminent and yet we are hoping that milder counsels may prevail and real Christian liberty be granted.

This brings a great burden upon me for a time as I have the responsibility of both College and Academy on me. I spent 2 hours yesterday and 2 hours the day before in interviews with Education authorities and was occupied from morning to night in meeting detectives, newspaper men and many others. Pray for me, boys, that I may have the physical strength needed and that I may be guided. We are meeting daily for prayer. I cannot write you details. Pray also for Dr. McCune and Miss Snook, both of whom have had their permits as teachers and principals withdrawn.

1936년 2월 2일 평양에서 마포삼열이 아들들에게 보낸 편지

72세 생일을 막 지난 마포삼열은 은퇴를 했음에도 불구하고 막중한 업무를 수행중임. 모우리 박사를 차기 학장 및 교장으로 선임했는데, 만일 그가 받아들여진다면 일이 조금 수월해 질 것 같음. 일본 정부는 국민(일본국민)이 숭실중학을 책임져야 할 것이라고 생각하지만, 만일 그렇게 된다면 그것은 그 의미는 선교부가 관련된 한 학교의 종말을 의미하게 될 것이다. (결국 신사참배로 나가게 될 것이기 때문.)

The whole situation is a considerable strain on your father and as one of the nice notes received on his 72nd birthday remarked - though retired, he is "carrying the heaviest burden in the station" since the removal of the former president [Dr. George McCune]. It will be somewhat less if his appointment of Miriam's father [Dr. Eli Mowry] is accepted for both schools. The governor feels that a national should be in charge of the Academy but, if insisted on, that means the closing of the school as far as the Mission is concerned [because it would undoubtedly result in forcible attendance at Shinto Shrine ceremonies].

1936년 2월 9일 평양에서 루시아 마페트가 아들들에게 보낸 편지

내 시간과 주의력은 전적으로 신사 참배를 하지 않은 탓으로 인해 폐교를 당할지 모르는 상황을 다루는 데 전적으로 몰입하고 있다.

My time and attention are almost exclusively occupied in dealing with the "situation" which we are facing in connection with our schools and their possible closing on account of our inability to do obeisance at the shrines. I cannot write you of this but do ask for your prayers for us and all who are involved. So this letter will have very little in it.

1936년 2월 16일 평양에서 마포삼열이 아들들에게 보낸 편지

가끔씩 손가락 마비로 글을 쓰기 어려움. 학교 폐교를 해야할지 모르는 상황. 결국 학교를 빼앗기를 한이 있더라도 신사참배를 할 수 없다.

Thanks for your birthday greetings. I am now 72 and have acquired one more evidence of growing older. Every once in a while my finger muscles grow stiff or numb and my writing is shaky. I guess you have already noticed that. Well - I shall try to grow old slowly and gracefully!

We still need your prayers for the Korean church, for our schools and for all of us. We have very serious problems to meet these days and we do not know yet whether we shall lose our schools or not. However we cannot bow to the shrine of the sun-goddess even though in consequence we may be deprived of the right to have any schools. We are ready to inculcate loyalty and patriotism in any way desired so long as it is not contrary to God's Word and we are hoping and praying that the government may find some way of meeting our conscientious scruples and not insist upon an act of worship contrary to the Bible. The Lord reigns!

1936년 2월 16일 평양에서 루시아 마페트가 아들들에게 보낸 편지

〈서울 프레스〉에서 무어 박사가 숭실대학의 새로운 학장이 되었다고 기사를 내 보냈으나 이는 오보이며, 모우리 박사의 임시학장 건도 아직 정부가 수용하지 않았다.

The Seoul Press came out in big headlines the other day, "Dr. J.Z. Moore new president of Sung Sil College after teaching there for ---------- (20 or more) years." They mixed Moore and Mowry, of course, and even then it was not true. No president even pro tem has been accepted yet and your father is still under the burden, though the men of the station are helping tremendously.

1936년 3월 8일 평양에서 마포삼열이 아들들에게 보낸 편지

우리는 최근에 격렬한 시간을 보내 왔고, 나도 전력투구를 하고 있는데, 너무 지쳐서 휴식을 취하려고 며칠씩 침대에 누워있기도 함. 모우리 씨는 숭실대학의 새 학장 및 숭실중학의 명예 교장으로 중한 책임을 맡고 있음. 내일은 대학 졸업장 수여식, 그리고 11일 수요일에 중학교 졸업장 수여식이 있다.

We have had strenuous times lately and I am all in - tired through and through and staying in bed for a few days trying to rest up some. Keep on praying for us, committing us and all our ways unto the Lord.

Mr. Mowry has heavy responsibilities now as president of College and honorary principal of Academy. Tomorrow the College seniors receive their diplomas and on Wednesday the 11th the Academy seniors are to receive theirs.

1936년 3월 15일 평양에서 마포삼열이 아들들에게 보낸 편지

한 주간 누워서 휴식을 취한 뒤 다시 이사회, 위원회 등의 회의로 바빠짐. 숭실대학 졸업식을 할 수 있었고, 숭실중학에 한국인을 책임자로 세운 뒤에 두 중학교 졸업식도 할 수 있었다.

After a week in bed "resting" I have been about again and busy with Trustees meetings, committees, etc., etc.

We have been able to graduate the seniors in college and in both academies after putting Koreans in charge of the Boys Academy. Just what the future has in store for our educational work we do not yet know. Keep on praying for us even though you do not know much about the situation.

1936년 6월말에 작성된 〈교육사업의 상황〉이라는 제목의 교육위원회 보고서 전문

신사참배와 관련한 입장들을 설명하고, 신사참배가 종교적이라고 보는 입장들을 열거하며, 매큔 학장이 양심의 이유로 신사참배를 거부함과 동시에 학생들에게도 요구할 수 없다고 알리는 내용을 인용하면서 그의 지위 박탈 사실을 서술하였다.

다른 학교 교장들도 입장을 결정하지 못하고 있고, 결국 정부의 지시에 불이행하여 폐교가 될 수도 있는 상황임. 이런 상황에서 각종 회의들이 금지되었고, 선교부나 교회의 아주 적은 수의 공적 행위만이 가능한 상태임. 많은 지역의 모든 수준의 학교들이 많은 수요를 갖고 있지만 재정적인 어려움을 겪고 있는데, 거기에다 신사참배 문제가 겹쳐서 많은 어려움이 예상된다.

[Report of Education Committee, Annual Meeting Northern Presbyterian Mission]

THE SITUATION IN EDUCATIONAL WORK

Without doubt the most important development in our school work in Chosen is that having to do with the obeisance at the Shinto shrines which the Japanese government is requiring of the teachers and students. In various ways the issue had been met and a direct clash had been avoided until in November when the principals of our schools in Pyengyang were called upon to go themselves and do obeisance at the shrine and express their intention to cause their students to do the same. The position of the government is to declare the obeisance at these Shinto shrines a patriotic act and not religious. This is a statement made in order that all the subjects of the Empire will join in honoring the Imperial Household and in paying homage to the Imperial ancestors and to the Sun-goddess to whom the shrines are dedicated. Authorities differ very much as to the truth of there being no religious significance. One group of officials resents such a statement, saying the obeisance at the shrine is religious and intended to be religious in a very vital way, claiming that whatever other religions they may adopt, Japanese subjects must be Shintoists. There are among the scholars those who say that all Shintoism is religious and no act on the part of the government can make National Shinto shrines differ from others in religious significance. Even though the statement is made that it is only patriotic, doing obeisance before a shrine dedicated to a goddess who is regarded as the Divine Ancestress of the Imperial House, calling down Ancestral Spirits, invoking their blessing, and reporting to them the events of the present time, offering gifts to them and bowing to them as residing in the shrine cannot but seem religious. The insistence of the government in regard to the matter with our Pyengyang schools has resulted in Dr. McCune's being deprived of his official qualifications as President of Union Christian College and as Principal of the Boys' Academy, and Miss Snook has also had her qualifications as acting Principal of the Girls' Academy revoked. As to the schools being allowed to continue work, a temporary permission has been granted. In his reply to the Governor after exhausting every effort to plan some means by which he and his students might show their patriotism and loyalty some other way, Dr. McCune said: "I am a Christian and the Government statements have failed to meet and remove my conscientious objections to the act of doing obeisance at the Shrine. I greatly regret the necessity of informing your Excellency that (1) because these ceremonies held at the shrines dedicated as they are and conducted as they are, seem to me to contain definite religious significance; (2) because large portions of the populace believe that spirits are actually worshiped there; (3) because Christians believe ancestor worship as distinguished from filial piety, is a sin against God and (4) because I also believe such to be forbidden to Christians by the Word of God (the Bible), I am therefore as an individual unable conscientiously to perform the act which you have required of me as a School Principal.

I regret the necessity also of informing you that not being able myself as an individual to do obeisance before the Shrine I am not able to ask my students to perform that act."

Not only have Miss Snook and Dr. McCune been deposed from their positions but now other Principals are being asked to state their position in regard to the Shrine and their willingness to require their students to make obeisance. As the year closes the matter is unsettled as to the status of our schools and we do not know what the outcome may be. The Government General has announced that hereafter all schools must go and do obeisance at the shrines and that disobedience to that requirement will result in the closing of the schools.

The Executive Committee members of our Mission have been untiring in their efforts to find some solution to this problem. Since meetings of the Executive Committee and of the Mission, meetings of various school boards, and meetings of the Committees of the General Assembly and meetings of some of the Presbyteries have been forbidden or have been disbanded by the officials of the Government, there have been very few formal actions possible either on the part of the Mission or of the Church.

The educational work of the Mission with its ten Academies, two without Mission financial help, the many lower schools supported by the Korean Church, the two Colleges in which our Mission is associated with other Missions, are all involved in the situation. These include Kangkei Academy with a third of its students intending to go into church work; Syen Chun Boys' Academy turning away four out of every five applicants because of lack of room; Syen Chun Girls' Academy with its new charter allowing 300 students in a 3 year course, provided they can secure a needed building; Pyeng Yang Boys' with its 550 Christian students, admitting 100 new students out of 500 applicants; Pyeng Yang Girls' with its 300 fine girls, Lula Wells Institute where 180 women and girls are enrolled in grade work; Chai Ryung Academy for boys and Girls with its big enrollment; Seoul where 32 of the John D. Wells Academy joined the church last year and where the Girls Academy exerts a fine influence; Taiku with its Boys' and its Girls' Academies with ever increasing enrollment. All these academies are helping right now in the work of the Korean Church. Sunday School teachers, young people leaders, workers in evangelistic bands, conductors of Bible Clubs for children, organizers of summer Bible Schools all come from their ranks. They are looked to for the educated leadership needed in the Korean church of tomorrow as they have supplied that of today. While as a Mission we do little for primary education, primary schools are a very important part of the training of the Christian leadership and the Korean Church is finding it harder and harder to keep up these schools. In many places the financial requirements of the government have been impossible to meet and now the Shrine requirement will add its problem. It will indeed be a blow to the church in Korea to lose any or all of these feeders to its spiritual leadership.

CONCLUSION

While there is much that is most encouraging in a report of the years work in Korea, we cannot ignore the fact that the Church is facing a situation the seriousness of which cannot be exaggerated. We ask all friends of mission work to join with us in praying for a happy solution of the problems which so seriously threaten the development of the Church in Korea.

1936년 8월 4일자 소래에서 솔토가 뉴욕의 맥카피에게 보낸 편지

마포삼열이 소래에서 평양으로 돌아와 일사병에 걸렸고, 그 때문에 언어 장애가 발생함. 지금은 이름을 쓸 수 있는 정도로 회복이 되었다.

We are much disturbed over the condition of Dr. Moffett. About two weeks ago, shortly after returning to Pyengyang from Sorai Beach, where he had appeared to be in the best of health, he suffered from some sort of a stroke which affected his "word centre". He was unable to speak at all coherently and was put to bed and given every medical attention. We had expected that he would soon show signs of recovery as the stroke seemed to be only a slight one and was not accompanied by any paralysis. However, such improvement as we had hoped for has not manifested itself. He is now able to sign his own name and at times seems to be quite clear and is able to talk with but little difficulty. At other times however a curtain seems to fall over his mind and he becomes quite incoherent. Dr. C.A. Clark has been in Pyengyang and will remain there for another week before he takes his daughter and ours to Japan to sail for America. He has been carrying a very heavy burden in attending to Dr. Moffett's business affairs, especially since his illness and has made great progress in settling various questions in regard to the Mission's property in Pyengyang. When he leaves Dr. W.N. Blair is planning to return to Pyengyang so as to be on hand in case of anything arising which demands attention and to be ready to help Dr. Moffett in any way possible.

I will of course let you know any further news of importance in regard to Dr. Moffett's condition, although I realize that you will in all probability have been hearing news from more direct sources.

1936년 9월 13일자 평양에서 마포삼열이 아들들(샘과 하워드)에게 보낸 편지

병이 조금씩 낫고는 있지만 신속히 호전되고 있지는 않음. 서문에서 작은 다릿길로 이어지는 새로운 도로가 만들어 짐. 이 다리는 학교 운동장으로 가는 길을 상당히 줄여 놓았는데, 운동장을 서쪽으로 옮겼기 때문에 그 길로 인해 운동장이 좁아지지는 않았다.

Am not quite out of the woods but am working out of it each day a little bit. A sun-stroke is not a little fellow and it takes a good while to actually overcome it. I am around each day working a little every day - taking it quietly. However, we are gaining strength each day.

No special news that I know of. Mr. Rech is the new teacher and Tom has him in some subjects. He comes from Butler, Pennsylvania and was recommended by Miss Doughtey [probably means Louise Doty, a recent PYFS teacher], who comes from there.

The new road from the West Gate clear through to the road which turns into the spitting bridge road is now under way. It cuts into the College athletic ground to a considerable extent but will not ruin the athletic field after it is moved over to the west.

The Kinslers are all settled in the old Baird house, the Smiths are all settled in the old Swallen house.

1936년 9월 27일자 평양에서 루시아 마페트가 인디아나 매디슨에 있는 마포삼열과 샘과 하워드에게 보낸 편지

9월 24일에 마포삼열이 길을 떠남. 이 편지를 받을 때 쯤에 함께 있을 것으로 예상함. 이 편지에 덧붙여 〈포워드〉 9월 19일자로 게재된 매큔에 대한 기사를 보냄. 기사 내용은 다음과 같다.

1935년 11월 14일에 신사참배를 거부한 교장들이 도지사 사무실로 불려와 최후 명령을 받고 협박을 받았고, 매큔은 양심을 거스르는 일을 할 수 없다고 하며 신사참배 거부의사를 분명히 밝힘. 조선 국법에 따라 양심의 자유를 허용하며 선교의 자유를 부여하지만 신사참배는 신앙적 행위가 아니며 단지 애국심의 표현일 뿐이라고 하며 12월 말일까지 최종 결정을 내리라고 함. 그리고 신사참배를 거부하는 것은 직무 유기라고 함. 1월 16일에 이에 답하면서 매큔은 신사참배는 명확히 양심에 위배 되므로 거부할 수밖에 없음을 도지사에게 알림. 이렇게 응답한 뒤 매큔은 학장 및 교장직에서 물러나게 되었다.

Dearest Sambo, Sam and Howie (if you happen to be all together - although your special letter, Your Father, is going on to Madison [Indiana] direct).

Aren't you due to be surprised and happy boys! Don't fail to tell us all about it! As for us, the house is full of flowers and the community has rallied nobly to our support by dropping in at odd minutes.

Tom and frenzied housecleaning, however, have been the big props and they are both solid, reliable ones.

A card from Grandpa Phillips announced Charles Richard Abbott's arrival in Peking but it develops that "Grandpa" had gone to the country before the telegram arrived. No car was available to take him the news and he was miles from a postoffice so we enjoyed his news before he did.

That [Phillips] family is certainly making the most of having Edith at home. Mrs. P. is in Peking [where the little grandson was born] and the house would be forlorn without big sister.

Your Father left Thursday morning [September 24] and though well fortified with postcards, he hasn't had the speed you did, Sammit, getting us back one in eight hours. Dear old Rikki Ho! I hope there will be a bunch of them in the morning mail.

There is quite serious trouble in Shanghai over the shooting of Japanese sailors but I hope it will be bloodlessly adjusted and fairly, if possible, and speedily enough so Tom and I can have our November trip to Peking and Shanghai.

Lots and lots and lots of love, dear boys, from

Mother

P.S. You will want to read the article [enclosed] about Dr. McCune in Forward.......

Enclosed: George S. McCune, "True to His Conscience," Forward (September 19, 1936)

True to His Conscience

At the opening of the annual meeting of the principals of middle schools of the province in the government building in Pyengyang on November 14, 1935, Dr. G.S. McCune, president of Union Christian College and also principal of the Presbyterian Boys' Academy at Pyengyang, Chosen (Korea), and four others refused to obey the governor's request to worship at the State Shinto Shrine.

On the return of the principals from the shrine, these five who did not join the worshipers were ordered to go to the governor's office. There they were given a direct command: "Go with the chief inspector and do obeisance at the shrine. This is a last chance." If they refused they were severely threatened that serious consequences would follow. "Being Christians, and having strong convictions that going would be a serious compromise of conscience, we refused to go," Dr. McCune writes.

On December 31, the educational director read a warning from the government general of Chosen to Dr. McCune. This official pointed out the reason for asking Christian missionaries, who are in addition principals of schools, to do obeisance at the shrines. After saying that the constitution of Chosen assures freedom of belief and that the government general had no intention of attempting to interfere with the propagation of Christianity or with the religious faith of the Christian adherents, he reminded Dr. McCune that it was necessary to venerate the illustrious dead in places specially dedicated to their memory. "Reverence and respect for ancestors are essential to our national moral virtues," were words of the warning. Not only must principals worship at the shrines, but also teachers and pupils.

Demands were made which had never been insisted on before; that the teachers and students of all the schools of the Northern Presbyterian Mission must go out and make obeisance at the State Shrines and that the missionaries who are principals of the schools must go also and make obeisance at the shrines. In conclusion the warning was made:

"Dr. McCune, the principal of the Presbyterian Boys' Academy (and president of the Union Christian College of Korea), who is directly responsible for this affair at Heijo (Pyengyang), should now understand the intentions of the authorities in view of his responsibility as principal of the school, and should change his attitude promptly, make obeisance at the Jinja (shrine) himself, and clearly state his intention to cause his students to make obeisance at the Jinja. Otherwise the solution of the affair will be prolonged in vain. It will badly affect the national education and also may disturb the peaceful religious life of the Christian people in general.

"Therefore if Dr. McCune does not understand his responsibility as school principal and does not go himself to make obeisance at the Jinja and does not make clear his intention to do this, the authorities will be obliged to take the necessary measures, which fact I now make clear to you."

In reply to a later request, on January 16, 1936, of the governor in Pyengyang, Dr. McCune wrote in his final answer: "I am a Christian and the government statements have failed to meet and remove my conscientious objections to the act of doing obeisance at the shrine. I greatly regret the necessity of informing your Excellency that (1) because these ceremonies held at shrines dedicated as they are and conducted as they are, seem to me to contain definite religious significance;

(2) because large portions of the populace believe that spirits are actually worshiped there; (3) because Christians believe ancestor worship as distinguished from filial piety, is a sin against God and (4) because I also believe such to be forbidden to Christians by the Word of God (the Bible), I am therefore as an individual unable conscientiously to perform the act which you have required of me as a school principal."

After this answer Dr. McCune was deposed from the presidency of the Union Christian College of Korea and the principalship of the Boys' Academy, and was not free until March 3. "We believe we were actually saved from death through ... intercession on our behalf," says Dr. McCune.

1936년 11월 8일자 인디애나 매디슨에서 마포삼열이 평양의 아내에게 보낸 편지

이 편지는 마포삼열이 미국에 머무르며 휴식을 취하는 동안에도 한국 상황에 대해 지속적으로 연락을 받고 있음을 보여준다.

Yesterday I received your letter of Oct. 18 and one from Mowry which throws a little light upon the situation. Also yesterday I got a cable message from Kimusuk about payments on land deal and I replied "One fifth payment now balance extend three months" which I hope will be clear and will also satisfy Dr. Clark. I want the fifteen thousand which comes in from this "payment now" to be given to you now.

1936년 11월 15일자 인디애나 매디슨에서 마포삼열이 평양의 아내에게 보낸 편지

마포삼열은 아들 톰이 받아쓰기하여 보낸 아내의 편지에 열이 나고 있다는 소식을 듣고 몹시 흥분하였다. 그리고 여기서 의사의 지시를 받고 떠날 수 있겠다고 생각이 될 때 곧 한국을 향해 떠날 것이라고 한다. 아내와의 더 이상의 분리된 생활을 원하지 않고 있다고 한다. 또한 평양으로 돌아갈 때 샌프란시스코나 시애틀을 통해 출발하기 전에 처가가 있는 산라파엘을 방문해야할 수 있을 것이라고 쓰고 있다.

I was quite upset by your letter which came last night - written in Tom's hand writing. I shall wait until next Saturday hoping and praying that you have recovered. I wonder what caused your temperature. My but how I do long to be with you. I can only hope that your next message will remove all doubt. Just as soon as I can follow the instructions of the doctors and can feel that I can leave here - I am off for Pyengyang and I do not want any more separations.

(......)

I may have to go to San Rafael as I go to San Francisco or Seattle on my way back to Pyengyang and I want your consent to sale.

1936년 11월 29일자 인디애나 매디슨에서 마포삼열이 평양의 아내에게 보낸 편지

마포삼열은 1937년 2월에 평양을 향해 떠나 적어도 2월말에는 도착하기를 희망하고 있다.

I am still hoping I may be able to leave here in February and reach you about the last of that month. Keep up your letters until I let you know when to stop.

1936년 12월 4일에 쓴 것으로 추정되는 스코트 박사에게 보내는 솔타우의 편지

이 편지에서 스코트 박사가 마포삼열 박사의 거취를 묻는 질문에 대해 솔타우는 다음과 같이 말하고 있다. "이곳의 현재의 조건과 그의 건강상태를 고려하건데, 우리는 그가 이 나라로 다시 돌아오지 않는 것이 더 현명하리라 생각하고 있다. 그가 돌봐야 할 개인 재산들이 여기에 있지만, 이 사실을 고려하지 않고서도, 우리는 그가 돌아오지 않도록 하는 것에 대해 공식적으로 표결하기를 원하지 않는다."

I will now take up a few matters which you referred to in your letter of November 5th and that have also arisen from other sources:

Dr. Samuel Moffett. As to the advisability of Dr. Moffett's return, in view of condition out here just now and also in view of his health conditions, while we feel it wiser for him not to return to this country, his personal property is all here which may need his attention but even apart from that we are not willing to formally vote for his non-return.

1936년 12월 6일자 평양에서 킨슬러가 뉴욕 외국선교부를 통해 마포삼열에게 보낸 편지

마포삼열이 떠나고 난 평양은 무척 다른 곳이 되어 버린 것 같음. 건강을 속히 회복해서 평양으로 돌아오기를 바람. 신사참배 거부로 발생할 문제는 아직 불투명한 상태이다.

Dear Dr. Moffett:

While it has been a great privilege and pleasure for us to return to Pyengyang and to continue our work here after furlough, it comes home to us almost everyday what a difference there is, and what a loss there is in your absence. It is our sincere and urgent desire that you will soon enjoy a full recovery of health and be on your way back to Pyengyang.

I would like to take this opportunity to say that while you were here and during our first term of missionary work we took a great deal for granted and never really had opportunity to express some of our feelings to you; but that you have meant more by way of inspiration and encouragement to me for Christian service than it would ever occur to you to think. Not only for substantial financial assistance in our Club work; for generous time and advice given to me; but also for your unselfish personal interest expressed towards one who was new and very insufficient for the work.

Of course our problem is always with us this year and up to the present we do not see clear to the end of it all [the shrine question], but in the meantime things do seem to be proceeding along the line that was determined before you left us. The attitude of many of our brethren has greatly strengthened, it is my personal conviction.

While the assignment for teaching in the Seminary is temporary and I am quite conscious of my shortcomings and the shortcomings of a beginner, I must say that the work is highly gratifying and a great privilege. With the work of the Bible Clubs continuing it keeps me quite busy.

Faithfully yours,

Francis Kinsler

1936년 12월 13일자 인디애나 매디슨에서 마포삼열이 평양의 아내에게 보낸 편지

마포삼열은 이 편지에서 내년 1월이나 2월 중으로 "진짜 집(the real home)"으로 돌아가기를 바란다고 쓰고 있다. 그리고 미국이 너무나 많이 변하여 도덕적으로 타락했고 주일도 잘 지키지 않는 사회가 된 것에 아쉬워하고 있다.

After Christmas I am hoping to begin to get ready to leave here in January or in February for the real home. My - but how much I would give to be there now.

Howard & Susie have made me feel at home and have done everything for me - but it is something for them to do at their ages - 78 for Susie and 74 for Howard.

Life in America has changed so completely - the moral situation has changed - it is a "wet" [meaning allowing open sale of alcoholic beverages] and a Sabbath-ignoring land. I am not in it and am keeping out of it - as I am to keep quiet [for rest and healing]. I shall not make any addresses and as yet have not even attended church as I am still slowly but gradually improving and do not want to get into touch with others.

1936년 12월 20일자 인디애나 매디슨에서 마포삼열이 평양의 아내에게 보낸 편지

마포삼열은 여전히 한국으로 돌아갈 계획에 대해 말하고 있다. 하지만 상황이 어떻게 될는지에 대해서는 모르는 입장이라고 한다. 블레어 박사로부터 소식을 기다리지만 한국의 상황에 대해 알리는 편지는 오지 않고 있어서 아내를 통해 편지를 써 주기를 부탁하고 있다.

Oh! how I wish I could drop in on you and just talk it all over again! Now comes Christmas - I shall have a good time with the boys here and then after that will come the whole month of January - with just what I shall do with it and then the plans for getting off to Korea. There are so many pulls - this way and that and I do not know just how or what to plan.

Now as to my future moves - I do not know as yet just what they shall be. When I do return I do not want the Koreans (or Foreigners) to know of it. I will let you know when my passage is secured and not long after that I shall hope to drop in on you - but do not hold out any hopes. I shall, I think, get passage some time in February - but do keep it a secret. I do not see now that I can wait until after the "blessed event" takes place in Rolette. Will see however as the time goes on and what my condition is. I think I can travel all right in January.

I have heard nothing from Dr. Blair. Tell him to write me something about the real situation now. letter from Mrs. Gale tells of a slight stroke Dr. Gale has experienced. She asks for prayers.

〈뉴욕 타임즈〉의 마포삼열의 부고 전문

마포삼열은 캘리포니아 먼로비아에서 1939년 10월 25일에 75세의 일기로 소천하였다.

"Obituary notice of Samuel Austin Moffett's death," New York Times (October 26, 1939).

SAMUEL MOFFETT, AN EX-MISSIONARY

Presbyterian Served in Korea 46 Years-First Moderator there

Dies at 75, Monrovia, Calif., Oct. 25, (AP)—

The Rev. Dr. Samuel Austin Moffett, a Presbyterian missionary to Korea for forty-six years, died yesterday at his home here. He was 75 years old. Dr. Moffett, a native of Madison, Indiana, was president of Union Christian College in Korea from 1918 to 1928, became the first moderator of the church there in 1907 and was made moderator of the General Assembly in 1919. He wrote a number of textbooks and tracts in Korean. Surviving are his widow, Lucia, and five sons: James, of Jamaica, L.I.; Charles, Moga, India; Samuel, Princeton, N.J.; Howard, Chicago, and Thomas, Monrovia. The funeral will be Friday. Surviving persecution during the early days of his mission, Dr. Moffett eventually saw the original band of seven Christian converts grow to many thousands, with scores of congregations in the provinces of northern Korea. The present estimate of the total membership of Korean Christian churches is 420,000, with about the same number enrolled in the Sunday schools. Dr. Moffett is survived by his second wife, who was Lucia H. Fish of Oakland, California., at their marriage in 1915, and their three sons; also two sons of his first marriage to Dr. Mary Alice Fish, who died in 1912: two brothers and a sister. The sons are James, of Jamaica, Queens, Charles, of India, Samuel, of Princeton, N.J., Howard, of Chicago and Thomas, of Monrovia, California.

Actually in the Monrovia hospital.

Ⅱ부

앨리스 마페트와 루시아 마페트

1. 들어가는 말

본 연구는 우리나라 기독교가 한국에 뿌리를 내리는데 밑거름이 된 초기 선교사들 중 가장 위대한 선교사의 한 사람으로 손꼽히는 새뮤얼 오스틴 마페트(Samuel A. Moffet) 목사의 두 아내 앨리스 피시 마페트 여사(Alice Fish Moffet, 1870~1912)와 루시아 피시 마페트 여사(Lucia Fish Moffet, 1877-1962)의 생애를 평양 선교사역의 측면에서 고찰하는데 목적이 있다. 마포삼열 목사가 1890년 25살이라는 청년의 몸으로 미국 북장로회가 파송한 선교사로 한국에 왔을 때, 독신 선교사로서 한국에서 하나님과 한국인에 대한 선교사역으로 평생을 바칠 그의 각오는 견고하였고 그 의지는 이후 8년 동안 그의 쉼 없는 선교사역을 지탱하는 힘이 되었다. 그러나 1898년 중반에 선교사로 한국에 파송된 앨리스 피시를 만나면서 독신 선교사라는 그가 가졌던 처음 결의는 흔들리게 되었고 두 사람은 사랑하는 연인이 되어 1899년 결혼하였다. 부부가 된 마포삼열과 앨리스는 함께 또 따로 선교사로서 평양을 거점으로 한 선교사역에 전심전력하였다. 마포삼열이 미국 선교본부의 엘린우드 박사에게 보낸 편지에 썼듯이, 두 사람이 가정을 이루고 난 이후 하나님과 한국인을 위한 그들의 사역은 더욱 풍성해졌을 뿐 아니라 사역을 통한 기쁨과 행복감은 배가 되었다고 하였다.

그러나 그 시대 전 세계적으로 창궐하던 콜레라, 이질, 디프테리아, 말레리아 등 각종 전염병의 공격은 치명적이었고 특히 근대화 이전 우리나라의 위생 상태와 의료기술은 그야말로 바닥 수준이었던 터라 선교사 중 전염병이나 풍토병에 걸려 유명을 달리한 분들이 적지 않았는데, 이는 한편으로 우리나라 선교역사에서 커다란 슬픔이며 다른 한편으로 한국 기독교가 외국

선교사들에게 진 생명의 빚이라 생각된다.[1] 어떤 선교사 부부는 한국으로 파송되어 일본에서 배를 타고 오는 도중에 선교사 부인이 먼저 전염병에 걸려 사망하고, 남겨진 선교사는 혼자서 임지인 한국에서 선교사역을 하겠다고 다짐하고 항해를 계속하던 중 잇따라 천연두에 걸려 한국에 도착하기도 전에 생을 끝마친 비극적인 사건도 있었다.[2] 그런데 불행하게도 앨리스 또한 전염병의 희생자 중 한 사람이 되고 말았다. 그들의 결혼생활이 13년이 되던 1912년 6월말 갑작스럽게 찾아온 이질 증세로 고통을 겪던 앨리스는 발병한지 2주도 채 되지 않은 7월 12일 결국 세상을 떠났는데, 슬하에 7살 제임스와 4살 찰스 두 아들이 홀로 된 마포삼열에게 남겨졌다.

이후 마포삼열은 혼자서 두 아들을 기르며 살다가 3년 후 루시아 헤스터 피시와 결혼하였다. 루시아는 앨리스와 7살 차이나는 사촌 여동생이었는데 버클리대(U.C. Berkeley)를 졸업한 수재로, 교사 생활을 하다가 1913년 한국으로 와서 마포삼열의 두 아들을 보살피는 역할과 평양외국인학교의 어학선생을 동시에 하였다. 루시아는 1915년 6월 마포삼열과 결혼하여 그의 두 번째 부인이 되었다. 이후 그녀는 미국 북장로회 선교부로부터 선교사 아내의 지위에서 협동선교사(associate missionary)로 임명되어 교육을 중심으로 하는 선교사역을 담당하였다. 마포삼열과 루시아 부부는 슬하에 새뮤얼과 하워드, 그

---

1) "서울 선교지부에 속한 대부분의 선교사들이 콜레라에 신경을 쓰고 있습니다. 의사들 모두 열심히 일하고 간호, 검사, 소독 등의 일을 힘닿는 데까지, 아니 힘에 지나칠 정도로 하고 있습니다. 선교사들 대부분이 아프거나 지쳐 있는데, 공동체가 커서 모두 완벽하게 건강할 수는 없지만 사역이 너무 많아서 단 한 사람이라도 빠지면 전체에 큰 영향을 줍니다." (〈1895년 8월 21일 마포삼열이 엘린우드에게 쓴 편지〉에서 선교지역의 위생 및 질병 발생과 관련한 열악하고 위험한 상황을 일면 이해할 수 있다.)

2) "미국에서 출발한 존슨 부부에 대해 제가 썼던가요? 존슨 부인은 기선에서 병에 걸려 일본에 도착한 직후 뇌막염으로 사망했습니다. 존슨 목사는 혼자 새 일을 감당하기 위해 임지인 서울로 오는 길에 천연두에 걸려 사망했다는 소식을 방금 들었습니다. 주께서는 그들의 봉사를 받는 대신 그들을 당신에게 데리고 가셨으며 우리는 더 많은 일꾼을 기다립니다."(〈1903년 3월 24일 앨리스가 부모님께 쓴 편지〉) 앨리스의 편지에는 선교사들이 선교지에서 전염병에 희생되어 목숨을 잃는 일이 아주 예사로운 일이 아니며, 선교사들은 자신의 생명까지 걸고 사역에 임하고 있음을 말하고 있다.

리고 토마스 세 아들을 더 두어 앨리스가 남긴 두 아들 제임스와 찰스를 포함하여 총 다섯 아들의 부모가 되었다.

마포삼열 목사는 1936년 여름 소래포구에서 얻은 일사병과 그에 따른 스트로크가 회복이 되지 않자 치료를 위해 미국으로 떠나게 되었고, 설상가상으로 그 이듬해인 1937년 초 루시아 마저 급작스러운 질환이 발병하여 황급히 미국으로 떠나게 되었다. 이후 마포삼열은 그렇게 그리워하고 돌아오기를 갈망한 평양으로의 귀환을 끝내 이루지 못하였다. 1939년 10월 마포삼열이 삶을 마칠무렵 루시아는 그의 곁을 지킨 유일한 사람이었다.

한국 기독교 역사에서 초기 선교사들 중 가장 중요한 인물로 평가되는 마포삼열 목사의 삶과 그의 선교사역의 궤적을 되돌아보는 작업은 한국 기독교계의 학자들뿐만 아니라 본 연구자 같은 평신도에게도 어쩌면 신앙의 필수적 의무가 되어야 하는 것이 아닌가 하는 생각은 옥성득 교수가 정리한 마포삼열 서한집을 완독하고서야 비로소 얻은 깨달음이었다. 선교사는 우리나라에 기독교 신앙을 전파해준 복음전도자라는 피상적인 상식의 무게가 너무나 가벼워서 참으로 부끄러웠다. 마포삼열의 선교사적 삶을 되돌아보는 작업에서 그의 두 아내의 삶과 그들이 이룬 선교사역을 함께 살펴보는 것은 그래서 더욱 의미가 있다. 왜냐하면 마포삼열의 선교적 삶은 두 아내를 떠나서는 불가능했으며 마포삼열의 선교사역의 가장 핵심적 부분을 함께 일구어낸 동반자였기 때문이다.

본 연구는 마포삼열 목사의 두 아내인 앨리스 피시 여사와 루시아 피시 여사의 평양사역을 중심으로 그들의 생애를 살펴보기 위하여 옥성득 목사가 정리한 마포삼열 자료집 열 권을 원자료로 하여 이루어졌다. 사실 마포삼열에 대한 자료는 마포삼열 자료집 외에도 접할 수 있는 문헌이 많이 있겠지만 그의 아내들에 대해서 알려주는 자료는 이 자료집이 유일하다고 할 수 있다. 본 연구자는 이 자료집 열 권을 가지고 질적연구방법으로 접근하여 앨리스와 루시아의 생애를 살펴보았다. 연구의 목적이 두 사람의 생애를 살펴보는 것이므로 시간의 흐름을 따라 이들이 이루어 낸 주요 선교사역의 내용을 연대기적으로 정리하였다. 이를 위해 두 사람의 삶 중 특히 중요한 전환점이 되는 사건에 따라 전체 생애를 몇 부분으로 구분하였다.

앨리스의 선교사역은 전도와 교육 및 의료 등 포괄적 영역에서 이루어졌다. 그러나 그녀의 선교사역을 영역별로 구분하여 제시하지 않고 연대별 또는 시기별로 모든 영역의 사역을 볼 수 있도록 하였는데, 이를 통해 앨리스가 살아온 개인적 선교적 삶이 어떻게 흘러갔고 시간의 흐름에 따라 선교 내용과 방식과 그 결과가 어떻게 변화되고 진전되었는지를 보여주고자 하였다. 결론에서 앨리스의 사역을 정리하여 제시하였다.

앨리스의 경우 원래 선교사로 임명받고 한국에 파송되었으므로 13년에 달하는 선교사로서의 생애에서 수행한 선교사역의 내용이 풍부하였으나, 루시아의 경우 마포삼열과 가정을 이룬 햇수는 앨리스보다 더 길지만 선교사역의 내용에서는 앨리스에 비해 그리 풍부하지 않았다. 그 결과 본문의 많은 부분이 앨리스를 다룬 내용으로 채워지게 되었다.

2. 앨리스 피시 마페트[3]의 생애와 선교사역

1) 한국을 향한 의료선교사로 파송되기까지의 삶: 1870년 ~ 1897년

앨리스는 1870년 4월 8일 미국 켈리포니아 샌라파엘(San Rafael, California)에서 아버지 찰스 H. 피시(Charles Hull Fish)와 어머니 마르타 W.피시(Martha Warner Fish) 사이에 무남독녀로 태어났다. 그녀의 집을 방문한 많은 사람들은 앨리스의 집이 "주님의 거룩함"이 가득찬 집이라는 인상을 깊게 받는다고 말한 것으로 보아 앨리스는 어린 시절 신앙심과 사랑이 넘치는 가정과 부모님에게 양육된 것으로 보인다. 앨리스는 5대째 장로교 목사가 배출된 아버지의 기독교 신앙을 가진 가문과 뉴잉글랜드 출신인 어머니의 가문으로부터 성실함과 정중함의 성품을 유산으로 받은 여성이었다. 특히 앨리스의 아버지는 산라파엘 장로교회의 장로였을 뿐만 아니라 그 지역에 이주해 사는 중국인들을 위한 선교를 이끈 삶을 30년 이상 살아왔고, 그녀의 어머니 또한 교회가 하는 많은 사역에 참여하는 적극적인 교인이었는데 다양한 사역 중 특히 중국인 공동체에서 영어를 가르치고 그들의 필요를 돌보는 사역을 가장 즐겁게 하였다. 이러한 부모의 교회에서의 신앙생활뿐 아니라 적극적인 선교활동을 보고 자란 앨리스가 이후 선교사로서의 사명을 자신의 진로로 결심한 것은 자연스런 결과임을 넘어서 부모의 신앙에서 더욱 진일보한 모습으로 여겨진다.

앨리스는 18세에 산타로사 신학교(Santa Rosa Seminary)에 입학하였는데 이것이 그녀가 부모와 고향을 떠나는 시초가 되었다. 이 학교의 체이스 학장[4]은 선교 사역에 깊은 관심을 가진 여성으로 앨리스는 체이스 학장으로부터

3) 본 연구의 본문부터는 마포삼열 목사와 앨리스 피시 마페트 여사, 루시아 피시 마페트 여사 세 사람에 대해 호칭 없이 이름을 사용하였다.

4) 체이스 학장은 앨리스가 사망한 1912년 현재 호피(Hopi) 인디안 선교사로 활동 중이었다.

선교의 비전과 열정에 대한 영향을 받았다.[5] 산타로사 신학교를 졸업한 후 앨리스는 필라델피아 여자의과대학(Woman's Medical College of Pennsylvania)에 진학하여 의학을 공부하다가, 마지막 학년에 병환 중에 계신 어머니를 보살피기 위해 캘리포니아 고향으로 돌아와 샌프란시스코에 있는 쿠퍼 의과대학(Cooper Medical College)에서 의학공부를 마치게 되었다. 필라델피아와 샌프란시스코의 두 의과대학에 다니는 동안 앨리스는 종교활동과 선교관련 활동에 아주 적극적이었다.

1892년 앨리스는 그녀의 절친인 조세핀[6]과 저먼타운(German Town)에 있는 한 교회의 예배에 참석하여 당시 뉴헤브리디스에서 35년간 식인종 속에서 선교활동을 하던 존 페이튼 박사[7]의 설교를 듣게 되었다. 선교에 대한 관심과 열정을 지속적으로 가져온 앨리스는 평소에 페이튼 박사를 직접 만나서 말씀을 듣는 것이 소원이었기 때문에 이 날의 만남은 그녀에게 엄청난 축복이요 특혜였다. 예배 도중 페이튼 선교사는 청중에게 주님 나라를 위한 헌신과 봉사에 마음과 생애를 바치도록 권유하는 부름을 수차례 하였는데 앨리스는 이 때 선교사로서의 삶에 대한 결심을 한 듯하다. 앨리스와 조세핀은 예배 후 페이튼 목사를 찾아가 대화를 나누고 각자 세 번 씩 악수를 나눈 경험을 감동과 흥분을 담아 부모님께 보낸 편지에 표현하였다. 1895년 앨리스는 의학대학을 졸업하였고 이 후 리턴에서 1년간 의료실습을 하였다. 이 기간

5) 〈앨리스 피시 마페트 의사에 바치는 마가렛 베스트의 조사, 1912년 8월〉 참조.

6) 조세핀(Josephin Brodhead)은 훗날 브로드헤드 부인이 되었으며, 마포삼열이 세상을 떠나기 전 루시아와 함께 샌프란시스코에서 보낸 마지막 몇 년 동안 곁에서 도움을 준 사람이다.

7) John Paton 박사는(1823-1907)은 신학과 의학을 공부하고 빈민가에서 10년간 사역한 후 남태평양 뉴헤브리디스에 스코틀랜드 개혁장로교회의 선교사로 파송되어 사망할 때까지 약 50년간 원주민들 속에서 선교 사역을 하였다. 특히 말년에는 선교 지도자로 호주와 영국, 미국 등지를 방문하여 뉴헤브리디스에 필요한 선교사를 모집하고 선교 자금을 모으는 일을 하였고 해외선교학생자원운동과 "이 세대에 세계를 복음화하자"는 구호를 지지하였다. 1909년 한국에 온 호주 장로회의 선교사 제임스 맥켄지(James Nobel Mackenzie)도 페이튼의 직접적인 영향을 받고 뉴헤브리디스에서 15년간 활동한 후 한국으로 왔다. 옥성득 편역, 『마포삼열 서한집』 1권. p.323의 역자주 참조.

동안 앨리스는 무디 성경학교의 단기훈련과정과 “Schofield Correspondence Course in Bible Study”에 참여하였는데 이것은 앨리스가 선교사가 되기 위한 실제적인 준비과정으로 기여하였다. 1896년 앨리스는 북장로교회의 해외선교부에 선교사로 지원하였다.

1897년 앨리스는 미국 북장로교의 동양선교회와 베니치아 노회로부터 한국에 파송되는 의료선교사로 임명받고 미국 출발 이전 해외선교 관련 교회와 단체에서 다섯 번에 걸친 파송예배를 드렸다. 마침내 그해 10월 말 그녀는 고향 캘리포니아를 떠나게 되었다. 한국으로 가는 긴 여정에서 앨리스가 그녀의 사촌인 엠마[8]에게 쓴 첫 편지는 부두에서 행해진 가족, 친지, 교우들의 파송예배와 배웅이 얼마나 성대했는지를 보여준다. 가족과 친지뿐만 아니라 선교사 파송에 대해 큰 관심을 보인 노회에 속한 여러 교회들, 그리고 주의 여러 중요 기관들로부터 수많은 사람들이 앨리스를 배웅하기 위해 부두에 모여들어 12시부터 1시까지 이들과의 접견이 이어졌는데, 앨리스는 이들의 수를 헤아리기 어려울 정도였다고 하였다. 앨리스는 이에 대해 하나님이 자신의 선교사로서의 삶에 놀라운 복을 내려주심을 느끼면서 이 모든 것이 성령의 역사라는 겸허한 마음을 가졌다.

앨리스가 한국으로 가는 여정에는 함께 선교사로 중국과 일본 등지로 파송되는 동료가 있었는데 그들은 대학 동창인 메리 에이어 의사와 프랜시스 카벨 의사, 그리고 감리교 선교부 소속으로 상하이에 가는 샌프란시스코 출신의 윌리암스 양 등이었다. 앨리스는 이들과 객실을 같이 쓰면서 한국에 도착하기까지의 긴 여행 동안 성경공부를 제외하고서 예배만 39차례 드렸다고 기록하고 있다. 이들 네 명에 도쿄의 한 대학 총장인 클레이 맥컬리 교수와 하버드대 출신으로 졸업 후 세계일주 여행 중인 23세 청년 싱클에어 케네디를 포함하여 ‘구니스(Goonies)’라는 모임을 결성하고 성경공부와 기도, 독

---

8) 〈1987년 11월17일 앨리스 피시가 엠마에게 보낸 편지〉 참조. 엠마 워너는 앨리스의 모친과 남매지간인 제임스 워너의 딸이다.

서, 샌드백과 볼링 등의 운동, 그리고 담화를 함께 하면서 낯선 나라로 선교하러 가는 흥분과 용기를 나누는 의미 있는 시간을 가졌다.

한국에 도착하기 전 이들 일행은 일본의 요코하마 해안, 고베 항, 나가사끼 항 등을 거치면서 일본의 모습과 자연경관에 대해 "아름답고 매혹적인 일본"이라고 찬사를 아끼지 않았다. 일본의 고베는 앨리스가 동양문화를 처음 접한 곳이었고 오사카에서는 짧은 시내 관광을 하였는데, 거리의 모든 사람이 이 서양인들을 구경하려고 주변에 모여들어서 움직일 수가 없을 정도였다는 앨리스의 기록에서 이들에게도 동양이 얼마나 낯선 땅이었을지 짐작할 수 있다. 나가사키 항에 도착해서 앨리스는 그때까지 함께 하던 일행과 헤어져 비로소 처음으로 아시아의 해변에 홀로 남아있다는 사실을 절감하였다. 한국 도착 전 마지막 여정인 나가사키를 출발하여 지푸[9]를 거쳐 제물포에 이를 때까지 앨리스가 경험한 동양은 지저분하기 이를 데가 없고 너무 가난하고 고통 속에 있는 인간들의 모습이었고 그 때의 정보를 토대로 그녀는 한국은 일본이나 중국 보다 더 부패하고 불결하며 불쾌한 곳일 것이라고 생각하였다. 그럼에도 불구하고 앨리스는 한국으로 가는 모든 여정에 대해 하나님께 감사한 마음을 고백하고 있는데, 하나님이 자신에게 주신 사역지는 한국이며 그러므로 자신이 가고 싶은 유일한 곳은 한국이라고 하였다. 그녀는 한국으로 가기로 결정한 이후 매 순간 기쁘지 않은 적이 없다고 고백하면서, 모든 여정을 보호하고 평탄하게 해주신 하나님에 대한 감사와 한국에서 자신을 통해 이룰 하나님의 뜻에 대한 기대감에 가득 차 있었다.

앨리스의 긴 여정은 그 자체가 선교 사역의 준비과정이었다. 이제 곧 선교사역이라는 전투장으로 들어가는 앨리스가 항해 과정에서 준비한 선교사로서의 무기는 첫째 베네치아 부두의 파송예배에서 중국소녀들이 부른 "보라 세상 죄를 지고 가는 하나님의 어린 양이로다."라는 합창의 후렴구 가사

---

9) 지금의 얀타이. 당시 산둥반도의 개항장이라 미국 북장로회 선교지부 등이 있었다.

였다.

> 고국에서 중국인 소녀들이 저에게 작별 송으로 "보라 세상 죄를 지고 가는 하나님 어린양이로다."를 불러 주었습니다. 부두에서 들었던 마지막 구절들은 후렴부의 "어린양의 피로 씻으시니 눈보다 더 희리라"였습니다. 이것은 제가 한국으로 가져온 소중한 메시지이고 그것을 전달할 특권은 축복입니다.[10)]

다음으로 두 권의 책이었는데 이것은 앨리스가 긴 항해의 독서 시간 중 읽은 책들 가운데서 '성령의 목회(Ministry of the Spirit)'와 '목자의 시(Shepherd Psalm)'로, 앨리스는 자신의 선교 사역의 동반자가 될 가치가 있는 책이라고 여겨 따로 챙겨서 일본 고베 항에서 한국으로 부쳐두었다. 세 번째는 앨리스의 한국 선교사로서의 마음가짐과 사명에 대한 기대와 확신이었다. 앨리스는 에도 항에 도착하여 일본 요코야마와 도쿄를 하루 관광한 후 일본에 대한 인상을 "아름답고 매혹적인 일본"이라는 말로 표현하였다. 그러나 그 시점에서도 자기가 갈 땅인 한국에 대해 생각하면서 자신이 알고 있는 정보에 의해 한국이 일본에 비해 더 열악하고 후진적이며 힘든 곳일 것이라고 예상하면서도 그 마음에 흔들리지 않는 한국에 대한 애정을 다음과 같이 고백하였다.

> 한국은 (일본과) 완전히 다르다고 알고 있다. 더 부패하고 불결하고 불쾌한 곳이라고 예상한다. 그러나 나는 나아가고 싶다. 왜냐하면 나에게 주어진 곳이 한국이고 그 곳이 내가 있고 싶은 유일한 장소이기 때문이다.[11)]

---

10) 〈1897년 12월 31일 앨리스가 해외선교부의 서신 총무에게 보낸 편지〉.
11) 〈1897년 11월 17일 앨리스가 엠마에게 쓴 편지〉.

이 마음은 앨리스가 한국으로 가는 여정이 끝나가기 바로 며칠 전 마지막으로 중국 지푸 항에서 아버지께 쓴 편지의 마지막 부분에서도 나타나고 있다.

> 저는 한국에 오기로 하고 나서 매 순간이 기쁘지 않은 적이 없었는데, 사랑하는 주님께서 길을 평탄하게 해 주셨기 때문입니다. 저는 하나님께서 지금 이곳에 저를 원하신다고 믿으며, 미래를 위한 그분의 온전한 뜻이 저의 모든 소원입니다.[12)]

마지막 한 가지는 자전거 타기 연습이었다. 앨리스는 한국의 전도와 의료사역을 위한 이동 수단으로 자전거를 이용해야 하는 것을 알고 있어서 떠나기 전 자전거 타기를 연습하였고, 일본을 거치는 동안 한국에서 사용할 자전거를 주문하여 한국에 배송을 의뢰하였다.

2) 평양으로 파송되기 전 서울에서의 예비 사역: 1897년 12월~1898년 8월

1897년 9월 10일 베네치아를 출발하면서 시작된 앨리스의 선교지로의 파송여정은 12월 3일에 끝났다. 초겨울에 접어든 한국 제물포항에 도착하여 해안가에 첫 발을 내딛는 앨리스의 눈에 들어온 한국의 경관은 마치 나무 한 그루도 없는 듯 바위 절벽의 울퉁불퉁한 산들로 이루어진 겨울의 황량함이었는데 앨리스는 이 경관에 매료되었다고 하였다. 또 하나 인상적인 경관은 이 당시 명성황후 국상 기간이라 흰색 한복을 입고 있는 거리의 사람들 모습이었는데, 앨리스는 한국의 의상에 대해 학습하여 알고 있었지만 모든 사람

---

12) 〈1897년 12월 1일 앨리스가 아버지께 쓴 편지〉.

들이 집단적으로 흰색 한복을 입고 있는 모습은 아주 생소하다고 하였다.[13)]

종착지인 용산에 도착하여 마중 나온 필드 의사와 쉴즈 양, 스트롱 양, 그리고 가마꾼을 대기하고 기다리고 있는 파이팅 의사를 만났다. 이 때 앨리스의 마음에 깃든 생각은 "이제 나의 새로운 모국에 도착하였다"는 것이었는데. 이것은 한국 도착 후 미국 선교부에 보낸 그녀의 첫 편지 첫 줄에서도 표현되고 있다: "35일간의 여행을 마치고 새 고향(한국)에 도착했습니다."[14)] 앨리스의 임시 거처는 연못골의 정신여고 구내에 있는 기퍼드 선교사 부부의 집이었고,[15)] 8 내지 9개월을 먼저 이 곳에 기거하고 있던 파이팅 의사와 함께 머무르도록 계획이 되어 있었다. 한국 도착 이튿날부터 앨리스가 한 일은 파이팅 의사가 확보해준 한국어 교사를 만나 한국어 교습을 시작한 것이었다. 앨리스는 한국 도착 이후 만나는 모르는 모든 한국 사람들과 대화할 수 있기를 열렬히 바랐기 때문에 한국어 교습에 매진하였다. 한국어를 익힐 동안 정신여학교 책임자인 도티 양이 앨리스의 한국인과의 통역을 맡아 주었다.

앨리스의 사역은 도착 즉시 시작되었다. 동상으로 인해 괴저 증상을 가진 한 남성의 발가락 열 개를 절단하는 외과수술이 그녀의 첫 의료사역이 되었다. 이를 시작으로 1월 한 달 간 제중원에서 에비슨 의사가 자리를 비운 기간에 진료를 대신 맡으면서 한국인들에게 의료사역을 어떻게 하는 것인지에 대한 첫 통찰을 얻었고, 인근에 있는 연못골과 인성부재[16)]에 아픈 여자

---

13) 〈1897년 12월 10일 앨리스가 부모님께 쓴 편지〉 참조. 이때 한국은 명성황후 국상 중이었다. 헐렁한 솜바지 차림에 흰색 신발 솜버선을 신고 무릎 아래까지 닿은 길고 헐렁한 상의를 입고 높고 희색 패랭이(신분 낮은 사람이나 상을 당한 사람이 쓴 것으로 국상 기간이라 모든 남자 성인이 착용함)를 썼다고 앨리스는 기록하였다.

14) 〈1897년 12월 31일 앨리스가 해외선교부 총무에게 보낸 편지〉.

15) 이 당시 기퍼드 의사 부부는 미국에 안식년 휴가차 가있었고 그 동안 파이팅 의사가 그 집에 살고 있었는데 앨리스는 여기에 파이팅 의사와 같이 머무르게 되었다. 앨리스는 이에 대해 대학 시절 알고 지낸 사람과 이런 낯선 곳에서 함께 살게 되다니 아주 신기하게 느껴진다고 하였다.

16) 〈1898년 10월말에 작성된 앨리스의 연례보고서〉에 대한 옥성득의 주 참조. 인성부재는 남대문과 진고개 근처 남산 언덕으로 선교사 사택들이 모여 있었다. 1902년 웰번 선교사 부

와 어린이들을 치료하기 위해 왕진을 행했다. 이 기간에도 병원에 입원한 여성 노인을 비롯하여 환자들을 진료하였는데, 환자만 치료한 것이 아니라 매일 아침 여자 병동에 가서 찬양과 기도로 전도활동을 함께 하였다고 기록하고 있다.

앨리스는 본국에서 오르간을 가지고 왔는데 주변의 모든 한국인들이 이것에 대한 호기심이 아주 커서 한국인들이 마음을 열고 다가올 수 있도록 도와준 도구가 되었기 때문에, 앨리스는 오르간이야말로 조건 없이 자신과 한국인을 이어준 가장 큰 위로가 된 물건이라고 하였다. 이 오르간을 가지고 한 한국인 여자에게 찬송가 반주법을 가르쳤는데 이것이 여러 다양한 교육 선교의 시작이 되었다. 앨리스가 오르간을 가르친 여자는 조사였는데 오르간을 가르치면서도 이 조사가 빨리 배워서 어린 소녀들에게 오르간 지도를 할 수 있을 것이라는 기대를 품고 있는 모습은, 그녀의 사역의 방향과 범위가 현 시점에서 항상 미래와 더 큰 가능성을 향해 있음을 느끼게 하는 대목이다.

앨리스는 처음 서울에서의 본격적인 선교사역에 들어가기 전 한국어 공부에 주력하면서 자신의 사역을 준비하였다. 그리하여 최종 사역지가 결정될 때까지 그녀의 서울에서의 생활은 기도와 성경공부, 다른 동료들과 함께 하는 기도회 참석, 한국어 교습, 그리고 외국인 거주지에서 열린 모든 교파 선교사들의 연합기도모임에 참석하는 일들로 일과가 채워졌다. 또한 앨리스는 한국인들의 삶의 모습과 선교 현황 등을 파악하는 일에 주력하였다. 그리하여 한국인들이 추위에 쌀과 연료가 없어 성탄절 직전 200명 이상이 동사할 정도로 가난하다는 생활 실태, 한국인 조사들이 선교사가 방문한 적이 한 번도 없는 시골에서 사람들에게 성경을 가르치는 책임을 감당하고 있는 열악한 전도 현황 등을 파악하고 고국의 가족들에게 기도 부탁을 하고 이를 선교보고서에도 기록하였다.

부가 이곳에 거주했다.

그런데 예상치 않게 앨리스는 자신의 선교지 최종 결정과 관련하여 선교본부와 다소의 혼란을 경험하게 된다. 앨리스는 선교사 지원을 할 때 배치될 국가에 대한 희망을 제시하지 않았으나 한국 선교회의 강력한 요청에 의해 평양 선교지부로 파송될 것이 결정되었다. 이후 앨리스는 자신의 선교지역이 한국 평양이라는 사실을 스스로 마음에 견고히 해왔고 이것은 한국에 도착하기 이전의 여정에서 보여준 그녀의 한국에 대한 기대감과 애정을 통해 강하게 드러나고 있다. 그런데 앨리스에게 어떤 통보도 없이 중국 텡조우푸 선교지부에서 앨리스의 선교 파송지를 산동으로 이전해줄 것을 요청하고 미국 선교부에서도 앨리스의 선교지 전임을 고려한다는 소식을 듣게 되었다. 이에 대해 앨리스는 선교부의 엘린우드 박사에게 보내는 편지에서 다음과 같이 자신의 의견을 전하고 있다.

> 이곳에 온 후 1년간의 어학 공부가 끝나면 저의 임명은 평양 선교지부라고 들었으며 한국 선교회가 이 임명을 재가해 줄 것을 간절히 희망해 왔습니다. 한국이 저의 현장으로 처음 언급되었기 때문에 평양 선교지부가 제 마음 속에 있었고 그곳에 가도록 허락이 나기를 바라고 있었습니다. 그 열망은 더욱더 강해지고 있는데 그 이유는 다음과 같습니다. 곧 선교지부의 성격, 그곳에서 이루어진 사역의 성격, 전도 사역의 우위, 그리고 성경 진리에 대한 사람들의 거대한 열망 등입니다...순회 의료사역을 하는 것이 저의 소망이었으며 그것이 평양에서 필요한 바로 그 사역이라고 합니다. 중국에서의 필요도 분명 크겠지만 지금은 한국 북부를 위한 날이 아닙니까? 다른 어느 곳에 진리를 그렇게 목마르게 기다리는 사람들이 있습니까?...저는 이 문제를 주님께 맡기며 주께서 결정들을 아주 분명하게 인도해 주실 것을 기도합니다.[17]

17) 〈1898년 2월 5일 앨리스가 엘린우드 총무에게 쓴 편지〉.

평양은 앨리스가 스스로 희망하여 결정된 선교지는 아니었으나 선교부의 결정 이후 앨리스가 평양을 자신의 사역지로 마음에 품게 된 데는 마포삼열의 평양에서의 선교사역 이야기가 기여한 바가 컸던 것으로 보인다. 사실 한국 선교회가 앨리스의 평양 파송을 강력하게 요청하였다고 하였는데 그러한 결정의 중심에 마포삼열이 있었다. 이 당시 마포삼열은 1890년 한국에 선교사로 파송된 후 복음의 불모지인 평양에서 7년간 선교사역을 하다가 처음 안식년을 미국에서 보내고 다시 한국에 돌아왔다. 그는 평양으로 돌아가기 전 서울에서 앨리스와 처음 만났고 앨리스의 선교지 전임 건에 대한 이야기를 들었다. 이에 대해 마포삼열은 엘린우드 박사에게 앨리스의 전임건에 대한 이의를 제기하였다.

> 중국 산동선교회는 피시(앨리스의 성) 의사가 그 선교회로 전임되어야 한다고 요청하였습니다. 이와 관련하여 피시 의사가 임명될 것으로 모두 이해하고 있는 평양 선교지부는 분명히 그녀가 그 어느 선교지보다 이곳에 훨씬 더 필요하다는 의견에 만장일치로 동의합니다. 그녀는 이곳에 오기를 원하고, 이미 한국어를 어느 정도 배웠습니다. 그녀는 이곳에서 우리와 함께 하며 사역을 잘할 수 있을 것이 분명합니다...다른 어느 곳에서도 제공할 수 없는 명백하고도 탁월한 기회가 이곳에 있습니다. 그녀의 목적지가 왜 불확실해야 했는지 저는 알지 못합니다. 그러나 저는 박사님께서 그녀가 바로 평양으로 갈 것이라고 하신 말씀을 아주 분명하게 기억합니다. 따라서 저는 서울에 갔을 때 그녀가 평양에서 일하도록 임명받았다는 선교부의 통보를 가지고 있지 않아서 깜짝 놀랐습니다. 저는 선교부가 여자 의사를 요청한 산동선교회의 필요에 대해서는 미국에서 새로 임명함으로써 대처해 주기를 바라며, 평양으로 파송하기로 한 피시 의사에 대해서는 원래의 임명이 변경되지 않기를 간절히 희망합니다.[18]

18) 〈1898년 4월 6일 마포삼열이 엘린우드에게 쓴 편지〉.

동일한 편지에서 마포삼열은 첫 안식년 후 평양으로 돌아왔을 때의 모습을 다음과 같이 보고하고 있는데 그 당시 마포삼열의 선교사로서의 입지를 보여주는 기록이다. 마포삼열이 서울에서 자전거를 타고 평양으로 돌아가는 행로를 따라 이곳저곳에 60명 정도의 신자들이 마포삼열을 보기 위해 길에 나와 열렬히 환영하는 모습을 대하고서 8년 전 평양에서 복음을 전할 때 받았던 핍박과 냉대와 얼마나 대조적인 모습인지를 느꼈고, 7년 동안 복음의 영향력 안에 들어와 자신과 함께 사역했던 한국인들이 복음 안에 굳건히 자리 잡고 있는 모습에 말로 다할 수 없는 감사와 감동을 느꼈노라고 한 것이다. 마포삼열이 평양에 도착한 날 바로 기도회가 열렸는데 250명의 남녀가 모였고, 이전에 복음을 전할 때 극심하게 저항했던 한국인들까지 기쁜 얼굴로 그에게 찾아와 과거에 퍼부었던 욕설과 모욕을 취소하고 싶다는 고백을 하였으니 그가 느낀 감회가 얼마나 컸을지 짐작할 수 있다.

마포삼열과 앨리스의 인연은 이렇게 하여 이루어졌다. 두 사람 모두 한국의 선교사로 파송되었으나 앨리스의 산동선교지부로의 전임 건이 성사되었다면 두 사람의 만남은 이루어지기 어려웠을 것이다. 그러나 산동 전임 건에 대해 앨리스가 평양을 자신의 선교 사역지로 원한다는 처음 먹은 열렬한 마음을 선교부의 엘린우드에게 보내고, 이어서 마포삼열이 앨리스를 평양 선교지부의 동료 선교사로 간절히 원하여 전임 건을 취소해달라는 요청을 미국 선교본부에 강력하게 제기함에 따라, 앨리스는 마포삼열이 있는 평양으로 가서 함께 선교사로서 동역하게 되었고 이로 인해 두 사람의 사랑도 가능하였던 것이다.

앨리스는 평양 파송이 결정되기까지 서울에서 한국과 한국인들의 특성, 생활과 문화 등을 배우고 이해하는 경험을 통해 자신의 선교사역을 준비하는 시간으로 사용하면서 동시에 꾸준히 의료사역과 무엇보다도 그녀가 가장 사명감에 불타는 전도사역을 기회가 닿을 때마다 해왔다. 도착한 지 한 달 되는 이듬해인 1898년 1월부터 앨리스는 제중원에서 필드 의사와 에비슨 의사가 일시적으로 비운 자리를 대신해서 진료를 맡았고, 3월에 도시 전체에 홍역이 유행하자 학교에 남아있는 환자 11명과 이웃의 환자들에 대한 진료를 행하였다. 그러나 첫 해 앨리스가 가장 우선순위에 두고 주력한 일은 한국어 교습과 공부였다. 그녀는 자신이 만나는 한국인과 바로 대화하고 그들에게 복음을 전하기 위해 언어가 가장 중요하다는 분명한 인식을 가지고 있었다. 앨리스는 한국어를 빨리 습득하기 위해 일부러 잔다리 마을(지금의 서교동)로 내려가서 4월과 5월에 걸쳐 거의 두 달 동안 머무르며 생활하였는데, 이곳은 선교사가 없는 성 밖 마을로서 하루 종일 영어를 한 마디도 듣거나 말할 수 없는 곳이었다. 앨리스는 이곳에서 처음 보는 한국인 교인들을 만나 스스로 교제하고 지내면서 한국어 실력을 키우려 노력했다. 또 가까운 이웃마을에서 여자들과 어린이들이 매일 저녁기도회로 모였는데, 앨리스는 이곳의 낯선 한국 여자들과 작은 무리를 지어 매일 들판을 가로질러 기도회에 참석하면서 한국인들의 믿음생활과 일상생활을 직접 체험하여 배우는 시간을 가지기도 하였다.

여름이 되어 앨리스는 정식 파송이 되지 않은 상태에서 평양을 일시적으로 방문하였고 그곳에서 여름을 보내게 되었다. 평양에 머무는 동안 앨리스는 주일예배와 여자 성경공부반, 그리고 여학교에 참석하여 평양의 선교사역을 관찰하는 기회를 가졌다. 또한 평양에서 떨어진 시골마을 여자들로부터 성경을 가르쳐달라는 간청을 여러 번 받고 시골에 성경공부 반을 열기 위해 장기여행을 하였다. 평양의 진료소에서 진료를 돕는 활동도 이 기간 동안 할 수 있었는데, 이를 통해 평양의 의료사역 현황과 특히 왕진에 대한 요청이 많다는 점을 평양 의료사역의 특징으로 파악하였다.

앨리스는 자신의 선교지 결정이 불확실한 상황 속에서도 이곳 생활이 행복하다고 말하였다. 그녀의 마음 속에는 선교지 결정에 관한 일로 인해 겪는 낙담보다는, 하나님이 자신을 이곳에 보낸 뜻의 명백함과 앞으로 하나님의 자신을 위한 계획이 이루어질 것을 기대함으로 인해 얻는 마음의 평화만 가득차 있다고 하였다. 또한 선교부의 원래의 의도대로 한국 도착 즉시 종신 사역지인 평양으로 가는 대신 전임 건이 논의되는 와중에 서울에서 1년간 생활한 것이 오히려 자신에게 결과적으로 도움이 될 것이라는 예상을 하였다. 그 이유는 이 기간에 서울이 한국의 중심지로서 남쪽과 북쪽의 사역을 전체적으로 배울 수 있는 최선의 장소임을 파악하였기 때문인데, 결국 평양으로 선교지가 최종적으로 결정된다면 이로 인해 기쁨이 더할 것이라고 4월 24일자 엠마에게 쓴 편지에서 말하였다. 이는 앨리스가 그녀의 마음과 생각이 현재에 머물러 있지 않고 자신이 처한 지역과 시간을 넘어서는 비전을 지닌 사람임을 가늠케 해주는 사실이다. 또한 앨리스는 한국어를 빨리 습득하고 싶은 마음의 다른 한켠으로는, 시간이 소요되는 것에 대해 인내심이 필요할 뿐만 아니라 이것은 오히려 자신에게 유익하게 작용할 것이라고 인식하고 다음과 같이 말하고 있다.

> 첫해 동안 제 시간은 거의 전적으로 언어 공부에 사용되었습니다. 사람들은 종종 언어 장벽이 방해하지 않기를 바랍니다. 그러나 한 선교사는 우리가 즉시 사람들 가운데 나아가서 그들에게 말할 수 없는 것이 좋은 일이라고 말했습니다. 왜냐하면 한국인들의 생활과 사고방식은 우리와 너무 달라서 그들에게 가장 좋은 방식으로 그리스도의 진리를 전하기 위해서는 우리가 그들의 언어뿐만 아니라 그들의 관습, 사고방식, 이해방식을 배울 필요가 있기 때문입니다.[19)]

앨리스는 서울에서 보낸 첫 일 년 동안의 생활에서 얻은 가장 큰 기쁨으로, 의료사역에서 눈이 먼 한 남자와 한 여자가 다른 사람의 손을 의지해 병원에 와서 시력을 회복하고 스스로 걸어서 간 것을 꼽았다. 이들은 각각 20

---

19) 〈1898년 5월 4일 앨리스가 베니시아 노회 친구들에게 쓴 편지〉.

리와 100리 떨어진 곳에서 왔는데, 이를 통해 의료사역이 얼마나 필요하고 보람된 일인지를 몸소 경험하였다. 또한 앨리스가 일 년간 정식 사역 현장에 들어가지 않은 상태로 지내는 동안 그녀를 도와준 조지아 양과 파이팅 의사, 수잔 도티 양, 베어드 목사 부부, 에스더 쉴즈 양, 그리고 자신의 다리 골절 치료를 해준 에비슨 의사와 친분을 쌓은 것을 큰 자산으로 여겼다. 이들은 동역자로서 앨리스의 한국어 습득을 크게 도와주었고 한국생활에 적응하는 길잡이 역할을 해주었으며, 이후 사역에서 동료로서 앨리스와 지속적인 친밀한 관계를 유지하였다.

3) 평양 파송 이후 결혼까지의 사역: 1898년 9월~1901년 11월

최종적으로 미북장로회 선교본부에 앨리스의 산동 전임건 취소에 대한 요청이 받아들여져서 사역지가 평양으로 결정됨에 따라 앨리스는 1898년 가을 평양으로 이동하였다. 마포삼열과 앨리스의 결혼은 마포삼열이 1899년 2월 11일 엘린우드 박사에게 보낸 서신에 처음으로 언급되고 있다. 그는 자신이 앨리스와 결혼하기를 원하며 앨리스의 부모님으로부터 결혼을 승낙하는 서신을 받았으니 이제 선교부에서 이를 허락해달라는 요청을 하였다. 마포삼열은 애당초 독신으로 선교사역에만 매진할 각오로 선교사의 삶을 살아왔는데 앨리스가 한국 그것도 평양으로 와서 동역하면서 그의 처음 결심이 변하게 되었다고 말하고 있다.

> 저는 독신으로 주님을 섬기도록 주께서 의도하셨다는 결론에 거의 도달했었습니다. 주께서 지금까지 한번도 제 마음에 사랑의 감정을 불러일으키는 여자와 접촉하도록 이끌어 주시지 않았기 때문입니다. 이제 주님께서 그렇게 하셨고 제가 그녀의 사랑을 얻었으므로 저는 이곳에서 주님을 섬기는 사역에서 이전보다 훨씬 더 행복한 삶을 기대하며 감사합니다...박사님께서 저의 행복

에 함께 즐거워하시고 저희 두 사람이 따로 있을 때보다 함께 더욱 신실하고 유용하게 주님을 섬길 수 있도록 기도해 주시리라 확신하며 박사님의 답장을 기쁜 마음으로 고대합니다. 저는 독신자로서 개척 사명을 위해 보낸 여러 해를 감사하며, 그 개척시대가 끝나자마자 피시 의사를 한국으로 보내 주셔서 감사드립니다.[20)]

마포삼열과 앨리스의 결혼식에 대해서는 그들의 결혼 주례를 맡은 그레이엄 리 목사가 그의 부모에게 쓴 편지를 통해 알 수 있다. 그러나 리 목사의 편지는 결혼식 전 날에 쓴 것이라 결혼식 당일의 모습은 알 수 없다. 두 사람의 결혼식은 평양이 아닌 서울에서 거행되었는데, 그 이유는 당시 미국 영사관의 대리공사 윌리암 샌즈(Willaim Franklin Sands)가 평양으로 올 수 없었기 때문이었다.[21)]

1899년 6월 1일 서울에서 거행되는 결혼식을 위해 평양에서 서울로 향하는 긴 행렬이 형성되었다. 주례를 맡은 리 목사와 마포삼열은 자전거를 탔고, 앨리스는 가마꾼 네 명이 나르는 가마를 타고 이동하였다. 신랑의 들러리인 위트모어 목사도 자전거를 탔고 신부의 들러리인 베스트 양은 가마를 탔는데 그들과 함께 마포삼열의 한국어 선생 두 명과 한국인 여자 한 명도 동행하였다. 결혼식에 사용될 짐들은 조랑말에 실려 있었는데, 특이한 것은 이 짐 속에 앨리스의 부모님이 미국에서 보낸 결혼식에서 쓸 웨딩케익 3개도 들어 있었다는 것이다. 결혼식에 참석할 인원들은 며칠 길 여정을 위해 새벽 4시경에 일어나 6시경 출발하여 하루 100리 곧 30마일(약 50 킬로미터)

---

20) 〈1899년 2월 11일 마포삼열이 엘린우드에게 보낸 편지〉.

21) 그 당시 한국에 체류하는 선교사 등 미국인들의 결혼식에는 미국영사가 참관해야 하는 법규가 있었다. 미국 영사인 샌즈가 이 두 사람의 결혼식 참관을 위해 평양까지 방문하는 것이 어려웠기 때문에 부득이 이들의 결혼식이 서울에서 이루어졌다. 실지로 마포삼열과 앨리스는 물론이고 그들의 친지와 평양의 한국교인들은 평양에서 결혼식을 거행하기를 진심으로 원하였는데 안타깝게도 이것이 이루어지지 못한 것이다.

되는 거리를 이동하였다. 일행은 점심에 두 시간 정도의 식사와 휴식을 위한 시간을 제외하고 저녁 7시까지 행진을 지속하였다. 결혼식은 1899년 6월 1일 정오에 앨리스가 한국에 처음 와서 기거했던 도티 양(정신여학교 교장)의 사택에서 열렸다. 이들의 결혼식에 평양에서 온 친지들과 서울의 선교사들을 비롯하여 70명 정도의 하객이 참석하였다고 리 목사는 전하고 있다. 이후 결혼식에 대해서는 마포삼열이 7월 10일 엘린우드 박사에게 쓴 편지에서 다음과 같이 언급되어 있다.

> 우리는 지난 6월 1일 아주 즐거운 분위기와 햇빛이 화사한 날씨 속에서 결혼식을 올렸습니다. 이제는 우리의 사택에 행복하게 정착했으며 이 열매가 많고 특별히 행복한 사역 현장에서 이전보다 더 잘 섬길 수 있을 것이라고 믿으며 열심히 일하고 있습니다.[22]

앨리스와 마포삼열의 결혼과 더불어 그들의 새로운 집이 지어졌다. 마포삼열은 평양의 사역기간 동안 자신의 집이 없었다고 한다. 1895년 리 목사와 마포삼열 목사가 거주할 주택을 요청할 때 마포삼열은 자신을 위한 새 주택을 요청하는 대신 낡은 한옥을 개조하여 몇 년간 사용하기를 제안하였는데 그 이유는 선교지부의 정착과 설립을 위한 자금이 필요했기 때문이었다. 마포삼열은 이 때 자신의 주택비에서 삭감된 비용은 나중에 자신의 영구적인 주택을 마련할 때 요청할 용의가 있다고 제안하였다. 앨리스는 결혼을 앞두고 새 집을 지으면서 지금까지 마포삼열이 살았던 집에 대해 다음과 같이 묘사하고 있다.

> 마포삼열 목사가 살아온 집은 아늑하고 꽤 넓은 편이다. 그러나 집이 너무 저

22) 〈1899년 7월 10일 마포삼열이 엘린우드에게 쓴 편지〉.

지대에 위치해 있어서 그는 이미 여러 해 동안 말라리아에 걸려 고생해야 했다. 이제 이사할 필요가 발생해서 다행이다, 왜냐하면 업무에 대한 압박이 커지고 예산을 쓸 데가 너무 많아서, 어느 누구도 그를 위한 새 집이 필요한 것을 알지 못했기 때문이다.[23)]

더군다나 마포삼열이 기거하던 집은 금화 350달러 비용을 들여 한옥을 개량한 것으로 평양 선교지부 설립 초기부터 마포삼열만을 위한 집이 아니었고 사람들이 돌아가면서 사용하고 있었는데, 그 결과 모든 사용가능한 방들을 침실로 바꾸어 빈 방 없이 항상 붐비고 있는 집이었다. 마포삼열은 결혼하여 이제 영구적인 집이 필요하여 임시 가옥을 철거하고 새 집을 지으면서 예전에 보류한 주택에 대한 비용을 선교본부에 요청하는 편지를 엘리우드에게 쓰면서도, 스왈른 목사와 헌트 목사의 사택을 위한 예산 책정 이후에 자신의 주택 예산을 배정해 줄 것을 건의하였다. 마포삼열과 앨리스가 살게 될 집은 한국 목수들의 손으로 지어졌다. 앨리스는 집의 건축을 직접 돌보면서 진흙벽에 기와지붕을 얹은 완전한 한옥이지만 천정을 높이고 유리 창문과 큰 문 등의 서양식 양식을 가미하였다. 마포삼열과 앨리스는 두 사람이 같이 살게 될 새 집을 통해 한국인들에게 이전보다 더 많은 것을 해 줄 수 있을 것이며 새 집이 한국인들에게 복을 주는 수단이 되기를 간절히 기대하였다.

앨리스는 평양으로 와서 사역에 열심을 기울이다가 1899년 2월에 자전거를 타고 이동하던 중 넘어져서 심한 골절상을 입었고, 회복되지 않은 상태로 목발을 짚고서 결혼식을 올렸다. 이후에 다리의 상태는 회복과 악화를 거듭하였고 이에 따라 건강문제가 심각하였다. 1900년 1월이 되어 앨리스는 겨우 걸을 수 있을 정도가 되었다. 그렇기 때문에 평양으로 온 후 일 년 동안의 시간은 앨리스에게 있어서 마포삼열을 만나 결혼에 이르는 행복한 시기였으

23) 〈1899년 5월 2일 앨리스가 사촌 엠마에게 쓴 편지〉.

나 동시에 건강문제로 인해 선교사역을 활발히 할 수가 없었던 기간이었다. 앨리스의 1899년 〈평양 선교지부 여성 사업 연례보고서〉[24]를 보면, 건강문제와 결혼 등 평양 선교 사역에 전적으로 활발한 역할을 하는 대신 함께 동역하는 여자 선교사들의 사역을 옆에서 관찰하며 자신의 역할이 필요할 시 언제든 지원과 도움을 제공하는 역할을 한 것으로 보인다.

이 시기 여자선교사들의 평양 사역은 시내 사역과 시골 사역으로 구분하여 행해졌다. 시내 사역에는 먼저 시내 여자교회에서 주일 아침에 열리는 여자 성경공부 모임이 있었는데 참석자수는 75-100명에 달하였기 때문에 네 개 반으로 나누어 베어드부인, 베스트 양, 스왈른 부인 그리고 한국인 조사들이 맡아서 가르쳤다. 안식일 예배는 몰려드는 교인들로 인해 건물이 차고 넘칠 지경으로, 회중을 수용할 수 있고 공부반을 분리해서 더 잘 가르칠 수 있도록 더 많은 공간이 절실하게 필요하다고 앨리스는 보고서에서 말하고 있다. 시내 사역 중 수요일 오후 성경공부반에는 평균 50명의 여자와 10-12명의 여학교 학생들이 참석하였는데 앨리스는 1월에 이 반을 맡아 마가복음을 가르쳤다. 수요일 성경공부는 성경공부를 마치고 나서 한글을 읽지 못하는 부인들을 위한 한글 읽기 교육을 함께 실시하였는데, 그 방식은 예를 들어 십계명 같은 성경구절을 암송하게 한 다음 외운 구절의 글자를 읽도록 가르치는 방식으로 이루어졌다.

수요일 사랑방모임은 여자들의 성경공부와 기도를 위한 모임인데 외성(外成)과 시내 여자교회 두 곳에서 열렸다. 외성의 수요일 사랑방 모임은 80여명이 참석하는데 연령에 따라 4개 반으로 분반하여 나이 많은 부인반은 리 부인이, 젊은 부인반은 웰즈 부인이, 어린 소녀반은 헌트 부인이, 그리고 리

24) 1898년 10월(연례 회의)부터 1899년 9월(연례 회의)까지의 사역에 대한 보고서로 선교사들은 개인 연례보고서를 작성하여 제출함과 동시에, 자신이 속한 선교지부의 연례 보고서를 선교사들이 해마다 돌아가면서 작성하도록 되어 있었는데, 앨리스는 평양에 온 첫 해 〈평양선교지부 여성 사업 연례보고서〉를 맡아서 작성하였다.

부인과 전도부인 송 씨는 초신자반을 맡았고 앨리스는 모든 반이 참석하는 합반의 찬양시간을 맡아서 인도하였다. 이 시기에 성경공부에 사용한 주 교재는 복음서 외에 『성경도셜』(Mrs. M. Sites, 聖經圖說: Bible Picture Book)이 사용되었는데, 이 책은 그림에 간단한 설명이 되어있는 성경이야기책으로서. 1892년 로스와일러(L. C. Rothweiler) 양이 한국어로 번역한 것을 성경공부 교재로 사용하였던 것이다.[25)]

시골 사역은 시내에서 멀리 떨어진 시골 지역을 위한 것이었다. 이곳에는 상주하는 선교사가 없기 때문에 여자선교사들이 시기에 따라 시골 순회여행을 하면서 성경공부 모임을 가졌고, 때때로 순회여행 중 사경회를 개최하여 집중적인 성경공부와 학습교인에 대한 교육이 이루어졌다. 시골 순회여행과 사경회는 주로 베스트 양이 맡아서 하였고 앨리스는 동반자로 참석하였다. 시골에는 수많은 미조직교회들이 있어서 한국 전도부인과 조사들이 파송되었는데, 시골의 여자교인들은 더 많은 선교사들이 자기들에게 와서 성경을 가르쳐 주기를 간절히 바라고 있었다. 따라서 앨리스는 몇 명의 독신 여자선교사가 평양선교지부에 파송되기를 요청하는 서한을 미국 선교부에 수차례 보내었다.

이 시기 평양지부의 사역 중 중요한 일은 여전도회 조직의 필요성이 제기된 일이었다. 여전도회의 일차적 필요성은 가난한 교인들을 돕고 시골 미조직교회들의 예배당 건축을 도우며, 시골에서 전도하고 가르칠 전도부인들을 파송하는데 있었다. 이 필요성에 깊이 동감한 여자선교사들과 한국인 전도자들이 오랫동안 숙고하고 노력한 결과 1898년 7월에 드디어 평양의 한국 교회에 첫 여전도회가 조직되었다. 첫 여전도회에서 363냥 헌금이 모아졌는데, 이 자금으로 소우물교회의 새 건물을 위한 건축비를 지원하고 시골에 순회전도를 하는 전도부인들의 비용과 자선을 위한 지출이 이루어졌다.

---

25) 위의 연례보고서에 대한 옥성득 주 참조.

평양 선교지부의 여자선교사들의 사역은 교회를 중심으로 한 전도와 교육뿐 아니라 병원과 학교 영역에서도 이루어졌다. 평양 초등학교에서 교사로 가르치고 여자진료소에서 환자를 치료하는 일과, 병원에 입원한 환자들과 가정에 있는 부인들을 심방하는 일은 간호사 출신인 웰즈 부인이 주로 한 사역이다. 웰즈 부인은 특히 자신의 집에서 한글 복음서를 제본하여 만들었는데 한글로 된 다른 책들과 한글 서신서 등을 수집하여 책꽂이에 꽂아 가정 도서관을 시작해야 한다는 주장을 하였다. 앨리스는 평양에서 첫 해를 보내면서 자신과 동료 여자선교사들의 다양하고 활발한 사역에 대해 다음과 같이 보고하였다.

> 사역은 모든 곳에서 고무적입니다. 우리가 느낀 큰 기쁨이 여러분께서 수백 명의 여자들을 알 때 여러분의 가슴에도 동일하게 일어나기를 빕니다. 그들은 우리가 찾아가서 관심을 가지도록 만들 필요가 없으며, 이미 우리에게 가르쳐 달라고 간청하고 있는 자들입니다. 그들로 인해 하나님을 찬양합니다. 우리는 선교회가 그들의 필요를 고려하여 신속하게 최소한 1명의 독신 여자 선교사를 파송해 줄 것을 부탁합니다. 그녀는 베스트 양과 함께 여성사역을 할 것입니다. 동시에 우리는 올해 요청하는 2명의 다른 여자 선교사를 이 추수지로 보내어 줄 것을 하나님께 기도합니다.[26)]

1900년 4월이 되어 앨리스의 건강은 어느 정도 회복이 되었고 그녀의 사역이 정상적으로 재개되었다. 앨리스의 사역은 크게 전도사역과 의료사역, 그리고 교육사역 등 포괄적 영역에서 이루어졌다고 할 수 있다, 먼저 전도사역은 그녀가 정규적인 주일 예배와 주일에 열리는 성경공부반에 참석하는 것으로 시작되었다. 앨리스는 아직 다리가 회복이 되지 않아 이동이 자유로

---

26) 위의 연례보고서.

운 상태가 아니었기 때문에 오전 시간 그녀의 집으로 2 내지 5명의 여자들이 와서 요한복음 공부를 하였다. 이들 중 한 참석자는 북쪽으로 멀리 떨어진 지역에서 먼 거리를 와서 참석하였는데, 이 공부를 통해 집으로 돌아가 자기 주변에 있는 여자들에게 하나님의 말씀을 가르치겠다는 각오로 열심을 다해 배우는 모습을 보였다. 이 여자는 배우는 동안 수많은 진지한 질문들을 하였는데 앨리스는 그녀의 질문을 통해 자신의 가르침에 대한 영감을 얻었다고 하였다. 어떤 시간도 자신의 사역을 성장시키는 기회로 삼는 열려 있는 모습을 앨리스는 갖고 있었던 것이다.

의료사역은 그해 4월 19일 평양에 작은 규모의 여자진료소를 개원하면서 본격적으로 시작되었다. 앨리스의 1900년도 연례 보고서를 보면 그녀는 76일간 여자진료소에서 일하면서 415명의 환자를 치료하였는데 그 중 257명이 초진환자였고, 환자의 집으로 왕진 10회, 수술은 10회 정도 실시하였다. 그러나 의료사역은 앨리스에게 있어서 순수한 진료의 의미만을 갖는 것이 아니었다. 진료소를 찾은 환자들은 교회와 달리 복음에 대한 관심을 가진 사람들보다는 대부분 아직 복음을 들은 적이 없는 사람들이었는데, 이것은 오히려 앨리스에게 자신이 이상적으로 생각하는 개인사역을 온전히 펼칠 수 있는 하나의 장이 되게 하였다. 진료를 받는 환자들 중 복음을 들어본 적은 있지만 아직 믿음이 확실하지 않는 여자들에게는 필요한 복음을 전하였고, 전혀 복음을 들어본 적 없는 여자들에게는 차근차근 가르칠 수 있는 기회가 바로 진료 시간을 통해 가능하였던 것이다. 앨리스는 진료소 사역이 순수한 의료행위이기만 하다면 가르침에 대한 욕구가 큰 자신으로서는 시간을 잘못 보내는 것으로 간주되었을 것이라고 말했다. 앨리스에게 진료소 사역은 바로 복음을 가르치는 바의 선교적 삶의 열매이며 표현이었던 것이다.

앨리스의 진료소 사역의 열매는 환자들에 대한 것만이 아니었다. 진료소에는 앨리스를 도와주는 조수가 있었는데 그녀는 앨리스와 같이 일하기 이전 5년 동안 복음에 대해 알고는 있었으나 전도할 용기나 지식을 갖지는 못하였다. 앨리스와 함께 일하는 동안 그녀는 앨리스가 이끄는 성경공부와 기도에 꾸준히 참석하면서 놀라운 영적인 성장을 하였다. 그리하여 그녀는 찾아오는 모든 환자들에게 진료 외에 따로 시간을 들여서 복음을 전하였고 그에 대한 환자들의 반응은 고무적이었다. 조수의 영적 성장과 이로 인해 진료소를 통한 전도가 확장되는 긍정적 결과는 앨리스에게 커다란 기쁨과 보람이 되었다. 이처럼 앨리스는 자신이 처한 어떤 상황이든 누구를 대하든지 복음이 전해지고 전해진 복음이 또 다른 사람을 향해 전진하는 성장과 확장의 선교사역을 행하였다고 보여진다.

앨리스는 1900년 진료소 사역을 통해 주어진 전도의 열매로 다음의 사례를 소개하였다. 심신이 아주 심각한 지경의 여자가 병원에 와서 수술을 받게 되었다. 그녀가 병원에 입원해 있는 동안 그녀의 16세의 지능이 낮은 장남이 3명의 동생을 돌봐야 하는 딱한 사정에 처해 있었다. 이 여자는 병원에 있는 동안 처음으로 복음에 대해 들었는데, 회복된 후 치료에 감사하여 밝은 얼굴로 진료소에 찾아와 꾸준히 앨리스가 가르치는 성경공부모임에 참석하였고 하나님이 자신의 아버지이며 도움과 구원을 주시는 분이라는 진리를 깨닫게 되었다. 그녀의 소원은 자신의 네 자녀에게 하나님을 가르치는 것이었는데, 후에 그녀가 자녀들뿐만 아니라 이웃에 복음을 전하고 있다는 소식을 듣게 되어 앨리스에게는 말할 수 없는 기쁨이 되었다. 이처럼 앨리스는 편지와 개인연례보고서 등에서 선교사역 중 경험한 인상적인 한국인 교인의 사례를 지속적으로 소개하고 알리는 일을 하였다.

이 시기의 앨리스의 전도 및 교육사역은 교회에서 이루어지는 학습교인의 교육을 담당하는 것이었다. 이 교육을 위해서 선교지부의 모든 여자선교사들은 인근 지역에 학습반 참석이 가능한 여자들을 물색하여 모임에 참석하도록 권유하는 노상전도를 행하였다. 앨리스는 성경공부반에 그녀의 병원 조수와 교회에서 여자들을 대상으로 정규적으로 일하는 조력자 신 씨가 자신을 돕도록 하였다. 성경공부 외에 앨리스는 2명의 여학생에게 오르간을 가르쳤는데 그 중 1명은 여자 모임에서 부르는 쉬운 찬송가를 연주할 수 있는 수준이 되었다. 앨리스는 이 학생을 한 해 더 가르쳐서 여자예배 반주를 맡게 할 수 있을 것라 기대하면서 오르간 수업을 진행했다. 이제 한국 파송 3년차가 된 앨리스의 한국어 실력은 많은 발전을 하였다고 스스로 평가하면서 좀 더 원활한 한국어 소통을 통해 배우기를 간절히 원하는 한국 여성들에게 성경의 진리를 더 잘 전하고 가르칠 수 있음을 감사하였다.

1901년 2월 6일자 엘린우드에게 보낸 편지에서 마포삼열은 그들 부부가 1902년 여름 4개월 동안 단기 방문 휴가를 자비로 보낼 수 있기를 요청하였다. 휴가를 요청한 이유는 앨리스의 부모님과 마포삼열의 어머니가 이들의 본국 방문을 간절히 바랐기 때문이다. 그리고 그들을 방문하는 것은 결혼식을 보지 못했을 뿐만 아니라 사위와 며느리의 얼굴을 아직 한 번도 보지 못한 연로하신 양가 부모님의 소원을 잘 알고 있는 자식 된 도리였다. 또한 앨리스가 한국에 온 후 4년 동안 쉬지 않고 계속 일하였으므로 휴식의 필요성을 느끼고 있으며 휴식으로 얻은 힘과 활력을 통해 이후 사역에서 더 큰 성취를 이루어낼 것이라는 확신도 편지에서 피력하였다.

마포삼열은 6월 장모 장인께 보내는 편지에서 결혼 2주년을 맞아 "인생에서 가장 행복한 2년을 보냈다"고 고백하였고, 이듬해 여름 '햇살 가득한 집'(앨리스의 본가를 뜻함)에서 처부모와 함께 지낼 것을 기대하고 확신한다는 편지를 보냈다. 마포삼열은 처가 부모에 대한 애정과 효심에서도 아주 각별하였다. 그는 앨리스와 결혼한 후 자신의 어머니와 가족뿐만 아니라 장인 장모께 빈번히 편지를 보내 두 사람의 근황과 선교 현황, 그리고 한국의 모습과 이모저모 소식들을 자상하게 알려주는 사위였다.

그러나 그로부터 7개월 후인 9월 28일자 엘린우드에게 쓴 마포삼열의 편지에 그들의 휴가에 대한 요청이 재차 언급되었는데 선교본부로부터 휴가 승인을 아직도 받지 못하였기 때문이었다. 엘린우드 박사가 요구한 대로 자신들의 단기 휴가에 대해 한국선교회의 동의를 만장일치로 받은 후 마포삼열은 다시 편지를 보냈다.

> (한국)선교회는 어제 회의에서 그 청원(마포삼열 목사 부부의 1902년 단기휴가 요청)을 만장일치로 허락했으며, 선교부가 동일하게 승인해 줄 것을 요청했습니다... 우리의 계획을 완벽하게 하고 불확실성을 없애기 위해 선교부의 공식적인 허락을 요청해도 되겠습니까? 특히 고향에 계신 연로하신 양가 부모님께서 저희들을 무척 보고싶어 하시므로 허락해 주시면 감사하겠습니다...우리는 선교지에서 결혼했기 때문에 양가에 함께 방문한 적이 없습니다...이 요청을 받고 바로 처리해 주셔서 되도록 빨리 결정을 알려주시면 감사하겠습니다. 아내의 건강이 좋지 않았으며, 그래서 이번 연례회의에도 함께 오지 못했습니다. 그러나 지금은 좋아졌습니다. 우리가 요청한 휴가는 일차적으로 건강상의 이유가 아니지만, 두 사람 모두의 건강 회복에도 크게 도움이 될 것입니다.[27)]

5월 16일 앨리스는 부모님께 쓴 편지에서 미국의 아서 브라운 박사 부부가 평양을 방문하여 함께 지낸 이야기와 선천 선교지부의 개설에 대한 소식을 전하고 있으며, 6월 12일자 부모님께 보낸 편지에서는 선천 선교지부로 떠나는 리 목사 부부와 웹 부인 가족과의 작별에 대한 짧은 소식에 이어, 한국의 여러 문화적인 지역과 문물에 대한 사진을 설명을 덧붙여 전하고 있다. 이후 8월 25일 사촌 엠마에게 쓴 편지에는 자신이 사역에 바빠서 작년 10월 3일 이후 오랫동안 편지를 보내지 못한 것에 대한 양해와, 평양의 인쇄기 장비 구비를 위해 엠마와 어머니가 보낸 지원금의 용처에 관한 설명, 여름 휴가와 평양지부 사역의 놀라운 발전에 대한 감사, 그리고 자신의 진료소 조수이자 전도부인인 작은 여자가 행한 시골 순회여행 전도 이야기 등이 나타나 있다.

1901년 후반부(선교년도 1902년이 시작되는 시기)에 들어 앨리스의 사역 중 성

---

27) 〈1901년 9월 28일 마포삼열이 엘린우드에게 쓴 편지〉.

경공부는 이전의 방법에서 변화된 모습을 보여주었다. 매주일 열리는 정규 성경공부반들 중 여자 학습교인 대상반에서 죄, 회개, 믿음, 구원 등의 주제로 나누어 주제별 공부를 시킨 것이다. 참석자들은 이 성경공부반을 이수하면 다음 단계의 수요성경공부반에 참석이 가능하며 수요반을 완료하면 드디어 세례 신청자 자격을 획득하게 되었다. 처음에 참석자가 30명이었는데 앨리스는 마을 전역을 가가호호 방문하여 학습교인 대상을 물색하고 권유하여 매주 참석자수가 꾸준히 증가하였고, 결국 1901년 시내 교회에서 세례식을 거행할 때 42명의 여자들 중 대부분이 자신의 공부반을 거쳐간 자들이었기 때문에 앨리스의 기쁨은 더할 나위가 없었다.

앨리스는 1901년 연례 보고서에서 자신의 성경공부반에서 공부한 양 씨라는 젊은 여자의 이야기를 소개하였다. 양 씨는 시내에서 3.2km 떨어진 곳에서 성경을 배우기 위해 왔고 기독교인이 된 후 그녀의 가족 내 유일한 신자가 되었다. 그녀는 가족에게 전도를 하였지만 오히려 주일 예배 참석을 못하게 하는 시모가 핍박을 하여 교회에 나갈 경우 7일 중 하루는 음식을 주지 않은 등의 고통을 당하였다. 이어서 그녀의 남편이 죽자 양 씨는 친정으로 쫓겨났다. 양 씨는 친정에서도 기독교인이라는 이유로 온갖 조롱과 놀림을 당하던 중, 하루는 교회 오는 길에 미끄러져 팔을 쓰지 못하게 되었다. 친정 가족들은 이런 불운이 그녀가 기독교인이라 생긴 것이라 조롱하였지만, 양 씨는 팔을 다쳐 집안일을 하지 못하게 되자 오히려 교회에 더 많이 출석하여 공부할 수 있게 되었다고 다친 것을 기뻐하였다. 양 씨는 바느질로 생계를 유지하며 정규적으로 시내 교회의 주일 예배와 수요 예배에 참석할 뿐만 아니라 목요일에는 새 예배처소에서 열릴 예배에 더 많은 사람들이 모일 수 있도록 거리에서 전도하는 일을 하고 있다고 보고하면서 앨리스는 이러한 한국인의 순수한 믿음에 큰 감동과 감사를 느낀다고 하였다. 이 이야기는 『Korea Field』 1901년 11월 판에 실린 자신의 글 "박해 하의 신실한 교인: Faithful under Persecution"에서 앨리스가 한국 평양선교지부에서의 자신의 사역을 보고하면서 동일하게 소개하고 있다.

앨리스는 1901년 1월부터 6명의 여자들을 선발하여 저녁 성경공부반을 가르쳤는데, 참석자 중 3명은 현재 교사이고 나머지 3명은 교사가 되기를 희망하는 자들로서 특별한 목적을 가지고 형성된 반이었다. 이 공부반에 들어오기를 원하는 여자들이 많아 이 반의 수업은 일종의 특권이 되었는데, 1901년 9월이 되어 참석자는 16명이 되었으며 앨리스는 개인적으로 이 학급에서 가르치는 것이 가장 즐거운 일이라고 하였다. 이 반은 특히 학생들에게 매주 공과 개요가 제시되어 있는 개별적인 작은 책을 나누어 주어, 학생들이 개인적으로 복습과 예습을 할 수 있도록 하고 자습해온 내용은 수업 시간에 발표하도록 하였다. 앨리스가 이런 수업방식을 쓴 것은 학생들이 수업의 내용을 자신의 것으로 완전히 소화하여 이후 자신의 전도와 성경공부에 활용할 수 있는 효율적인 방식이라고 생각하였기 때문이다. 앨리스의 특별성경공부 사역은 1900년 가을에 열린 여자사경회에서 빌립보서의 일부를 10회에 나누어 가르친 것과 겨울 동안 베스트 양이 인도한 사경회에 동반하여 10회 성경공부를 교육한 것이었다. 10월말에는 6일간 평양에서 30리 거리 이내에 위치한 소우물, 미림, 남산 등 세 교회를 방문하는 순회여행을 실시하여 여자들을 모아 오전, 오후, 저녁 사경회를 인도하였다.

이 시기 앨리스의 교육사역을 보면, 웰즈 부인의 예비학교에서 어린 소녀들에게 일주일 1시간 노래부르기 수업을 하였고, 숭실중학교 2학년 학생들에게 성서지리 수업을 하였다. 성서지리 수업에서 구약 지리 과목을 가르쳤는데 학생들이 직접 지도를 그리도록 하여 수업이 아주 탁월하게 진행되었다고 하였다. 앨리스의 오르간 수업은 계속 되어 어린 소녀 3명이 일주일에 두 번 앨리스의 집에서 오르간 레슨을 받았고 이 중 가장 탁월하게 실력이 발전한 14세 소녀는 그해 가을에 서울에 있는 학교로 진학할 예정이었는데, 학비를 벌기 위해 4개월간 앨리스의 집으로 와서 바느질 등 허드렛일을 하도록 하였다. 이 해 앨리스의 진료소에서 이루어진 의료사역은 356명의 여자와 어린이를 치료한 것과 특별한 환자를 위한 6번의 왕진, 그리고 12회에 걸친 직접 수술 또는 수술 보조행위였다.

이처럼 여름휴가를 기대하면서도 앨리스의 사역은 쉼 없이 활발하게 이루어졌다. 특히 마포삼열의 편지에 언급되었듯이 그녀의 건강이 원만하지 않은 상태였다. 마포삼열이 미국 선교본부에 보낸 단기휴가 요청에 대한 답을 아직 받지 못한 상태에서 이들의 휴가 계획은 위기 상황을 맞게 되었다. 마포삼열은 1901년 9월 28일자 편지에 앨리스의 건강이 좋지 않다고 짧게 언급하였는데, 그 후 11월 30일 마포삼열이 엘린우드 박사에게 쓴 편지는 발신지가 일본 나가사키였고, 앨리스가 병을 치료하기 위해 갑작스럽게 미국으로 떠나게 되어 아내를 전송하기 위해 그 곳에 와있는 상황에서 작성된 편지였다.

앨리스는 9월에서 10월까지 심하게 아팠고 차도를 보이지 않다가 오히려 악화되어 불면증과 신경쇠약 증세까지 보이게 되었다. 현지의 의사들이 앨리스의 병에 대해 더 이상 치료를 제공할 수 없었고 평양의 모든 의사들이 그녀가 즉시 미국으로 떠나 치료를 받아야 한다는 의견을 개진하기에 이르렀다. 앨리스가 본국으로 돌아가는 항해 여정에는 무어 목사 가족이 동행하였는데 무어 목사 부인이 폐결핵에 걸려서 안식년 휴가를 얻어 떠나는 상황이었다. 아픈 아내를 혼자 본국 캘리포니아 고향집에 보내야 하는 마포삼열의 안타까운 심정은 이후 앨리스에게 쓴 편지들에서 절절하게 나타난다. 마포삼열은 앨리스를 나가사키까지만 배웅하고 자신은 이미 계획된 평양지부의 겨울과 봄 사역을 위해 집으로 돌아가야 했다.

4) 1901년 본국으로의 첫 휴가와 이후의 사역: 1901년 12월~1902년 여름

앨리스의 고향인 샌프란시스코로 떠나는 기선은 1901년 12월 4일 출발하였는데 마포삼열은 앨리스에게 그들이 헤어진 직후인 12월 3일부터 시작하여 자신이 이듬해 본국으로 출발하여 앨리스를 만나기 직전까지 거의 매일 편지를 썼다. 제물포로 가는 배를 기다리는 동안 나가사키에서 마포삼열은 일본 남침례교회 선교사인 월튼 목사 집을 방문하여 일본 감리교 학교와 선교에 대한 대화를 나누었고, 일본의 등을 4개 구입하여 집으로 가져갈 것인데 한 개만 걸어두고 나머지는 앨리스가 돌아올 때까지 보관하고 있을 것이라는 내용을 12월 6일 편지에 기록하였다. 앨리스를 떠나보낸 후 마포삼열은 부산항과 목포항을 거쳐 제물포에 12월 10일 도착하였고, 평양 집으로 귀환을 앞두고 쓴 편지에서 그간의 소식을 전한 다음 말미에 다음과 같이 적었다.

> 사랑하는 당신, 이것은 내가 경험했던 가장 생소한 귀갓길이라오...당신이 그곳(평양)에 없으니, 당신이 없는 평양이란 무슨 의미가 있단 말이요. 오 정말 사랑하는 여보, 나는 '행복하오.' 그럼에도 불구하고 너무나 허전한 마음은 어쩔 수 없다오. 당신의 부재를 통해 내가 얼마나 당신을 사랑하는지 배우게 되겠지요.[28]

앨리스에게 보낸 마포삼열의 편지는 대부분 매일 있었던 자신의 생활과 사역 근황, 평양선교지부 선교사들의 사역에 관련한 일들, 그리고 가까운 한국 조사나 전도부인들의 근황 등을 소상히 보고하는 내용들도 빠지지 않았으나, 여행에서 아내의 병이 악화되지 않을까 하는 걱정, 아내가 무사히 집에 도착할 때까지의 여행의 안전에 대한 염려, 무엇보다도 헤어진 후 더욱 깊어진 아내에 대한 애정과 그리움을 폭포수처럼 쏟아 붓는 진정 애처가의 면면을 보여주는 서신들이었다. 다음의 편지들의 문구들은 이러한 마포삼열의 아내에 대한 사랑과 염려, 그리움을 일부분 보여주는 예들에 불과할 것이다.

---

28) 〈1901년 12월 10일 마포삼열이 앨리스에게 쓴 편지〉.

아주 텅 빈 것을 제외하면 집은 괜찮소. 우리는 정확하게 공평하오. 내가 시골이나 서울을 갔을 때 당신만 이 큰 집에 홀로 남겨 두었으니, 나는 이제야 그 기분이 어떤 것인지 알겠소. 지금 나는 행복하고 괜찮지만, 그러나 앞으로는 (얼마나 외로울지)![29]

매일 당신에게 편지를 쓰며 이런저런 일들에 대해 여전히 당신과 약간의 대화를 할 수 있어서 정말 즐겁소. 장모님께서 보내주신 작고 동그란 당신의 사진 액자를 서랍장 위에 올려 놓고 하루에도 백 번씩 바라본다오. 정말 그렇소. 사랑하는 당신. 그것은 하루에도 여러번 하는'사랑이여'[30]라오. [31]

마포삼열은 1901년 12월 16일에야 엘린우드 박사로부터 그들 부부의 특별휴가 신청에 대한 승인이 선교부에서 결의되었다는 답을 받았다. 그리고 마침내 1902년 2월초 앨리스가 본국 고향집에 무사히 도착했다는 편지를 받고서야 그간의 염려를 덜었다. 마포삼열이 앨리스에게 보낸 편지는 그가 아내가 있는 샌프란시스코로 떠나는 1902년 4월까지 이어졌다. 그 당시 편지를 부치거나 받는 것이 일주일에 한 번 정도 가능하였는데 마포삼열은 매일, 어떤 날은 하루에 몇 차례에 걸쳐 편지를 쓰고 이를 모았다가 우체부가 오는 날에 보내는 일을 일상으로 행하며 지냈다. 그러나 마포삼열과 앨리스가 결혼 후 처음 떨어져 지낸 이 기간 동안 앨리스가 마포삼열에게 보낸 편지는 자료집에 거의 나타나지 않는다. 마포삼열의 편지에는 아내로부터 편지 받은 날과 편지에 적힌 소식이 지속적으로 언급되어 있는 것으로 보아 앨리

---

29) 〈1901년 12월 12일 마포삼열이 앨리스에게 쓴 편지〉. 마포삼열이 나가사키에서 앨리스를 배웅한 후 평양 집에 돌아온 지 3시간 후에 쓴 편지이다.

30) 옥성득은 마포삼열이 아내에게 보낸 편지에 자주 등장하는 'Wiliger' 또는 'Wiligers'란 단어를 한국어의 '아이고!' '세상에!'와 비슷한 감타사라고 하면서 이를 '사랑이오'로 번역하였다. 〈1901년 12월 14일 마포삼열이 앨리스에게 쓴 편지〉에 대한 옥성득의 주 참조.

31) 〈1901년 12월 20일 마포삼열이 앨리스에게 쓴 편지〉.

스가 마포삼열에게 보낸 편지는 어떤 연유로 인해 분실된 것으로 여겨진다.

마포삼열은 1902년 4월에 20일을 전후하여 평양을 출발하여 앨리스가 있는 본국으로 가는 여정을 시작하였다. 4월 22일 제물포에 도착하여 한국을 떠나기 전 마지막으로 앨리스에게 쓴 편지에는 마포삼열이 특별 휴가로 4-5개월 평양을 떠나 본국으로 가는 여정에서 현지의 선교사들과 특히 한국교인들이 보여준 참으로 감동적인 작별인사가 자세히 묘사되어 있다. 마포삼열이 평양을 떠나는 전날과 당일은 하루 종일 수많은 한국인들이 작별 인사를 하기 위해 그의 집으로 왔다. 특히 떠나기 전날 오찬은 한국인들이 제안하여 자신들이 선교지부의 남자 선교사들과 교회의 직원 6명을 마포삼열의 집에 초청하여 음식을 장만하여 마련한 송별파티였다. 한국 교인들 자신이 오찬을 제안하고 비용을 부담하였으면서도 오찬에 참석하려고 하지 않자 선교사들이 이들의 동석을 권유하였다. 마포삼열은 한국인들이 여는 이 송별연을 "영국 왕자 헨리가 받았던 화려한 만찬회보다 더 즐길 것"이라고 하였다. 다소 장기적인 휴가를 떠나는 마포삼열을 보내는 한국 교인들의 작별 장면은 그가 한국인들과 얼마나 친밀하고 각별한 관계를 맺고 있는지, 또한 한국 교인들이 선교사를 어떻게 대하고 있는지를 가늠케 해주는 기록이다.

> 그리곤 집을 나섰는데 스누크 양이 제물포에 파슨즈 양을 만나기 위해 동행했소. 북감리회의 하먼드 양은 평양을 방문한 뒤 돌아가는 길이고 에스티 양과 해리스 의사가 하먼드 양을 만경대까지 따라와서 전송했소. 한국인들은 가는 길을 따라 길게 줄을 서서 작별을 고했는데, 우리가 큰 버드나무에 도착했을 때 학교 학생들을 포함하여 한국인 240-250명이 블레어 목사의 인도에 따라 찬송을 불렀소. 우리는 그들 한가운데 멈추어 섰고, 그들은 "우리 다시 만나 볼 동안" 찬송을 불렀소. 나는 간단히 작별 인사를 하고 기도를 인도했소. 이 사람들의 사랑에 대해 마음 깊이 감사하며 작별을 고하고 떠나왔소. 일부는 만경대까지 줄곧 따라왔는데 그곳에는 (배웅하기 위해) 배를 타고 내려온 몇

사람도 있었소."[32]

제물포에서 쓴 편지에서 마포삼열은 자신이 사람들이 앨리스에게 주라며 건넨 '다양한 종류의 선물을 한 아름' 가지고 간다고 말하면서, 그들 부부가 한국인들의 마음 속에 얼마나 깊이 자리 잡고 있는지, 또 한국인들이 얼마나 두 사람의 마음을 차지하고 있는지에 감격하며 이 축복을 감사하였다. 실지로 앨리스가 병으로 급작하게 평양을 떠난 이후로 주변의 한국인들은 늘 마포삼열을 만날 때마다 앨리스의 건강과 장거리 여행을 염려하며 안부를 묻고 또 앨리스가 없음으로 인해 느끼는 허전함과 그리움을 숨김없이 표현하였다.

> 모든 한국인들은, 특히 부인들은 당신이 나가사키를 떠날 때 몸이 많이 좋아졌고, 무어가족과 함께 간 것을 알고 정말 기뻐했다오.[33]

> 우리를 사랑하고 우리에게 관심이 있는 사람들이 얼마나 많은지, 풀무골 이씨 부인은 당신에 대한 모든 것을 알고 싶어 했소. 연희의 어머니 또한 그러했소.[34]

> 당신의 안부를 물어본 모든 여자들에게 나는 당신이 오늘 고향에 도착했을 것이라고 말했더니 모두 대단히 기뻐했소. 여보, 이 여자들은 당신을 사랑하오... 그런데 당신을 무척 사랑하는 것을 보는 것은 나에게도 도움이 되오. 왜냐하면 그들은 내가 외롭게 지내는 것을 동정하기 때문이오. 작은 권두 어미는 내가 당신의 편지를 이야기하면서 아마도 당신이 오늘 집에 도착했을 것이라고

32) 〈1902년 4월 22일 마포삼열이 앨리스에게 쓴 편지〉.
33) 〈1901년 12월 13일 마포삼열이 앨리스에게 쓴 편지〉.
34) 〈1901년 12월 14일 마포삼열이 앨리스에게 쓴 편지〉.

말하자 기쁨에 겨워 거의 울었다오.[35]

우리는 순안 북창에 어제 오후 4시에 도착했는데…오늘 이곳에서 60명 이상이 참석한 가운데 사경회를 시작했소…이곳 여자들은 다른 곳과 마찬가지로 모두 당신의 안부를 물었고 당신이 한결 호전되었다고 말해서 그들과 내가 유익했소.[36]

마포삼열이 1901년 12월 3일 앨리스를 나가사키에서 배웅한 후 아내에게 쓴 편지 행렬은 1902년 5월 5일 본국 행 여행의 첫 기항지인 일본 나가사키에서 쓴 편지가 그 마지막을 장식하였다. 아내에게 보낸 마포삼열의 수많은 편지들을 보면 이 기간 중 앨리스가 마포삼열에게 보낸 편지와 마포삼열의 어머니, 그리고 앨리스의 부모님인 장인 장모로부터 받은 편지들도 많았던 것으로 나타나 있으나, 자료집에는 마포삼열의 편지만 존재한다. 또한 마포삼열이 본국에 도착한 후 기간을 보여주는 자료들은 거의 없기 때문에 그렇게도 바라던 마포삼열과 앨리스의 첫 양가 부모님과의 만남과 방문, 그리고 고국에서 함께 보낸 부부의 첫 휴가가 어떻게 보내졌는지에 대해서는 알 수 없다.

단지 마포삼열의 어머니인 마리아 맥키 마페트 부인이 아들에게 보낸 편지에서 두 사람이 마포삼열의 고향인 매디슨을 다녀간 이야기가 나온다. 앨리스의 시어머니인 맥키 부인은 그곳에서 앨리스를 만난 '모든 사람들이 딸[37] 앨리스에 대해 칭찬하는 말을 아직도 듣고 있고, 샘(가족들이 부르는 마포삼열의 이름)과 앨리스가 오래된 고향 집에 다시 오면 그녀를 반기는 친구들과

---

35) 〈1901년 12월 25일 마포삼열이 앨리스에게 쓴 편지〉.

36) 〈1902년 3월 4일 마포삼열이 앨리스에게 쓴 편지〉.

37) 〈1902년 8월 2일 마포삼열의 어머니가 마포삼열에게 보낸 편지〉 참조. 이 편지에서는 며느리 호칭 대신 딸이라고 쓰고 있다.

(앨리스의) 칭송자들을 볼 수 있을 것'이라고 말하는 것으로 보아, 앨리스가 마포삼열의 어머니뿐만 아니라 그곳 가족과 친지 모두에게서 환영을 받고 인정과 사랑받는 사람이 되었음을 알 수 있다.

5) 해주사태와 러일전쟁 중의 사역: 1902년 9월~1905년 2월

첫번째 휴가를 마친 마포삼열과 앨리스는 1902년 8월 9일 샌프란시스코에서 콥틱 호를 타고 출발하여 일본으로 온 후 다시 일본우편기전을 타고 나가사키를 출발, 부산과 제물포를 거쳐 서울에 돌아왔다. 그해 선교회 연례회의는 원래 평양에서 열리도록 계획되었으나 콜레라가 유행하여 서울에서 개최하기로 변경되었고 마포삼열부부는 연례회의 참석을 위해 여행일정을 조정하였던 것이다. 연례회의 참석 후 두 사람은 10월 6일 평양 집으로 돌아왔다. 평양으로 돌아온 마포삼열에게는 부산의 어빈 의사 사태[38]와 황해도에서 가톨릭 신자와 개신교 신자 사이에 발생한 분쟁인 해서교안[39] 등의 큰 난제가 기다리고 있었다. 그는 선교부의 엘린우드 박사와 엘렌 의사, 그리고 언더우드 의사 등과 심각한 논의를 주고받으면서 바쁜 일정을 보내야 했다.

1903년으로 접어들어 마포삼열 부부에게는 시내 교회와 시골 교회의 일뿐만 아니라 사경회 등 해야 할 일이 태산처럼 쌓여 있었다. 그러나 황해도

---

38) 어빈(Charles H. Irvin, 漁乙彬 1862-1933) 의사는 1893년에 내한하여 부산에서 왕성한 의료 활동을 한 대표적인 의료 선교사로서 1903년 한국에서 첫 근대식 건물의 병원인 전킨 병원을 건립하고 성공적인 의료 사업을 전개했다. 1902년에 마산포는 러시아 해군과 일본 해군이 군사 요충지로 서로 차지하기 위해 경쟁을 벌이던 곳인데, 이 틈바구니에서 어빈 의사는 러시아 해군을 치료하고 그들과 친하게 지내면서 마산 조계지 관련 부동산을 미리 구입하고 이를 일본에 되팔면서 큰 이익을 보았다. 이 사건에 대해 여러 선교사들은 각기 입장을 달리 하여 논의가 심각하게 이루어졌는데 결과적으로 선교부 전체에 선교의 대의에 타격을 주는 사건이 되었다. 〈1902년 10월 2일 엘린우드가 마포삼열에게 쓴 편지〉에 대한 옥성득의 주 참조.

39) 교안(教案) 이란 본래 중국 청나라에서 그리스도인과 토착민 사이의 분쟁으로 야기되었던 소송사건을 가르키는데, 해서교안은 1900년에서 1903년 사이에 황해도 해서지방에서 일어난 천주교신자들과 민간인, 그리고 관청과의 충돌로 빚어진 소송사건이다. (기독교대백과사전, 한국민족문화대백과사전)

해주의 가톨릭 사태로 인해 마포삼열은 언더우드와 함께 미국 공사의 요청과 임명을 받아 해주 사태를 조사하는 역할을 맡아야 했으므로 사경회를 비롯한 모든 선교지부의 사역을 취소하고 2월 초에 해주에 조사관으로 파견되었다. 앨리스는 이에 대해 "그는 한 번에 한 가지 일을 끝까지 하는 사람인지라 할 수 있는 모든 일을 완수할 때까지 그곳에 머무를 것"[40]이라고 하였는데 실지로 마포삼열은 2월초에 집을 떠나 3월 말까지 해주 사태의 소용돌이 속에 있어야 했다. 해주 사태를 보면서 앨리스는 아버지께 다음과 같이 말하고 있다.

> 한 국가로서 이 나라를 보면 매우 암울합니다. 일본인, 러시아인, 프랑스인이 몰려와서 이 가난하고 약한 자칭 정부로 하여금 모든 세계가 자신을 대적한다고 생각할 수밖에 없도록 만들고 있습니다. 우리는 오직 교회 안에서만 이 나라의 밝은 빛을 볼 수 있습니다.[41]

> 그 지방의 관할권, 나아가 한국의 관할권을 한국 정부의 관리가 가지느냐 아니면 가톨릭신자들이 가지느냐를 결정하는 주도권 싸움이 벌어지는 중대한 상황이었습니다. 프랑스와 가톨릭 신자들은 정의를 파괴하기 위해 필사적으로 온갖 노력을 다하고 있으며…"그들은 너무 악랄하여 정의나 명예나 진리 등은 도무지 안중에도 없다"(해주에서 마포삼열이 앨리스에게 보낸 편지를 인용한 것)고 합니다. 만일 이 시점에 언더우드 박사와 샘(마포삼열의 애칭)이 그곳에 없었다면 가톨릭 신자들은 한국 정부를 이기고 그 지역을 관할하고, 프랑스와 아마도 러시아의 지원을 받아 그들의 통치를 확대해서 결국 내전이나 의화단 운동으로 비화될 수도 있었다고 생각합니다.[42]

---

40) 〈1903년 2월 24일자 앨리스가 아버지께 쓴 편지〉.
41) 〈1903년 2월 24일 앨리스가 아버지께 쓴 편지〉.
42) 〈1903년 3월 20일 앨리스가 부모님께 쓴 편지〉.

앨리스는 해주 사태가 어느 정도 진정되어가는 시점에 수많은 사람들이 시골 교회로 몰려드는 현상이 발생했고 그 추세가 증가하고 있다는 소식을 한국인들로부터 전해 들었다. 이는 모든 재판에서 기독교인이 유죄 판결을 받은 경우는 단 한 건도 없었고 가톨릭의 만행이 만천하에 드러났기 때문이라고 하면서 아버지께 자신의 생각을 다음과 같이 전하였다.

> 몇 달 전에 권력을 얻거나 관리를 피해 가톨릭 신자들에게 몰려갔던 것처럼 지금은 물론 많은 사람들이 교회에 몰려들고 그 추세가 증가하고 있습니다. 이것은 시골의 미조직교회에 새로운 위험 요소를 형성할 것이므로, 선교사들과 한국인 조사들은 상황을 주시하며 더 경계해야 할 것입니다.[43]

해주사태에 대한 앨리스의 견해는 선교의 미명 하에 이루어지는 강대국의 만행과 그로 인해 본토인들이 겪는 고통과 비극이 어떤 것인지에 대한 그녀의 인식을 보여 주고 있다. 또한 앨리스는 해주 사태의 여파로 시골 교회 신자 수가 증가하는 현상에 대하여 단순하게 반기는 입장이 아니라, 해주의 가톨릭 신자들이 보여주었듯이 신앙과 종교를 자신의 권력과 재산욕의 도구로 이용하는 나쁜 세력을 가진 신자가 있고 이들은 교회 발전에 위해요소가 된다고 생각하였던 것이다. 이것은 교회의 양적 성장 보다는 질적인 성장이 더 중요하고 교인 수를 더하는 것보다 기존의 교인들에게 알차게 복음을 가르치는 것이 더 중요하다는 앨리스의 평소의 소신과 닿아 있음을 보여주는 대목이다.

휴가에서 돌아와 바로 해주사태의 소용돌이 속으로 들어갔지만 본국 휴가를 통해 앨리스의 병은 완전히 회복되었다. 한국으로 파송된 후 처음으로

---

43) 〈1903년 3월 20일 앨리스가 부모님께 쓴 편지〉.

자신의 부모와 재회하고 남편의 가족과도 처음으로 만나 좋은 시간을 보낸 경험을 통해 앨리스는 상당히 충전이 된 듯했다. 무엇보다도 고향에서 부모님이 여전히 선교 사역에 애쓰시는 모습은 그녀에게 지금까지도 그러했듯 또 하나의 자극이 되었다. 앨리스의 아버지는 샌프란시스코에 거주하는 중국인 이민자들을 대상으로 하는 중국인선교회에 여전히 적극 참여하여 활동하였으며 어머니는 그들에게 영어 읽기를 가르치는 선교활동을 지속하고 있었던 것이다.

앨리스의 사역은 10월 평양으로 돌아온 이후 바로 재개되었다. 가장 먼저 여자 학습교인반을 가르쳤는데 10월부터 시작하여 9개월 동안 장대현교회에서 매주 수요일 오후 수업을 진행하였다. 앨리스의 학급에 대해 관심을 가진 여자들이 많아서 참석자 수가 꾸준히 증가하였는데, 1903년 봄에는 학습교인은 초등학교 소녀들을 포함하여 최고 80명에 달하였고 참석자 수가 65명 이하로 내려간 경우가 거의 없을 정도였다. 이 수업을 위해서 전도부인인 박 씨 부인은 참석자를 물색하거나 기존 참석자들에 대한 심방을 신실하게 해주었기 때문에 앨리스는 박 씨 부인의 공이 크다고 하였다. 이 수업에서 앨리스는 학생들에게 매주 배울 공과개요 등사지[44]를 나누어 주고 성경구절을 암송하도록 하였다. 이 여자 학습교인반 수업을 이수한 정기 참석자 중 24명이 1903년 세례를 받고 윗 단계의 성경공부반에 진입하게 되었다.

앨리스는 1903년 4월에 시작한 봄 사경회에서 사도행전을 가르쳤는데 사경회 기간 2주 동안 매일 1시간씩 수업이 이루어졌다. 아직 한국어 실력이 부족하여 수업을 진행하는 것이 쉽지는 않았으나 가르치는 사역을 가장 좋아하는 앨리스는 수업을 준비하고 수업을 기다리고 학생들을 가르치는 것이

---

44) 앨리스는 평양선교지부의 출판문화를 시작한 장본인이라 할 수 있다. 그녀에게 가장 중요한 선교 사역은 교육이었는데 교육의 효과를 위해 교재가 필요하였고 이를 위해 인쇄와 제본이 필요하였다. 이러한 사실을 앨리스는 그녀의 사역을 가장 긴밀히 공유하는 사촌 엠마와 부모님께 알리고 기부금을 지원받아 숭실학당에 인쇄기를 설치하게 되었다.

가장 큰 매일의 즐거움과 기쁨이라고 말하였다. “한국어 지식이 짧지만 성경의 진리를 가르치기 위해 기다리는 것이 즐겁고 매일의 기쁨이 됩니다.”[45)]

앨리스의 의료사역은 대부분 기독교인 가족을 대상으로 행해졌고, 선교사들 가운데 발생한 환자들에 대해서도 치료를 행해서 치료한 환자수가 663명에 달한 것으로 보아 이전보다 더 활발해진 것을 알 수 있다. 1903년 의료사역의 특별한 사례로서 앨리스는 75세 연로한 교인인 윤 씨의 이야기를 소개하였다. 윤 씨 부인은 백내장을 가지고 있어서 다른 사람의 부축 없이는 길을 걸어 다닐 수도 없었는데, 집이 넉넉한 그녀는 백내장 수술과 안경에 대한 이야기를 듣고 수술을 받고 안경을 착용하여 성경을 읽게 되기를 원하였다. 그러나 주변의 사람들은 그녀가 서양인의 글을 보기 위해 돈을 쓴다고 조롱하였고, 수술 후 일본에서 도착한 첫 안경이 잘 맞지 않자 가족들로부터 “안경은 쓸 때 없잖아요. 서양인들이 돈만 써 먹었어요”라는 원망을 들어야 했다. 그러나 새 안경이 도착했고 윤 씨는 그 안경을 쓰고 멋진 저고리를 만들어 안경이 쓸모 있는 것을 증명했고, 천천히 한글읽기를 배워서 요한복음 3장 16절을 배우고 있다고 하였다.

또 봄 사경회를 참석하기 위해 한천에서 온 참석자 김 씨는 앨리스가 의료사역과 전도사역을 동시에 행한 좋은 예를 보여준다. 김 씨는 과부로서 생계를 위한 일자리가 필요하였다. 앨리스는 그녀에게 거의 두 달에 걸쳐 간호를 가르쳐서 환자 집에서 여러 명의 중환자를 간호할 수 있는 수준에 이르도록 하였다. 김 씨는 간호 일을 통해서 생계를 해결하게 되었을 뿐만 아니라, 이 일을 그리스도를 위한 사역의 기회로 삼고 좋은 봉사를 하려는 노력을 열심히 하고 있다고 소개하고 있는데, 앨리스가 늘 지향하는 선교 사역의 이상적인 모델이 된 것이다. 앨리스의 전도나 교육, 의료사역의 대상인 자가 또 다른 사람들에게 복음을 전하고 가르치고 돕는 자로 성장하는 것은 그녀의 선

---

45) 〈1903년 3월 24일 앨리스가 부모님께 쓴 편지〉.

교 사역의 중심 정신이었다.

이 기간 중 앨리스의 특별한 사역은 봄 사경회에서 이루어졌다. 봄철은 사경회를 중심으로 사역이 이루어지기 때문에 정규 사역이 잠시 휴식기를 갖는 시기인데, 앨리스는 이 기간 동안 한천에 있는 안계광이라는 맹인에게 점자(點字)를 가르치는 기회를 가졌다. 점자책은 의사인 홀 부인이 한글에 적용해서 만들었는데, 당시 맹인을 위한 점자책이 전무하였던 시기여서 앨리스의 점자교육은 시각 장애자를 위한 최초의 실험적 선교사역이 되었다. 앨리스는 안계광에게 3주간 동안 매일 점자 교육을 실시하였는데, 안 씨의 학습은 아주 빨라서 그 후 시골에 가서 다른 두 시각장애인 남자에게 점자로 읽고 쓰는 법을 가르치기까지 하였다. 그 중 한 사람 역시 점자를 터득하게 되어 총 두 명의 시각장애인이 읽고 쓰는 것이 완전히 가능하게 되었고 이로써 앨리스의 시각장애인을 위한 점자교육 사역의 첫 열매가 나타났다. 점자 사역은 웹 부인의 후한 헌금에 의해 필요한 경비가 조달되었다. 이 성과로 인해 일부 한국인 교인들이 점자교육에 관심을 가지게 되었고, 그 결과 한국교회의 지원을 받아 선교지부의 교회들에서 약 40명의 시각장애인을 대상으로 하는 맹인학교 개설을 목전에 두게 되었다.

앨리스는 이 시기에 아버지께 보내는 편지에서 길선주 장로를 소개하고 그의 시력 문제를 아버지와 상의하였다. 길선주 장로는 신앙에 들어선 초기부터 영수를 거쳐 장로가 된 시점까지 앨리스가 지켜보아온 신자였고 그의 설교와 인품을 높이 평가하고 존경하게 된 사람이었는데 아직 35세 밖에 안 된 그에게 백내장이 온 것이다. 6개월 전 그의 왼쪽 눈의 백내장을 웰즈 의사가 수술하였으나, 수술 후 염증이 생겨서 급기야 시력을 완전히 상실할 상황에 처하였다. 길선주 장로는 앨리스에게 여러번 와서 자신의 눈에 대한 조언을 구하였는데, 앨리스는 아버지의 도움을 받아 그 당시 시카고의 안과 명의로 알려진 오닐 의사의 용제용법(溶劑用法) 시도를 강권하여 치료를 주선하였다. 이것은 치료과정에서 여러 가지 역할을 요구했는데 한국에서 이 일을 하는 데는 한계가 있었기 때문에 아버지와 상의하게 되었고 치료과정에 대한 실질적인 도움과 치료비용에 대한 도움까지 아버지로부터 받은 것이었다.[46)]

1903년도 앨리스의 사역은 전도와 교육 및 의료 세 영역에서 이루어졌는데 각 영역이 분리되어 행해지는 것이 아니라 연관되고 조합된 모습으로 이루어진 것을 볼 수 있다. 전도사역 중에 교육과 의료사역이 함께 이루어지고, 의료사역에서 시작하여 전도와 교육으로 발전되며, 교육사역에서 피교육자가 다시 교육자가 되는 방식으로 더 확장된 차원으로 나아가는 현상은 앨리스의 사역에서 이제 자연스럽게 관찰되는 사역의 특성으로 자리잡게 되었다. 이는 그녀의 교육에 대한 미래지향적인 목표가 가장 강하게 표출되는 부분으로 보인다. 앨리스가 아버지께 보낸 편지글의 다음 일부분은 그녀의 삶 속에 녹아 있는 사역의 일상을 일견할 수 있게 해준다.

> 요즘 사소한 일들로 분주하여 하고 싶은 일에 비해 이룬 일은 거의 없습니다. 오늘 저는 일꾼들에게 일할 곳을 지시했고, 집안 청소를 감독했으며, 환자 6명을 치료했고, 사경회에서 가르칠 공부를 했고, 내일 있을 정기 성경공부반을 준비했으며, 오르간 반주 음악수업을 두 번 가르쳤고, 방문객들을 만나는 등의 일을 했습니다. 지난주에 저는 병원에서 웰즈의사와 함께 2개의 수술을 했으나, 지금은 의료 사역은 많이 하지 않습니다. 하루 3-5명 정도 진료합니다.[47)]

1903년도 선교는 가을 사경회로 시작되었다. 10월 앨리스는 평양에서 북쪽으로 50리 떨어진 순안에서 3일간 사경회를 인도하였는데 60명 이상의 여자들이 참석하였다. 순안 사경회에 이어 3개의 작은 미조직 교회들을 방문하여 사경회를 갖고 성경 가르침 외에 35명의 환자들을 치료하였다. 11월

---

46) 〈1903년 2월 24일 앨리스가 아버지께 쓴 편지〉 참조.

47) 〈1903년 3월 24일 앨리스가 부모님께 쓴 편지〉.

13일부터 21일 까지는 갈원교회에서 여자사경회를 가졌는데, 17개 마을에서 35명의 여자들이 성경을 배우기 위해 모였고 이를 위해 두 명의 전도부인이 앨리스를 도왔다. 이 사경회 중에도 앨리스는 20명의 환자를 치료하였다. 가을과 겨울 동안에는 도시교회의 수요일 학습자반에서 가르치고 어린 소녀들로 구성된 어린이 요리문답 공부반을 따로 구성하여 이들에게 성경구절을 암송시키고 가르쳤는데 이 반에 대하여 앨리스는 각별한 애정을 가지고 있었다. 가을 사경회 기간에 앨리스는 3년차 여자들을 대상으로 성서지리학 수업을 실시하였다.

1904년 한국은 러일전쟁의 소용돌이에 휩싸였다. 1904년 2월 8일 제물포 해전으로 시작된 러일전쟁은 1905년 가을까지 계속되었고 결국 일본의 승리로 종료되면서 대한제국은 일본 제국의 보호국이 되었고 이로부터 5년 뒤 일본의 식민지로 전락하였다. 1904년 3월 일본군은 대동강을 도강하여 평양에 입성하였고 5월 1일 압록강 전투에서 대승을 거두었다. 이후 서울-개성-평양-선천-의주로 이어지는 북쪽 경로를 따라 전진한 일본군은 농번기에 있는 한국인 농부들을 인부로 동원하여 군수물자와 무기를 수송하였다. 러일전쟁은 전투가 평양 주변에서 발생하지 않았기 때문에 선천 지부 선교사들이 평양으로 피난을 오고 많은 여자선교사들과 자녀들은 미국 군함을 타고 진남포에서 제물포로 철수했다. 그러나 마포삼열 부부는 다른 평양 선교사들과 함께 평양을 지키고 있었으며, 타지에서 피난 온 선교사들을 대접하고 두려움에 떠는 한국인 교인들을 보호하는 일과 선교회 자산을 지키기 위해서도 노력하였다.

이를 위해 마포삼열과 앨리스는 일본군과 평양 관아의 관리, 종군기자, 평양 주민, 미국 공사 알렌 등과 우호적인 관계를 유지하려고 노력하였다. 그 결과 마포삼열은 일본 공사관으로부터 1904년 9월 27일자로 조선 전역을 자유로이 통행할 수 있는 통행증인 '표'를 받았고 덕분에 서울에서 열린 선교회 연례회의에 참석할 수 있었다.[48] 또한 이 기간 동안 마포삼열 부부는 평양에 도착한 종군기자들의 생필품과 취재 도구, 전신환 등을 전달해 주는 역할을 하였다. 이를 통해 앨리스는 종군기자의 삶의 애환을 알게 되었으며 자신의 세계정세를 보는 시각도 확장되었다고 말하였다.[49] 자료집 제4권의 대부분의 서한들은 다음과 같은 종군기자들과 마포삼열 부부가 주고받은 생필품 구매와 전달 부탁과 관련된 내용이다.

> 마페트 박사님께! 필름은 안전하게 도착했습니다…오늘은 포성이 아주 가깝게 들립니다. 동봉한 돈으로 10전까지 일본 우표를 20엔 어치를 사서 저에게 우편으로 보내주시겠습니까? 고정해서 서로 달라붙지 않게 해 주시기 바랍니다.[50]

> 우리 우편물이 일본인의 도움 없이 도착할 수 있으면 좋겠습니다! 그들이 무슨 목적으로 들어오는 우편물을 배달하지 않는지 전혀 알 수 없습니다…귀하의 〈하퍼〉 잡지와 시릴로스의 〈다이제스트〉 지를 보내주어 정말 고맙습니다. 귀하의 편지들 안에 있는 소식은 외부에서 온 유일한 뉴스들입니다.[51]

> 어제 밤에 안퉁에서 돌아왔습니다. 귀하의 편지들, 귀하가 보내주신 여러 편지들, 그리고 저를 기다리는 소포들을 발견했습니다…두 개의 보급품 상자, 곧 탄산 박스와 우편소포 박스가 안전하게 도착했으며, 텐트도 잘 도착했습니다…당분간 런던에서 보낸 돈의 잔고를 유지하면서 전신비용으로 사용해 주

48) 옥성득, 「머리말」, 『마포삼열 자료집』 4권, 근간, 참조.

49) 특히 종군기자 중 멕켄지는 마포삼열과의 친분 이후 친한파가 되어 한국의 독립을 위해 일제와 투쟁하는 개신교 민족주의를 세계 여론에 우호적으로 소개했다. (위의 글 참조)

50) 〈1904년 4월 27일 잭 런던이 마포삼열에게 쓴 편지〉.

51) 〈1904년 5월 9일 셔록 의사가 마포삼열에게 쓴 편지〉.

시겠습니까?[52]

마페트 부인께! 용기를 북돋아 주는 편지를 보내주셔서 대단히 감사합니다... 〈브리티쉬 위클리〉는 아주 좋았습니다...추신. 올라오는 다음 파발 편으로 오일, 식초, 그리고 가능하면 라임주스나 라임주스 음료를 좀 보내주십시오.[53]

전쟁 상황에서도 평양지부의 사역은 멈추지 않았고 앨리스의 사역도 지속되었다. 먼저 앨리스는 전쟁의 악화로 여자들과 어린이들을 다른 지역으로 피난 보내는 상황이었지만, 일본군이 우세한 형국으로 인해 여자선교사들이 평양을 떠나지 않고 남아있음을 감사하였다. 앨리스는 평양으로 몰려든 군인들 때문에 한국인이 큰 고통을 당하고 있음을 안타까워했고 여자 신자들을 자신의 집에 피신시켰으며, 선교 구내의 모든 건물마다 사용 가능한 공간을 피난민에게 내어주고 그들의 생활을 보살펴주었다. 선천에서 피난 온 쿤즈 목사와 로스 목사 부부와 자녀 가족들, 그리고 저명한 미국 군인 엘런 장군도 자신의 집에서 체류하도록 도와주었다. 앨리스는 이러한 일을 함에 있어서 자신이 어려움 중에 있는 동료에게 도움을 줄 수 있음으로 인해 감사했고, 특히 무릎을 다쳐서 활동이 완전히 자유롭지 않은 상태였음에도 불구하고 이 모든 것을 기쁨으로 행하였다.

로스 부인은 건강이 아주 나쁩니다. 파이팅 의사와 저는 엊그제 상의했는데 그녀가 여기 있는 동안 그녀를 도울 수 있는 모든 일을 하려고 합니다. 그러나 해 주고 싶은 일을 다 할 수 없는데, 현재 제가 맡은 일이 손에 가득하기 때문입니다. 저는 건강합니다. 3개월 전보다 훨씬 더 좋아졌습니다. 이 바쁜 시점에 사용할 힘이 있어서 기쁩니다.[54]

---

52) 〈1904년 5월 31일자 맥켄지 기자가 마포삼열에게 쓴 편지〉.

53) 〈1904년 8월 2일자 맥켄지 기자가 앨리스에게 보낸 편지〉.

54) 〈1904년 3월 14일자 앨리스가 부모님께 쓴 편지〉.

혼란과 위험이 도사리는 전쟁 상황에서도 평양지부의 교회들이 예배를 중지하지 않았음은 놀라운 사실이다. 그것은 마포삼열과 앨리스가 이 지역의 통제권을 장악하고 있는 일본군과 원만한 관계를 유지하기 위해 기울인 노력에 힘입은 바가 컸을 것이다. 주일 예배에는 예상치 않은 많은 회중이 모여들었고, 앨리스는 주일날 오전 성경공부반도 진행하였는데 30명의 여자들이 참석하였다. 이 모든 것에 대해 앨리스는 감사한 마음을 다음과 같이 부모님께 전하였다.

> 어려운 시기에도 불구하고 어제 주일 예배에는 많은 회중이 모였습니다. 제가 인도하는 오전 성경반에 약 30명의 여자가 참석했습니다. 오, 그들과 함께 있는 것이 얼마나 기쁜지요! 그들이 우리에게 의지하는 지금은 그 기쁨이 두 배가 됩니다. 제가 여기에 있는 특권과 기쁨은 이루 다 표현할 수 없습니다.[55)]

전쟁이 벌어지는 살벌한 현장 한 가운데서 마포삼열 부부가 기존의 선교사역뿐 아니라 피난 온 타지역의 선교사들의 신변과 생존, 그리고 수많은 종군기자들이 세상과 소통하고 생활을 유지할 수 있도록 실제적인 지원을 지속적으로 제공하면서도 감사와 기쁨을 고백할 수 있었던 것은 앨리스와 마포삼열 부부의 깊고도 성숙한 변함없는 애정이 커다란 힘의 원천임은 앨리스의 다음의 편지글에서 엿볼 수 있다.

> 샘도 건강합니다. 다만 너무 바빠서 식사 시간 외에는 거의 그를 볼 수 없습니다. 그는 정말 좋은 남편이며, 우리는 함께 더할 나위 없이 행복합니다. 두 분은 이것을 제가 보내는 모든 편지의 행간에서 늘 읽으시겠지만, 저희 가정에 늘 존재하는 깊고 지속적인 행복에 대해서는 아직 말씀드리지 않았습니다. 그

55) 〈1904년 3월 14일자 앨리스가 부모님께 쓴 편지〉.

러나 두 분은 이해하시리라 보는데, 이 가정은 구름 한 점 없이 맑다고 자신 있게 말씀드립니다.[56]

1904년 5월 말 안식일 주일예배는 놀라운 사건이었다. 마포삼열 부부는 너무나 많은 사람들이 시골로 피난을 갔기 때문에 이 해 봄에 거행되는 세례식에는 신청자가 거의 없을 것이라고 예상하였는데, 세례문답이 시작되자 사람들이 지속적으로 몰려왔고 더군다나 전혀 예상치 않은 지역에 사는 사람들까지 밀려오는 놀라운 상황이 벌어졌다. 전도부인인 권 씨가 멀리 성문 밖에서부터 교회로 향해 오는 사람들이 줄을 지어 걸어오고 있는 정도라고 하는 말을 듣고 마포삼열은 놀라움을 이렇게 표현하였다. "이런 추세라면 전쟁에도 불구하고 올해 가장 많은 수의 사람들에게 세례를 주겠군!"[57] 전쟁 중에 복음의 은혜는 더욱 넘쳐났던 것이다. 피난을 가지 않고 남아있는 사람들이 평양의 교회에서 예배와 세례문답과 성경공부를 한다는 소문을 내어 시골 마을에 있는 사람들이 떼 지어 몰려들었고 시간을 더해갈수록 예배에 회중이 늘어났다. 주일 예배에서 세례를 받은 교인은 남자 70명 여자 61명에 달하였고 연령대는 12세에서 76세까지 다양하였다.

앨리스는 이날 세례문답을 받는 한국인 여자교인들에게 일어난 인상적인 세 사례를 소개하였다. 첫째는 세례문답에 임하는 여자 교인들이 문답 전과 문답 후 변화된 모습이다. 이들은 문답을 아주 두려워하여 앨리스에게 와서 "저는 정말 무식합니다. 제가 어떻게 목사님 질문에 대답하지요? 제가 무언가 정말 안다고 목사님께 말해주시고 세례를 주라고 부탁해 주세요."라고 탄원하였으나, 세례문답 공부를 마친 후 이렇게 말하였다: "많은 것을 배웠어요. 성경공부반에서 배운 것보다 더 많이 배웠습니다. 대답하려고 노력한

56) 〈1904년 3월 14일자 앨리스가 부모님께 쓴 편지〉.
57) 〈1904년 5월 25일자 앨리스가 부모님께 쓴 편지〉.

게 기쁩니다."

두 번째 사례는 25세의 똑똑하고 행복한 젊은 여성에 대한 것인데, 예수교인이 된 후 남편의 모욕과 구타, 감금 등의 핍박을 당하면서도 꺾이지 않고 견뎌내서 결국 남편이 더 이상 폭력은 휘두르지 않은 정도가 되었고 이제 세례자가 되어 복음의 기쁨과 행복을 항상 넘치게 표현하게 되었다는 이야기이다. 세 번째는 백발의 한 여성인데 앨리스의 성경공부반에서 꾸준히 공부하면서 성품이 서서히 변화하여 일생동안 다른 사람을 비난하고 욕하던 습관을 버리게 된 사례였다. 앨리스가 서한이나 연례보고서에서 자신의 사역과 함께 소개하는 한국인 여자 교인들의 사례는 하나 하나 그 시대 복음을 접하고 그리스도인으로 변화하는 한국 여성들의 모습에 대한 방증이다. 이런 사례를 통해서 초기 선교시대 평양 지역의 문화와 여자 교인들의 삶을 여러 관점에서 이해할 수 있다.

1904년 6월 9일 앨리스가 부모님께 쓴 편지에는 이들 부부의 5주년 결혼기념일에 대한 내용이 포함되어 있다. 마포삼열은 결혼 5주년 기념 목혼(木婚) 선물로 시골교회에서 구한 놋쇠로 만든 한국 골동품들, 촛대, 향로, 밥그릇, 접시 등을 아내에게 선물하였다. 마포삼열 부부는 한국 골동품을 수집하여 모아 미국으로 가져가거나, 서울에서 골동품 수집가들에게 팔기도 한다고 서한에서 말하고 있다. 기독교 복음을 받아들이고 더 이상 제사를 지내지 않기로 결심한 한국인 신자들이 그 결단의 증거로 제기 세트를 가지고 오는 경우도 종종 있어서 이것 또한 수집품으로 확보되기도 하였다. 마포삼열 부부는 한국의 전통적 물건을 가급적 많이 수집하여 보관하거나 미국으로 가지고 갔는데, 이런 것들은 이후 자녀 대에 한국 문화재로서의 소장 가치를 갖게 되었다. 미국에 건너간 이 물품들 중 일부는 현재 마포삼열의 삼남 새뮤얼 휴 마페트를 통해 그의 모교인 프린스턴 신학교 박물관에 소장되어 있다.

앞선 사례에서도 보였듯이 앨리스의 평양 사역은 가족 특히 부모로부터 받은 지원을 통해서 성취되는 사례들이 적지 않았다. 1904년 9월 6일 편지에서 앨리스는 아버지께 어려움에 처한 두 사람의 이야기를 내어 놓는다. 한 사람은 주일학교 여교사인 박순일인데, 그녀는 신앙을 갖게 되면서 남편으로부터 모진 폭행을 당하여 두 팔과 두 다리를 쓰지 못하고 말도 잘 할 수 없으며, 인지적인 장애까지 갖게 되어 사역은 물론 생계마저 불가능하게 되었다. 앨리스의 아버지는 박순일의 딱한 처지를 돕고자 돈을 기부하였고. 마포삼열과 앨리스는 그 돈으로 논을 사주어 그녀가 생계를 이어갈 수 있도록 도왔고, 이런 일이 완료될 때까지 생활비를 지원하였다.

또 한 사람은 이전에 앨리스의 아버지께 여러 가지 도움을 청한 길선주 장로였는데 앨리스의 요청대로 아버지가 시카고의 의사로부터 약 처방을 도와주었으나 의사의 비협조로 더 이상 치료가 어렵게 되자 눈의 시력이 급격히 악화되기에 이르렀다. 이에 앨리스는 그가 웰즈 의사에게 백내장 수술을 받는 것을 결심하도록 돕고, 온 교회가 그의 수술을 특별 기도제목으로 올리고 합심하여 기도하였다. 길선주 장로의 수술 전 건강을 보강하기 위한 교회의 노력, 수술을 전후한 주의사항을 앨리스와 의사가 주도면밀하게 도운 결과 그의 백내장 수술은 성공하였다. 길선주 장로가 다시금 강단에서 성경책을 읽고 설교를 하게 된 날, 온 교회가 기쁨에 겨워 감사를 드린 이 모든 과정을 앨리스는 그를 도운 아버지께 자세히 전하였다.

1904년 가을 앨리스는 첫 아이를 임신한 상태에서 몇 개월 후의 출산을 앞두고 있었다. 앨리스의 어머니는 딸의 임신을 멀리서 염려하고 기대하는 마음으로 이 시기 많은 편지를 보내었고, 앨리스가 임신 기간과 출산 때에 사용할 옷을 직접 만들어 보내곤 하였다. 앨리스는 또한 여름부터 시작된 집수리에 바쁜 시간을 보낸다는 말을 편지에 여러 번 언급하였다. 그럼에도 불구하고 그녀의 1905년도 사역(1904년 10월-1905년 9월)은 지속되었다. 가을학기에 숭의여학교에서 일주일에 두 시간씩 생리학 수업을 하였는데, 앨리스는 영어로 된 교과서를 사용하고, 한국인 조사가 가지고 있는 한문으로 된 책을 각 단원마다 함께 번역하여 학생들이 사용할 수 있도록 하였다.

11월에 마포삼열은 9일 동안의 시골 교회 순회여행을 떠났고, 앨리스도 조수인 원 씨 부인과 함께 시골 교회인 안양골에서 5일간 사경회를 인도하기 위해 길을 나섰다. 4명의 가마꾼이 끄는 마차를 타고 시골 교회를 향해 70리를 이동하는 여정을 앨리스는 초겨울의 "아름다운 가마여행"이라고 표현하였다. 서리가 잔뜩 내린 이른 아침 길을 집을 떠나 가마꾼들의 재빠른 움직임에 몸을 맡기고, 웅덩이에는 살얼음이 끼여 있고 여기저기 작은 오두막집 굴뚝에 흰연기가 솟아오르는 광경을 가마 안에서 "미이라처럼 겹겹이 담요로 몸을 싸서 토스트 빵처럼 따뜻함을" 느끼며 행복하게 내다본다는 앨리스의 글은 낭만적인 영화의 한 장면같은 느낌을 준다. 앨리스의 한국과 특히 평양의 자연과 사람들, 그리고 삶의 모습에 대한 애정은 사실 그녀의 편지 곳곳에서 빈번하게 나타나고 있다.

사경회가 열린 교회는 시골의 한 연약한 미조직 교회였고 이 때가 월동준비로 바쁜 시기였는데도 불구하고 인근의 8개의 작은 마을에서 26명의 여자들이 와서 참석하였고 주일예배에는 거의 40명의 여자들이 참석하였다. 사경회의 일정을 보면 매일 아침 30분간의 경건회를 가진 후 한시간 반 동안 죄, 회개, 구원 등의 주제에 따른 성경공부를 하고 이어서 한글을 모르는 여자들만 모아 한글을 가르쳤다. 오후에는 전도부인이 한시간 가량 요한복음을 가르친 다음 앨리스가 찬송부르기를 가르치고 남은 시간 환자들은 진료하는 시간으로 하루를 마감하였다. 시골 사경회 3일째 되는 날 마포삼열이 와서 세례지원자를 대상으로 '문답과 책망과 계획과 충고'를 위한 시간을 갖고 4일째 성찬식과 세례식을 거행한 후 마포삼열은 또 다른 6개 미조직 교회를 방문하기 위해 떠났다. 사경회를 마치고 집으로 돌아올 때마다 앨리스는 좀 더 많은 시간을 시골 순회여행과 시골 여자들과의 사경회에 보낼 수 있기를 바라는 마음을 가진다고 하였다. 많은 교회들을 짧은 시간 방문하는 것보다 사경회를 통해서 시골 교인들과 오랜 시간 함께 지내며 성경공부를 깊이 가르치는 것이 훨씬 더 효과적임을 매 사경회마다 느꼈기 때문이다. 앨리스

는 사경회를 통해 얻는 즐거움을 부모님께 이렇게 표현하였다:

> 이번 여행은 저에게 좋은 기분전환이었으며 유익했습니다. 이 교인들이 저희를 환대하고 성경말씀을 기쁘게 받아들여서 그들 가운데 빛이 퍼지고 있으니, 지속되는 기쁨과 즐거움이 얼마나 큰지요! 그곳 여성들은 제가 왔다고 큰 목소리로 감사와 기쁨을 표현합니다. 그들은 계란, 밤, 제가 먹을 수 있다고 생각하는 것이면 무엇이든지 가지고 와서 문자 그대로 '쏟아줍니다.' 그리고 집에 오면 집에서 일하는 식구들과 만나는 모든 사람이 진심으로 환영합니다. 그들은 시골 교회 사역에 대해서 시시콜콜한 것까지 다 알기를 원합니다. 사랑은 얼마나 귀중한 보물이며, 우리가 이 사람들을 사랑하는 것이 얼마나 큰 복인지요!"[58]

시골 교회 사경회를 마치고 집에 돌아온 앨리스는 교회 직원들로부터 자신들의 아내에게 가정꾸리기에 대한 강의를 해달라는 요청을 받았다. 이 수업은 리 목사 부인과 함께 진행하였는데 한 수업에 10-15명이 참석하였다. 이 수업은 학습자들이 먼저 제안하였고 처음 시도하는 것이라 앨리스는 수업을 어떻게 진행할지 많은 고민을 하였다. 실지로 학습자들인 주부들에게 가르칠 것이 너무도 많았던 것이다. 앨리스는 결국 가정 청결과 위생, 자녀 양육과 훈육하는 법, 그리고 교회에서 남편의 사역을 돕는 방법 등에 대해 격식에 얽매이지 않고 대화하는 방식으로 수업을 계획하고 진행하였다. 예를 들어 식수와 생활수가 어떻게 다른지, 깨끗한 식수는 어떻게 준비하는지를 현미경을 통해 설명하고 가르쳐 주었다. 수업을 받은 한 여자는 "우리가 평생동안 벌레만 먹고 산 것 같아요."라고 외쳤다고 앨리스는 기록하고 있다.

가을사경회에는 이전보다 더 많은 여자들이 모여들었다. 참석자수가 증

---

58) 〈1904년 11월 7일 앨리스가 부모님께 쓴 편지〉.

가하자 앨리스는 다른 동역자들과 함께 학습방법의 변화를 모색하였다. 참석자의 다양성에 따라, 학습자들을 읽기 능력과 성경 지식에 따라 5개 반으로 배치한 것이다. 사경회는 매일 아침 9시 합동 예배를 드린 후 5개 반으로 나누어 두 시간 성경공부를 하고, 오후에 다시 2시간에 걸친 5개 분반의 성경공부와 30분간 찬송 부르기 공부를 진행한 후, 저녁 한 시간은 배운 것에 대한 복습으로 진행되었다. 앨리스는 가장 상급반을 맡아서 시편을 선별적으로 가르쳤다. 1904년 가을사경회에서는 처음으로 사경회 전체 과정을 마친 5학년의 16명을 졸업시키고 이후에도 공부할 과정의 개요를 주어 각자 공부할 수 있도록 하고 이를 관리하여 모든 과정을 마치면 시험을 치도록 하였다. 졸업생들은 거의 주일학교 반사, 순행 전도인, 개인 지도하의 전도부인들이었는데, 이런 공부를 통해 이들은 여자선교사들을 돕고 순회전도를 하고 선교사들을 대신하여 성경공부를 이끄는 이 시기 교회의 여성 지도자들로 배양되었다.

이 기간 동안 앨리스는 숭의여학교의 수업과 사경회 성경공부를 함께 진행하였기 때문에 정말 분주하였으나 가르치는 일의 즐거움은 배가 되었다고 말하였다. 가을사경회가 끝났으나 겨울 동안에도 앨리스는 여자학습교인들을 위한 수요성경공부반 수업을 계속 진행하였다. 특히 이 시기에 앨리스는 친구 파이팅 의사와 함께 쪽복음서를 제본하여 가난해서 책을 살 수 없는 여자들과 믿지 않는 여자들에게 반포하는 일을 시도하였는데, 쪽복음서를 가지고 가려는 여자들의 열심히 대단하였기 때문에 앨리스에게는 복과 기회가 가득한 사역이 되었다.

사경회 이후 앨리스는 틈틈이 출산 준비에 들어갔다. 자기가 가지고 있던 속옷을 늘이고 좋은 두터운 수트를 잘라서 늘여 입을 수 있도록 손수 수선 작업을 하였다. 그러나 사역을 멈추지는 않았다. 11월 말 앨리스는 가장 바쁜 날들을 보내고 있다고 말하였다. 11월 28일부터 12월 8일까지 부인사경회가 열렸는데, 특히 이 해 앨리스는 사경회의 세부사항을 관리하는 위원회에 속해 있어서 할 일이 배가 되었다. 일본군의 주둔으로 시골에서 여자들이 이동하기가 어려운 상황이었는데도 불구하고 321명이 참석하였다. 그 중 50명만 평양 시내 여자들이고 나머지는 선교지부가 관할하는 지역의 시골 구석구석에서 온 여자들로 처음 참석한 사람들도 많이 있었고, 특히 20세 미만의 젊은 여자들이 72명에 달한 사실은 예전에 없던 특징으로 고무적인 현상이었다.

1905년 2월 27일에 앨리스가 사촌 헤스터에게 보낸 편지[59]는 출산 바로 전날 쓰여진 것인데, 사촌동생에게 평양의 학교 사역에 대하여 소개하는 내용으로 평양 기독교 학교의 현황을 잘 보여주고 있다. 앨리스는 기독교 학교는 교회와 예배당과 연계되어 조선 방방곡곡에서 생겨났는데, 그 이유는 한 도시나 마을에 소규모 미조직 교회가 생기면 그 첫 번째 결과가 교인들이 자녀들을 가르치기 원하기 때문이라고 말하고 있다. 그러나 교사들은 대부분 한국인 기독교인으로 잘 훈련되어 있지 않아 매우 원시적인 교육이 이루어지고 있었고, 교과과정은 주교재인 성경을 비롯하여 한문과 적절한 한국어 활용, 초등 지리와 산수 그리고 위생 등이고, 매년 여름 시골교사들을 위한 단기 시범과정이 실시되었다.

평양 시내에는 여섯 개의 주간 남학교와 세 개의 주간 여학교가 있었는데, 그 중 소녀들과 젊은 여자들을 위한 상급여학교에 대한 앨리스의 글은 인상적이다. 이 학교는 3-4 개월 겨울 학기에만 수업을 하는데 '이 소녀들과 여자들이 집을 떠나 기숙생활을 일 년 내내 하는 것보다는, 겨울에 공부하러 도시에 오고 봄에는 어디에 살든지 논이나 밭이나 가사 일을 위해 집으로 돌아가서, 학교에서 배운 것을 가지고 그들의 마을에 있는 소녀들과 여자들을

---

59) 이 편지를 받는 루시아 헤스터는 앨리스가 사망한 후 마포삼열의 두 번째 부인이 된 앨리스의 사촌동생이다. 이 당시 루시아는 산라파엘의 한 고등학교에서 선생을 하고 있었는데 앨리스는 이 편지에서 평양의 기독교 학교와 교육 사역에 대하여 알려주고 이를 통해 루시아가 하는 학교 사역에 도움이 되기를 바랐다.

돕는 일에 활용하는 것이 낫다'[60]고 자신의 의견을 피력하고 있는 것이다. 또한 주 교재는 한문으로 되어 있으나 '한국인들은 소녀와 여자는 절대로 교육을 시키지 않기 때문'에 소녀들은 한문을 읽지 못해 한문교재를 조수와 일일이 번역해서 써야하는 어려움이 있다고 하였다. 이를 통해 한국인들의 환경과 생활방식을 존중하고 거기에 맞추어 교육하려는 앨리스의 교육사역의 철학과 관점을 볼 수 있다.

6) 두 아들, 제임스와 찰스의 출산과 이후의 사역: 1905년 3월~1907년 여름

1905년 3월 마포삼열이 장인장모께 보내는 편지와 앨리스의 편지에서 첫 아들 제임스(편지에서는 제이미라고 불려짐)가 태어났고 잘 자라고 있다는 소식이 등장하였다. 앨리스의 출산을 위해서 그녀의 어머니는 본국에서 마틸다라는 도우미를 보냈는데[61] 앨리스는 그녀를 '틸리 이모'라 칭하면서 아기와 자신 두 사람을 위해 헌신적으로 일해 주어 또 하나의 축복이라고 말하였다. 앨리스는 첫아들 제임스가 "우리 선교지부에 가장 최근에 도착한 인물로 추가된 마지막 '미혼 남자'이지만 선교부가 파송하지 않은 회원"이라고 언급하면서, 아들이 태어나는 순간부터 선교의 사명을 갖고 한국 선교사가 되기를 바라는 마음을 강하게 표출하였다.

> 하나님께서 그로 하여금 한국인들과 그가 태어난 이 땅에 대한 깊은 사랑을 가지게 하고, 첫 해부터 한국인들을 위한 진정한 선교사가 되게 해주시기를 빕니다. 우리의 세상을 그 아이가 얼마나 크게 변화시킬 것이지! 만물을 얼마나

---

60) 〈1905년 2월 27일 앨리스가 헤스터에게 쓴 편지〉.

61) 마틸다는 앨리스의 출산을 돕도록 앨리스의 어머니가 샌라파엘에서 보낸 젊은 여성으로 1905년 1월에 도착하여 6월에 본국으로 떠났는데, 앨리스는 그녀와 친자매처럼 지냈다고 하였다.

다르게 보도록 빛을 비추어 우리가 그를 위해 계획하고 일하고 살게 하는지![62]

2월에 태어난 우리 어린 아들 제임스 맥키가 한국 기독교인들의 마음에 큰 자리를 차지해왔고 그 아이는 제게 그 여성들과 만날 새로운 접촉점들과 그들을 가르칠 새로운 방식들을 계속 열어 주고 있습니다.[63]

출산은 앨리스로 하여금 세상을 다르게 보도록 만든 사건이라고 고백하였는데, 앨리스의 삶에도 어느 정도의 변화를 주었다. 앨리스는 출산 후 한 달이 채 못된 3월 21일자 편지에서 '원하는 대로 자유롭게 활동할 수 있을 정도로 건강해졌지만 사역에 관해서는 제 자신을 게으르게 하려고 노력하고 있다'고 하였다. 이 시기에 여자 춘계사경회가 진행 중이었는데 앨리스는 한 명의 새 보조전도인을 훈련시키는 정도로 하루하루를 보내게 되자 이전과 확연히 달라진 생활에 '교실 밖에' 있는 자신이 이상하게 느껴진다고 말하였다. 그러나 4월이 되어 앨리스는 더 이상 교실 밖에 머물지 않았고 성경공부반 수업을 재개하였다. 4월 5일부터 학습교인반 수업에 수강자가 되었지만 교사 인력의 부족으로 수업에 들어가지 못하는 여자들을 위해 일주일에 두 번 수업을 진행하였다. 이어서 4월 9일부터는 기존에 하던 안식일 아침 어린 소녀들을 위한 성경수업에 복귀하였는데, 학생들이 반가워서 앨리스를 '삼키다시피' 맞이하였다고 한 것으로 보아 얼마나 사랑받는 선생이었는지 알 수 있다.

이 시기 장대현교회는 교인 수가 넘쳐날 정도로 증가하여 설교단 계단부터 뒤의 문까지 그리고 설교단 아래 자리까지 빈틈없이 채워질 정도로 부흥되었고, 교인들이 합창하는 찬송가와 마포삼열의 설교에 교인들이 받는 감

---

62) 〈1905년 3월 21일 앨리스가 부모님께 쓴 편지〉.

63) 〈1905년 앨리스의 개인보고서〉 참조.

동이 날마다 더하였다. 마포삼열은 신학교 수업으로도 시간이 부족한 상황에서 자투리 시간에 세례 문답과 수업 준비 등으로 너무나 분주한 생활을 해야 했다. 그 모든 삶에 대해 앨리스는 이렇게 감사를 표현하였다.

> 우리가 얼마나 당신(하나님) 앞에서 그리고 사람들 사이에서 조심스럽게 걸어가야 할까요. 때로 저는 우리가 이 모든 것에 너무 익숙해져서 하나님의 영이 우리 속에서 어떤 멋진 일을 하고 계신지 깨닫지 못할까봐 두렵습니다. 우리는 이 축복 속에서 계속 성장해야 하며 그렇지 못하면 그 축복을 바르게 지키지 못할 것입니다. 우리는 받는 것보다 더 많이 줄 수 없으며, 우리 자신의 수준 이상으로 다른 사람들을 향상시킬 수 없습니다. 우리가 유용하고 힘 있는 위치에 있고 주님께서 당신의 일을 성취하기 위해 우리를 한 쪽으로 젖혀놓을 필요가 없도록 우리를 위해 계속 기도해 주십시오.[64)]

앨리스가 부모님께 쓴 편지는 이제 아들 제임스의 성장과 양육과 관련된 이야기들이 많은 부분을 차지하게 되었다. 앨리스는 친정어머니의 도움을 받지 못하는 형편에서 양육을 위해 주변 사람들의 도움을 받고, 우드-알렌 박사가 권하여 어머니에게 요청하여 받은 〈아메리칸 마더후드〉를 비롯한 잡지와 책으로부터 도움을 받았다. 앨리스는 셔록 의사가 제임스을 보자 그녀를 닮았다고 말해서 아주 기뻐했는데, 후에 마포삼열은 장인 장모께 쓴 편지에서 제임스가 장모님을 닮았다고 하였다. 앨리스는 아들에게 모유를 수유하기를 간절히 원했지만 모유가 아주 부족하여 어려움을 겪었다. 그럼에도 불구하고 앨리스는 '소젖'(우유)을 주는 것을 아주 꺼렸고 이 문제를 해결하기 위해 마침내 유모를 두었는데 이것이 제임스가 건강하게 자라는 비결이라고 하였다. 마포삼열의 어머니와 앨리스의 부모는 제임스가 태어난 이후

---

64) 〈1905년 4월 3일 앨리스가 부모님께 쓴 편지〉.

보내는 편지마다 손주를 보고 싶은 마음을 진하게 표현하였다.

8월이 되어 선교사 공동체를 위한 수련회가 열렸다. 선교사들은 모든 사역을 중단하고 27일간 진행되는 기간 동안 숭실중학교에 모여 하루에 두 번 기도회와 성경공부를 하였고 선교사역을 공유하고 토론하는 시간을 가졌다. 앨리스에게는 특히 매일 드리는 아침 중보기도 시간과 히브리서 공부가 큰 도움이 되었는데, 그리스도의 인성과 사역에 대한 가르침을 통해 자신의 사역에 큰 영감과 힘을 얻었다고 하였다.

1905년 10월 9일자 앨리스가 부모님께 쓴 편지에는 그간 보기 드문 사역에 대한 힘겨움이 표현된 것을 볼 수 있다. 선교회 사역은 모든 곳에서 성장하고 교회 건물은 교인들을 수용할 수 없을 정도가 되었다. 학습교인이 세례문답을 받을 때까지 1년 이상을 기다려야 하니, 쿤즈 목사의 표현을 빌리면 온 교인이 함께 예배를 드리기 위해서는 여름 야외예배를 기다려야 가능할 지경이 되었다. 앨리스의 다음 말은 평양지부의 선교사역이 과부화된 상태에 달해 있음을 잘 표현하고 있다: "우리가 그들을 어찌해야 할까요? 그들을 가르칠 수도 없고 그들을 계속 관리할 수도 없습니다. 모든 교회와 모임 장소들이 가득 찼습니다." 앨리스는 이 모든 상황이 엄청난 축복임을 알고 감사하면서도 '일이 밀려들면 항상 힘이 든다'고 하였다. 오랫동안 사역에만 몰두하고 전념한 자신과 매일 쉴 새 없이 쏟아지는 사역에 더 여념 없는 남편 마포삼열의 삶에서 어떤 조정의 필요성을 처음으로 인식하게 된 것이다.

> 정신적인 여유나 휴식이 없습니다. 우리는 오로지 사역만을 위하여 살고 있는 것 같습니다. 저는 그것이 적절하다고 믿지는 않습니다. 어느 누구도 계속해서 주기만 할 수는 없기 때문에 우리 자신을 위해서 어느 정도 시간을 가져야 한다고 생각합니다. 우리가 본국으로 출발할 수 있을 때가 되면 저는 샘(마포삼열)을 위해 정말 기쁠 것입니다. 주님께서 우리로 무엇을 하게 하실지…무엇을 해야 하고 무엇을 하지 않은 채로 그대로 두는 것이 옳은지 우리가 알 수

있도록 기도해 주십니오.[65]

앨리스의 사역은 꾸준히 지속되었다. 1906년 새해는 특별히 앨리스 아버지의 기부금으로 시작된 도시청년회건물(YMCA 기념관)이 준공되어 새해 첫날 준공식 행사를 가진 것으로 의미가 있었다. 이어서 설날에는 도시 남자들과 여자들을 위한 사경회가 열렸고 이어서 각종 전도 집회들이 진행되었다. 설날사경회에서 앨리스는 요한복음을 매일 가르치고 순서에 따라 아침 기도회를 인도할 뿐만 아니라, 가정 위생에 대한 실용적인 강연을 두 차례 실시하였다. 또한 겨울학기 여학교 중등반에서도 수업을 진행하였다.

이 시기 아들 제임스는 매일 활발하게 성장하고 있었는데 편지마다 앨리스는 아들의 모습을 구체적으로 묘사하여 부모님께 전달하였다. 마포삼열의 사역은 더욱 분주해져서 앨리스는 식사 시간에 식탁 너머로 겨우 그를 보는 외에는 보지도 못한다고 하였다. 이러한 사역의 과중함은 선교사 인력의 부족과 연관되어 있었는데, 마포삼열은 선교부 총무인 엘린우드 박사와 브라운 박사에게 보내는 편지에서 빈번하게 선교사 인력의 부족으로 모든 선교사들이 사역의 과중함에 처해 있음을 알리고 새 선교사를 파송해 줄 것을 수차례 요청하였다.

그는 심지어 아침식사도 중단하지 않고 먹는 경우가 거의 없습니다. 그는 밤까지 일하고 저는 매일 아침 아기와 함께 일찍 일어납니다. 그래서 저희는 서로를 거의 못보고 언제나 일이 바빠서 가정생활을 위한 시간이 거의 없습니다. 저희는 두 사람이 여가나 함께 할 시간이 없는 것이 옳지 않다고 생각하며, 휴가 후에 돌아 올 때는 새 사역자들이 있어서 우리 생활은 다르게 계획할 수 있

65) 〈1905년 10월 9일 앨리스가 부모님께 쓴 편지〉.

기를 바라고 있습니다.[66)]

1906년 1월 31일 마포삼열이 브라운 박사에게 보낸 편지에 마포삼열 부부가 1906년 6월 1일 휴가를 떠날 것이라는 언급이 있고, 그 다음 마포삼열이 브라운 박사에게 쓴 편지는 발신지가 캘리포니아 샌라파엘로 나온다. 앨리스의 서한은 1906년 10월 17일 샌라파엘의 부모님께 보낸 편지가 마지막인데 발신지가 마포삼열의 고향인 인디에나 매디슨으로 되어 있다. 이를 통해 6월 1일 평양을 출발한 마포삼열 가족이 샌라파엘에서 앨리스의 가족과 지내다가 8월 마포삼열의 본가에서 가족들과 지내고 있음을 알 수 있다. 이후 1906년과 1907년에 해당하는 자료는 입수된 것이 없다.

7) 두 번째 본국 휴가 이후의 사역: 1907년 9월~1910년

앨리스의 '개인보고서 1908(선교해 1907-1908)'은 앨리스가 1907년 8월 미국 휴가를 마치고 평양으로 돌아온 이후의 사역을 보여주고 있다. 8월 중순 휴가에서 돌아온 앨리스는 연례회의에 참석 후 9월말에 평양으로 돌아왔고 10월 '여자 청지기반(worker's class for women)'에서 시편의 일부를 선별하여 가르치는 수업을 진행하였다. 또 신학교에서 생리학을 일주일에 두 차례 26명의 여학생반에서 가르쳤고, 같은 기간 도시 교회 성경공부반 중 여자 2년차 반에서 마태복음의 비유를 주제로 하는 수업을 진행하였다. 겨울 동안에는 시내 중앙교회에서 안식일 아침마다 열리는 여자 학습문답반 부서의 한 반을 맡았다. 이 해 겨울 학습문답반 등록자 수가 135-150명에 달하였고 이들을 8개 반으로 분반하였는데, 앨리스는 15명 여자학생들로 구성된 최상급 과정을 담당하였다. 매주 토요일 오후에는 교사들 반을 가르쳤다.

66) 〈1906년 1월 18일 앨리스가 부모님께 쓴 편지〉.

중앙교회에서 실시된 시내 교인들을 위한 특별모임에 70명의 여자들이 새신자반으로 등록하였는데, 앨리스는 이들 중 일부 여자들을 두 달 동안 수요성경공부반에서 특별수업으로 가르쳤다. 수요성경반에서 앨리스는 죄, 회개, 용서 등의 주제로 수업을 진행하였는데, 이 주제를 토대로 200개 짧은 공과를 만들어 인쇄하여 매주 안식일 아침 새신자반에서 가르쳤다. 앨리스의 조사인 전도부인 원 씨 부인은 여자 청지기반에서 앨리스로부터 배우면서, 앨리스의 새신자반들 중 가장 큰 반을 맡아 가르쳤으며, 평일에는 학습문답반 여자들을 방문하여 살펴보고 그들의 근황을 앨리스에게 알려주는 일과, 4개의 시골 교회에서 모이는 성경공부반에서도 교사로 일하였다. 앨리스의 의료사역은 이 해 주로 집에서 행해졌고 진료 건수가 100여 차례에 이르렀다고 보고하였다. 위의 사역은 1907년 휴가에서 돌아와 10월에서 이듬해 5월까지에 이루어진 것이며 특히 앨리스가 둘째 아이를 임신한 상태에서 수행한 사역들이었다. 앨리스가 어떤 상황과 환경 가운데서도 얼마나 일관되고 성실하게 자신의 사역에 임해 왔는지를 보여주는 1908년 개인보고서는 자료집에 수록된 앨리스의 마지막 개인보고서이다.

1908년 1월 1일 아버지께 쓴 편지에서 앨리스는 새해 첫날 YMCA 도서관 건물에서 새해축하 행사를 거창하게 하였다고 전하고 있다. YMCA 건물은 앨리스 아버지의 기부로 오랫동안 공들여 건축되었으며 이들 부부가 미국으로 휴가를 떠나던 해인 1906년 새해 첫날 준공식을 가졌다. 평양의 도심에 위치해 있으면서 서점과 도서관, 독서실, 회의실, 강연을 개최할 수 있는 강당까지 구비한 이 건물은 이제 수많은 한국인들이 모여 다양한 활동을 하는 평양시민의 삶의 중심지가 되었다. 앨리스는 아버지께 이 건물에서 열리는 새해 행사에 대하여 말하면서 '아버지 건물'이라고 표현하였다.

이 시기에 앨리스는 두 번째 아이를 임신하고 있었다. 마포삼열이 1908년 6월 13일 장인 장모께 쓴 편지는 이들 부부의 둘째 아들이 전날인 6월 12일에 태어난 소식을 처음 전한 편지이다. 둘째 아들의 이름은 찰스 헐 마페트

(Charles Hull Moffet)로 정하였는데, 이는 앨리스가 가장 존경하는 자신의 아버지의 훌륭함이 다음 세대에서도 이어지기를 바라는 소망을 담아 아버지의 이름을 따라 지었다고 마포삼열은 전하였다. 이후 앨리스는 두 아들 제임스와 찰스의 자라는 모습을 편지마다 세세히 적어 부모님께 보내었다.

7월에 쓴 앨리스의 편지에는 마포삼열이 신학교 수업과 선교 사역으로 아주 분주한 나날을 보내며 주로 한국인들에 둘러싸여 지내고 있다고 근황을 전하면서, 자신이 현재 세 명의 아들을 키우고 있는데 가장 큰 아들이 집에 좀 있기를 원하나 그러지 못해 안타깝다고 재미있게 표현을 하였다. 8월이 되어 마포삼열은 첫째 아들 제임스를 데리고 늘 하는 것처럼 소래에 여름 휴가를 갔고 앨리스는 집에 남아 아기를 돌보며 지냈다. 이 즈음 앨리스의 어머니가 다리를 다쳐서 고생하며 병원에서 오래 지내고 있다는 소식을 접하고 앨리스는 부모님에 대한 염려가 상당하였다. 앨리스 어머니가 다리를 다쳐 오랜 기간 병원 생활을 하는 동안 아버지의 건강도 심각하게 악화되었다. 앨리스 부모님의 건강 악화와 그로 인한 두 분의 고생스러운 생활은 마포삼열 부부에게 말할 수 없는 염려가 되었고, 결국 그해 1908년 11월 앨리스는 두 아들을 동반하고 본국에 있는 친정으로 떠나게 되었다. 아직 어린 아이들을 데리고 혼자서 장거리 여행을 하는 것이 어려우나 남편의 격려에 용기를 내었는데, 유모이자 도우미인 염 씨 부인이 여행에 동행하였다. 마포삼열은 일본 시모노세키에서 아내와 두 자녀를 배웅하였다.

이 때로부터 앨리스가 마포삼열에게 보내는 편지들이 앨리스가 평양으로 돌아온 1909년 10월까지 이어졌다. 앨리스가 1901년 12월초 건강 악화로 본국으로 떠난 이후 마포삼열이 앨리스에게 매일 사랑의 편지를 썼는데, 이번에는 앨리스와 마포삼열 두 사람이 서로에게 보내는 사랑의 편지들이 이어졌고 특히 집에 홀로 지내는 남편을 걱정하고 그리워하는 앨리스의 편지가 많았다. 두 사람의 편지에는 각자의 근황과 특히 두 아들의 성장과 양육에 대한 문제를 상의하는 내용, 그리고 무엇보다도 서로를 그리워하는 애정으로 가득 차 있다.

앨리스가 샌라파엘에 있는 동안 특이한 사건은 그녀가 '스티븐슨 사건'[67]의 통역을 맡은 일이다. 앨리스는 샌라파엘에 도착한 후 일주일 되는 날 한 변호사로부터 전화를 받았는데, 스티븐슨 재판의 통역자로 일해 줄 것을 제안받았다. 앨리스는 거절했으나 변호사는 현지에 중국인과 한국인 통역자가 있으나 그들의 통역을 신뢰할 수 없어서 재차 통역내용을 확인하는 절차를 거쳐야 하는 딱한 상황을 설명하였고, 하루 10달러의 통역비와 아이를 돌보는 비용을 같이 지불하겠다고 간곡히 제안하여 이를 맡게 되었다. 앨리스는 다음 해 1월 재판의 판결이 났는데 장인환이 25년형을 구형받았다고 하면서, 그가 자신을 사형해 줄 것을 간청했으나 재판부는 그의 행위가 애국심에 의해 자행된 것이라 사형 대신 25년 투옥형을 변경하지 않았다고 전하였다. 앨리스가 이 사건에 연관되어 한 몫을 담당했다는 이 편지의 내용은 한국에서 봉사한 미국인 선교사 역할의 또 다른 차원을 일면 보여주고 있다.

1909년 10월 초순경 앨리스는 평양으로 돌아왔고 곧바로 사역을 재개하였다. 11월에 앨리스는 자신의 '오랜 자리'인 중앙교회의 안식일 아침 성경공부반 수업으로 돌아왔는데 그 규모가 더 커진 것을 보고 놀랐다. 이 예배에서 앨리스는 370명의 소녀와 성인 여자들 앞에서 개회 예배와 폐회예배를 인도하였는데 이것은 정말 대단한 특권이 아닐 수 없다고 스스로 감탄하였다. 성경공부를 위해서 참석자들을 이전의 방식을 적용하여 5개 반으로

---

67) '스티븐슨 사건'은 1908년 3월23일 샌프란시스코 페리 부두에서 스티븐슨에게 총을 겨눈 두 한국인 전명운(공립협회)과 장인환(대동보국회) 두 의사에 대한 재판을 말한다. 같은 조선 거주 미국인들조차 "일본 관리보다 더 친일적"이라고 비난할 만큼 일본에 봉사한 스티븐슨이 이토 히로부미로부터 미국에 일고 있는 반일 정서를 달래고 일본의 한국 지배의 정당성을 알려달라는 임무를 받고 '일본의 조선 지배가 조선에 유익하다'는 친일성명서를 샌프란시스코 크로니클에 발표하자 이에 분개한 한국인이 그를 저격한 사건이었다. 전명운과 장인환은 각자 전혀 모르게 스티븐슨의 저격을 계획하였고 결국 장인환의 총에 스티븐슨은 사망했다. 이 의거는 1909년 안중근 의사와 이봉창, 윤봉길 의사에게도 영향을 미쳐 국내외의 본격적 의열투쟁의 촉발제가 되었다.(https; //www.facebook.com/ourhistoryO)

분반하였고 앨리스는 20명으로 구성된 반을 맡아 가르쳤다. 주일아침마다 교회에는 새 신자들이 모여들었는데 이것은 한국인 교인들이 항시 믿지 않는 사람들을 전도하여 교회로 인도해 온 결과였다. 앨리스는 주일에는 새신자반에 대한 성경공부반 중 하나를 가르쳤고, 토요일 오후에는 평양 시내의 두 성경학교에서 가르치는 교사들 50명으로 구성된 교사반 공부모임을 맡아 수업을 하였다.

당시 평양의 학교는 크게 두 종류로 운영되었는데 한국 교회는 소년 소녀들의 초급학교를 운영하고 선교지부는 상급학교를 운영하는 체제였다. 그런데 이 즈음 초급학교에 학생 수가 상당히 증가하여 새로운 건물에 대한 필요성이 크게 대두되었다. 수개월 전부터 교인들이 초급학교 건물을 건립하기 위해 헌금을 모금하였고 이를 토대로 건물이 건축 중에 있었다. 11월 한 안식일에 여자성경공부반 참석자들이 모여 다시금 이 건물 건립의 필요성에 대한 회의를 한 결과 즉시 400엔(200달러)이 모금되거나 약정되었다. 이 중 한 여성은 자신의 한 달 임금(8엔)의 4분의 1인 2엔을 회의석상에서 바로 헌금하였다. 앨리스는 이 상황을 전하면서 한국 기독교인들이 자신의 자녀들을 위한 교육을 얼마나 중시하고 헌신적인지, 미국 기독교인으로서는 이러한 진실된 헌금의 의미를 깨닫기 어려울 것이라고 말하였다.

1910년 새해를 맞이하였고 어김없이 설날에 열리는 사경회는 전도의 가장 큰 수확의 기회가 되었다. 이 해 설날사경회는 특별히 시내 사람들의 전도에 초점을 두었는데, 한편으로는 전해인 1909년 9월부터 시내 교회들이 개인적 차원에서 꾸준히 요소요소에서, 다른 한편으로 대규모 전도집회를 열어서 준비해왔기 때문에 큰 결실을 맺게 되었다. 시내 남자들 성경공부반에 256명, 시내 여자들 성경공부반 450명이 참석하여 사경회 동안 오전에는 공부하고 오후에는 가가호호 방문하거나 거리전도를 실행하여 저녁예배에 큰 회중이 모이도록 하였다. 매일 저녁 집회마다 시내의 5개 교회에 새신자들이 모여들었는데 중앙교회에만 새신자가 700명 이상 왔고, 다른 교회들까지

합하면 총 1200명 이상의 새신자 등록이 이루어졌다. 사경회 마지막 날 모든 전도활동을 종결하고 모든 힘을 마지막 밤 집회의 예배와 새신자를 위한 교육에 집중하면서 사경회가 완료되었다. 평양 선교사역이 얼마나 큰 열매를 맺고 있는지를 보여주는 앨리스의 기록이다.

1910년 2월에 마포삼열은 5월 영국 에딘버러에서 열리는 '국제 선교 회의(International Mission Conference)'에 선교부 대표로 선출되어 참석하는 것이 결정되었다. 이에 따라 앨리스와 두 아들도 본가를 방문할 계획을 하게 되었다. 5월에 마포삼열은 평양을 떠나 에딘버러로 향하는 여행길에 올랐다.[68] 국제선교회의에는 마포삼열의 동생인 토마스도 참석하였기 때문에 마포삼열이 만주로부터 시작하여 유럽 각국을 여행하면서 앨리스에게 보낸 편지에는 이들 형제의 여행이야기가 자주 등장하였다. 마포삼열이 앨리스에게 보낸 여행 중 편지들은 러시아의 모스크바, 독일 베를린, 스코틀랜드의 에딘버러와 스털링, 영국 런던, 다시금 독일의 베를린과 쾰른 등 유럽 각국의 유서 깊은 장소들을 여행한 감동과 그럼에도 불구하고 아내와 함께 하지 못하는 외로움과 안타까움이 서한마다 절절히 표현되어 있다. 마포삼열의 편지 말미의 인사가 앨리스와 두 아들과 함께 장인 장모께 보내는 인사로 되어 있는 것으로 보아 앨리스와 두 아들은 마포삼열이 출발하기에 앞서 미국 본가에 도착한 것으로 보인다. 마포삼열은 8월초에 뉴욕에 도착하였고 중순이 되어 매디슨에 도착하였다.

앨리스와 두 손자가 샌라파엘을 다녀간 후 앨리스의 부모는 이전보다 더 딸과 특히 두 손자를 그리워하는 내용의 편지를 앨리스에게 보냈다: "너와 두 손자가 떠난 다음 이 집이 얼마나 다른 곳이 되어버렸는지 모를거다. 완전히 다른 세계로 보인단다. 두 녀석이 이곳저곳을 누비고 다니고 소리를 내

68) 마포삼열이 이 여행 중 아내에게 쓴 편지는 1910년 5월 16일 만주에서 시작되어 8월 그의 본가인 메디슨에 도착할 때까지 이어졌다. 그는 뉴욕에서 회의를 참석한 후 10월이 되어서 샌라파엘에 있는 앨리스와 두 아들과 상봉하였다.

곤 했는데 이제는 어떤 음악도 소리조차도 없구나."[69] 앨리스의 부모에게 무남독녀인 앨리스는 정말 소중한 자녀였다. 한 편지에서 앨리스의 어머니는 '(앨리스가) 18세에 대학을 가면서 집을 떠났는데 그것이 시작'이었고 그 이후 한 번도 제대로 집에서 함께 살아본 적이 없는 딸을 생각하면서 서운함을 표현하기도 하였다. 앨리스의 부모가 앨리스에게 보낸 수많은 편지들에서 딸을 무한히 사랑함은 말할 것도 없고 사위인 마포삼열, 그리고 손자들에 이르기까지 그들이 보인 사랑과 관심, 그리고 실질적인 지원과 도움의 손길은 더 없이 충분하고 아름다운 것이라 생각된다. 그들 자신 독실한 그리스도인으로서 선교 사역에 헌신하고 있는 믿음이 아니었다면 할 수 없는, 부모의 도리라고만 볼 수 없는 모습을 앨리스의 부모를 통해서 보게 된다. 부모로서의 사랑과 선교라는 믿음의 사역을 함께 하는 부모와 자식이기에 가능한 모습이 아닐까 하는 생각이다.

8) 세 번째 휴가 이후 앨리스 소천까지의 사역: 1911년~1912년 6월

1910년 12월 중순에 마포삼열 가족은 다시 평양으로 돌아왔다. 1911년 새해에도 앨리스의 사역은 이전과 다르지 않게 지속되었다. 마포삼열의 사역은 선교위원회와 학교의 업무 외에 시내 남자 성경공부반과, 선천에서 열리는 시골교회의 성경공부반 등 분주함의 극치를 이루고 있어서, 앨리스는 남편의 얼굴을 거의 보지 못하고 산다고 부모님께 보낸 편지에서 말하였다. 앨리스 또한 2월초부터 시내여자 성경공부반과 주일학교 교사들반을 비롯하여 시골여자 성경공부반, 그리고 성경학원(Bible Institute)의 고등반 여자들과 조사들을 위한 공부반 등 여러 개에 달하는 수업 준비에 여념 없는 생활을 하고 있었다. 2월에 시작된 이들 공부반은 5월 중순까지 지속되었는데 앨리스는 각 클래스에서 마가복음과 그리스도의 삶, 야고보서 등의 수업을 하였

---

69) 〈1910년 11월 28일 앨리스 부친이 앨리스에게 쓴 편지〉.

고 학교에서는 위생과 생리학 수업을 맡아 가르쳤다.

이 시기에 앨리스 부모님의 건강이 악화되었고 무엇보다도 아버지가 지금까지 일구고 번창하였던 네바다 지역의 금광사업이 사양길로 접어들어 사업에 큰 손실을 입게 되었다. 부친의 건강 악화와 사업의 쇠퇴가 합쳐져서 부모님과 앨리스가 주고받은 편지들은 적지 않은 어려움을 다루는 내용이었으나, 그 와중에도 앨리스의 아버지는 낙담하지 않으며 현실에 자족하려는 태도를 유지하는 모습을 보여주었다. 다만 부모님은 앨리스와 손자들이 다시 오기를 기대하는 마음을 많이 표현하였는데, 사역을 중지하고 떠나는 것과 남편을 혼자 남겨두고 가는 것이 쉽지 않아 부모님의 바람에 부응하지 못하는 앨리스의 입장이 안타깝게 오가는 것을 보여주었다.

1911년 7월중에 앨리스는 안식일 아침 세례문답을 준비하는 여자들과 마태복음을 공부하였고, 늘 앨리스 곁을 지키는 조수 원 씨 부인과 함께 새신자반에서 사용할 게일 박사의 교재를 한국어로 번역하는 일에 열심을 내었다. 원 씨 부인과는 에베소서를 함께 읽으면서 공부하는 시간도 가졌다. 이 해 한국 선교회 연례회의는 9월 3일 평양에서 개최하기로 되어 있어 평양지부는 백 명 이상의 손님을 맞을 준비를 하고 있었다. 7월말 한국에 대홍수가 나서 막심한 피해가 발생하였는데 많은 선교사들이 홍수지역에서 구호활동을 펼쳤다. 이러한 어려운 상황에도 안식일 예배와 성경공부반에 교인들이 참석하였고 자신들의 생명을 구해주신 하나님께 감사하는 모습을 보고 앨리스는 "이런 사람들에게 하나님의 복음을 가르치는 것보다 더 기쁘고 축복된 일이 어디 있을까"[70] 하는 고백을 하였다.

1911년 10월 19일 앨리스가 아버지께 쓴 편지에는 특별히 자신의 사역에 대한 열정으로 가득 차있었다: "아버지, 우리 가족과 이곳 사역에 대해 알

---

70) 〈1911년 7월 25일 앨리스가 부친에게 쓴 편지〉.

려드릴 것이 너무 많아서 무엇부터 시작해야 할지 모르겠어요!"[71] 앨리스는 이 해 가을에 두 개의 특별수업을 맡았는데 하나는 시내와 시골에서 함께 모인 130명의 여자들로 구성된 반으로 이들은 주일학교 반사, 성경공부 교사, 그리고 교회의 여러 분야에서 일하는 봉사자들로서 너무나 신실하고 성실한 신자들이라 이들을 가르치는 것 자체가 앨리스에게는 엄청난 기쁨이 되었다. 이들을 네 개 반으로 나누었는데 앨리스는 가장 상급반을 맡아서 토리 박사(Dr. Torrey)의 책 "성경이 가르치는 것(What the Bible Teaches)"을 교재로 가르쳤다.

두 번째 "청지기반(Worker's Class)"은 80명의 여자들로 구성된 특별한 반이었는데, 이 반이 특별하다는 것은 겨울 동안 두 사람씩 짝을 지어 시골로 파송되어 그곳 여자들에게 성경을 가르칠 목적으로 선정된 반이기 때문이었다. 앨리스는 이 반에서 "그리스도의 자신에 대한 가르침(Christ's Teaching Concerning Himself)"이라는 주제로 6개의 수업을 시리즈로 준비하여 가르쳤다. 두 반 모두 참석자들이 지적할 것이 전혀 없을 정도로 열심히 수업에 임하고 있어서 이들이 성경교사로서의 역할을 잘 할 것이라는 확신이 들었고, 안식일 학습문답 후 세례를 받은 여자들 중 6명이 자신의 공부반 18명 중에서 나왔기 때문에 앨리스는 기쁨과 행복이 너무도 크다고 말하고 있다.

이 시기 앨리스의 첫 아들 제임스는 평양외국인학교에 다니고 있었는데 학교 공부를 아주 즐겁게 하고 있다고 전하면서 손주의 소식을 궁금해 하고 보고 싶어 하는 부모님께 제임스의 첫 성적표를 편지에 적어 보고하였다. 둘째 아들인 찰스는 이제 아기 티를 벗어나 소년이 되어가고 한국말이 영어처럼 빨리 늘었으며, 한국식 예절을 아주 잘 행해서 그를 보는 한국인들이 놀랄 정도라고 하였다. 앨리스는 지금까지 해 왔듯이 자신의 사역의 근황을 소상히 부모님께 쓰는 편지에 알리고 손주들의 성장에 대한 이야기를 알리는

---

71) 〈1911년 10월 19일 앨리스가 부친에게 쓴 편지〉.

것으로 멀리 떨어져 계신 연로하고 건강이 좋지 않은 부모님과 소통하면서, 부모님께 가지 못하는 심정을 다음과 같이 편지에 전하였다.

> 제가 얼마나 아버지와 어머니께 두 녀석을 보여 드리고 또 함께 지내게 하고 싶은지요. 그것이 두 분께 정말 큰 기쁨과 즐거움이 될 것을 너무나 잘 알고 있습니다. 그러나 제가 어느 다른 곳보다 이곳에 머무르며 주님 나라를 세우기 위해 최선을 다하는 것이 하나님의 뜻인 것을 어머니와 아버지가 알고 계시다는 사실이 저에게는 큰 위로와 힘이 됩니다.[72)]

1911년 10월 19일 앨리스가 그녀의 아버지께 보낸 위의 편지가 앨리스가 자신의 사역을 전한 마지막 편지가 되었다. 앨리스의 어머니가 딸에게 보낸 첫 편지는 1월 중 보낸 것이고 이어서 3월에 보낸 어머니의 편지에는 딸에 대한 더 깊은 그리움이 회한처럼 표현되어 있다. 이즈음 평양지부에서 앨리스와 함께 동역하던 선교사 커피스 부인이 선교부 회의에 참석하기 위해 미국을 방문하는 여정 중에 앨리스의 부모님을 방문하였다. 자신의 딸을 보듯한 앨리스의 어머니는 이렇게 편지에 쓰고 있다:

> 그녀(커피스 부인)가 네 자녀를 미국에 남겨두고 다시 한국으로 떠나는 것을 보니…네가 18살에 집을 떠나 이제 거의 42살이 되었다는 생각이 새삼 들었다. 그러니 우리는 거의 대부분 세월 너와 떨어져 살았더구나. 요 며칠간 네가 한국으로 간 이후로 우리가 거의 경험하지 못한 그 옛날 한 집에서 같이 살던 시절이 얼마나 그립던지![73)]

---

72) 〈1911년 10월 19일 앨리스가 아버지께 보낸 편지〉.

73) 〈1912년 3월 4일 앨리스 모친이 딸에게 보낸 편지〉.

1912년 5월 20일 부모님께 보낸 앨리스의 편지를 보면, 이 당시 일본군의 한국에 대한 통제와 압박은 더 심해졌고 선교사들도 일본군의 통제에서 자유롭지 못하였음을 알 수 있다. 이에 앞서 앨리스의 어머니가 보낸 편지에서 어머니는 앨리스가 보낸 편지가 아주 늦게 도착한다고 말하였는데, 앨리스는 그에 대해 일분군이 선교사들이 보낸 편지까지 뜯어서 읽어보는 식으로 검열하기 때문이라 편지 배송이 지연되고 있는 실정을 설명하였다. 이런 상황을 전달하면서 앨리스는 그럼에도 불구하고 편지에 자신의 생각을 전혀 숨기지 않고 그대로 쓸 것이며, 오히려 일본군이 그러한 내용을 봐야 한다고 말하였다. 이렇게 해서라도 일본 정부가 행하는 기만과 압제와 불의에 대해 다른 나라들이 어떻게 생각하는지를 알고 깨달아야하기 때문이라는 것이 그녀의 생각이었다. 특히 일본군이 이곳저곳에서 일본에 저항하는 젊은 남자들을 많이 체포하고 있는데 그들 중에는 순전한 기독교인들이 있다고 하면서, 이것은 곧 일본 정부가 교회에 맞서는 일을 하는 것이고 결국은 하나님에 대해 맞서는 일을 행하는 것이라는 일제 치하의 상황에 대한 결기어린 입장을 보여주었다.

그런데 이 편지가 앨리스가 부모님께 보낸 마지막 편지가 되었다. 앨리스가 한국에 선교사로 도착하면서 시작된 부모님께 쓴 편지는 그녀가 휴가로 미국 본가에 가서 부모님과 함께 지낸 시기를 제외하고[74] 꾸준히 이어진 그녀의 자식으로서의 책무이며 사랑과 효도의 표현이었다. 그러나 한국 기독교 선교 역사의 관점에서 볼 때 이 편지들에 들어있는 너무나도 상세하며 진실되고 성실했던 그녀의 한국 선교사로서의 삶과 사역의 기록은 그녀가 남긴 또 하나의 소중한 평양선교 사역의 기록물이 아닐 수 없다. 이를 통해 우리는 그 시대 우리 땅에 복음의 씨앗이 떨어져 뿌리를 내리고 꽃을 피우는 과정에서 선교사들이 그들의 삶의 시간과 생명을 바쳐서 이룬 사역과 선교

74) 앨리스는 미국 휴가 기간에도 샌라파엘 본가에서 부모와 함께 지낸 기간 외 매디슨과 다른 지역에 체류하는 동안에도 부모님께 계속 편지를 보냈다.

수혜자인 한국인들이 그리스도인으로 점차 변화해가는 너무나도 생생한 모습, 한국 기독교 복음의 산실인 교회가 방방곡곡에 세워지는 과정, 그리고 무엇보다도 그 시대 기독교를 중심으로 이루어지는 문화적 차원에서의 한국인들의 생활 실상을 배우고 이해하는 하나의 빛을 만나게 된다.

9) 앨리스, 선교사의 삶을 마감하다 : 1912년 7월 12일

1912년 6월 30일 주일 아침 앨리스는 시골 순회여행 중에 있는 남편에게 편지를 썼다. 갑작스럽게 걸린 이질에 걸려 침상에 누운 앨리스는 켐벨 양의 간호를 받고 있었는데, 다른 진료소의 환자와 병원 일을 동시에 하고 있는 켐벨의 업무가 과중하지 않을지 오히려 걱정하고 있었다. 앨리스는 편지에서 설사와 구토, 통증, 무기력감 등의 증세가 심한데 약은 말을 듣지 않고 있어 힘들고, 제임스와 찰스 두 아들은 아픈 엄마 곁에 오지 못해서 짜증내고 소리지르며 집안을 돌아다니고 있다고 상황을 전하였다. 그러면서도 마포삼열에게 자기 때문에 일을 중단하고 올 필요는 없다고 하면서 급한 상황이 되면 전보를 하겠다고 하였다. 이런 병중에도 앨리스는 전날 정오까지 한국인과 외국인들이 가져온 작은 업무들을 보았다. 이것이 앨리스가 남편에게 쓴, 그리고 이 세상에 남긴 그녀의 마지막 편지가 되었다.

7월 6일자 편지는 마포삼열이 아픈 앨리스의 곁에 급히 돌아와서 장인 장모께 쓴 편지였다. 그러나 이 편지에 나타난 안타까운 사실은 앨리스가 배속의 아이를 사산하였다는 비보였다. 이 시기에 앨리스는 셋째 아이를 임신하고 있었고 출산일이 임박한 시기였던 것이다. 불행하게도 마포삼열 부부가 기다리던 셋째 아기는 그들이 그렇게 원하던 딸이었는데, 앨리스가 사망하기 8일전인 7월 4일 세상으로 나오자마자 땅에 묻히게 된 것이다. 마포삼열은 아기의 이름을 마가레트 리 마페트라고 지었으며 딸의 얼굴이 아내를 닮았다고 하였다. 이 편지를 쓰는 동안 마포삼열은 하염없이 흐르는 눈물로 인해 몇 글자를 이어가지 못하고 있다고 슬픔과 고통을 전하고 있었다.

이어서 마포삼열이 7월 15일 장인 장모께 쓴 편지는 앨리스가 세상을 떠났다는 비보를 전하는 서신이다. 7월 12일 아침에 마포삼열은 의사들이 최선을 다하고 있으며 모든 사람들이 기도를 하고 있고 앨리스도 기분이 밝고 가벼운 모습이라 다시금 회복이 될 거라는 희망을 가진다는 내용의 편지를 썼는데, 바로 그날 오후 마포삼열의 이러한 소망을 뒤로 하고 앨리스는 사랑하는 모든 이들을 남겨 두고 너무나도 짧지만 그 누구의 삶보다도 충만했던 이 세상에서의 삶을 마쳤다. 마포삼열은 장인 장모님의 너무나 소중한 딸, 나의 참으로 소중한 아내, 그리고 두 아들이 사랑하여 마지않는 소중한 엄마인 앨리스가 이 세상을 떠났다는 소식을 어떻게 전해야 할지 모르겠노라는 힘든 심경을 첫 문장으로 적으며, 14년 전 자신에게 앨리스를 아내로 주신 하나님과 장인 장모님께 감사하다는 말로 앨리스의 마지막 모습을 전하는 편지를 시작하였다.

12일 아침 앨리스는 그 전날의 위중함과 달리 기분이 좋아진 모습을 보였다. 그러나 정오를 지나 상태가 악화되었고 앨리스를 지키던 의사들이 이제 그녀의 생이 몇 시간 남지 않았다는 통보를 하였다. 앨리스는 자기를 위해 애쓰는 의사들과 조사 원 씨, 그리고 남편에게 이렇게 말하였다: "제가 회복되지 않더라도 결코 여러분 잘못이 아니에요." 그리고 남편에게 "당신은 나를 위해 할 수 있는 모든 것을 했고 지금도 하고 있어요, 의사들도요."라고 말하였다. 마포삼열이 지금 원하는 것이 있느냐고 묻자, 앨리스는 '나는 당신만 원해요.'라고 대답했다. 마포삼열은 자신이 아내와 함께 있는 것이 그녀에게 무엇을 의미하는지 너무나도 잘 알고 있다고 하였다. 이것이 앨리스가 남긴, 마포삼열과 나눈 마지막 대화였고, 모든 사람들을 배려하고 남편과 두 아들을 그지없이 사랑한 의사이며 선교사며 교사였던 앨리스의 마지막 모습이었다. 마포삼열과 지금까지 그녀를 곁에서 돕던 조사 원 씨 부인이 앨리스의 임종을 지켰다. 이후 마포삼열은 두 아들에게 엄마가 하늘나라에 갔고 예수님이 다시 오실 때 여동생과 엄마는 우리와 함께 있을 것이라고 앨리스의 죽음을 말해 주었다.

앨리스의 장례식은 7월 15일 월요일 거행되었다. 그녀가 묻힐 묘소에 가는 길에 먼저 간 딸 마가렛의 묘가 있었는데 마포삼열과 두 아들은 그 곳에 꽃을 한아름 장식해 주었다. 장례식에서 길선주 목사가 한국어로 '죽음에서의 승리'라는 제목으로 설교를 하였다. 마포삼열 부부의 절친인 베어드 목사가 조사를 통해 앨리스의 아름다운 삶의 궤적, 그녀가 수많은 한국인들에게 펼친 위대한 사랑과 도움의 내역들, 그리고 수많은 한국인 교인들의 앨리스를 향해 갖는 깊은 사랑, 그리고 함께 한 동역자들에게 부어준 그녀의 사랑과 헌신에 대해 말하였다.

앨리스의 장례 후에 마포삼열은 장인 장모께 더 자주 편지를 보냈다. 무엇보다도 두 아들과 앨리스에 대한 대화를 많이 나누었는데 이로써 마포삼열은 그들의 삶에 엄마 앨리스가 미칠 영향력이 오랫동안 살아있기를 바라는 마음이라고 했다. 앨리스의 유품을 정리하는 일도 해야 할 일이었다. 아직 자녀가 없는 홀드 크로프트 부부가 마포삼열 집에 함께 기거하면서 두 아이들을 보살펴 주었고 앨리스의 조사 원 씨 부인과 그녀의 14살 된 아들이 두 아이들과 같이 놀아주어 큰 도움을 받았다. 마포삼열이 앨리스의 사촌 엠마에게 쓴 10월 14일자 편지에서 자기의 어머니가 돌아가셨다는 소식을 전하면서, 그녀에게 장인 장모님께 가능하다면 자주 방문하여 딸을 잃은 슬픔을 위로해드릴 것과 보살펴 주기를 부탁하였고 다음 해 5월에 샌라파엘을 방문할 것이라고 말하였다. 1912년 7월에 마포삼열은 12일 상관으로 가장 사랑하던 아내와 어머니 두 사람을 하늘나라로 보낸 것이다. 마포삼열은 두 아들과 함께 1913년 5월 아내의 고향인 샌라파엘로 가서 장인 장모님을 만나 한동안 지냈고, 7월 자신의 본가인 매디슨에 돌아와 처음으로 어머니가 부재한 집에서 지내다가 10월에 평양으로 돌아왔다.

3. 루시아 피시 마페트의 생애와 선교사역

1) 앨리스와 루시아의 관계

루시아는 마포삼열의 두 번째 부인이다. 마포삼열은 첫 번째 부인인 앨리스와 사별한 지 3년 되던 해인 1915년 6월 루시아 피시와 결혼하였다. 피시 가문의 가계도를 보면 앨리스와 루시아는 사촌지간이었는데, 앨리스의 아버지 찰스와 루시아의 아버지 토마스가 그들의 부모인 존 베리어 피시(John Barrier Fish)와 어머니 루시아 헐 피시(Lucia Hull Fish) 사이에 태어난 3남 3녀, 6명의 자녀 중 셋째 아들과 넷째 아들로 형제지간이었다.[75] 앨리스의 부모는 슬하에 무남독녀 앨리스만 두었고, 루시아의 부모는 슬하에 7명의 자녀가 있었는데 루시아는 그 중 마지막 자녀였다. 이들 가족은 캘리포니아 샌라파엘과 카펜테리아 두 지역에서 가까이 거주하여 왕래가 잦았고 따라서 앨리스와 루시아는 앨리스가 본가를 떠나기 전까지 친밀한 관계를 형성하며 지냈을 것으로 보인다.

『마포삼열 자료집』 제1권의 두 번째 서신에서 우리는 앨리스와 루시아를 함께 만나게 된다. 이 편지는 루시아의 아버지 아래 여동생인 루터 헐 피시가 7세 조카인 앨리스에게 보낸 편지이다. 이 편지에서 고모인 루터는 '아직 학교에도 다니지 않은 어린 소녀가 어찌 편지를 나보다도 잘 쓰다니' 하면서 앨리스의 영민함을 칭찬하였는데, 앨리스의 사진이 담긴 액자를 자신의 거실 받침대에 두고 매일 아침 들여다본다고 할 정도로 조카에 대한 지극한 애정을 표현하였다. 이 편지에서 루터 고모는 삼촌 톰에게서 귀여운 아기 루시아가 태어난 소식을 앨리스에게 전하고 있다. 이후 1898년 앨리스가 고모 루터에게 쓴 편지에서 당시 고등학교를 졸업하고 대학생활을 하고 있

---

75) 존 베리어 피시는 루시아 피시와 사별 후 낸시 스티븐과 재혼하여 세 자녀를 더 두었다

을 사촌동생 루시아가 어떻게 지내는지, 무엇을 하고 지내는지 궁금하다는 질문을 하였다. 독자로서는 마포삼열의 두 아내인 앨리스와 루시아를 함께 만나는 편지들이 된다.

1905년 2월 27일 앨리스의 편지는 이 당시 캘리포니아 소재 한 고등학교에서 어학 교사일 것으로 추정되는 루시아에게 보낸 편지다. 1903년 5월 15일자 편지는 루시아가 재직하고 있는 캘리포니아의 에스파르토 고등학교 교장이 쓴 편지로서 루시아가 이 학교에서 "라틴어와 역사, 영어 수업에서 정성껏 가르쳤고 성공적이었으며, 철두철미 유능하고 양심적인 교사"라고 표현하면서 그녀가 유능하고 능률적인 교사라고 평가하는 내용이 담겨 있다.[76] 이를 통해 그 당시 루시아는 대학교를 졸업한 후 고등학교에서 교사직을 수행한 것으로 보인다.

앨리스는 부모님이 연로하여 건강과 생활에 여러 어려움을 겪는 소식을 들으면서도 멀리서 자식으로서 어떤 역할을 하지 못하자, 가까운 사촌 엠마나 루시아에게 부모님을 잠시라도 방문하여 도와줄 것을 종종 부탁하기도 하였다. 1909년 11월 9일자 편지는 앨리스가 당시 건강 상태가 좋지 않은 부모님을 방문하여 본가에서 한동안 지내다가 다시 평양에 돌아온 후 어머니에게 쓴 편지인데, 루시아에게 좀 와서 도와달라고 요청하는 것이 어떠하겠냐고 하면서 어머니의 의중을 물어보고 있다. 1911년 2월 11자 편지는 루시아가 앨리스에게 쓴 편지로 크리스마스 때 루시아가 두 명의 조카와 함께 앨리스의 집인 삼촌 집에 가서 즐겁게 지낸 소식을 전하면서, 제임스와 찰스도 같이 있었다면 좋았을 것이란 생각이 들었다고 말하며 편지 말미에는 그들을 자기 대신 꼭 안아달라고 부탁하였다. 이것이 자료집에서 볼 수 있는 앨리스와 루시아 사이에 오간 마지막 서신이다. 이런 편지들을 통해 앨리스와 루시아는 근접 거리에 살았고 특히 무남독녀인 앨리스에게는 루시아가

---

76) 〈1903년 5월 15일 에스파르토 고등학교의 미니 배넌 교장이 동일 학교 관계자에게 쓴 편지〉 참조.

바로 아래 사촌 여동생인지라 어린 시절부터 가깝게 지내왔을 것이란 추측이 가능하며, 멀리 떨어져 한국에 있는 동안 자신을 대신하여 부모님을 살펴봐줄 것을 부탁할 정도의 특별한 관계를 유지해 왔다는 사실도 알 수 있다.

2) 한국 도착 이후 마포삼열과 루시아의 결혼까지 : 1913년~1915년

앨리스가 사망한 후 루시아에 대한 내용은 몇 차례의 서한에서 짧게 나오는데, 이를 통해 루시아가 마포삼열과 결혼하기까지의 과정에 대해서는 어렴풋한 추측만 가능하다. 1912년 9월 18일 마포삼열이 장모께 쓴 편지에서 루시아가 제임스와 찰스에게 편지와 선물을 보냈는데 이에 대해 답장을 해야 하나 시간이 없으니 감사말을 대신 전해달라고 말하였다. 그로부터 1년 반이 지난 1914년 1월 5일자 편지는 루시아가 그녀의 막내 삼촌으로 보이는 헨리 피시에게 쓴 편지인데 발신지가 평양으로 되어 있다. 그 즈음 루시아가 한국 평양으로 왔고 체류하고 있었음을 짐작케 하는 서한이다.

루시아는 이 편지에서, 한국의 결혼식을 목격하였는데 서양식과 한국식이 결합이 되어있어 아주 생소하게 느껴졌고 한국의 마을과 거리 곳곳에는 귀신 숭배와 귀신을 두려워하는 마음을 표현하는 기이한 표식들이 있다는 이국의 문화에 대한 자신의 경험과 생각을 전하였다. 이 편지에서 루시아는 언제 본국에 돌아갈지 아직 결정하지 못했으나 아마도 1915년까지는 있을지 모른다는 자신의 계획도 말하고 있는 것으로 보아, 마포삼열과의 관계가 심각한 것은 아닌 듯하다. 이후 자료집에는 1914년 6월에 루시아의 짧은 일기가 나오는데 말미에 '사촌(형부) 마포삼열은 아주 열정적으로 일한다'는 문구가 적혀있다.

1915년 2월 1일자 루시아가 앨리스의 어머니이자 자기에게 큰어머니인 '마티(마르타의 애칭) 숙모'에게 쓴 편지는 루시아가 마포삼열 가족과 한 집에서 거주하면서 아이들을 돌보고 있을 가능성을 보여주고 있다. 루시아는 제임스와 찰스의 학교생활과 근황 등을 세세히 전하고, 집에 앨리스(언니)의 사진을 아이들의 눈높이에 맞게 걸어 두었는데 사진으로 아이들과 앨리스가 만나는 일은 아이들에게 가장 소중한 일이기 때문이라고 하였다. 마포삼열에 대해서는 형부라 부르면서 요즘 부쩍 아이들과 앨리스 언니에 대해 이야기를 나누는 시간이 많으며 그 때가 세 사람이 가장 행복한 모습을 보이는 때라고 말하였다. 그로부터 6개월 후인 1915년 8월 27일자 마포삼열이 브라운 박사에게 보내는 편지에 드디어 마포삼열과 루시아의 결혼에 대한 언급이 나온다.

> 루시아 피시 양이 우리 학교(평양외국인학교)에서 2년간 교사로 일했는데 이제 마페트 부인이 된 것을 알고 계실 것입니다. (우리는 6월 30일 결혼했습니다.) 올해 그녀는 고등학교에서 가르치기를 기대하고 있으나. 이제 선교사역에 들어가기 위해 그 준비 작업으로 언어(한국어)를 공부하려고 합니다. 물론 그녀가 이전에 한 일도 선교사 사역으로 인정받기를 원하며 이를 위해 우리가 무엇을 해야 할지 알려주시기 바랍니다.[77]

이에 대한 브라운의 답장은 1915년 12월 22일자 한국(조선) 선교회에 보낸 편지에 다음과 같이 나와 있다.

> 제 20회 선교부 위원회 임시 회의에서 루시아 피시 마페트 부인은 새뮤얼 마페트의 아내로서 협동선교사(associate missionary)로 임명되었습니다. 마페트 부인이 우리 선교부의 정식으로 임명된 선교사로서 동료가 된 것과 조선 선교의 동역자가 된 것을 기쁘게 환영합니다.[78]

---

77) 〈1915년 8월 29일 마포삼열이 브라운에게 쓴 편지〉.
78) 〈1915년 12월 22일 브라운이 마포삼열에게 쓴 편지〉.

이를 통해 루시아는 1913년 여름 이후 한국 평양에 와서 평양외국인학교에서 교사로 일하였고 동시에 마포삼열의 두 아이를 돌보는 일을 하였음을 알 수 있다. 그 당시 선교사 가족 중 부인이 사망 한 경우 미국 선교본부에서 적합한 보모를 파견하여 일정 기간 선교사의 자녀를 양육하도록 하였다고 한다. 루시아는 앨리스와 사촌 자매로서 이전부터 관계가 돈독하였고 마포삼열 가족이 앨리스의 본가를 몇 차례 방문하여 지내는 동안 앨리스의 두 아들과도 친밀한 관계가 형성되었다. 그러한 연유로 루시아가 평양으로 와서 사촌 언니의 자녀를 맡아 양육을 도와주는 일을 하기로 결정된 것은 어느 정도 자연스러워 보인다. 동시에 루시아는 캘리포니아에서 하던 교사직을 평양외국인학교에서도 하게 되었다. 그 과정에서 마포삼열과 루시아의 관계가 연인으로 발전하여 두 사람의 결혼이 성립한 것으로 보인다.

3) 루시아의 선교사로서의 사역과 생활 : 1916년~1928년

루시아는 마포삼열과 결혼한 후 한국 선교사로서의 사역을 수행하였다. 선교사로서의 루시아의 사역은 1916년 2월 16일에 그녀가 사촌 줄리아에게 보낸 편지에서 처음으로 나타났는데, 여자성경학교(Woman Bible Institute)가 개강하여 625명 여자 학생들이 등록하였고 이들 모두가 배우려는 열의와 열정이 대단하다는 내용을 언급한 것으로 보아 루시아가 이 여자성경학교에서 가르친 것을 알 수 있다. 그 다음 “여자들을 위한 여자 사역”이라는 매거진에 게재된 루시아의 “평양에서의 팀 사역”[79]이라는 제목의 기사를 통해 그녀는 평양의 사역을 알리고 있는데 이것은 여자선교사들이 수행하는 사역 중 하나였다. 이 글에서 루시아는 1916년 10월에 시작된 두 개의 여자성경반에 대한 소개를 하고 있다. 루시아의 사역보고서의 특이한 점은 선교사 가족의 생활을 보여주고 있다는 점이다. 루시아는 선교사 가정의 겨울을 이

---

79) Lucia Fish Moffett, “Team Work in Pyeng Yang”, *Woman's Work for Woman* (February, 1917) 참조.

렇게 묘사하고 있다.

> 이제 날씨가 추워졌고 집 바깥 풍경은 새로운 흙질로 단장하여 아름답지만, 집안은 목사(남편인 마포삼열)가 없어서 황량합니다. 이곳 대부분 선교사 가정이 이러합니다. 혼자 집에 있을 수 있을 정도로 나이가 들었거나 이웃집에 가서 놀 수 있는 자녀를 가진 (선교사) 집들은 아버지 어머니가 시골 교회 사역을 떠나고 자녀들만 남아 있습니다. 때로 자녀들은 사역자가 부족한 곳에서 도와주는 일을 하기도 합니다. 돼지마을(Pigville)에서는 기숙학교에 있는 아이들을 위한 주일학교를 여는데, 13세 소녀인 메리 스왈른은 2년동안 그녀의 어머니가 담당하는 그곳의 주일학교에서 '예비반(preliminary class)'을 맡아 가르치고 있습니다. 이것은 메리가 토요일 오후에도 쉬지 않고 공부하면서 시간을 보내야 하는 것을 의미합니다. 그녀는 이렇게 말합니다: "예비반 아이들을 가르칠 선생님이 아무도 없어요. 어린 아이들이 아무데나 뛰어다니면서 돌아다니게 할 수는 없어요."[80]

이 글은 마포삼열과 앨리스가 선교부에 평양의 사역 현황을 보고하면서 아주 빈번하게 사역의 과중함과 선교사 인력의 부족함을 절실히 전달하고 충원해줄 것을 요청한 내용과 통하는 내용이다. 그러나 루시아의 글은 동일한 사실과 상황에 대해 선교 현장의 구체적인 실정을 전달한다는 데서 독자로 하여금 선교 사역의 다른 이면을 이해하는 효과를 주고 있다. 루시아는 선교사 자녀들 중에는 한국에서 태어나 본국을 한 번도 가 본 적이 없는 아이들도 있고 짧게 방문한 경험 이후 또 방문하기를 원하는 아이들도 있다고 하였다. 그들은 한국인과 일본인들로부터 '외국 아이들'이라고 불리우고, 가슴에 고국에 대한 영예와 애국심을 가득 품고서 여느 미국인들과 마찬가지

80) 위의 글.

로 성조기를 보기만 해도 눈물을 흘리는 미국인이라고 말하면서 선교사 자녀의 삶을 조명하고 있다.

루시아는 선교 사역에서 여자선교사 인력이 부족한 현실을 다른 교파와 비교하여 전달하였다. 감리교의 경우 장로교회 사역 업무의 5분의 1에 해당하지만 두 배수의 여자선교사를 가지고 있어서, 감리회 여자선교사인 도리스 양의 경우 장로회 여자선교사들처럼 5개 내지 6개 성경공부반을 맡는 대신 한 교회에서 한 반만 맡아 사역을 하므로, 적어도 참석자를 모집하고 모인 참석자들의 문제를 파악하고 그들의 문제를 상담하면서 도와주는 일까지 할 수 있다고 설명하고 있다. 이것은 같은 선교이지만 교파에 따라 선교 현황과 방식이 상이하고 그로 인한 갈등이 있을 수 있는 가능성을 시사해 주는 글이다.

또한 이 기사에서 루시아는 시골의 순회여행과 관련하여 숙소에 대한 어려움도 알리고 있다. 근처 시골의 한 마을은 선교지부가 다수의 장기 성경반을 운영하기를 원하는 미조직 교회가 있는 곳인데, 그 이유는 유일하게 그 교회의 제직자 한 명이 방이 두 개 딸린 집을 가지고 있기 때문이었다. 그러나 이 곳을 선교사나 한국인 목사가 방문하여 성경반을 운영하는 동안 집주인은 방 한 개를 선교사를 위해 비워줘야 하고, 더우기 그 방은 작아서 선교사를 위한 침대를 대각선으로 놓아야 했다. 그리고 가로 세로 2 미터도 안 되는 나머지 한 방(one room six by six)에 다섯 명의 가족이 지내야 하는 상황임을 묘사하였다. 이러한 묘사는 선교사역 이면에 선교사와 선교 대상인 본토인이 경험하는 사실적 상황을 들여다 볼 수 있게 하는 글이다.

루시아는 평양 사역에서 그리스도를 믿는 무리들이 한 목소리로 "예수사랑하심은" 찬송을 합창하는 소리를 듣는 것은 선교사의 특권이며, 어린 소녀가 소중한 손목시계를 가지고 오고, 남자와 여자가 자신의 두 달 내지 세 달치 봉급을 새 교회 건축에 사용해달라고 가지고 오며, 성경공부반에 참석하기 위해 며칠을 걸어 교회에 오고, 여러 날 시간을 내어 자신의 마을과 다른 마을에서 섬김의 행위, 즉 '날 연보'를 하는 한국인들의 모습을 보면서 겸손해지지 않을 수 없다는 선교사역의 보람을 피력하였다.

1917년 4월 9일자 편지는 마포삼열과 루시아가 앨리스의 어머니에게 함께 쓴 편지이다. 이 편지에서 그들 사이에 첫 아들이 태어나 아들 세 명을 둔 가정의 모습이 나타나 있다. 마포삼열과 루시아 사이에 태어난 첫째 아들이자 마포삼열 가족에서 셋째 아들이 된 새뮤얼은 아버지인 마포삼열의 이름을 이어받았고, 나중 프린스턴 신학교를 졸업하고 목사가 된 뒤 한국에 선교사로 와서 장로회신학대학 초대 학장을 역임하면서 오랜 기간을 한국에서 사역한 인물이다.[81] 1918년 1월 3일자 편지는 루시아가 사촌들에게 보낸 편지인데 마포삼열과 루시아의 네번째 아들 하워드에 대한 언급이 나온다. 이로써 마포삼열 가정은 마포삼열과 앨리스 사이에 태어난 제임스와 찰스, 그리고 마포삼열과 루시아 사이에 태어난 새뮤얼과 하워드 등 네 아들을 둔 가정이 되었다..

> 하워드는 제일 살이 통통한데 마페트가에 이런 아이는 아마 처음일거야. 그의 식욕은 어마어마하단다. 새미의 옷보다 하워드의 옷을 더 크게 만들어야 할 정도로 빨리 자라고 있어. 새미는 뛰어다니고 소리지르느라 살이 안 찌는가봐. 제이미는 동생들하고 아주 잘 놀아주는 착한 형이야.[82]

---

81) 마포삼열과 루시아의 셋째 아들 새뮤얼 휴 마페트는 평양에서 고등학교를 마친 후 미국으로 가서 휘튼 칼리지를 최우등으로 졸업하고 프린스턴신학교에서 신학학사 학위를, 예일대학교에서 종교학 박사 학위를 받았다. 그는 1947년 중국으로 건너가 베이징의 옌칭대학교에서 교수로 재직하다가 1949년 난징신학교로 이직하였고 1951년 중국 공산당이 허위 재판을 빌미로 그를 중국에서 추방하자 다시 프린스턴신학교로 돌아가 방문강사로 재직하였다. 새뮤얼 휴 마페트는 1955년부터 한국으로 가 선교사로 섬기다가 1959년 장로회신학교 교수로 초빙되어 1981년까지 교수와 학장을 역임하였다.

82) 〈1918년 1월 3일자 루시아가 사촌들 줄리아와 헤스터에게 쓴 편지〉. 1917년 태어난 마포삼열과 루시아의 두 번째 아들 하워드 퍼거스 마페트는 휘튼 칼리지에서 의대를 졸업하고 후에 한국으로 와서 대구 동산병원을 중심으로 47년간 의료선교를 통해 사역했다.

1918년 루시아의 사역은 2월 여자성경반의 개강과 함께 시작되었다. 선교지부의 사역은 연초가 절정기인데 장기과정의 남자 성경반이 시작되고 설날 사경회도 열리기 때문이었다. 루시아는 2월에 시작된 여자 전도부인들반을 맡았고, 특별히 베스트 양과 함께 한국인 교인들의 지도자격인 전도부인들이 새신자들과 함께 나누는 "실질적 대화(practical talk)"라는 프로그램을 계획하였다. 이것은 여자들이 신앙과 관련하여 일상생활에서 궁금한 점들을 자유롭게 질문하고 답을 하는 방식으로 진행되었는데, 그 한 예를 편지에 적고 있다. 한 가난한 새 신자 여자가 주일에 머리카락을 빗질하는 것은 사악한 일인가를 질문하였는데, 그 대답은 일주일에 한 번 머리를 빗질하는 한국인 여자들에게는 '맞아요'가 되어야 한다는 것이다. 그러나 선교사들이 여자들에게 매일 머리 빗질을 해야 한다고 가르치고 있는 상황이라 답이 쉽지 않는 문제라고 하였다. 당시의 한국인의 생활 문화와 신앙이 만나는 접점에서 발생하는 실제적이면서도 재미있는 상황을 보여주는 사례이다.

1919년 11월 5일자 루시아의 편지는 그녀의 고교 시절 절친한 친구들인 메리와 아그네스 포틴에게 쓴 것인데 루시아는 자주 이 친구들에게 편지를 썼고 편지에서 당시 한국과 평양의 정세, 그리고 그와 관련된 평양지부 선교사역의 현황을 전하여 왔다. 이 즈음 루시아의 사역은 처음으로 숭의여학교에서 교편을 잡은 것이었는데 맡은 과목은 영어였다. 특히 학교생활 중 학생들이 복도나 학교 어디서 선생을 만나든 깍듯이 인사하는 모습과 수업 시작과 끝에 선생에게 인사하는 모습에 감동하여 이 장면을 세세히 묘사하였고 이러한 순수한 학생들이 너무도 예쁘다는 내용을 전하였는데, 서양인에게 비친 한국 학생들의 모습이 어떠했는지를 볼 수 있는 기록이다.

다른 예로 김장과 얽힌 사례가 있다. 숭의여학교가 한 주간 임시 방학을 하였는데 김장철이라 여학생들이 자신의 가정에서 김장을 도와야 하기 때문이었다. 루시아는 김치는 한국에서 매일 식탁에 올라오는 음식이며 김장을 하는 것은 미국의 학교에서 서커스하는 날이 학교 일정에 들어가 있는 것과 동일한 것이라는 설명을 하였다. 그래서 임시방학이 있는 이유는 김장 준비와 더불어 겨울 난방에 사용할 땔감을 준비하기 위해 학생들이 성경학교로 이동하기 때문이라는 평양의 겨울철 학교의 모습을 전하였다.

루시아의 편지는 평양의 선교사역과 선교사 가족의 생활, 학교 모습, 그리고 그 당시 평양 사람들의 일상 생활의 특별한 측면을 세밀히 묘사하여 전달해 주고 있는 한편, 그 당시 일제 치하에서 일어나는 여러 가지 정치적 정황에 대해서도 알려주는 자료가 되고 있다. 1916년 2월 편지에서 루시아는 일본 정부가 한국의 초등학교를 양도하라는 압력을 넣고 교회에 일본 천황의 사진을 걸 것을 강요하고 있다고 말하고 있다. 이러한 상황에서 일부 서울의 감리교 학교들은 정규 과목에서 종교 과목을 폐지하였고 이런 결정을 조선호텔에서 일본군과 함께 축하하는 파티를 열었는데, 장로교 교회들 중 일부도 이에 동의하는 일이 일어나고 있다고 전하였다. 천황 사진을 주야로 걸고 그것이 훼손될 경우 책임자는 자살하여야 하는데, 이것이 특별한 해가 될 일이 아닌 것처럼 보이지만 사진의 천황에게 절을 하는 것은 실지로 예배를 의미하는 것이라고 설명하였다. 1919년 11월 편지에서는 이 당시 일제의 통치가 더욱 악랄해지면서 한국인들의 정치적 시위가 일어나고 있고 특히 평양 신학교와 숭실학당의 학생들이 시위에 참가하여 12명 체포되었는데, 학교로서는 이들을 막을 수가 없었다는 소식을 전하였다.

1920년 7월 12일 편지는 루시아가 두 아들 제임스와 찰스를 데리고 미국으로 떠난 마포삼열에게 쓴 편지이다. 한 해 전부터 마포삼열 부부는 제임스를 미국 허먼 고등학교(Mt. Hermmon School) 2학년으로 입학시키기 위해 노력하였는데, 7월 3일 입학이 허락되었다는 소식을 받자 함께 미국으로 출발하였다. 9월 14일부터 학교의 입학 절차를 모두 마치고 마포삼열은 제임스를 학교에 두고 처음으로 아들과 이별을 하였다. 마포삼열은 이 날부터 제임스에게 편지를 쓰기 시작하여 이후 거의 매일 편지를 썼다. 둘째 아들 찰스는 마포삼열의 본가가 있는 매디슨에서 학교를 다녔다. 1921년 2월 마포삼열은 찰스와 함께 첫 아내 앨리스의 본가인 샌라파엘에 가서 장모님과 함께 시간을 보내다가 7월말에 찰스를 데리고 다시 평양으로 돌아왔다. 그동안 마포삼열의 아들 제임스에게 보낸 편지는 하루를 멀다하고 쓰여져 자료집에 수록되어 있다. 제임스의 학교생활이 어떤지, 신앙생활은 어떻게 하고 있으며 어떤 어려움은 없는지, 교과 공부는 어떻게 하고 있는지 등 매사에 지대한 관심을 가지고 아들과 소통하고자 애쓰는 열렬한 부성을 드러내는 편지들이었다.

1921년 10월에 앨리스의 어머니가 세상을 떠났다는 소식을 접하고 마포삼열 가족은 1922년 1월 초 샌라파엘에 도착하였고 아들들의 외할머니와 어머니인 앨리스의 유품을 정리하는 작업을 하였다. 이곳에서 셋째아들 새뮤얼과 넷째 아들 하워드가 공립학교의 킨더가르튼(우리나라의 유치원 과정)에 들어가 학교생활을 하였다. 1923년 8월 마포삼열 가족은 한국 평양으로 돌아왔는데 이 기간 동안에도 마포삼열이 아들에게 쓴 편지는 거의 매일 계속되었다. 제임스의 모든 생활과 소식이 궁금하여 편지를 쓰지만 아들의 답장이 아버지의 기대처럼 자주 오지 않자 마포삼열은 때로 걱정하고 안타까워하고 서운한 마음을 토로하는 내용이 많이 나타났다. 1923년 후반부 동안 제임스의 학업과 대학 진학을 앞두고 마포삼열과 제임스가 함께 논의하는 편지가 오갔는데, 논의 끝에 1924년 2월 제임스가 우스터 대학에 진학하였다.

1924년 1월 25일 마포삼열은 60회 생일을 맞이하였다. 2월 17일 제임스에게 쓴 마포삼열의 편지에는 한국인들이 마련한 그의 회갑연에 관한 내용이 나와 있다. 이 때 마포삼열은 디프테리아에 걸려 그와 함께 모든 가족이 외부인으로부터 격리 조치가 되어 있었기 때문에 회갑 잔치는 연기되어 2월에 열렸다. 마포삼열과 루시아는 한국 관습에 의해 성대하게 차려지는 60회 회갑의 의미와 성대한 생일잔치 절차를 아주 인상적으로 받아들였고 고마워했다. 마포삼열은 간단한 음식을 준비하고 학교 교사들과 교회 제직들만 초대하였는데, 실제로는 서문교회에서 운동과 연설, 놀이 등 여러 가지를 준비하여 아주 많은 사람들이 모여 마포삼열을 위한 성대한 잔치를 베풀었다. 마포삼열은 메달과 체인 시계, 한국 비단 한 필, 은수저 두 벌과 양식 스푼 포크 세트 등 푸짐한 회갑선물을 받았다고 아들에게 보낸 편지에서 자랑하였다.

1924년 5월 19일 마포삼열의 마지막 아들인 토마스가 태어났다. 마포삼열이 회갑을 지나 얻은 아들이었다. 마포삼열은 첫째 아들 제임스에게 막내 동생이 태어난 소식, 10월 26일에 세례받은 소식에 이르기까지 깊고도 자상한 부성을 담아 편지를 보내었다.

1924년 11월 4일자 편지는 자료집에서 오랜만에 나타나는 루시아의 편지로 오크랜드의 절친들에게 쓴 것이다. 이 편지에서 루시아는 한국인들의 삶이 이전보다 더 피폐하고 궁핍한 처지가 되었다고 전하였는데, 많은 경우 정치적 이유에서 남편이 죽었거나 투옥되어 아내와 자녀들만 남아 생계를 유지하기 어려운 처지에 처해 있기 때문이라고 하였다. 마포삼열이 24년간 학장으로 봉직한 평양신학교의 후임 학장으로 로버트 박사가 취임하였고, 그 해 14명이 졸업하여 지금까지 총 320명의 졸업생이 배출되어 한국 교회의 사역을 담당하고 있다고 하였다. 선교지부에 어린이 교육에 대한 관심이 높아져서 25명의 젊은 여자들이 유치원 교사로 교육을 받고 있는 중이며, 성경학교가 현재 더 활성화되어서 교육과정을 마친 여자들이 이웃과 시골 마을에 파견되어 전도를 하고 불신자 가정의 자녀를 돌보는 사역을 하고 있다고 하였다. 이 전도부인들의 사역은 자녀들을 위한 성경학교 사역으로 이어져서 일주일에 두 번 아이들이 성경학교에 나와서 재미있는 성경이야기를 듣고 있는데 이 사역이 성공하면 어머니 교실도 시작할 계획 중이라고 하였다. 루시아는 이 사역에 동참하여 일부 교육을 담당하였던 것으로 보인다.

루시아의 사역에서 가장 중요한 것은 평양외국인학교의 교사 직무였다. 한국 선교회(Korea Mission Field) 매거진 2월호에 실린 루시아의 글 "평양 외국인 학교"[83]는 평양외국인학교의 현황과 발전 상황에 대한 보고 형식의 기사이다. 평양외국인학교는 선교사 자녀들을 위해 세워진 학교로 마포삼열의 첫 아내인 앨리스를 주축으로 몇 명의 선교사와 부인들이 교사들을 모집하고 선정하는 등 갖은 노력을 통해 설립되었고 평양의 명문으로 자리 잡았다. 루시아의 주된 사역이 평양외국인학교를 중심으로 이루어졌다는 사실은 그녀의 두 아들 새뮤얼과 하워드가 고등학교 진학을 위해 미국으로 떠난 뒤 이들에게 쓴 수많은 편지들에서 나타난 소식들 중 많은 부분이 이 학교와 관련된 내용이라는 점에서도 알 수 있다.

1925년에는 마포삼열이 제임스에게 보낸 몇 편의 편지가 나오고, 1926년 2월 1일자 편지는 마포삼열이 두 아들에게 보내는 편지로 처음 등장한다. 이로써 둘째 아들 찰스가 1926년 여름에 대학 진학을 위해 미국으로 떠난 것을 알 수 있다.[84] 이후 마포삼열의 편지는 제임스와 찰스 두 아들에게 함께 보내는 서신으로 작성되었다. 이날 편지에서 마포삼열은 제임스와 찰스로부터 오랫동안 편지가 오지 않아 실망과 염려를 넘어 분노를 표현하는 안타까운 마음을 쏟고 있다:

> 너희들이 나에게 좋지 않은 소식을 전하는 것이 싫을지도 모르겠다. 그러나 내가 가장 힘든 것은 너희들에게서 어떤 소식도 받지 못하는 것이다. 너희가 어디에 있는지, 무엇을 하고 있는 건지, 크리스마스에 올지, 그 어떤 소식도 없어서 너희들에 대해 아무 것도 모른 채 불확실성만 가져야 하니, 너희들을 생각할 때 내 마음이 아프고 아프고 또 아프다.[85]

---

83) Lucia Moffett, "Pyeng Yang Foreign School", 〈*Korea MIsssion Field*〉 1926년 2월호 참조.

84) 〈1926년 3월 23일자 찰스가 제임스에게 쓴 편지〉. 이 편지의 발신지가 펜실베니아에 소재한 메르체스버그 학교로 되어 있는 것으로 보아 찰스가 1925년 후반부 혹은 1926년 연초에 미국으로 떠난 것으로 추정된다.

85) 〈1926년 2월 1일 마포삼열이 두 아들 제임스와 찰스에게 쓴 편지〉.

1927년에는 마포삼열이 두 아들에게 보내는 편지와 함께 제임스와 찰스가 아버지께 보내는 편지들이 종종 등장하며 학교 적응과 생활, 진로에 대해 부자와 형제가 서로 상의하는 모습이 보였다. 찰스가 9월 파크 대학으로 진학하였는데 학교가 맞지 않아 갈등하다가 12월에 휘튼 대학으로 옮겼고 이후로 학교생활을 아주 즐기고 있다고 하였다. 제임스도 현재는 학교생활에 잘 적응하고 성적도 우수하다는 소식에 마포삼열이 기뻐하고 아들에 대한 사랑과 믿음을 표현하는 편지글이 수록되어 있다.

1928년에 마포삼열은 3월 28일부터 4월 8일까지 예루살렘에서 열리는 '국제 선교사 컨퍼런스' 위원으로 선정되어 참석이 결정되었다. 이를 계기로 마포삼열 가족은 선교부로부터 6개월의 휴가를 받았는데 후에 3개월을 더 연장하였다. 마포삼열 가족은 3월초 한국을 떠났는데 마포삼열이 컨퍼런스에 참석하는 동안 루시아와 자녀들은 이태리의 나폴리에 머물렀고, 마포삼열과 8월 뉴욕에서 만나기로 하였다. 컨퍼런스를 마친 후 마포삼열은 찰스가 있는 휘튼 칼리지에 가서 잠시 아들과 함께 지냈고 휘튼 칼리지 채플에 참석하여 한국 선교사역에 대해 강연을 하는 기회를 가져 많은 학생들에게 감동을 주었다. 1928년 9월 제임스가 드디어 프린스턴신학교에 입학하였다. 기쁘게도 그는 이 학교가 마치 오래전부터 있었고 알았던 것같은 익숙함과 편안함을 가지고 만족스러운 학업을 하고 있다고 아버지께 말하였다

4) 마포삼열의 사역 40주년과 은퇴까지 기간의 사역: 1929년~1935년 가을

1929년 4월 마포삼열 가족은 미국 휴가를 마치고 평양으로 돌아왔다. 마포삼열과 루시아 뿐만 아니라 어린 자녀들까지도 집에 돌아온 것을 아주 감사하고 좋아했다고 하였는데, 이들 가족이 얼마나 평양 생활에 깊이 뿌리내리고 있었는지를 보여준다. 1930년은 마포삼열이 한국 장로교회 선교사 사역을 한지 40주년이 되는 해였다. 일본 정부가 마포삼열의 선교사역 40주

년을 축하하는 만찬을 주최하여 열고 큰 은화병을 선물하였으며, 조선총독 사이토는 진귀한 벨벳 양탄자를 선물로 보내었다. 서울에서 축하 만찬이 거행된 지 일주일 후 평양에서도 시내의 모든 교회들과 시골의 모든 교회들이 연합하여 마포삼열 선교 사역 40주년을 기념하는 잔치를 열었는데, 당시 5,000명을 수용할 수 있는 새로 건축한 숭실대학의 강당을 처음 사용하는 영광을 누리면서 거행되었다. 마포삼열이 40년 전 고향 매디슨을 떠나 은둔의 나라 한국에 와서 '한국에 대한 가장 근접한 관찰자이자 동양의 영적 발전을 위해 지대한 업적을 남긴 선교사'라는 평가를 받은 날이었다. 이로써 마포삼열은 은퇴를 4년 남겨둔 시점에서, 숭실대학과 숭실중학을 매큔 박사에게 맡겨 두고 자신은 전도사역과 신학교 및 성경학교 업무에 자유롭게 돌아가게 되었다.

1931년 마포삼열의 가장 절친한 친구이자 선교의 동역자인 베어드의 선교사역 40주년을 기념하는 행사를 10월에 가졌다. 그러나 그 직후 베어드는 장티푸스에 걸려 앓다가 11월에 세상을 떠나게 되었다. 마포삼열과 베어드는 하노버 대학의 예비학부에서 만나 같은 대학과 신학교를 다녔고 일 년 차이로 한국 선교사로 파송되어 함께 사역하였으니 근 52년 세월을 동일한 길을 같이 걸어온 친구 중 친구였다. 따라서 절친한 동역자인 베어드의 죽음에 마포삼열이 받은 충격은 실로 엄청 컸다.

1932년 12월 마포삼열은 선교지부의 재정 상황이 악화되어 신학교 교수들의 임금이 삭감되고, 대학과 아카데미에 대한 지원도 연기되고 있는 실정이며 따라서 선교사의 봉급도 삭감되었기 때문에 가족이 경제적으로 절약해야 할 필요성이 있음을 제임스에게 말하였다. 이 해에 찰스가 마포삼열이 몹시 원하던 대로 일시적으로 평양으로 와서 함께 지내게 되었다. 찰스는 한국에 있는 동안 숭실대학의 매큔 박사의 비서 업무 등 다양한 생활을 하면서 1년을 지내다가 1932년 9월에 무디학교로 갔다. 1934년 마포삼열은 70세 생일을 맞이하였다. 이 때까지 마포삼열은 한국에서의 사역을 왕성하게 돌보는 선교사로서의 사역과 아들 제임스와 찰스에게 보내는 편지를 통한 아버지로서의 역할 중 어느 것도 소홀히 하지 않고 있음이 서한집에 꾸준히 나타나 있다.

마포삼열의 셋째 아들 새뮤얼은 자신이 휘튼 칼리지에 입학한 소식을 유럽으로 여행을 하고 있는 넷째 아들 하워드에게 편지로 알렸다. 이때부터의 대부분의 편지는 마포삼열과 루시아가 새뮤얼과 하워드에게 보내는 편지인데, 멀리 떨어져 생활하는 자녀들의 학업과 생활 전반을 꼼꼼히 관리하고 궁금해 하는 부모의 마음이 온전히 드러나는 편지들이다. 1935년 루시아가 두 아들에게 쓴 편지들은 당시 이들 부부의 생활을 일면 보여 준다. 마포삼열은 비로소 어느 정도 생활의 여유를 가진 듯 하루에 한 시간씩 막내 아들 토마스가 속해있는 학생 농구팀이 연습하는 것을 즐겨 구경하기도 하고, 때로 토마스에게 직접 농구를 가르치기도 하였다. 마포삼열은 학생 시절 농구를 즐겨했고 실력도 대단하였다고 한다. 또한 마포삼열은 신학교를 위해 유다서 주석 집필 작업에도 심혈을 기울였다. 루시아는 시험 문제 출제와 채점으로 여념이 없다는 말을 한 것으로 보아 평양외국인학교에서 여전히 수업을 하고 있었다. 루시아는 평양지부 교회의 소식도 전하고 있는데, 일제 치하에서도 교회의 성장은 지속되어 주일에 교회당이 넘치도록 교인수가 증가하고 있을 뿐만 아니라 전도 부흥 예배에도 새 신자가 매일 늘고 있다고 하였다. 이러한 평양 선교사역의 놀라운 발전을 직접 보기 위해 런던과 호주, 미국 등 외국에서 많은 교회 지도자들이 이 곳을 방문하고 큰 감동과 영적 자극을 받고 돌아간다는 소식도 전하였다.

5) 마포삼열과 루시아의 본국 귀환과 마포삼열의 소천: 1935년 11월 ~ 1939년

1935년 11월 17일자 마포삼열이 아들들에게 보낸 편지는 숭실대학에 심각한 위기가 오고 있음을 알리는 것이었다. 일본 정부가 학교장들에게 신사참배를 강요하는 것을 시작으로 연이어 모든 교사와 학생들에게까지 신사참배 강요를 확대하였고, 이에 선교지부와 학교 측이 막강하게 저항함에 따라 학교 문을 닫아야 할지도 모르는 암울한 상황에 처해 있었던 것이다. 이 때부터 1936년 여름까지 마포삼열과 루시아가 아들들에게 보내는 편지에는 일본의 신사참배 강요와 이에 맞서는 선교지부와 학교 측의 첨예한 대립 상황으로 인해 겪는 어려움을 전하는 내용으로 가득 차있었다. 그러나 이 시기에 기쁜 일도 있었는데, 1936년 4월에 둘째 아들 찰스가 결혼을 하였고 6월에는 첫째 아들 제임스가 결혼식을 올린 것이었다. 마포삼열은 사랑하는 아들들의 결혼식에 참여하지 못하는 아버지의 마음을 편지에 절절하게 표현하였다.

마포삼열은 신사참배 거부로 숭실대학의 학장이 파면되는 지경에 이르게 되자 극심한 스트레스를 겪으면서 건강상 문제를 갖게 되었다. 1936년 3월 루시아는 "아버지가 긴 스트레스로 침상에 누워 계신다. 새로운 책임자가 학교를 맡게 되겠지만, 여전히 아버지와 블레어 박사님이 책임져야 할 일이 많이 있다."[86]라고 하면서 아들들에게 보내는 편지에 마포삼열의 건강이 심각함을 전하였다. 7월에 들어 마포삼열은 아들들에게 보내는 편지에서 "우리의 학교를 설립 취지에 맞게 더 이상 운영하는 것이 어려우므로 결국 선교지부가 지금껏 전도사역과 동일하게 전념하여 일구어 온 교육사업을 포기할 준비를 하려고 한다"[87]고 했다. 이러한 와중에서 마포삼열은 7월 여느 여름처럼 아들 토마스와 함께 소래에서 2주간의 휴가를 보냈다. 그러나 건강이 약화된 때문인지 그는 휴가 중 일사병을 얻고 고생하였다. 어느 정도 회복되어 집으로 돌아왔으나 그 후유증으로 스트로크가 오면서 급기야 마포삼열은 병상에 몸져눕게 되었고 회복이 되지 않자 9월 치료를 위해 미국으

86) 〈1936년 3월 8일 루시아가 아들들에게 보낸 편지〉.

87) 〈1936년 7월 5일 마포삼열이 아들들에게 보낸 편지〉.

로 떠나게 되었다.

마포삼열은 본가인 매디슨에 도착하였고 사랑하는 아들 샘과 하워드가 학교생활에서 뛰어나게 잘하고 있다는 기쁜 소식도 접하였다. 마포삼열이 병의 치료와 회복에 힘쓰고 있는 동안 루시아에게 보낸 편지에는 아내에 대한 그리움과 함께 무엇보다도 평양으로 돌아가고 싶은 마음이 절절히 표현되어 있었다. 그가 정작 자신의 고향인 그곳에서 사람들을 만나지도 않고 교회 예배도 참석하지 않은 채 최소한의 말을 하면서 지내는 모습을 지켜보면서 마포삼열의 누나가 안타까운 마음을 루시아에게 전하기도 하였다. 마포삼열이 집을 떠나 있는 동안 루시아는 아들 토마스를 데리고 12월 만주로 가서 긴 여행을 하였고 그 소식을 마포삼열에게 편지로 전하였다.

그러나 1937년 2월 마포삼열은 블레어 박사로부터 루시아에게 갑작스런 병이 발병하여 메이어 간호사와 함께 배를 타고 미국으로 출발하였고 3월 24일 샌프란시스코에 도착할 것이라는 급전을 받게 되었다. 만주 여행에서 돌아온 루시아가 처한 현실은 신사참배에 반대하는 숭실대학의 폐교 압박과 수시로 겪어야 하는 일본군으로부터 상당한 위협과 감시였다. 남편은 병환으로 미국에 가있는 상태에서 루시아 혼자 이런 상황을 감당하기는 참으로 어려웠을 것이다. 2월 중순 전에는 평양으로 돌아가려는 생각에 들떠 있던 마포삼열은 아내의 불확실한 병환 소식을 대하고 샌프란시코에 거처를 마련하는 것으로 계획을 변경하였다. 이제 마포삼열과 루시아 두 사람이 함께 병든 몸으로 자신들의 본국인 미국에 있지만 마음의 고향인 평양을 멀리 떠난 곳에서 견뎌야 하는 시간들이 시작된 것이다. 마포삼열 부부를 지키고 있는 막내아들 토마스의 그 당시 나이는 13세였다.

루시아는 피해망상이라는 정신질환으로 오랫동안 고투하였다. 조금 회복되다가 다시 악화되는 과정을 반복하다가 급기야 그녀는 요양원에 입원하여 지내게 되었다. 마포삼열은 자신의 건강과 생활도 심각한 상태에서 요양원에서 있는 아내 루시아와 어린 아들 토마스의 학업도 보살펴야 하는 처지에 놓여 있었다. 6월 25일 마포삼열은 셋째 아들 샘에게 그를 자신의 법정대리인으로 결정하였음을 알리는 편지를 보냈다. 자신이 사망한 후 모든 재산을 처분할 권한과 이를 모든 형제들에게 공평하게 분배할 도덕적 책임을 잘 사용할 것, 그리고 남아있는 부모로서의 책임을 정리하는 작업을 하였던 것이다. 그 당시 샌프란시스코에서 마포삼열과 루시아를 도와주었던 앨리스의 오랜 친구인 조세핀은 루시아의 친구에게 보내는 편지에서 루시아의 상태가 희망적이지 않다는 것과 그 곁에 마포삼열이 처해 있는 안타까운 모습을 이렇게 전하였다.

> 가여운 그는 신경이 아주 날카로와 있고 한국에 오래 살아서 이 나라(미국)가 그에게는 외국이 되어 버렸다. 그는 가엾게도 지금 자신의 문제를 어떻게 결정해야 할지 몰라 당황하고 있다. 나와 내 아들이 위기에 놓인 그를 잘 도울 수 있기를 바랄 뿐이다.[88)]

이 당시 마포삼열의 둘째 아들 찰스는 신학교 졸업 후 목사가 되었고 딸을 얻었는데 자신의 어머니의 이름을 따서 앨리스라고 이름을 지었다. 그는 선교사가 되어 가족과 함께 인도에 거주하며 그곳에서 소식을 전해오고 있었다. 마포삼열은 1937년 12월 루시아가 어느 정도 회복되어 크리스마스를 집에서 함께 지내기를 간절히 바라는 마음을 담은 편지를 병원에 있는 아내에게 보내었다.

> 오늘 당신의 60세 생일이구려...큰 사랑과 헌신의 기쁨을 당신에게 보내니 당신의 아이들로 인한 기쁨, 그리고 그들의 사랑을 받고 또한 당신의 헌신적인 남편의 사랑도 받아주시오. 성탄절에 당신이 집에 와서 우리와 함께 보낸다면

---

88) 〈1937년 7월 28일 조세핀 브로드헤드가 루시아의 절친 포틴에게 쓴 편지〉.

> 우리가 상상할 수 있는 가장 근사한 생일과 성탄절 선물이 될 거요. 별일이 없다면 나와 샘이 금요일 오후에 당신에게 가서 당신을 이곳 집으로 데리고 올 것이요. 비록 이곳이 우리의 평상적인 집은 아니지만, 엄마와 아내가 있으니 그야말로 새로운 우리의 집인 것이요. 엄마와 아내가 있는 곳 그 곳이 실로 집이 아니겠소. 이곳에 며칠 우리와 머무르고, 그리고 나중에는 영원히 여기에 와서 우리와 함께 있읍시다.[89)]

해가 바뀌어 1938년에 들어서자 마포삼열의 바람이 이루어졌는지, 루시아의 상태가 어느 정도 회복이 되어 집에서 함께 지낼 수 있게 되었다. 놀라운 것은 루시아가 병환 중에서도 상태가 호전될 때마다 두 아들에게 변함없이 편지를 쓰면서 그들의 학업에 지대한 관심을 가지고 소통하는 이전에 해온 자신의 역할을 하였다는 사실이다. 1938년 11월 18일에 마포삼열은 미국 장로교회 해외선교부로부터 한 통의 편지를 받았다. 해외선교부에는 "기도 명부(Prayer Book)"라는 것이 있는데, 해외에서 25년 이상 선교사역을 한 선교사의 이름을 올리는 것으로 선교사에게는 영예임과 동시에 지난한 사역에 하나의 보상이 되는 것이었다. 마포삼열이 루시아가 기도명부에 기재될 것인지를 묻는 편지를 보냈는데, 그 답장으로 선교부에서 루시아의 사역기간이 23년으로 만기에 부족한 기간이라 기도 명부에 올리지 못함을 알리는 내용이었다. 평생을 한국에 선교사로서의 삶을 산 마포삼열과 루시아에게 결코 크다고 할 수 없는 이런 영예와 보상조차 허락하지 않은 선교부의 결정을 통보받고 마포삼열이 어떤 생각을 했을지 생각하면 가슴이 먹먹하다.

1938년 후반부에 마포삼열은 평양에 돌아갈 것이 요원해지자 평양선교지부에 있는 찰스 클락의 도움을 받아 자신의 집에 있는 물품들을 정리하는 작업을 시작하였다. 마포삼열과 루시아가 예기치 않게 갑작스럽게 평양을 떠

89) 〈1937년 12월 23일 마포삼열이 요양원에 있는 루시아에게 쓴 편지〉.

난 후 마포삼열의 집은 방치되어 불특정인이 임의로 집에 들어와 사는 형국까지 이르게 되었는데, 평양에서 사역하는 동안 마치 아들처럼 마포삼열을 보필하였던 클락 목사가 이후로 그 집을 관리하였고 마포삼열의 부탁을 받고 물품을 보내주는 일을 도맡아 해주었다. 클락 목사가 이러한 도움을 준 덕분에 마포삼열 가족이 사용하던 가구나 용품들이 어느 정도 보존되어 현재 프린스턴 신학교 도서관에 보관될 수 있었다. 마포삼열의 요청으로 1939년 5월까지 이 일이 서너 차례 진행되었다.

1939년 5월 어머니날 하워드는 펜실베니아 의과대학에 합격하였을 뿐만 아니라 매년 400불의 장학금을 지급받게 되었다는 내용의 통지서를 부모님께 선물로 보냈다. 그동안 사역지를 찾지 못해 고생하던 제임스도 임시적이나마 일할 사역지가 결정되었다는 소식을 보냈고, 발전가도를 달리고 있는 셋째 아들 샘은 그 당시 교회를 맡아 목회 사역을 시작하여 그 초석을 성공적으로 닦고 있었다. 둘째 찰스도 인도 몸가에서 선교에 열정적으로 임하고 있는 중이었다. 그러나 마포삼열과 루시아의 건강 상태는 좋아지지 않았고, 곁에 상거하며 도와줄 사람이 없이 지내고 있어 그들의 생활 여건은 참으로 어려웠던 것으로 보인다. 7월 앨리스의 절친으로 그나마 마포삼열 부부 곁에서 도움을 주던 조세핀이 맏아들인 제임스에게 보낸 편지를 보면 그 상황이 얼마나 딱하였는지 짐작할 수 있다.

> 아버지는 육체적으로는 일 년 전보다는 나아지셨다. 그러나 정신적으로는 더 나빠지셨다. 정신적인 혼란이 많이 있고 할 말을 제대로 못하고, 검은 색을 흰색이라, 찬 것을 뜨겁다 하실 정도이다. 2년 이상 아버지를 보아온 의사가 말하는데 더 이상 정신적인 회복은 없을 거라고 한다. 두 눈에 백내장이 왔고 청력도 심히 떨어지는데 보청기 사용을 거절하신다. 어머니 루시아는 많이 회복된 것 같다. 아마도 엄청난 기도 덕분이겠지. 그러나 이제 아버지께는 그가 기대고 그를 생각해줄 젊은 사람이 필요하다. 너의 아버지는 지금까지 가족

을 생각하고 가족을 위한 계획을 감당하면서 살아오지 않으셨느냐. 그런데 이제 판이 뒤집어졌다. 장성한 네 아들 중 한 아들은 아버지를 곁에서 보살펴야 하지 않을까. 아버지는 이제 어머니의 생각대로 따를 수 있지 않으며, 톰은 아직 어린 아이일 뿐이다.[90)]

1939년 9월 7일 마포삼열은 아들들에게 평상시처럼 편지를 썼다. 인도에 있는 찰스의 고장난 자동차는 잘 수리되고 있는지, 잠시 부모를 방문한 하워드가 잘 돌아갔는지, 제임스는 신학교 과정을 다 마쳤는지, 우표수집이 취미인 샘에게는 자신이 모은 우표 몇 장을 보낸다는 내용들이 그 편지에 담겨 있었다. 편지 말미에 그는 전쟁이 어떻게 될지 모르지만 차분하게 모든 것을 주님께 맡기자 라고 하였다. 마포삼열이 아들들에게 보인 자상하고 그들의 모든 생활에 대해 알고 싶고 또 걱정하고 돕기를 원하면서 잘되기를 바라는 아버지의 마음이 고스란히 담겨 있는 이 날의 편지가 마포삼열이 아들들에게 그리고 세상에 남긴 마지막 편지가 되었다. 1939년 10월 25일 마포삼열은 그의 선교사로서의 빛나면서도 지난한 삶을 마감하고 하나님의 부르심을 받았다. 당시 매디슨 근처에 살고 있던 맏아들 제임스와 마포삼열의 동생 토마스가 그의 부고를 여러 언론을 통해 알렸고, 10월 26일 뉴욕 타임즈와 한국의 신문에서도 마포삼열의 죽음을 알리는 기사가 실렸다. 마지막까지 마포삼열과 연락하며 그를 도왔던 클락 목사가 마포삼열 아들들에게 보낸 다음 편지는 마포삼열이 이 세상에서 이룬 업적이 어떤 것이었는지 짐작케 한다.

너희 아들들은 참으로 이제 전진해야할 말할 수 없이 위대하고 뛰어난 목표를 가지게 되었다. 아버지가 이루신 것 절반만 도달해도 평범한 사람의 두 배는 될 것이다. 그는 내가 지금까지 알아온 사람들 중 가장 훌륭하신 분으로, 하나

---

90) 〈1939년 7월 16일 조세핀이 제임스에게 쓴 편지〉.

> 님을 온전히 의지하고 모든 것을 맡기며 하나님의 뜻을 가장 잘 아는 지혜로 살아오신 분이며, 한국 선교부에서 가장 위대한 분이시다. [91)]

마포삼열의 소천 후 수많은 조문 편지가 루시아에게 보내졌다. 상당한 분량의 조문 편지들은 마포삼열의 인품과 그가 남긴 영향력이 주변 사람들에게 얼마나 선하며 아름답고 강력한 것이었는지를 알 수 있게 해준다. 루시아는 마포삼열이 세상을 뜨는 순간까지 부부로서 서로의 삶을 공유하였고 그의 마지막 순간을 지킨 유일한 사람이었다. 먼저 세상을 떠난 첫 번째 아내인 앨리스와 더 오랜 시간을 마포삼열과 함께 한 두 번째 아내 루이스의 삶 또한 마포삼열과 함께 기억되어야 할 것이다. 루시아는 이 후 1962년까지 85세로 장수하였으나 마포삼열의 소천 이후 그녀가 어떤 삶을 살았는지에 대한 기록은 자료집에 나오지 않아 알 수 없는 점이 안타깝다.

---

91) 〈1939년 10월 29일 찰스 클락 목사가 루시아와 아들들에게 쓴 편지〉.

4. 나가는 말

본 연구는 마포삼열의 사역을 함께 한 두 아내 앨리스와 루시아의 생애를 평양에서의 사역을 중심으로 고찰하는 것을 목적으로 하였다. 선교사이자 선교사의 아내로서 초기 평양이 복음화되던 시대에 선교사역의 소명으로 일구어낸 두 사람의 삶은 위대한 선교사인 마포삼열의 삶을 이해하는 자료인 한편, 그의 사역을 온전하게 한 원천이었던 것을 본 연구를 통해 알 수 있었다. 마포삼열의 선교사역이 우리나라 기독교 역사에서 복음전도와 기독교 교육 및 학교 교육의 구축, 그리고 근대 문화로의 개혁이라는 차원에서 큰 의미가 있듯이 앨리스와 루시아의 삶을 통해서도 동일한 사역의 궤적을 볼 수 있다. 본 연구는 옥성득의 마포삼열 자료집 열 권을 원자료로 하여 두 사람의 사역과 관련된 내용을 평양 선교사역과 가족생활이라는 전체적인 맥락을 고려하여 발췌하였고 이를 연대별로 정리하여 제시하였다. 앨리스의 선교사역과 루시아의 선교사역이라는 두 개의 주제를 중심으로 추출된 자료를 통해 앨리스의 생애와 루시아의 생애를 이해할 수 있도록 정리하였다. 두 사람의 선교사역의 동기와 출발점이 다르고 각자의 소명과 역량이 다르므로 선교사역에서 차이가 존재하였지만, 한 가족의 일원으로 동일한 역사와 시대적 흐름을 이어서 살아온 두 사람의 삶과 사역은 어떤 의미에서 공유된 근간을 토대하고 있다고 말할 수도 있을 것이다.

먼저 앨리스의 생애를 살펴보면, 그녀는 선교사로서의 사명을 가지고 미국 북장로회의 한국 선교사로서 평양에 파송되었기 때문에 한국에 도착 이전부터 사역에 대한 확신과 소명, 비전, 그리고 자신의 독특한 사역의 지향점까지 일관되게 정립된 모습을 볼 수 있었다. 그녀는 의대를 졸업한 의사로서 의료선교사의 직분으로 한국에 파송되었지만, 복음 전도에 대한 열망과 교육사역을 통해 전도와 선교를 이루고자 하는 자신만의 선교사역에 대한 철학을 가지고 있었다. 그녀는 의료사역도 전도와 교육과 연관되거나 오히려 전도와 교육사역의 도구로 사용되어지기를 원하였다. 이러한 선교사역에 대한 앨리스의 철학과 가치관은 그녀가 한국에 도착한 즉시 실행되었고 그녀의 생애 마지막 날까지 지속된 무수한 사역의 행위마다 구현되었다. 의료사역을 할 때 그것을 중심으로 전도와 교육이 이루어졌고, 전도를 중심으로 하는 사역에서도 교육과 진료 행위가 동반되었으며, 교육이 중심이 되는 사역에서 전도와 의료 행위가 수반하여 수행되는 모습은 앨리스의 사역 전체를 일관하는 가장 뚜렷하며 대표적인 특징이라 하겠다.

앨리스의 사역을 연대별로 살펴보면 사역의 내용과 방식이 점차 성장하고 진화한 것을 발견할 수 있다. 이러한 성장과 변화는 앨리스가 행한 선교사역인 전도, 의료, 교육 등 세 영역에서 동일하게 보이는 특징이다. 먼저 전도사역을 보면 앨리스는 시내 교회와 여자성경학교를 중심으로 성인여자들과 소녀들에게 성경공부, 찬송부르기, 성경암송 등을 통해 복음을 전하고 가르치는 것에서 시작하였고, 지역적으로 시골 교회의 순회여행와 사경회에서도 이런 기본적인 전도사역을 수행하였다. 교인수가 많아지고 모여든 사람들의 성경을 배우고자 하는 열망이 커짐에 따라 앨리스는 성경공부반을 분반하고 공부의 질에 있어서도 주제별 수업을 도입하여 체계적이고도 심도 있게 가르치고자 노력하였다.

또한 앨리스는 교재를 개발하여 학생들에게 나누어 주고 사용하였는데, 참석자들은 이 교재를 활용하여 수업시간 후 집에서도 혼자서 공부하게 되었고 이후 자신이 공부한 것을 수업에서 발표하거나 표현할 수 있게 되었다. 이러한 방식은 수업에 소극적 대상으로만 있던 학습자들이 주체적이고 적극적인 모습으로 변화할 수 있도록 촉매로 작용한 것으로 보인다.

앨리스는 노상전도와 가가호호방문을 통한 전도를 하였지만 늘 양적인 전도보다는 질적인 전도를 중요시 여긴 것으로 보인다. 그런 연유로 앨리스는 사경회와 시골 교회 순회여행을 좋아하였다. 일정한 기간 동안 함께 생활하며 성경을 깊이 있게 가르치고 배우는 것이야 말로 복음을 믿는 진정한 신앙에 이르는 길이라 생각하였고, 또한 가르치는 자와 배우는 자가 서로의 삶을 이해하면서 인간적으로 관계를 형성하는 것이 전도사역에서 같이 이루어져야 한다고 생각하였다. 이런 앨리스의 생각은 그녀의 전도사역을 기록한 많은 서한 중에서 수많은 한국인들의 일상과 삶의 측면을 아주 소상하고 깊이 있게 묘사하고 다루고 있는 것으로 반영되어 있다. 이것은 본 연구에서 다루지 않았으나 추후 연구의 필요성을 깨우쳐주는 앨리스 전도사역의 특징이라고 생각된다.

앨리스의 교육사역은 실상 그녀가 수행하는 모든 사역 현장에서 이루어졌다고 할 수 있다. 이를 방증하는 것이 바로 그녀가 본국에서 가져온 오르간 교습이다. 앨리스가 한국에 도착한 후 소녀들이 자신보다 오르간에 상당한 관심을 보이자 이를 통해 그들에게 다가가는 도구로 사용하였고 이것은 당연히 오르간 수업으로 이어졌다. 오르간 교습은 어디서든 이루어졌는데, 오르간을 배운 학생들은 반드시 교회의 예배에서 반주를 할 수 있게 하였고 나아가 다른 사람을 가르치는 데까지 실력을 갖추도록 하였다. 앨리스는 한국인 여자학교와 성인여자학교 및 평양외국인학교 등에서 위생과 생리학 수업을 꾸준히 수행하였다. 그 시대 위생 여건이 열악한 우리나라 일상생활의 수준에서 앨리스의 위생 수업은 하나의 개혁적 요인으로 작용하였다고 할 수 있다.

앨리스의 교육사역의 대상은 평범한 여자와 소녀들을 시작으로 전도부인들, 교회 반사들, 학교 선생들에게 이르기까지 다양하였고 이에 따라 교육내용과 수준도 다양하게 이루어졌다. 교회 직원들의 아내들 모임에서 자녀 양육과 가정 꾸리기 등 전반적인 가정생활과 가정주부의 역할에 대한 교육도 제공하였다. 앨리스의 교육사역의 공헌은 특히 점자책의 개발과 맹인학교의 설립에 있었다. 그 시대 시력 장애를 가지고 있는 많은 사람들을 이를 통해 돕고 우리나라 맹인학교가 이로써 시작되었음은 교육영역에서 이룬 혁

혁한 공헌이 아닐 수 없다. 또한 앨리스의 교육사역은 선교사 자녀들의 교육의 산실이자 지역의 명문으로 자리 잡게 된 평양외국인학교의 건립을 통해서도 열매를 맺었다. 선교사 자녀의 양육과 교육은 선교사역이 성공에 이르게 하는 선행요건인데, 평양외국인학교를 건립하여 선교사역뿐만 아니라 선교사 가족의 삶과 복지에 기여하게 된 것이다. 무엇보다도 앨리스의 교육사역은 그녀의 사역 현장 모든 곳에서 다양한 모습으로 이루어졌다는 점이 그 특징이다.

앨리스의 의료사역은 환자가 있는 어떤 곳에서도 수행되었다. 한국 도착 즉시 환자를 치료하면서 의료사역을 시작하였는데, 평양에 여자진료소가 개원된 이후 웰즈 의사와 함께 본격적으로 여자와 어린이들 대상으로 진료행위를 하였고, 집으로 환자가 방문하거나 진료소를 오지 못하는 경우 왕진도 행하였다. 앨리스의 의료사역은 병원을 떠나서 그녀의 전도 현장이나 교육 현장에서 반드시 수반되어 행해졌다. 예배와 성경공부 후, 또 학교에서의 수업 후 환자를 돌보고 진료하는 일과 약을 처방하여 주는 의료 행위가 이루어졌고 순회여행과 사경회 기간 동안도 반드시 진료행위를 수행하였다.

의료사역에서의 변화는 앨리스가 환자를 진료하는 단순한 의료행위로부터, 진료를 받는 환자들에게 복음을 전하고 그들이 지속적으로 성경공부에 참석하도록 하여 궁극적으로는 환자였던 자가 자신의 가족과 자신의 마을에 복음을 전도하는 자로 변화하도록 한 점이다. 또한 자신을 돕는 병원 조수에게 의료기술을 가르쳐서 진료행위가 확장되도록 하였고 이들과 팀 웍을 형성하여 진료를 통한 전도가 더 활성화되게 하였다.

앨리스의 사역의 또 다른 특징은 가족 연대적 사역이다. 이것은 마포삼열 부부에게 공통적으로 나타난 사역의 모습이다. 마포삼열과 앨리스는 미국의 선교본부나 평양선교지부의 재정의 한계성으로 인해 현지에서 수행하지 못하는 사역이 있을 경우 본국의 부모와 가족, 친지에게 사역 현장의 구체적 상황을 소상히 알리고 이를 공유하여 실질적인 도움을 받는 일이 많았다. 길선주 목사의 백내장 수술을 비롯하여, 평양학교의 인쇄기 구입, 평양 YMCA 건물 건립, 점자책 제작 및 맹인학교 설립, 그리고 박순일을 비롯한 다수의 어려움에 처한 한국인을 구제하는 일에 마포삼열과 앨리스의 부모와 친지가 동원되어 기꺼이 자금을 지원하였다. 이들의 도움과 지원이 이들 부부의 사역의 가시적인 성과의 한 몫을 담당하였음은 자명하다. 또한 이런 방식을 통해서 앨리스와 마포삼열은 가족과 멀리 떨어져 있으면서도 지속적으로 서로의 삶을 알리고 이해하고 나누는 친밀한 가족공동체적 삶을 유지하였다고 보인다.

앨리스의 사역은 또한 러일전쟁 중 평양 지역이 피폐해졌을 때 그곳에 남아있는 한국인들의 불안하고 궁핍한 삶을 돌보는데 앞장섰을 뿐 아니라, 그곳을 거쳐 간 수많은 종군기자들의 생존과 생활까지 돌보는 사역을 펼쳤다는 점에서 의미가 있다. 이 사역을 통해 전쟁 중에서도 평양의 교회가 위축되거나 축소되지 않고 오히려 교인수가 증가되는 기적적인 일이 일어났는데, 이것은 교회 유지라는 측면에서도 의미가 있지만 전쟁에 처한 한국 교인들이 희망을 잃지 않고 어려움을 극복할 수 있게 하는 원동력으로 작용했다는 점에서 의의가 있다. 또한 종군기자들을 도와줌으로써 그들이 한국의 정세와 상황을 제대로 이해할 수 있게 되어 한국 상황을 세계에 알리는 것이 가능하였다는 점에서도 가치가 있다.

앨리스는 사역은 마포삼열과의 변함없고 오히려 날이 갈수록 깊어지는 사랑에 의해 가능하였다고 생각한다. 앨리스가 마포삼열과 결혼한 이후 두 사람의 사역은 때로 함께였지만 대부분은 분리되어 이루어졌는데, 그 시대 선교사역의 대상이 우리나라의 문화적 여건에 따라 여성과 남성을 분리하여 이루어졌기 때문이었다. 이들의 각자 사역이 더욱 다양해지고 활발해짐에 따라 두 사람이 함께 하는 시간보다 떨어져서 지낸 시간이 더 많았을 것 같다. 그럼에도 불구하고 두 사람의 서로를 향한 사랑과 존경심, 신뢰는 각자의 사역을 더 풍성하고 의미있게 만들어 주는 힘과 자원이 되었음은 마포삼열과 앨리스가 쓴 편지에서 빈번히 표현되는 고백으로 입증되고 있다. 이들은 부부가 된 후 선교사로 살아가는 것이 더 행복하여 감사의 이유가 되었음을 가족과 친구들, 동료 선교사들에게 숨기지 않고 고백하였다. 두 사람 간에 오고간 수많은 서한들은 시대를 초월하여 진정 아름다운 부부의 모습이 무엇인지를 알려주는 모델이 될 가치가 충분이 있다. 부부가 되어 더 공고한 사역을 이루어 낸 것이 앨리스 선교사역의 또 하나의 특징이다.

앨리스가 세상을 떠난 후 사촌지간인 루시아가 평양에 와서 앨리스의 자녀의 양육을 돌보게 되었는데 그 과정에서 루시아와 마포삼열은 연인관계로 발전하였고 결과적으로 두 사람의 결혼이 이루어졌다. 두 사람의 결혼을 통해 루시아는 선교본부로부터 선교사 아내의 지위에서 협동선교사로 임명을 받았고 이후로 선교사로서의 사역을 본격적으로 시작하였다. 루시아는 원래 샌프란시스코에서 교사로 일하다가 평양으로 왔고 평양외국인학교에서 어학 교사로 봉직하였다. 루시아의 사역은 평양외국인학교의 교사로서 많은 부분 수행되었다. 그러나 본 연구는 평양 지역 한국인에게 행해진 선교사역에 초점을 두었기 때문에 평양외국인학교를 중심한 루시아의 주된 학교 사역은 다루지 않았다.

루시아의 사역은 주로 교육사역으로 교회와 여자성경학교의 공부반에서 성경을 가르치는 일에 집중되었다. 한국 교회의 리더가 되는 전도부인들을 양성하는 성경공부반에서 참석자들이 독립적으로 복음을 전도하고 가르칠 수 있는 역량을 갖추도록 체계적인 성경공부 프로그램을 개발하여 가르쳤고, 학교에서도 성경과 영어 수업을 제공하였다. 루시아는 특히 다섯 명의 자녀들에 대한 교육에서 헌신적이었다. 그녀는 서한을 통해 제임스와 찰스의 생활과 학업을 때때로 염려하며 조언을 주었다. 특히 새뮤얼과 하워드가 미국에 있는 학교로 진학한 후 두 아들의 모든 생활과 학업에 구체적이며 실질적인 도움을 주기 위해 끊임없이 편지로 소통하고 방향을 잡아주는 그녀의 어머니로서의 교육적 역할은 참으로 놀라운 모습이었다. 그녀의 서한의 대부분은 샘과 하워드가 대학 진학을 위해 한국을 떠나 미국으로 떠난 시점부터 작성된 편지들이 주를 이루고 있다. 편지 한편 한편이 자신들의 고국이지만 집을 떠나 먼 나라인 미국에서 학업을 하는 두 아들을 향한 어머니로서의 사랑과 지도와 조언과 소통에 있어서 그 어떤 어머니가 이렇게 열정적일 수 있을까 싶을 정도로 지극한 모성애로 가득 차있음은 읽는 동안 놀라움을 자아낼 정도이다.

루시아는 마포삼열이 한국에서의 사역을 마치고 병환으로 인해 예기치 않게 미국으로 건너간 다음 불행하게도 자신도 어려운 질환의 습격을 받고 고통을 겪었다. 이들 부부의 삶, 특히 마포삼열이 소천하기 전 마지막 3년에 해당하는 삶의 시간이 그들의 평생 사역지인 평양에서 마감되지 않은 것은 참으로 안타깝게 여겨진다. 하나님의 뜻을 알지 못하는 인간의 한계성을 절감하는 측면이기도 하다. 루시아는 마포삼열이 소천한 후 1962까지 85세의 장수를 누렸으나 본 자료집을 통해서 이후의 여생을 살펴볼 수 없음은 본 연구의 한계점이다.

본 연구는 마포삼열의 두 아내인 앨리스와 루시아의 생애를 평양 선교사역을 중심으로 다룬 것으로서, 가족생활과 가족관계 측면에서 선교사 가정을 이해하는 자료로는 한계성이 있다. 그러나 원자료에 대해 선교사가족이라는 차원으로 접근할 경우 우리에게 또 다른 중요한 의미를 제공할 것이라 생각된다.

부 록

앨리스 피시 마페트와 루시아 피시 마페트 관련 자료(1878-1939)

*** 일러두기**

1. 이 자료는 마애린 여사가 정리하고 옥성득 교수가 편집한 마포삼열 자료를 일부 발췌 수록한 것임. 번역된 일부 자료는 옥성득 교수가 초고 번역한 것임.
2. 여기에 발췌된 내용은 마포삼열 선교사의 두 부인인 앨리스 피시 마페트와 루시아 피시 마페트 관련 부분에 한하며 전문을 수록하였음.
3. 자료는 작성된 날짜순으로 정리되어 있고, 해당 자료는 첫머리에 저술자와 수신인과 저술 날짜를 명시하는 방식으로 제목을 부여하였음. 필요한 경우 각 자료의 핵심 내용을 간단히 정리하여 제목 아래에 서술하였음.
4. 이 자료의 사용을 허락해 준 옥성득 교수께 감사한다.

I. 앨리스 피시 마페트에 관한 자료

1878년 1월 루트 헐 피시(앨리스 마페트의 고모)가 어린 조카 앨리스에게 보낸 편지

7살 된 앨리스의 영민함과 조카에 대한 고모의 애정을 보여주는 편지인데, 루시아가 태어난 소식이 들어 있는 편지이다.

루트 헐 피시

뉴욕 주, 앤젤리카

1878년 1월

귀여운 메리 앨리스에게,

신년 연하장 천연색 사진을 받고 얼마나 기뻤는지 모르겠다. 보내 주어서 정말 고맙구나. 게다가 아담하고 멋진 편지를 읽고 더 기뻤다. 옛날 네 아빠의 편지를 가지고 그러했듯이 네 편지도 사람들에게 보여 주었다. 학교에 다니지도 않는 일곱 살짜리 어린 소녀가 나보다도 편지를 더 잘 쓰다니, 나는 정말 부끄러웠다. 나는 메리 벤함의 편지들을 읽고 많이 생각했고 그 아이가 상당히 자랑스러웠다. 그러나 자신의 모든 편지들을 출판했던 그녀는 당시 너보다 단지 6개월밖에 어리지 않았는데, 그 일부 편지는 활자가 너무 크고 다른 편지들은 너무 작아서 읽는 데 많은 시간이 걸렸다.

사진 갑이 달린 목걸이를 한 너의 사진을 내 방 액자에 넣어 받침대 위에 올려놓았는데 매일 아침 일어나면 처음으로 그것을 보게 된다. 너의 다른 사진들은 거실에 있는 멋진 앨범에 보관하고 있다. 사촌 메리 엘리어트가 사진 한 장을 몹시 갖고 싶어 해서, 비록 나는 그 어느 사진도 내 손을 떠나게 하고 싶지 않지만, 한 장을 주지 않을 수 없을 것이다. 그녀는 한 장도 없는데 내가 모두 간직하고 있다면 정말 인색한 사람이 될 듯하구나.

아빠에게 지난번 편지를 받고 끔찍하게 놀랐다고 전해 주렴. 엄마에 대한 어떤 나쁜 소식이 왔음에 틀림없다고 생각했고, 편지 봉투를 여는 것이 두려웠다. 그런데 항상 그렇듯이 그렇게 좋은 소식 — 삼촌 톰에게 새로 귀여운 아이가 태어났다는 소식이 담겨 있었지. 그 소식을 들은 후 내 마음은 언제나 카펜테리어에 내려가 있었고, 내 몸도 거기에 가 있었으면 했다. 나는 최고의 보모이고, '페기 앤 메히타벨 히긴플투터'는 이 고모를 보면 간지러워서 못 참을 거야. 내 대신 네 엄마에게 키스해 주고, 다시 아파서 내가 얼마나 걱정하는지, 그리고 내년 여름에는 앤젤리카에 너를 데리고 올 수 있을 정도로 건강을 회복하기를 바란다고 말해 주기 바란다. 너에게 송아지를 보여 줄게. 흰 털에 사랑스런 검은 눈을 가진 송아지야. 그리고 병아리들과 말들(이름은 빌리와 스니프), 우리 개 '쉡'도 있지. 쉡은 늙었고 힘이 없고 자기 꼬리를 쫓다가 심하게 물지만, 나는 그 개를 좋아하고 먹이를 줄 때마다 많이 쓰다듬어 준다. 삼촌 몰스와 윌리에게 물어보면 '쉡'에 대해 이야기해 줄 것이다. 네 집에 가서 엄마와 너와 함께 '리티'를 쫓아가며 말을 타고, 밤에 너에게 《로매인》을 읽어 주면 얼마나 좋을까. 지금쯤 네가 그 책을 읽을 테니까 말이다. 삼촌 에드워드가 곧 너를 방문한다니 기쁘다. 그러면 너는 나만 빼고 피시 가의 모든 삼촌과 고모를 본 것이 된다.

귀여운 조카야, 다시 편지하길 바란다.

아빠, 엄마, 조카 테디에게 많은 사랑을 보내며,

너를 사랑하는,

고모 루트가

1901년 10월 앨리스가 『코리아 필드』에 기고한 글

Alice F. Moffett, "Faithful under Persecution," Korea Field (November 1901)

한국, 평양

1901년 10월

박해 하에서 신실한 교인

지난 1년간 제가 관리한 매주일 정규 공부 반들 가운데, 여자 학습교인 반에서는 죄, 회개, 믿음, 구원 등의 주제를 공부했으며, 이를 통해 여자들이 정규 수요 성경공부반에 참석할 수 있도록 준비시켰습니다.

연초에 참석자는 30명이었으나 거의 매주 증가하였는데 학습교인으로 등록하는 자가 늘어나고 전도부인과 제가 집집마다 방문한 결과입니다. 올해 시내 교회에서 세례를 받은 42명의 여자 대부분이 이 공부반을 거쳤습니다.

작년 겨울 신실하게 출석한 한 젊은 여자는 시내에서 남쪽으로 약 3.2km 떨어진 곳에서 왔는데, 기독교인이 된 이후 친척 가운데 홀로 교인으로 지내면서 그리스도를 증거했습니다. 처음 예배에 참석하기 위해 안식일에 일하기를 거절하자 시어머니가 핍박을 했고 교회에 계속 나갈 경우 7일 중 하루는 음식을 주지 않겠다고 했습니다. 4개월간 안식일은 이 신실한 작은 여자에게 금식일이었는데, 한 교인이 자기 집에 초대한 두세 번은 예외였습니다. 남편이 죽자 그녀는 친정으로 보내졌고, 그곳에서 핍박은 받지 않았으나 온갖 조롱과 놀림을 받았습니다. 한 겨울 어떤 수요일 오후에 교회 모임에 가다가 미끄러져서 팔을 심하게 다쳤고, 거의 두 달 간 고통 속에서 팔을 쓰지 못했습니다. 물론 집안사람들은 이런 불운을 가져온 것은 바로 기독교라고 보았으나, 양(梁) 씨 본인은 다친 것을 기뻐했습니다. "주님께서 제가 얼마나 더 많이 공부하기를 원했는지 주님께서 아실 거예요. 나는 이제 모든 모임에 올 수 있습니다." 라고 말했고 모든 모임에 왔습니다. 곧 집에서 일을 할 수 없는 동안 일주일에 4~5회 참석했습니다. 지금 그녀는 바느질을 해서 생계를 유지하며 정규적으로 시내 교회의 안식일과 수요일 예배에 참석하고, 목요일에는 5월에 완성된 새 예배처소에서 열리는 예배에 주변 이웃 여자들을 모아 오는 일을 도웁니다. 지난 1년간 제가 관리한 매주일 정규 공부 반들 가운데, 여자 학습교인 반에서는 죄, 회개, 믿음, 구원 등의 주제를 공부했으며, 이를 통해 여자들이 정규 수요 성경공부반에 참석할 수 있도록 준비시켰습니다. 연초에 참석자는 30명이었으나 거의 매주 증가하였는데 학습교인으로 등록하는 자가 늘어나고 전도부인과 제가 집집마다 방문한 결과입니다. 올해 시내 교회에서 세례를 받은 42명의 여자 대부분이 이 공부반을 거쳤습니다. 작년 겨울 신실하게 출석한 한 젊은 여자는 시내에서 남쪽으로 약 3.2km 떨어진 곳에서 왔는데, 기독교인이 된 이후 친척 가운데 홀로 교인으로 지내면서 그리스도를 증거했습니다. 처음 예배에 참석하기 위해 안식일에 일하기를 거절하자 시어머니가 핍박을 했고 교회에 계속 나갈 경우 7일 중 하루는 음식을 주지 않겠다고 했습니다. 4개월간 안식일은 이 신실한 작은 여자에게 금식일이었는데, 한 교인이 자기 집에 초대한 두세 번은 예외였습니다. 남편이 죽자 그녀는 친정으로 보내졌고, 그곳에서 핍박은 받지 않았으나 온갖 조롱과 놀림을 받았습니다. 한 겨울 어떤 수요일 오후에 교회 모임에 가다가 미끄러져서 팔을 심하게 다쳤고, 거의 두 달 간 고통 속에서 팔을 쓰지 못했습니다. 물론 집안사람들은 이런 불운을 가져온 것은 바로 기독교라고 보았으나, 양(梁) 씨 본인은 다친 것을 기뻐했습니다. "주님께서 제가 얼마나 더 많이 공부하기를 원했는지 주님께서 아실 거예요. 나는 이제 모든 모임에 올 수 있습니다." 라고 말했고 모든 모임에 왔습니다. 곧 집에서 일을 할 수 없는 동안 일주일에 4~5회 참석했습니다. 지금 그녀는 바느질을 해서 생계를 유지하며 정규적으로 시내 교회의 안식일과 수요일 예배에 참석하고, 목요일에는 5월에 완성된 새 예배처소에서 열리는 예배에 주변 이웃 여자들을 모아 오는 일을 도웁니다.

1903년 9월 선교 연례회의에 제출한 앨리스 마페트의 사역에 대한 개인보고서

앨리스 피시 마페트

한국, 평양

1903년 9월

연례회의에 제출한 마포삼열 부인의 개인 보고서

1902년 10월 6일 평양에 돌아온 이후 처음 재개한 일은 여자 학습교인 반으로, 장대현교회에서 매주 수요일 오후에 열렸습니다. 지난 9개월 동안 이 학급의 참석자와 관심이 꾸준히 증가했습니다. 봄에 참석자 수가 학습교인인 초등학교 소녀들을 포함하여 최고 80명에 달했으며, 여러 주일 간 계속 65명 이하로 떨어지지는 않았습니다. 참석자가 증가한 것은 여자들의 집을 신실하게 심방해 온 박 씨 부인의 공이 큽니다. 참석자들은 매주 공과 개요 등사지를 받으며 거의 전부가 암송 요절을 외웁니다. 글을 읽지 못하는 한 여자는 늘 암송 구절을 외우는데, 딸이 크게 읽어주면 배워서 암송합니다. 정기 참석자 중 24명이 올해 세례를 받고 다른 성경공부반으로 갔습니다.

여자와 어린이 의료 사역은 이전처럼 대부분 기독교인 가족들을 대상으로 했습니다. 선교사들 가운데 발생한 두세 명의 환자도 제가 치료하게 되어, 전체 663명을 치료했습니다. 한국인들이 약값으로 지불한 총액은 40엔입니다. 75세로 연로한 교인인 윤 씨는 백내장 수술 후에 안경을 쓸 수 있게 되어 신약전서를 읽을 수 있다고 들었습니다. 그녀의 가족 중에 기독교인이 없고 부자라 안경 값을 지불할 수 있는데도, 서양인의 말을 보는데 돈을 쓰기를 원한다고 윤 씨를 조롱했습니다. 일본에서 받은 첫 안경이 불완전하여 눈에 맞지 않았고, 이에 가족들은 "안경도 쓸 데 없잖아요. 서양인들이 돈만 써 먹었어요."라고 말했습니다. 하지만 새 안경이 도착했고, 윤 씨가 그 안경을 쓰고 멋진 저고리를 만들어 안경이 쓸모 있다는 것을 증명했지만, 그들은 아무 것도 묻지 않았고 아무 말도 하지 않았습니다. 수술 전에는 길에 다닐 때 손을 잡고 다니지 않을 수 없었습니다. 비록 집안 모두가 그녀를 조롱하지만 그녀는 밝고 행복한 그리스도인의 삶을 살고 있습니다. 그녀는 천천히 읽는 것을 배우면서 열심히 요한복음 3장 16절을 외우고 있습니다.

김 씨는 한천에서 봄 사경회에 참석하기 위해 온 자인데, 거의 두 달 동안 간호를 배우고 있으며, 환자 집에서 여러 명의 중환자를 간호했습니다. 김 씨는 과부로서 생계를 위한 자리가 필요한데, 간호 일에서 그리스도를 위한 사역의 기회를 찾고 좋은 봉사를 하려고 열심히 노력하고 있습니다.

잠시 정규 사역을 할 수 없었던 봄에 저는 한천의 안계광에게 홀 의사 부인이 한글에 적용해서 만든 점자(點字)를 가르치는 기회가 있었습니다. 안 씨는 아주 빨리 배웠고, 매일 3주간 배운 후에 시골에서 와서 한 달 동안 신실하게 배워온 다른 두 남자에게 읽고 쓰는 법을 가르치기 시작했습니다. 시각 장애자를 위한 이 실험적 사역은 필요한 경비를 부담한 웹 부인의 후한 연보에 대한 응답으로 착수한 것입니다. 두 남자에게는 새로운 세상이 열렸고, 그들은 이제 주는 대로 쓰고 읽습니다. (17세인 세 번째 학생은 아직 점자를 익히지 못했습니다.) 이 남자들이 이룬 성취에 일부 한국인 기독교인들이 관심을 가지게 되었고, 그 결과 한국 교회가 지원을 받아 선교지부의 교회들에서 약 40명을 받아 맹인 학교를 개학할 때가 멀지 않았다는 희망을 가지게 되었습니다.

세 명의 어린 소녀들이 일주일에 두 번 오르간 수업을 받고 있는데 많은 진보를 이루었습니다.

이번 봄에 조사와 영수의 가정 공부 과정을 위한 10개의 성경 공부에 대한 간단한 개요를 준비한 것은 저에게 기쁨이었습니다.

마페트 목사와 4일간 소우물과 미림에 있는 두 교회에 짧은 시골 순회여행을 하여, 여자들을 위한 두세 번의 별도 예배를 드렸고, 여자들과 어린이들에게 약을 처방했습니다.

정중하게 제출합니다. 앨리스 에프. 피시

1901년 12월 20일 마포삼열이 앨리스에게 보낸 편지

갑작스럽게 건강 악화로 본국으로 가는 여정에 있는 앨리스를 염려하고 그리워하며 마포삼열이 쓴 편지

마포삼열

한국, 평양

1901년 12월 20일

사랑하는 당신에게, 다시 굿모닝 아침 인사를 전하오. 맑은 날씨이지만 매섭게 추운 아침이오. 사방에 눈과 햇빛이 있지만, 너무 추워서 심지어 난로 위까지도 차갑소.

(중략)

물론 당신이 이 편지를 받을 때에는, 그는 병에서 회복되었거나 아니면 본국에 전보로 소식이 전해졌을 것이오. 그러면 당신은 어느 쪽이든 알게 될 것이오.

리 목사 집의 유모인 '침모'가 보내는 편지를 동봉하오. 블레어 부인은 그녀에게 바느질을 하면서 이곳에 있게 했소. 선교사 공동체에 새 소식은 없소. 오늘 하웰 양의 집에서 선천 사람들에게 보내는 공동체 성탄절 선물 짐이 출발하오. 나는 체이스 양에게 캔디 한 상자, 위트모어 목사에게 포도 주스 한 병, 렉 목사 부부에게 막대 캔디 한 상자, 그리고 샤록스 의사 부부에게 꼭두각시 인형과 약간의 도미노를 보냈소. 그러나 렉 목사 소식 때문에 그들은 침울한 성탄절을 보낼 것이오.

우리가 난로 옆에서 떨고 있는 사이에 오늘 편안하고 따뜻한 호놀룰루에 있을 당신에 대해서 생각하고 있소. 당신이 집에 도착했다는 소식을 들으려면 아주 오랜 시간이 흘러야 되겠지요. 당신이 집에서 보내는 첫 편지는 2월 중순이 지나야 올 것이오. 호놀룰루에서 보낸 편지도 지금으로부터 한 달이

지난 1월 20일 이후에야 도착 할 것이오. 당신이 요코하마에서 보낸 편지는 1월 1일 쯤 받으리라고 기대하오. 내륙으로 오는 육로 우편물은 상당히 지체되기 때문이오. 어제 밤 '종기' 때문에 잠을 이루지 못할 때 당시의 편지가 언제쯤 오게 될까 계산을 했소. 이 편지에 대한 답장은 내가 당신을 만날 준비를 마칠 한 달 전인 3월 중순 이후에야 받을 수 있을 것이오.

매일 당신에게 몇 줄의 편지를 쓰며 이런 저런 일들에 대해서 여전히 당신과 약간의 대화를 할 수 있어서 정말 즐겁소. 장모님께서 보내 주신 작고 동그란 당신의 사진 액자에 대해서 나를 대신해 감사의 말씀을 전해주시오. 나는 그 액자를 서랍장에 올려놓고 하루에도 백 번씩 바라본다오. "정말 그렇소." 사랑하는 당신. 그것은 하루에도 여러 번 하는 '사랑이여!'라오.

부모님과 당신께 사랑을 전하오.
당신의 샘

1904년 9월 20일 평양에서 앨리스가 쓴 선교보고서

앨리스 피시 마페트

한국, 평양
1904년 9월

앨리스 피시 마페트의 개인 보고서

1903년 10월에 새 해 사역을 북쪽으로 50리 [리는 대략 1/3 마일입니다] 떨어진 순안으로 시골 여행을 가는 것과 함께 시작했습니다. 안식일은 이곳에서 교회 사람들 속에서 지냈는데, 아침 반에 60명 이상의 여성들이 있는데 그들 가운데 많은 사람들은 평상시보다 더 깊은 가르침에 대한 준비가 돼 있고 질문을 하고 싶어 한다는 사실을 발견했습니다. 다음 3일 동안 저는 아름다운 계곡을 따라 있는 세 개의 작은 마을을 방문했는데, 평양으로 돌아갈 때는 빙 돌아서 가야 했습니다. 각 장소에서 기독교인들은 미리 다음 마을로 말을 전해서 저는 항상 한 집에 여성들이 모여서 예배를 드릴 준비가 돼 있는 모습을 발견했습니다. 이 순회로 35명의 환자들을 치료했습니다.

11월 13일에서 21일까지 저는 시골로 또다시 순회를 갈 수 있는 특권을 누릴 수 있게 되서 갈원 교회에 있는 여성들을 위해 수업을 열었습니다. 가는 길에 딩디방승 이라는 작은 마을에서 밤을 보냈는데, 그곳에서 여성들과 저녁과 아침 예배를 드렸습니다. 갈원 교회에는 하루 종일 공부를 하기 위해 17개의 마을에서 온 35명의 여성이 있었는데, 여러 명의 다른 여성들은 다른 수업을 위해 왔습니다. 35명의 여성들 가운데 단지 7명만이 잘 읽을 수 없었습니다. 나머지는 올바른 공부를 할 준비가 돼 있었고, 모두 매우 진지하고 충실했습니다. 두 명의 전도부인이 이 수업 동안 저를 도왔는데, 각각 오후에는 1시간 동안 가르쳤고 아침 수업은 모두 함께 참석했습니다. 오후 노래 수업이 끝나고 저는 매일 몇 명의 환자를 치료했는데 모두 해서 20명이 됐습니다.

가을과 겨울 동안에 도시 교회의 교리문답 교실의 정규 출석생인 대략 15명에서 18명의 어린 여자 아이들을 어린이 교리문답 공부를 위한 교실에 그들만 모아 놓았습니다. 여성 교리문답 출석인원은 대략 35명인데 그들 가운데 15명은 암송 성구를 배우고 암송하는 데에 매우 충실했습니다.

가을 양육반 수업 동안, 저는 성서 지리학을 3 학년 여성들에게 가르쳤습니다. 봄에는 젊은 여성을 위한 새로운 학급을 도시에 있는 스왈른 부인의 성경 학교에서 만들었는데, 제가 관리를 맡게 됐습니다. 출석은 정기적이고 매우 경청해서 듣고 있습니다. 이 내성적인 여성들을 질문에 답하도록 이끄는 일은 상당한 시간이 걸리는 문제입니다.

5월 22일 도시 교회에서 남성과 여성이 세례를 받을 때, 제 교리문답반의 거의 모든 회원들이 여성 세례자를 위한 정규반에 들어갔습니다. 그러나 교리문답자로 최근에 받은 사람들 가운데 집집마다 방문을 통해서 첫 모임에 22명으로 된 학급이 모아졌고 그 때 이후 약 10명이 추가됐습니다.

신실한 박 씨는 6년 동안 제 조사이자 전도부인이었는데, 약간의 뇌졸중으로 인한 마비증세로 올 봄 실질적인 사역에서 제외됐습니다. 그녀는 상당한 정도로 팔과 다리를 사용할 수 있도록 회복됐지만 이전의 그녀의 훌륭한 사고와 언변은 회복하지 못해서, 아마도 다시는 이전처럼 많은 여성의 관심을 유도하거나 또는 가르치고 설교할 수 없을 것입니다. 그녀가 사랑하는 사역에서 벗어나는 것은 한 동안 그녀가 어떻게 감내해야하는가 거의 알 수 없었던 시련이었지만, 그녀는 기도 목회의 비밀과 앎의 기쁨을 배우고 있으며, 그녀가 인도하거나 가르치지 못하는 봉사와 학급에 참여할 수도 있습니다.

그녀의 자리에 시골에서 온 진지한 여성인 원 씨가 있습니다. 그녀는 충실하게 공부하고 학급일과 집집마다 방문하는 일을 돕고 있는데, 그녀의 모든 마음은 주님을 위한 사역에 있습니다. 그녀는 읽기를 배우고 있는 6명의 여성들로 이루어진 학급이 있고 넷 또는 다섯 가정에 여러 질문자들이 있습니다. 그들에게 그녀는 복음의 진리를 가르치고 있습니다. 이들은 현재 모두 예배에 참석하고 있는데, 두 사람은 학습교인이 되었고, 50세의 한 여성은 무당이었는데 최근 그녀의 모든 악행을 포기하고 기독교인이 될 것이라고 선언하고 기독교인 여성들에게 그녀의 집으로 와서 그녀가 그토록 오랫동안 사용했던 모든 악마의 도구들을 치워버리라고 요청했습니다. 자신이 인도했던 이 여성들에 대한 원 씨의 기쁨과 이들을 돌보는 모습은 아이를 그렇게 대하는 어머니의 그것과 같습니다.

1년 동안 저는 626명의 환자를 치료했고 55.34 엔의 약을 받았습니다.

삼가 제출합니다,

앨리스 피시 마페트

1908년 8월 20일(?)에 평양에서 쓴 앨리스의 선교보고서

Alice F. Moffett

Pyengyang, Korea

August 20 [?], 1908

PERSONAL REPORT-1907-1908

The year has been rich in enjoyment of such class work as I have been able to do. Returning in August [1907] from furlough in America, after Annual Meeting I taught selections from the Psalms to the Workers' Class for women, in October. Then began lessons in Physiology twice a week with a class of twenty six girls in the Seminary. During the city class I taught from the parables of Matthew to one section of the second class of women.

Through the winter the attendance in the department for catechumen women on Sabbath mornings at Central Church has been from 135 to about 150, enrolled in eight classes, of which I taught a class of fifteen of the most advanced women, also studying with the teachers of the other classes each Saturday afternoon. At the time of special meetings for the city people, the names of seventy women were enrolled as new believers in the Central Church district and some of these were gathered into a Wednesday class and given special instruction for two months, the class at one time having fifty in attendance. After the baptismal service in the Spring, when women were baptized, many passed out of the department for catechumens to take up the Old Testament studies in the other department and there was then room for classes of the new believers at the Sabbath morning service. For the lessons in this department I have revised the topical studies on Sin, Repentance, Forgiveness, etc., previously used in the Wednesday classes, printing two hundred short lesson papers each week, some of which were carried to the homes of catechumen women who could not attend the services.

My Bible woman, Won Si, teaches the largest class of new believers in this department and works among the new comers, each Sabbath gathering in some new women. During the week she visits among the catechumens of this district, keeping me in touch with them and reporting any special cases and conditions. She studied in the workers' class and taught in four country classes.

The year has seen a small amount of medical work done here at home, about one hundred cases having come to me.

Respectfully submitted,

Alice F. Moffett

1908년 6월에 〈한국 선교회〉라는 잡지에 게재된 앨리스의 글

The Korea Mission Field, November, 1908, p. 247

Alice Fish Moffett

Pyengyang, Korea

June, 1908

Report summing up EVENTS IN KOREA MISSION, 1908

Our Mission year closes July 1, in time to prepare reports for August Annual Meeting, so now, in June, is the time for closing some classes and tracing the year's work. In thinking over the past nine months I am struck with the number of events in our Mission which are both culminations and beginnings—culminations of years of preparatory work and beginnings under more thorough organization. Those months have seen:

> The organization of the Presbyterian Church of Korea.
> Organization of the first Presbytery
> Ordination of first seven Koreans to the ministry.
> Installation of first Korean pastors
> First graduations from Pyeng Yang College.
> First graduations from Pyeng Yang Seminary for Women.
> First graduations from the Medical School in Seoul.

Current local events at Pyeng Yang include:

The Normal class for men now in session with an attendance of about two hundred. Some members of the class are old men in charge of country schools where they patiently study arithmetic by the side of teachers less than half their own age. All are put through a rigid course of discipline, so as to know how to carry out the same with their pupils.

The Theological Seminary with its successful enrollment of ninety-eight, is having a successful session. The new building is well under way, has a beautiful location and will be well adapted. It will be used also by the Bible Institute for Christian workers, inaugurated this year, and by the large training classes. The auditorium will seat about one thousand people.

The ingathering into churches both in city and country promises to be larger this year than ever before. Mr. Blair had a talk with his helpers, out in the country districts of which he is in charge, about a section where there had been comparatively little response to the gospel and, after a day of conference and prayer, forty-none Christians offered to give ten days to traveling and preaching in that section. There proved to be just seven large villages, so seven workers went forth to work from each as a center. After the ten days of preaching, they reported a few more than one hundred new believers from the district which before was so unready to respond.

Central Church, here in the city, has been crowded all this year. Another building is greatly needed, as two successive services are necessary each Sabbath to admit the congregation. Demands upon Christians here are so great that we do not see how they can provide another large church at present.

I have charge of but a small part of the morning Bible School of Central Church, enrolling about one hundred and fifty women who are catechumens and new believers. After the special evangelistic campaign this winter I had a list of seventy new believers for this one department. The ingathering, at that time, of men and women in our four churches here was about five hundred.

Alice Fish Moffett (Mrs. S. A.)

1904년 4월 24일에 종군기자 잭 런던이 마포삼열에게 쓴 편지

Jack London

Headquarters of First Japanese Army

April 24th, 1904

Dear Dr. Moffett:

Mr. Hare has just arrived. Said he took over films & letters for me from messenger you dispatched. Many thanks. You can imagine my relief.

Now, if any mail should come for me I think the best thing to do with it would be to mail it on to me by the Jap. Field Post. I am confident it would come through better than by messenger-------especially if I should be in Manchuria.

Address: Jack London

War Correspondent

Headquarters of First Pap. Army

Sincerely yours,

Jack London

1904년 8월 2일 종군기자 맥켄지가 앨리스 마페트에게 쓴 편지

Headquarters

First Imperial Japanese Army

August 2nd, 1904

Dear Mrs. Moffett,

Thank you very much for your cheerful letter. It arrived just before the battle, and we have been so busy since that I am delaying writing you a proper letter (one does not call two minute notes like this letters) until later.

Here is another telegram.

The British Weeklies were great. I have not yet had time to open the books, but I stole half an hour from sleep to glance over the papers.

Very sincerely,

F. A. McKenzie

P.S. Could the next messenger who comes up bring me some olive oil, vinegar, and, if possible, lime juice or lime juice cordial?

1909년 11월 22일 앨리스 마페트가 아버지께 보낸 편지

Alice Fish Moffett

Nov. 22nd, 1909

Pyeng Yang, Korea

Dear Fatherdy,

For ten days or more I have been trying to write to you but the time has been over full. Oh, there are so many things to tell you about the work here, - so many blessings that are coming to us all the time. When I went back to my old place among the women in Central Church I found a Bible School larger than before. Last Sabbath morning I had 370 women and girls all to myself! Isn't that a great privilege? They are divided into classes, of course, for the study of the lesson. I lead the opening and closing exercises and teach a class of about twenty women. On Saturday afternoon I have a class of over fifty teachers which includes the women who teach in two other Bible Schools in the city. There are five such schools in the entire city in session at the same time every Sabbath morning. New believers come in every Sabbath, - yes, every day they are being gathered in by the Koreans - for these Christians are always at work to bring others in.

The Korean Church is providing preparatory schools for its own boys and girls, while the Mission provides the advanced departments. But the preparatory schools are all crowded and another building is needed for the boys and one for the girls - as they can never study together. The people made an offering several months ago for the boys' building and that is under way. Just the other day some of the women of the church were called together to consider the matter of the building for the girls. Between forty and fifty women attended the meeting and their offering amounted to yen 400 ($200 gold) either given at the time or promised. Wasn't that splendid for so poor a people? It certainly shows how much they value education for their children. My Bible woman had just received her month's wages yen 8.00 before she went to the meeting and she at once gave one fourth of it. That means that she and her two children must live for a month on $3.00 gold instead of $4.00. I think some Christians in America do not yet begin to know what true giving means.

The book store and reading room which you helped to build has been somewhat remodeled this past year and now has a very pretty front on the street. I mean to send you a photo of it as soon as I can.

Jamie and Charles have such good times out in this big yard with the goats and the little black and white kids. Jamie's little pet white kid is named "Ginger", another one is "Jackie" and the black one is "Bosie". I don't know where he found the names. The tiniest baby kid which came a few days ago is still nameless. Sam is away for a few days out among his country churches. He wants to send love to you and to Mother every time I write. It does mean so much to us all to be here together for this winter - and it was so good of you both to let me come, - to send us all back. According to present plans Sam will leave for the conference in Edinburgh about May 15th and then if you still want me to, and I can find company across the Pacific, I can go to you again.

Love to Mother dear and your own dear self - to Mrs. Rooney and Pauline,

Your daughter,

Alice

앨리스 마페트가 친필로 쓴 것으로 추정되는 시

Alice F. Moffett

The Children's Friend is Jesus

The children's Friend is Jesus
He calls them to His side;
He gave His life a ransom,
Heaven's gate to open wide.

The children's Friend is Jesus,
He loves their joys to share;

He knows their little sorrows,
He longs each one to bear.

The children's Friend is Jesus,
There's no one else so true;
He keeps all those who trust Him,
As no one else can do.

Cho. The children's Friend is Jesus
Jesus, Jesus;
His life He gave their souls to save,
The children's Friend is He

1911년 11월 당시 평양선교지부 선교사 명단

PYENGYANG STATION, KOREA MISSION

BOARD OF FOREIGN MISSIONS, PRESBYTERIAN CHURCH IN U.S.A.

EVANGELISTIC & EDUCATIONAL:

Rev. Dr. & Mrs. S. A. Moffett Mr. Robt. McMurtrie
Rev. Dr. & Mrs. Graham Lee Rev. & Mrs. J. G. Holdcroft
Rev. & Mrs. W. L. Swallen Rev. & Mrs. E. M. Mowry
Rev. Dr. & Mrs. W. M. Baird Rev. C. F. Hoffman
Rev. & Mrs. C. F. Bernheisel Rev. C. L. Phillips
Rev. & Mrs. W. N. Blair

WOMEN'S —EVAN. & EDUC.:

Miss Margaret Best
Miss Velma Snook
Miss Alice Butts
Miss E. F. Plummer

MEDICAL:

Caroline A. Ladd Hospital

Dr. & Mrs. J. Hunter Wells
Miss Lucille Campbell

1912년 5월 20일에 앨리스 마페트가 부모님께 쓴 마지막 편지

Alice F. Moffett

Pyeng Yang, Korea

May 20, 1912

Dear Father and Mother,

Your last letters spoke of having Cousin Emma with you and of your pleasure in being able to entertain with her help. I am so glad to think that you are having a good visit with her. How good it would be if she could stay longer.

Mother's letter spoke also of the long delay of one of my letters and of Mr. Dodd's surprise that I wrote as I did about the Japanese. We have known for months that our letters are often delayed—often opened and read. But for myself I have always written with the thought that they might see my letters and am willing they should do so. There seems to be nothing that will check them in their course of injustice and persecution but the public opinion of other nations and it is just as well they should know that we understand their deceitful methods and are writing to our friends about them. Of course we do not write for publication—though many things in letters from here have been unwisely printed. The arrests are still going on, occasionally, not of criminals or of men who have done the deeds they are charged with, but of good Christian men who are quite innocent, many of them, of offence against the government, so that it is very evident that the efforts of the authorities are against the Church. They are working hard to break it down, but that they cannot do for that is working against God. They take these men up to prison in Seoul—torture them horribly and then deny flatly that there is any torture. They have been working now for months to trace out a plot and have thousands of pages of evidence but we know that most of it is false, extorted under torture. Meantime the Church goes on its way under the persecution—growing stronger because of it. I often think it would be a good thing if Christians in America had to endure persecution that would separate them from the world and make them stronger for the Lord and His work.

Our boys are both so well and strong—running barefoot and having glorious times.

[remaining part of letter missing]

1912년 6월 30일 앨리스 마페트가 마포삼열에게 마지막으로 쓴 편지

Alice F. Moffett

Pyengyang, Korea
June 30, 1912
Sabbath morning

My Dearest:

I do hope the telegram I have just sent will not alarm you. The situation is this—I am in bed—still fighting the same symptoms, diarrhoea, nausea, pain and much weakness. Miss Campbell [Lucile, R. N.] comes in frequently and is lovely but she has her hands too full with the woman's side of the hospital and several sick in the community. There are many things coming to me constantly which I am not equal to and I need some one here until I can work out of this condition. My stomach has failed so I am on eggs and milk and I cannot afford to go on this way and lose strength—the days are precious. If Miss Cameron [Christine H., R. N.] is free suppose you arrange with her to come until you can return, then we can see what is needed beyond that. I do not want you to come for I do not think that will be necessary but be sure that if it is I will telegraph you to come and tell you the condition.

Yesterday's experience will illustrate the situation. I felt better in the morning and was up part of the forenoon, meeting almost constantly little matters of business brought in by both foreigners and Koreans. I went to lie down several times only to be called up again. Went to bed after lunch and had a painful time for several hours. Miss Campbell was busy elsewhere. The boys were away from me all day, though in the compound—with the natural result that Jamie was disobedient and Charles had to be brought in by force kicking and screaming and had a long nervous crying spell. They were not asleep till 7:20 and then I was nervous and exhausted. Remedies did not serve very well and I had a poor night though Miss C[ampbell stayed here and did her best. This is just what has led to my sending the telegram. If Miss Cameron cannot come I will ask some one here to give up other work and stay with me a few days. I mean to do all I can, dear, and not let things slip so don't worry.

With all my love,

Alice

1912년 8월 앨리스 마페트 소천 후 베스트가 쓴 조사

Margaret Best

Pyengyang, Korea

August 1912

Mrs. Samuel A. Moffett, as Dr. Alice Fish, arrived in Korea in December, 1897. God called her to higher service on July 12th,1912.

Few missionaries have come to the field as splendidly equipped for the complex and varied life of mission service in the East as Dr. Fish. Trained in a home whose very atmosphere breathed "Holiness to the Lord," as a guest once expressed it after her first visit to that home, interested from childhood in a Mission for the Chinese in San Francisco conducted for thirty years or more by her father, Mr. Charles H. Fish, an elder in the Presbyterian Church of San Rafael, California, influenced by the example of her mother who was always active in the missionary societies and other departments of church work, the only child of godly and wise parents, as the flower grows in the sunshine into the thing of purity and beauty God meant it to be, so Alice Fish grew in the sunshine of such a home into lovely womanhood. With her gentleness and sweetness of disposition she possessed the sturdy qualities of character that might be expected of one coming from a line of five generations of Presbyterian ministers on her father's side and of fine New England family on her mother's side. She had to a remarkable degree the strength that is gentle and the gentleness that is strong—the two qualities combining to make a perfect woman and an ideal missionary.

When the time came for her to leave the home she was sent to the Santa Rosa Seminary for Young Women, where she was graduated. While there she came under the influence of Miss Chase, the Principal of the school, a woman with deep interest in missionary work, who is now herself a missionary among the Hopi Indians.

With such surroundings during childhood and young womanhood it is small wonder that as Miss Fish grew older the missionary call should become insistent and to one of her temperament and disposition imperative. To further fit herself for Mission work if God should open the way to it, she went to the Philadelphia Women's Medical College, where she took all of her course but the last year, her mother's ill health calling her back to California. Her Medical course was completed at Cooper Medical College in San Francisco, in order that she might be near her mother. During her course in Philadelphia and San Francisco she was very active in missionary work and in religious work among the students. Later a short course of training in Moody Bible Institute and work on the Schofield Correspondence Course in Bible Study added still further to her preparation for service on the Mission field. At last the "open door" appeared and she sailed for Korea in the fall of 1997.

Gentle, sweet, strong, with cultured mind and heart, and well trained powers of intellect consecrated to practical and spiritual uses, Dr. Fish upon her arrival in Korea was warmly welcomed by her associates and looked upon by them as a missionary of unusual promise. Part of the first year was spent in Seoul studying the language. At Annual Meeting of the Presbyterian Mission in the fall of 1898 she was assigned to Pyeng Yang for language study and medical evangelistic work, the Evangelistic phase of the work having strong attraction for her. In these early days she laid the foundation for the good knowledge of the language which enabled her soon to begin efficient work among the Koreans and which notwithstanding periods of ill health and the manifold duties of the home has made it possible for her to carry an unusual amount of Korean work. On June 1st 1899 Dr. Fish was married in Seoul to the Rev. Samuel A. Moffett of the Presbyterian Mission in Pyeng Yang. After her marriage she conducted for a time a small dispensary for women and even after that had to be abandoned because of press of other duties her knowledge of medicine and skill in relieving bodily ills found frequent exercise both among Korean women and children and in the homes of her missionary associates. During those years it was a keen delight to her whenever she found opportunity to go to the country villages for Bible classes with Korean women.

Her great heart went out in sympathy and love to those less fortunate sisters and she gave to them freely out of her rich store of spiritual experience and knowledge of God's Word. Wherever she went and whomever she met there were those who were the better and stronger in faith and life from having been with her.

Coming to Pyeng Yang at the time the Church was entering upon its period of steady growth, Mrs. Moffett was identified almost from the beginning with all the different forms of work among the women and girls of the Church. From her Sabbath School Class of catechumens in Central Church and her weekly class for catechumens and new believers scores of women have learned the fundamental truths of the Gospel and have been received by baptism into the Church. In the many Bible Training classes her influence has been felt in the direct teaching of the Word, in her suggestive and helpful talks on Hygiene of the person and home and care of children, and in all her friendly and loving contact with the women.

Children of the primary schools and girls of the Academy have been trained by her in singing and organ and given instruction in Physiology and Hygiene. As a member of the Women's Training Class Committee her enthusiasm, helpfulness and sound judgment have contributed largely to the success of the plans made by the Committee for providing the women of Pyeng Yang territory with systematic instruction in Christian truth.

Always tender and compassionate of the weak and helpless, the condition of the blind made a strong appeal to her. With the support and sympathy of Mrs. Webb, the mother of Mrs. Lee, she undertook a school for blind boys, Mrs. Hall of the Methodist Mission in Pyeng Yang, conducting a very successful school for blind girls. In this school the boys were taught to read and were given instruction in the Bible and some industrial training.

The School for Foreign Children located in Pyeng Yang was also one of her interests and engaged much of her thought and time in later years as her two boys grew older. The young women teachers in the school had in her a warm and helpful friend, one of them finding a home in her family during the three years of her service in the school. The fact that the school in Pyeng Yang made it possible for her own children to be kept in Korea until they were ready for College in the homeland, characteristically made her all the more eager that other parents in Korea should have the same opportunity to keep their children near them and she was throwing her energy and influence into a plan for establishing a dormitory in connection with the school for children from other parts of Korea and was carrying a heavy share of the work and responsibility connected therewith. The plans for the expansion of the school suffer a severe loss in the removal of Mrs. Moffett's efficient help.

Varied and many as were her activities in the general work of the Station and community, Mrs. Moffett's greatest work was done in the home. Like the home from which she came, the new home she helped to make in Korea had inscribed in unseen characters over its portals, "Holiness to the Lord." The presence of the tranquil, gracious woman who presided over it made it a haven of help and refreshment to the perplexed and troubled, the weary and disheartened, both among Koreans and among foreigners. No less did the joyful and happy seek this home, assured of receiving from its members the sympathetic interest and understanding without which even great happiness misses much of its joy.

Many of the social and business gatherings of the Station and community were held in the Moffett home. No door in the community opened oftener to welcome guests. Missionaries of Korea and other lands, traveling secretaries of

Mission Boards of America and Europe, educators from American and European Universities, newspaper correspondents and noted writers, great preachers and business men, humble folk and great folk alike were welcomed and entertained—more than entertained: the interests of the home were shared with them and the influences of the home remained with them as they departed and its prayers followed them.

The words that in recent years people have liked to engrave on their fireplaces or hang in illuminated text upon their walls needed not to be engraved in stone or hung on wall in this home, for what to many of us is but the ideal to which we are striving had been realized here. "The Beauty of the House was Order, the Blessing of the House was Contentment, the Glory of the House was Hospitality and the Crown of the House was Godliness."

Near the close of her fifteenth year of service in Korea, at the age of forty two years, Mrs. Moffett has laid down life's burdens. Beautiful in life, more beautiful in the manner of her going: almost one feels like saying what was said of old, "She walked with God, and she was not, for God took her." During the past months when burdens of Station life pressed heavy and anxieties crowded thick and fast, she walked serene, untroubled, radiating joy, untouched by fear or alarm, walking apart with her Lord, yet constant in loving ministrations to all who had need, and every day planning for and giving of her strength and time to others. If unselfishness can ever be called a fault it was Mrs. Moffett's one fault. Pouring out the treasures of her rich affection in loving deeds of helpfulness, she counted not the cost to her physical strength, never at any time very great, and when the summons came for her to enter into rest, it called her from an active, busy life. Hers was a strong personality, broad in its sympathies, fine in all its mental processes, rich in its affections, unselfish and noble in all its acts. If we ask the secret of her life there come back as answer the simple words of Pastor Kil [Sun Ju] who said that her influence among the Koreans was due to three things, her gentle disposition, her great faith, and her sincere love. To these may be added the crown and flower of them all, her life of prayer and communion with God.

A beautiful life given gladly for Korea. Hearts of parents and friends in America and of husband, children and friends in Korea may ache with the pain of loss but through the pain rises triumphant in the heart the song of thanksgiving that God gave her to us for awhile and that the memory of her beautiful life is ours until we too shall enter the gates into the City and join in the Song of the Redeemed.

Pyeng Yang, Korea—

August 1912

1912년 10월 24일 앨리스 마페트 소천 후 선교지부의 번하이젤과 베스트가 쓴 헌사

Margaret Best

Pyengyang, Korea

October 24, 1912

RESOLUTIONS ON THE DEATH OF MRS. MOFFETT

For the second time in the history of Pyeng Yang Station we have been called to mourn the death of one of [the] adult members of the Station. The reaper whose name is death has again visited us and taken of the finest of the flock. After an illness of two weeks or more Alice Fish Moffett, the beloved wife of Dr. S. A. Moffett, was called to her heavenly home on the 12th of July. Cut down in the very prime of life as she was, it leaves us once more to wonder at but not to question the ways of Providence. God doeth all things well and we submit to his will. In our human wisdom it seemed that her work was very far from being done but God thought otherwise and has called her to a higher sphere of service. If, as we believe, the heavenly spheres of service are proportioned to one's self-sacrificing and loving and faithful service here, then surely Mrs. Moffett's present sphere of service is an exalted one. While mourning for ourselves in the loss we have sustained we cannot but rejoice in the joy that surely is now hers in the presence of the Lord whom she so loved and faithfully served and whose life was so manifest in her to all with whom she came in contact.

To her unusual spiritual and social graces she added the ability of a skillful physician. Her sympathetic and untiring medical services to the ladies and children of the Station and the Korean women brought them into very intimate and loving relationship with each other. Every home in the community realizes now as never before how much they depended upon her and what an aching void there is now that no one else can fill. She never spared herself where she could be of service but unreservedly laid her life upon the altar of service.

Her home was truly a place of hospitality as all testify, especially the constant and almost endless stream of visitors who have passed through it.

We know of no more fitting words to describe her than the words of the poet:-

"None knew her but to love her,
None named her but to praise."

As a Station therefore, we desire to express to Dr. Moffett our sincerest sympathy for the great loss he has sustained and our prayers that the God of all comfort will continue to do as we believe that he has already done, minister comfort to him in this time of loneliness and sorrow.

Our hearts go out in loving sympathy to the two little boys, Jamie and Charles, who thus early in their lives have been deprived of a mother's love and care.

We desire to spread this minute upon the minute book of the Station, to give a copy to Dr. Moffett, a copy to the aged parents who have been so sadly bereaved of an only child and to send a copy to the Board.

In behalf of the Station,

Charles F. Bernheisel

Margaret Best

II. 루시아 마페트에 관한 자료

1882년 어느날 루시아 피시가 부모님께 시처럼 쓴 편지

루시아의 문학적 소양이 어릴 적부터 있었음을 보여주는 편지이다.

루시아 헤스터 피시

장소 미상

1882년 어느 날

엄마 아빠에게!

아빠 나는 아기를 보려고 내려와 있어요.

여자 아기는 정말 예쁘고 작은 둥근 얼굴에 푸른 눈을 가지고 있어요.

시어즈 부인은 아기를 헤티로 부르고 싶어 해요.

나는 마벨을 원하고

고모 루트는 세 가지 이름을 준비했는데 플로렌스, 헬렌, 제시래요.

나는 캐티 스미스를 아주 좋아해요.

나는 그녀의 파티에 갔고, 즐거운 시간을 보냈어요.

나는 앤더슨 부인만큼 실리 양을 좋아해요.

나는 반장이지만 언제나 리드 부인이 좋아요.

다음번에는 큰 건물에 들어가기로 약속했어요.

안녕. 두 분을 정말 사랑해요.

매일 두 분께 뽀뽀를 했으면 좋겠어요.

루시아 피시 올림

매거진 『여자들을 위한 여자 사역』에 실린 평양에서의 팀 사역에 관한 루시아의 글

Lucia Fish Moffett, "Team Work in Pyeng Yang," Woman's Work for Woman (February, 1917): 28-30.

Pyengyang, Korea

November 1916

Our two classes for October, 1916, have closed; two hundred and ninety-one studied in the first, one hundred and twenty in the second. We women draw a breath of relief when the latter, or Workers' Class, is over, for these are the women who give their time to visiting needy villages and holding classes. We meet those from our assigned territory and arrange the schedule for the year.

Now cold weather has come, the outside of the house has been made beautiful with a nice new coat of mud, but the inside is forlorn without the mōksa [pastor]. This is true of most of the homes here. Some, where the children are old enough or can stay with a neighbor, send both father and mother out to help the country churches. Even the children are eager to do their share during the present scarcity of workers. Those in the dormitory hold a Sunday-school in "Pigville"; a little girl of thirteen, Mary Swallen, has for two years taught the primary class in her mother's Sunday-school. Though it means Saturday afternoon spent in study, she says: "There is no one else to do it and you couldn't let those little things just run around anywhere.!"

Our great difficulty is the lack of women workers. The Methodists, with about one-fifth of our work, have twice as many single women. So Miss Doriss is this year trying to spend a day with each church instead of holding six-day classes. She can at least gather the women, find out some of their problems, encourage and counsel them; then perhaps leave a few pictures cut from magazines to brighten their dull little mud houses. Wouldn't a picture pasted on the wall mean a good deal to you if the only other adornment was a huge cage-like affair of yellow paper suspended from the ceiling to hold your husband's hat?

In a near-by village, where we hope to hold several long classes, the only resident church officer has a house of two rooms. Here the visiting missionary or Korean pastor must be entertained. So one room, six by six, is vacated by the family of five people; the missionary's cot is put in diagonally across the tiny room and there are still two corners left for him. But what about the other room? Dr. Moffett asked about the possibility of providing better quarters.

"Yes, we could sell this house for three and a half dollars, and twelve and a half more would buy a nice one." Yet how utterly impossible for that man to save enough in years to accomplish this! Often the amounts needed are small—twenty dollars will buy a hill which will enable three families to farm and support themselves instead of starving; fifteen dollars will buy a cotton machine and make another family independent; three and a half dollars a month will support a girl at school; a few dollars will buy work embroidered at the girls' school and enable more girls to support themselves by making bureau and table-scarfs, underwear, table linen, cushion covers, Korean bags, etc.

Children cannot enter the regular schools under eight years. Recently one of our Korean pastors, distressed at the number of unkempt children hanging around dirty alleys, asked Mrs. Bernheisel if she would let them have some material left in her box if they gathered the little ones into a kindergarten. Mr. Reiner would give them a room in the temporary Academy building and two young married women, seventeen or eighteen years old, with accommodating mothers-in-law, had promised to give their time. She assented, though the supply was small—and a few weeks later was told that school was running with an attendance of ninety. They have a few pairs of scissors, a little paper and a full supply of fingers for counting.

Not long ago, our American ambassador, Mr. Guthrie, passed through here on his way to China on diplomatic business. Our most patriotic little "foreign children," as all but Koreans and Japanese are called here, felt that they were not only upholding the honor of the American nation, but almost visiting the land they looked upon as home, though some have never seen it. They walked the two miles to the station and held up three big flags as the train came in. Then a verse of the "Star Spangled Banner" brought tears to many eyes. Those strains found their way to every American heart, representative of the nation and commoner alike.

That may sound tinged with regret or longing. But, on the other hand, how often we have the privilege of listening to a huge audience singing in harmony, "Jesus Loves Me," or one of the other old hymns. Even the old missionaries feel the thrill still when they see the peaceful faces under the white head-dresses of these women, born into a world peopled for them with myriad devils, a world of hate, deceit and dirt. We sometimes wonder, when debts are not paid or a church officer begs that a woman who cannot graduate from Bible Institute be given a paper "to look like a diploma," whether the renewing of their souls may not be a little like that of their houses, just a coat of mud. But when we see young girls giving their watches (we have two which we do not know what to do with), men and women giving two or three months' salary toward a new church building, others taking long journeys on foot and spending several weeks in Bible study, giving many days of service in their own or other villages—we feel humbled before them.

1919년 7월 8일에 루시아가 친구들에게 보낸 편지

Lucia Fish Moffett

Pyengyang, Korea

July 8, 1919

Dear Girls, - [Mary and Agnes Fortin, her dear friends at 594 Nineteenth St. in Oakland, CA.]

Here are some pictures for a k gy ng (sightsee). Will you send one on to Miss Aga Sander [or Lander], Martinez, and one to Mrs. Belle Danforth, Hotel Cartwright, S[an] F[rancisco]. Perhaps you won't thank me for asking you to take the trouble - but even 40 [pictures] wouldn't do justice to half their most charming expressions. [probably referring to pictures and "charming expressions" of her two little sons, Sammie and Howard]

We are waggling along pretty quietly now, apparently. You know the Munros, don't you? Jessie Munro Reiner's four children have been getting samples of all sorts of diseases this summer. Even whooping cough couldn't run nicely through the family but hit just one - another had measles, another mumps and now Ruth has acquired malaria.

Hurrah! The Hills are coming into the Mission (he was sent out mainly for the Pierson Memorial) and are to be located here in Pyeng Yang. Mrs. Ross is with them now.

I was up picking currants at 5:30 this morning to boil them a little & get them in the jelly bag before the woman came to iron. Am going to dry string beans today, too. During Annual Meeting it is impossible to attend to any then - - language & executive people stay pretty long. Mr. McFarland had a three weeks' bill to pay - but most of them were here fourteen days - 12 beds - I did heave a sigh of relief when the last sheet was counted out the second Saturday - but it is fun after all and we are sorry it meets in Seoul next year. We have had it three years in succession.

Are you down in beautiful Mt. Hermon? And how does the world go now the war [World War 1] is over in your part of the earth? How about the F[irst] P[resbyterian] C[hurch]? and Bertha and Esther and Florence?

If you write to Mrs. D[anforth]. please tell her Howard loved her last letter to distraction & I am not sure of her address. I think that is the name of the hotel.

Lovingly,

Lucia

1924년 1월 17일에 루시아 피시가 친구들에게 보낸 편지

Lucia Hester Fish Moffett

Pyeng Yang, Korea

January 17, 1924

Dear Girls, - [Mary & Agnes Fortin, her dear friends in Oakland, California]

Did you know what you were doing when you sent us that puzzle? I did the big main puzzle once and can not do it again tho I have tried until my fingers are positively sore. The boys like the easier problems better now but will beat me to the other at this rate.

And did you know what you were doing when you got me that apron? I only hold it up in front of me now to try the effect for it won't fasten by a good deal. It will in the Spring, though, and that is when it will find the very nicest daily use. We are expecting lots of fun in the Spring. At present I am doing the grand loaf. [Another child is expected in May]

Azel [her brother] was probably in Oakland some time during the Christmas vacation. Lucia Gere [her step-mother] has decided that perhaps after all she does want us to take her half of the garage. It would take almost all I got from McClure St[reet] & pay much less interest but possibly be better for the children. I am willing but not keen about it.

Sam completes the grand cycle - 60 years - the 25th [of January]. According to Korean custom that is the greatest event in a man's life and they used to spend all they had or could borrow on a feast for all their friends. There has recently been a great difference of opinion between the missionaries and the church on school policies - the best of them and the majority see how misled they were and have told us how they grieve over it, so Sam wants to have a reception on his birthday with simple refreshments. The community will help for it will be quite a crowd even if we only invite teachers and church officers.

I don't believe I have thanked you for the box that came just in good season for its Christmas distribution. Everyone, Lucia included, was delighted for everything was just exactly right. Sam says you are jewels and a most valuable extension of this family. His slippers give him both comfort and pleasure - so do Charles' suddenly shining nails and my lavender slip on.

The boys were going to put some thank-you notes in here but Howard finds writing easier to promise than to perform and Samlet has been running a temperature and kept in bed. It kept up over two weeks. No one could find the cause. Then one day an old round worm wiggled his way out and the temperature fell.

Such is life in the Far East, my dears. Will it bother you too much to do another errand for me? Big bills or medium ones we pay for by orders on the

Board but these little ones usually go undone.

February 4:

Yes - we have been in quarantine for over two weeks and have almost as much more before us. Fortunately, diphtheria is not so deadly here as in America, the doctor used antitoxin immediately and - the Koreans are almost immune so we did not need to send the servants home, though we have not let them into Sam's room. How did it happen? Blair's cat was sick and Dr. Blair gave it castor oil. Naturally she spit in his face. For a day or two the resulting sore throat looked like tonsilitis. Two rather tired men - Moffett & Phillips had to consult the invalid (not the cat) about something and they are now enjoying a rest also. No one has been very sick but those bugs are able to do so much harm, the community must be protected. We have no isolation hospital at the foreign hospital.

All this screed is well baked and handed out the back door with pincers so don't worry.

Would it be too much trouble for you to put these in envelopes and get the money from Mr. Anthony [a man who handles financial affairs for her] to cover postage, etc. One will need $1.20 enclosed [and] Biola, $.95. Also, if you happen to find Laboulaye's Fairy Tales, I should like to get that for Samlet's birthday in April, also the game of Pollyanna. These can surely be wrapped at the store. Then truly I won't bother you again until next Christmas season. It doesn't quite seem possible to do our Christmas shopping without you. Things from catalogues never turn out quite as one expects.

Those soft black slippers are so comfy now [that] Sam is getting around in the room a little. He is very grateful to you for both wisdom and taste.

The things I sent you were not what I wanted but for several months I was rather wretched, am feeling fine now. I did not even put your names on.

Lots of love to both of you

Lucia Hester

Azel [her brother] says Oakland may have a boom soon. Tell it to hurry up because your trip to the Orient is overdue.

N.B. Speaking of jobs. Be grateful that you are spared one big shopping spree for the small Thomas. With regret said I to myself, "Na na, I canna fash them wi that." We have been reading Penelope's Progress.

A very apologetic

L. Hester

You truly are angels and you do get such nice things. Lots of love and more apologies. Please get a down town luncheon on the job - at the Pig 'n Whistle. We are having such a mild winter we are enjoying ice cream two or three times a week. The ice lasts, yet the sun is bright enough to be decidedly warm at midday.

1936년 9월 14일 마포삼열이 루시아에게 연락한 내용

은행계좌의 출입금에 대해 알려주는 내용

Samuel A. Moffett

Pyengyang, Korea

September 14, 1936

To Lucia:

In about 5 weeks Mr. Mowry will pay to you ¥550 in payment of 3 loans lent him:

February 5	-	¥100
February 25	-	¥300
May 28	-	¥150
Total:		¥550

This is to be deposited to your own credit.

S.A. Moffett

See Han Sung Bank check Feb'y 5		36	M15087
" " " " " "	25	"	N01154
" " " " "	May 28	"	M00064

To be loaned to Mowry in part - the rest to Mrs. Moffett

S. A. M.

1937년 12월 9일에 마포삼열이 아들 하워드에게 보낸 편지

Samuel A. Moffett

Monrovia, California

December 19, 1937

Dear Howard:

This is to you only - because we understand that Samlet is due here tomorrow [Monday] and we will greet him with the voice welcome instead of by pen.

This should reach you just a day or two before Christmas and will carry with it a great load of love which we hope will not smother you.

I had rather hoped Uncle Howard and Aunt Susie might see their way clear to ask you to Madison for a few days but the calamitous news of the burning of Nellie's house has of course done away with all thought of that. What a pity it is!

I suppose you are resting up at Wheaton - at Mrs. Roy's, I suppose, but we do hope you are getting a real rest which will put [you] in good shape for next term.

My, what a welcome awaits Sam here and I am hoping [mother] may be able to come out for a few days and thus get ready for a permanent come out from the sanitarium.

Now, what do you want for Christmas? Tom and I have been scratching our heads trying to think up what you may want. Maybe I can get hold of something the next two or three days and meet you on Christmas day with some surprise - but if I do not think of anything I will have to send you a few dollars for you to invite yourself to what you can make use of.

You have some hard lines ahead, when you think of being knocked out of all athletics, but you will have to adapt yourself to the conditions, thanking the Lord that you came through [the appendectomy] so well and with so little loss of time.

We have much to thank the Lord for the way in which he led you through this experience. May the Lord continue to bless you and give you all needed grace for whatever comes to you through these experiences which make up character if taken in the right spirit.

With lots of love to all the "Kids from Korea" and wishing you all a Merry Merry Christmas -

Lovingly,

Father

마포삼열 가계도

(옥성득 편역 『마포삼열 서한집』 제1권에 수록된 것을 전재함)

MOFFETT FAMILY TREE

William Moffett
(1783-1832)
+
Elizabeth Shuman
(1783-1839)
8 children

5th
Samuel Shuman Moffett
(1828-1892)
+
Maria Jane McKee
(1831-1912)

William McKee (1853-1934)	James Austin (1856-1862)	Susann Waugh (1858-1948)	Robert Bowman (1860-1935)	Howard Shuman (1862-1945)	**Samuel Austin Moffett** (1864-1939)	Nancy McKee (1865-1878)	Thomas Clinton (1869-1945)
+	unmarried	+	+	+	+		unmarried
Abbie Eliza Sering		Rev. David William Moffat	Ellen Elliott	Ella Peace	1. Alice Fish 2. Lucia Fish		

+ in 1899
Alice Fish
(1870-1912)

James McKee (-Dec. 23, 1986)	Charles Hull
+	+
Eleanor Prosser	Marion Hutton
4 children	5 children

+ in 1915
Lucia Fish
(1877-1962)

Samuel Hugh (1916-)	Howard Fergus	Thomas Fish
+	+	+
1. Elizabeth Tarrant 2. Eileen Flower	Delle Mackenzie	Prudence Todd
	4 children	2 children

FISH FAMILY TREE

Rev. Peter Fish (1751-1810) + Hannah Hankinson (1760-1824): 10 children

6th **John Barrier Fish** (1794 - 1869) + **Lucia Hull** (?-1836): 6 children   2nd + Nancy Stephens

1 Emily Henry
2 Edward
3 **Charles Hull Fish**
4 **Thomas Fletcher Fish**
5 Luther
6 Lucia
7 Berrien
8 Mary
9

Charles Hull Fish (1830-1914)
- moved from NY to Comstock, VA in 1862
+ married in 1864 Kate Beaumont (1841-65)
+ 2nd married in 1867 **Martha Warner**

Thomas Fletcher Fish (1832 - July 7, 1908)
+ married **Hester Ann Johnston** (1833 - Nov. 19, 1899)
+ **2nd married** Rhoda Gere

Mary Alice Fish

Theodore **Charles** **John** **Margaret** **Tommy** **Azel** **Lucia Hester Fish**

(1870 - July 12, 1912)
- came to Korea in 1897
+ married on June 1, 1899

(1891-1962)
+married on June 30, 1915

Rev. Samuel A. Moffett

Rev. Samuel A. Moffett

James **McKee Moffett** **Charles Hull Moffett** **Samuel Hugh Moffett**

Howard Fergus **Thomas Fish**

(2/28/1905 -) (6/12/1908 - 4/11/1996) (4/7/1916-) (8/16/1917-) (5/18/1921-)

+ married in 1936 **Eleanor E. Prosser**
+ married in 1936 **Marion Hutton**
+ married in 1942 **Elizabeth B. Tarrant**
+ 2nd married in 1956 **Eileen Flower**
+ married **Margaret McKenzie**

Robert Blair (1941-)
Mary Margaret (1951-)
James Shepherd (1942-)
Margaret Lee (1945-)
Mildred Eleanor (1951-)

Alice Louisa (1937 -)
Howard William (1938 -)
Charles Hutton (1940 -)
Elizabeth (1947-)
Peter Austin (1948-)

Howard McKenzie (1943-)
Charles Blanchard (1947-)
Merlyn Rae (1952-)

마포삼열 馬布三悅

초판 발행일 2017년 4월 30일

저 자 김선욱·박신순
발행인 황준성
발행처 숭실대학교 출판국
등 록 제14-2호(1982. 1. 25)
서울 동작구 상도로 369
전 화 02-820-0772
팩 스 02-817-5297
홈페이지 http://press.ssu.ac.kr
디자인·인쇄처 디자인 그린비(02-2275-5756)
값 28,000원

ISBN 978-89-7450-360-4 04230